이화여자대학교 한국문화연구원 해제번역총서

근대 역사 교과서 4

|저자|

『초등대한역사』

정인호(鄭寅琥, 1869~1945)는 경북 청도군수를 지낸 구한말의 관리로 일제강점기 대한독립구국단 결성 및 상해 임시정부의 군자금 조달활동에 투신했던 독립운동가다. 『초등대한역사』, 『최신초등소학(最新初等小學)』 등의 교과서를 출간하며 교육계몽 구국운동에 앞장섰으며 이외에 『(초등)동물학교과서(初等動物學教科書)』, 『초등식물학(初等植物學)』, 『(최신고등)대한지지(最新高等大韓地誌)』, 『국가사상학(國家思想學)』, 『헌법요의(憲法要義)』를 남겼다.

『초등대한력ᄉᆞ』

조종만(趙鍾萬, 미상)은 농상공부참서관, 성천군수, 중추원의원을 역임하였고, 기호흥학회 회원, 휘문의숙 숙감(塾監)을 지냈으며, 한영서관을 운영하였다. 『초등대한력ᄉᆞ』, 『대한초등지리(大韓初等地理)』 등의 저서를 남겼다.

『초등본국역사』

안종화(安鍾和, 1860~1924)는 1894년 과거에 급제한 후 중추관의관 등을 역임하였으나 1905년 을사조약의 폐기와 을사오적의 주살 상소 이후 낙향하였다. 조선시대 인물의 전기를 약술한 『국조인물지(國朝人物志)』, 『동사취요(東史聚要)』와 『동사절요(東史節要)』, 초등학도의 교재인 『초등본국역사』 등의 저서를 남겼다.

|역자|

강영심(姜英心)은 이화여자대학교 사학과를 졸업하고 동대학원에서 석박사 학위를 받았다. 독립기념관 한국독립운동사연구소 연구원을 역임하였고 현재 이화여대 한국문화연구원에 연구원으로 있다. 주요 논저로 「일제하 임야조사사업 연구」, 「신한혁명당의 결성과 독립운동」, 「조선국권회복단의 결성과 활동」, 「일제 전시(戰時) 임정(林政)(1937－1945)하에서의 삼림 수탈」, 「1930,40년대 일제의 '충량한 신민 만들기' 교육과 학교문화－초등교육을 중심으로」, 「종전 직후 중국으로 끌려간 조선인 '일본군 위안부'의 행적과 미귀환 연구」 등의 논문과 『신규식－시대를 앞서간 민족혁명의 선각자』(역사공간, 2010), 『한국의 근현대 산림소유권 변천사』(공저, 임업연구원, 2001), 『1910년대 국외항일운동 Ⅱ－중국, 미주, 일본』(공저, 한국독립운동사연구소, 2008) 등이 있다.

이화여자대학교 한국문화연구원 해제번역총서

근대 역사 교과서 4

초판 인쇄 2011년 6월 20일 **초판 발행** 2011년 6월 30일

저자 정인호 조종만 안종화 **역자** 강영심 **펴낸이** 박성모 **펴낸곳** 소명출판 **출판등록** 제13-522호

주소 서울시 서초구 서초동 1621-18 란빌딩 1층

전화 02-585-7840 **팩스** 02-585-7848 **전자우편** somyong@korea.com **홈페이지** www.somyong.co.kr

값 33,000원

ISBN 978-89-5626-573-5 94810
ISBN 978-89-5626-569-8 (세트)

이 책은 이화여자대학교의 '2010년 교내특성화사업'의 지원을 받아 출판되었습니다.

이화여자대학교 한국문화연구원 해제번역총서

근대 역사 교과서 4

초등대한역사 · 초등대한력ᄉᆞ · 초등본국역사

강영심

소명출판

발간사

이화여자대학교는 한국의 전문 근대교육기관의 선두주자로서, 한국학 연구에 대한 꾸준한 관심을 기울여 왔습니다. 본교가 2005년 이후 지속적으로 지원하고 있는 '한국학특성화사업'은 한국학 연구의 정체성 확립을 위한 새로운 연구방향을 모색하고자 하는 끊임없는 노력의 일환이라 하겠습니다. 이 사업의 결과물로 출간된 『고서해제』 1, 2권과 한국어 · 역사 · 현대문화 · 예술 분야의 국제화 교재들은 본교의 한국학특성화 사업이 '우리 것에 대한 학문적 성찰'이라는 수렴적 방향과 '우리 것의 세계화'라는 확장적 방향을 동시에 지향하고 있음을 잘 보여주고 있습니다.

한국학 연구자들에게 있어서 가장 절실한 연구의 동력은 새로운 자료의 발견과 그에 대한 해석에서 비롯된다고 알고 있습니다. 따라서 아직 학계에 보고되지 않은 자료를 소장하고 있다는 것은 그 자체로 한국학 연구 분야에서는 대단히 중요한 경쟁력이며, 그것의 발굴 및 해석의 선편을 이끄는 것은 곧 한국학 연구 역량을 획기적으로 확장시킬 수 있는 중요한 관건이 될 것입니다. 그런 의미에서 2010년 특성화사업의 결과로 『이화여자대학교 한국문화연구원 해제번역총서－근대 수신 교과서, 근대 역사 교과서』를 출간하게 된 것은 매우 기쁜 일입니다.

2010년 특성화사업은 본교 소장 고서의 특징적 자료군인 근대 귀중본을 대상으로 해제와 번역, 그리고 원문 영인을 동시에 진행하여 자료에 대한 학문적 접근성과 학술적 가치를 체계적으로 드러내주고 있습니다. 특히 그 중에서도 근대 교과서를 특징적으로 부각시킨 본 총서는 최근 한국학 연구 분야에서 매우 민감한 이슈로 떠오르고 있는 근대성 연구 분야에서 중요한 기초 자료를 제공하고 다양한 연구를 촉발시켜줄 것으로 기대합니다.

1년간의 짧은 사업기간에 알차고 내실 있는 성과를 만들어내기 위해 노력한 많은 분들의 수고가 있었습니다. "한국학 · 한국문화 교육의 국제화 사업단"의 단장으로서 본 사업을 실질적으로 기획하고 추진해주신 전혜영 전 원장님, 자료의 지원을 흔쾌히 해주신 문숙재 전 중앙도서관장님께 특별한 감사를 드립니다. 그리고 한국문화연구원의 모든 관계자 선생님들과 사업의 실무를 담당한 연구원들께도 고마운 마음을 전합니다. 또한 본교의 심화된 한국학 연구 역량을 확인시켜준 교내 번역위원님들과 본 사업에 참여하신 번역 · 교열위원 선생님들 한분 한분께 깊은 감사의 말씀을 전합니다.

앞으로도 "한국문화연구원 해제번역총서" 작업이 계속 순조롭게 진행되기를 바랍니다.

2011년 2월

이화여자대학교 총장

김선욱

서문

한국문화연구원–한국학 · 한국문화 교육의 국제화 사업단에서 추진한 2010년 특성화사업은 이화여대 중앙도서관 소장 근대귀중본 중에서 수신 및 역사 분야의 근대 교과서를 해제 · 번역 · 영인하는 것이다. 이는 이전 고서해제사업 과정에서 특히 그 가치를 높이 인정받아 후속 작업의 필요성이 강하게 제기되었던 본교 소장 근대자료를 최대한 활용하여 이를 체계적으로 정리할 수 있는 학술적 결과물을 만들고자 시도되었다.

2010년 3월 1일부터 시작된 2010년 특성화사업의 경과는 다음과 같다. 먼저 본교 소장 근대서 귀중본의 목록과 범주를 정리하고, 타교나 타 한국학 기관의 소장 및 해제 여부를 확인하는 기초 작업을 진행하였다. 다음 단계로 근대 초기의 시대적 전형성과 이데올로기적 영향력 면에서 학술적 중요성과 의의를 고려하여 근대서 귀중본 중 '수신 · 역사 교과서'류를 사업 대상으로 선정하였다. 이후 전문가를 초빙하여 본교에 소장된 '수신 · 역사 교과서' 자료의 가치와 의의에 대한 감수를 진행하고 그에 의거하여 사업대상 목록을 확정하였으며, 전문 집필진을 구성하여 번역과 해제를 진행하였다.

본 근대 교과서 해제 및 번역 사업은 이화여대 소장 귀중본 자료의 존재와 가치를 학계와 일반 대중 누구에게나 그 내용을 읽고 접할 수 있도록 직접 해제, 번역하고 뒤에 원문까지 영인하여 공간(公刊)한 것이다. 이는 자료의 학문적 인지도와 활용도를 높일 수 있는 가장 효율적인 방식이라고 자부하며, 더욱이 최근 들어 높아지고 있는 근대성 논의에 대한 학계의 높은 관심과 학제간적 연구 경향에 비추어 볼 때, 역사적 가치가 높은 근대 교과서를 해제하고 번역한 본 사업단의 결과물은 학계와 일반의 큰 관심과 반향을 불러일으키기에 충분하다고 판단된다.

『이화여자대학교 한국문화연구원 해제번역총서–근대 수신 교과서, 근대 역사 교과서』의 발간으로 본교에 소장된 귀중한 자료들이 지속적으로 소개되고 연구의 대상으로 주목을 받게 되길 바란다. 또한 본서가 한국의 개화기 및 근대의 역사, 문화적 자료에 관심을 갖고 있는 모든 분들과 학계의 연구자들께 작은 도움이 되었으면 한다. 그동안 본서의 발간을 위해 노력을 아끼지 않은 모든 관계자 여러분께 감사의 마음을 전한다.

2011년 2월

한국문화연구원 원장

최준식

근대계몽기 교과서 해제

허재영

1. 근대계몽기 교과서의 성격

교과서는 '교과용 도서(教科用圖書)'의 준말이다. 달리 말해 교과(教科) 운영을 전제로 교육용 재료를 모아 편찬한 책이 교과서이다. 교과서는 한 사회의 교육 이념을 반영할 뿐 아니라 그 사회의 구조 및 지식 발전 정도를 반영한다.

우리나라 최초의 근대식 교과서는 1895년 학부에서 편찬한 『국민소학독본』으로 알려져 있다. 이 시기 한성사범학교령, 소학교령이 공포되고 이에 따라 한성사범학교 규칙과 소학교 교칙이 만들어졌다. 학교령과 학교 규칙에서는 학교 운영에 필요한 교과를 제시하고 해당 교과에서 사용할 수 있는 교과서의 범위를 정해 놓았다.

학제 도입 초기의 교과서 개발은 『국민소학독본』, 『소학독본』, 『신정심상소학』과 같이 학부에 의해 편찬되었다. 그러나 편찬한 종수가 많지 않았고 보급도 활발하지 않았기 때문에 대부분의 학교에서는 『사민필지』(1886~1892년 사이 육영공원 교사였던 헐버트가 지은 지리서), 『서유견문』과 같은 서적이나 『고문진보』, 사서 등의 서적을 교과서로 사용하였다.

그러나 학제가 정비되고 교육에서 교과서가 중요한 의미를 갖게 됨에 따라 좀 더 체계적인 교과서 개발이 이루어지기 시작했다. 엄밀히 말하면 초기의 교과서는 학부 편찬의 교과서와 민간 차원의 저술이 공존했다. 학부대신이 인정한 교과서는 전통적인 한문 고전과 『사민필지』, 『서유견문』 같은 책들이었다. 그렇지만 통감시대에 이르러 교과서 편찬이나 보급 과정에서 학부의 역할이 커져갔는데 이 시대는 을사늑약 이후 일제의 식민 지배가 시작되던 시기로 '교과용 도서 검정 규정' 발포(1908.8)와 같은 교과서 통제가 강하게 이루어졌다. 근대계몽기의 교과서 변화를 두 시기로 나누어 그 특징을 표로 나타내면 다음과 같다.

근대계몽기 교과서 변천사

시기	특징	비고
제1기 (1895~1905)	근대식 학제 도입에 따른 교과서 개발기	ㅇ학부 편찬의 교과서 출현 ㅇ개인 저술의 비교적 자유로운 교과서 출현 ㅇ학부대신이 인정한 고전이나 개인 저술
제2기 (1906~1910)	통감시대 학정 잠식기의 교과서	ㅇ일본인의 학부 관여 및 교과서 편찬 간섭 ㅇ학부 편찬 교과서를 일본에서 발행함(국어독본, 수신서 등) ㅇ교과용 도서 검정 규정 발포와 교과서 검정 조사 사업 실행 ㅇ일본문(日本文) 교과서 편찬 발행(일어독본, 이과서) ㅇ검정 규정에 따른 검정 교과서의 내용 변질 ㅇ기존의 교과서 가운데 국권회복이나 민지 계발과 무관한 교과서만 인정 ㅇ기존의 교과서 가운데 국권회복이나 민지 계발 등이 들어 있을 경우 불인정 도서로 규정

특히 통감시대 이후 학부의 교과서 편찬은 식민 지배를 전제로 하였기 때문에 이 시기 개발된 『보통학교학도용국어독본』(1907, 일본 도쿄의 대일본주식회사에서 인쇄), 『보통학교학도용일어독본』(1908, 일본 도쿄의 대창서점에서 인쇄), 『보통학교학도용수신서』(1908, 일본 도쿄의 삼성당서점에

서 인쇄)는 1910년 강제 병합 이후 병합과 관련된 사항을 수정한 정정본(이 정정본에서 국어는 '조선어'로, '일본어'는 '국어'로 책명을 바꾸었음)을 발행할 수 있었다. 이와 같이 통감시대 교과서 통제 정책으로 인하여 학부에서 인정하지 않은 교과서가 늘어났으며, 검인정을 통과한 교과서의 내용에도 적지 않은 변화가 일어났다. 교과용 도서 검정 규정 이후 해마다 실시된 '교과서 조사 사업'의 결과 1910년의 교과용 도서 가운데 학부 검정을 통과한 교과서는 33종 47책이었으며, 인정 교과는 40개 교과 305종이었다. 이에 비해 교과용 도서로 인정을 받지 못한 도서가 70종, 검정 무효 및 검정 불허가 교과용 도서가 13종이었는데 이들 도서의 대부분은 '수신, 국어, 역사' 관련 교과서였다.

이처럼 근대계몽기의 교과서는 근대식 학제 도입과 전개 과정, 근대 한국 사회의 구조와 역사성, 지식 수입 정도를 반영하는 중요한 자료라고 할 수 있다.

2. 근대계몽기 교과서의 양상과 특징

근대계몽기 교과서는 교과별로 다양한 양상과 특징을 보인다. 1895년 소학교령 발포 당시의 소학교 교과목은 '수신, 독서, 작문, 습자, 산술, 본국지리, 본국역사, 외국지리, 외국역사, 이과, 도화, 체조, 외국어'였는데, 이 가운데 '수신, 독서, 작문, 습자' 교과는 별도의 교과서를 편찬하지 않고 '독본(讀本)' 형태로 개발하였다. 『국민소학독본』(1895, 학부), 『소학독본』(1895, 학부), 『신정심상소학』(1895, 학부)은 모두 소학용 수신 및 독서를 전제로 개발한 교과서이다. 이들 독본류는 과별 편제를 원칙으로 하였으며, 전통적인 수신 윤리와 근대국가의 이념, 서구의 과학 사상, 우화를 중심으로 한 교훈적인 내용 등을 중심으로 하였다.

교과별 교과서의 편찬은 1905년 이후에 본격적으로 이루어졌다. 이 시기 수신과 교과서는 기존의 소학용 독본과는 달리 '수신교과서', 또는 '윤리학교과서'라는 책명을 사용하였다. 이 시기 수신교과서 개발은 대부분 민간 차원에서 이루어졌으며 대표적인 것으로 『윤리학교과서』(1906, 신해영), 『초등윤리학교과서』(1907, 안종화), 『녀자소학슈신서』(1907, 노병희), 『중등수신교과서』(1907, 휘문의숙), 『초등소학수신서』(1908, 유근), 『고등소학수신서』(1908, 휘문의숙), 『초등수신』(1909, 박정동) 등이 있다. 이들 교과서는 개인 저작물로 편제 방식은 과별 편제, 장절식 편제 등 다양한 방식을 취하였으며, 주요 내용은 전통적인 수신 윤리와 근대적 사회 이념 및 국가 윤리를 담고 있다. 다만 1908년 공포된 '교과용 도서 검정 규정' 이후의 교과서에서는 자주 독립을 전제로 한 근대국가 이념은 교과서 통제 정책에 따라 포함될 수 없었다. 이와는 별개로 학부에서 편찬한 『보통학교학도용수신서』(1909, 학부)는 식민 지배를 전제로 만들어진 교과서여서 내용 면에서 개인 저작물과는 차이가 있다. 이 교과서는 강제 병합 직후 일부 내용을 수정한 상태에서 재발행되었다.

역사과 교과서는 근대식 학제 도입 이후 꾸준히 발행되었다. 1895년 학교령 발포 이후 발행된 『조선역사』(1895, 학부), 『조선역대사략』(1895, 학부), 『동국역대사략』(1899, 학부), 『대한역대사략』(1899, 학부) 등은 기존의 역사 편제 방식을 바탕으로 사실 위주의 설명 방식을 취한 학부 편찬의 교과서이며, 『보통학교동국역사』(1899, 현채)는 개인 저작의 교과서이다.

1905년 이후의 역사 교과서 편찬은 을사늑약과 통감부 설치라는 시대 상황에서 개인 차원의 저술이 활발하게 이루어졌다. 이 시기 개인 저술의 교과서는 학교별 수준을 고려하여 '초등', '중등'을 구별하였으며, '본국역사'와 '외국역사'를 구분하여 편찬하였다. 『초등본국역사』(1909, 유근), 『초등대한역사』(1908, 조종만), 『초등대한역사』(1908, 정인호), 『초등본국역사』(1909, 안종화), 『초등대동역사』(1909, 박정동), 『초등본국역사』(1909, 홍사단), 『신찬초등역사』(1910, 유근) 등은 초등용 본국역사를 대상으로 한 교과서이며, 『중등교과 동국사략』(1905, 현채), 『신정동국역사』(1906, 원영의, 유근) 등은 중등용 교과서이다. 또한 초등과 중등을 구분하지 않았지만 『역사집략』(1905, 김택영), 『대동역사』(1905, 최경환), 『대동역사』(1905, 정교), 『보통교과 대동역사략』(1906, 국민교육회), 『대한력사』(1908, 헐버트, 오성근) 등이 편찬되기도 하였다. 외국역사를 대상으로 한 『만국사』(1906, 김상연), 『동양사교과서』(1908, 유옥겸), 『만국사물기원역사』(1909, 장지연), 『서양사교과서』(1910, 유옥겸) 등이 편찬되었다.

지리교과서는 주로 개인 차원에서 개발하였는데 본국지리교과서로는 『대한지지』(1899, 현채), 『대한신지지』(1907, 장지연), 『초등대한지지』(1907, 안종화, 유근), 『초등지리교과서』(1907, 국민교육회), 『최신 고등대한지지』(1909, 정인호), 『중등지문학』(1907, 윤태영), 『신찬지문학』(1907, 민대식), 『초학디지』(1906, 밀러) 등이 있으며, 외국지리교과서로는 『중등만국지지』(주영환, 노재연), 『만국지리』(1907, 황윤덕), 『초등만국지리대요』(1909, 안종화) 등이 있다.

산술, 교육학 등과 관련된 교과서도 다수 편찬되었다. 산술교과서에는 『정선산학』(1908, 남순희), 『신정교과 산학통편』(1908, 이명칠), 『중등교과 산술신서』(1908, 이상설), 『신식 산술교과서』(1908, 이상익) 등이 있으며, 교육학교과서로는 『간명교육학』(1908, 유옥겸), 『신찬 보통교육학』(1908, 김상연), 『보통교육학』(1910, 학부) 등이 있다. 그 밖의 박물학이나 위생학, 기하학, 법제와 경제, 광물, 잠업 등의 특수 분야의 교과서도 다수 편찬되었는데, 1909년(융희 3년) 3월 20일부터 1910년(융희 4년) 7월까지 학부에서 조사한 '교과서 조사 사업'의 결과를 바탕으로 할 때 근대계몽기에 개발·보급된 교과서는 대략 440종이 넘을 것으로 추산된다.

3. 이화여자대학교 소장본의 가치

지금까지 근대계몽기 교과서에 대한 기초 연구는 강윤호(1973), 박붕배(1987), 이종국(1992) 등을 통해 이루어져 왔다. 또한 한국교과서연구재단(2000)에서도 전수 조사의 차원에서 근대계몽기 교과서 목록을 작성한 바 있다. 그러나 전수 조사를 목표로 한 앞선 연구에도 불구하고 이 시기 교과서 발행이나 교과서 통제에 대한 체계적인 연구가 충분히 이루어지지는 못했다. 그 주된 이유 가운데 하나는 기초 조사의 차원에서 발행 교과서를 확보하는 일이 쉽지 않았기 때문이다.

이러한 상황에서 이화여자대학교 중앙도서관(이하 중앙도서관)에 소장되어 있는 근대계몽기 교과서는 매우 값진 자료적 가치를 지닌다. 중앙도서관과 이화여자대학교 한국문화연구원의 협력 하에 진행된 조사 결과 이 시기 교과서는 일제강점기를 포함하여 365종에 이른다. 이들 교과서를 교과별로 분류하면 국어 · 일어 · 문학 등의 '어학' 교과서 80종, '역사' 교과서 30종, '지리' 37종, '수신 · 소학 · 윤리서' 36종, '수학 · 산술' 32종, '물리 · 화학 · 과학' 29종, '동식물학' 15종, '생리 · 위생학' 11종, '경제학' 4종, '법학' 4종, '교육학 · 심리학' 6종, '농업 · 광업' 15종, '창가 · 음악' 22종, '가정 · 재봉' 18종, '도화 · 서법' 15종, '박물학 · 기타' 10종으로 나눌 수 있다.

근대계몽기 개발 · 보급되었던 교과서 가운데 이화여자대학교 소장본은 양적으로 방대할 뿐만 아니라 아직까지 학계에 알려지지 않은 것들이 상당수 포함되어 있으므로 이에 대한 체계적인 연구가 시급하다.

4. 번역의 의의

근대계몽기 교과서 연구는 교육학, 국어교육학, 국어학, 국문학, 역사학 등의 모든 분야에 걸쳐 중요한 의미를 갖는다. 교과서의 지식과 언어는 규범적인 성격을 지니므로 그 교과서가 제작된 시대의 사회와 문화를 가장 정확하게 드러내는 자료라고 할 수 있다.

지금까지 근대계몽기의 교과서 연구는 교과서 발행 실태 조사에 그

친 경우가 많았고 그나마 전수 조사의 차원에서 교과서의 제작 · 보급 과정을 파악하는 데도 소홀한 면이 있었다. 이와 같은 입장에서 이화여자대학교 소장본의 교과서를 체계적으로 정리하여 번역 · 소개하는 일은 근대계몽기의 문화 사상사를 이해하는 데 중요한 의미를 갖는다. 이 작업은 이 시기의 언어와 문화를 이해하는 실증적인 작업이 될 것이다.

이에 한국문화연구원에서는 이화여자대학교 중앙도서관 소장본 근대계몽기의 수신과와 역사과 교과서 가운데 교육사적 가치가 높은 것을 선별하여 우선적으로 번역을 하였다. 이번에 번역 · 소개하는 교과서는 다음과 같다.

교과	책명	저자 및 편자	발행 연도	출판사
수신 교과	초등여학독본(初等女學讀本)	이원경(李源競)	융희 2년(1908)	보문사(普文社)
	초등윤리학교과서(初等倫理學敎科書)	안종화(安鍾和)	융희 1년(1907)	광학서포(廣學書鋪)
	초등수신교과서(初等修身敎科書)	안종화(安鍾和)	융희 3년(1909)	광학서포(廣學書鋪)
	고등소학수신서(高等小學修身書)	휘문의숙(徽文義塾)	융희 1년(1907)	휘문관(徽文舘)
	초등소학수신서(初等小學修身書)	유근(柳瑾)	융희 2년(1908)	광학서포(廣學書鋪)
	보통교육 국민의범(普通敎育國民義範)	진희성(陳熙星)	융희 2년(1908)	의진사(義進社)
	윤리학교과서(倫理學敎科書)	신해영(申海永)	융희 2년(1908)	보성관(普成館)
	녀자소학슈신서	노병선(盧秉鮮)	융희 3년(1909)	박문서관(博文書館)
	초등수신서(初等修身書)	박정동(朴晶東)	융희 3년(1909)	동문사(同文社)

	보통교과수신서 (普通教科修身書)	휘문의숙 (徽文義塾)	융희 4년(1910)	휘문관(徽文舘)
	중등수신교과서 (中等修身教科書)	휘문의숙 (徽文義塾)	광무 10년(1906)	휘문관(徽文舘)
역사 교과	정선 만국사 (精選萬國史)	김상연 (金祥演)	광무 10년(1906)	황성신문사 (皇城新聞社)
	초등본국역사 (初等本國歷史)	안종화 (安鍾和)	융희 3년(1909)	광덕서관(廣德書館)
	초등대한역사 (初等大韓歷史)	정인호 (鄭寅虎)	융희 2년(1908)	옥호서림(玉虎書林)
	동양사 교과서 (東洋史 教科書)	유옥겸 (兪鈺兼)	융희 2년(1908)	우문관(右文館)
	보통교과 동국역사 (普通教科東國歷史)	현채 (玄采)	광무 3년(1899)	발행지, 발행자 불명
	중등교과 동국사략 (中等教科東國史略)	현채 (玄采)	광무 10년(1906)	중앙서관(中央書館)
	초등대한력사	조종만	융희 2년(1908)	한양서관
	보통교과 대동역사략 (普通教科大東歷史略)	미상	광무 10년(1906)	대한 국민교육회 (大韓國民教育會)

근대 역사 교과서 해제

강영심(이화여대 한국문화연구원)

1. 근대 교육제도의 도입과 역사 교과서 편찬

구한말은 문호를 개방한 조선이 봉건사회의 개혁을 통한 근대화와 제국주의 열강에 대한 국권수호 란 민족적 당면과제를 해결하려는 다양한 움직임이 모색되었던 시기였다. 당시의 지식인들은 개화운동→개화개혁운동→계몽운동의 맥을 이어가며 근대화와 자주독립을 목표로 민족운동을 전개하였다. 그 중 하나가 근대적 '교육'을 통한 자강운동이며 교육 중에서도 시대인식과 밀접하게 관련된 것이 다름아닌 역사교육이다. 특히 근대적 공교육제도가 출범한 이후 국권이 상실되는 1910년까지의 역사교육은 자국사인식은 물론 근대계몽기 새롭게 대두되는 국민, 국권의식의 형성과 더 나아가 민족의식과 민족정체성의 강화란 측면에서 중요한 문제였다.

또한 1895~1910년 사이에 역사교과목을 위해 편찬된 역사 교과서가 갖는 역사적 의의는 다른 어느 시기보다 크다. 그 이유는 조선후기에 저술된 실학사서 이후의 역사편찬은 바로 1895년의 관찬교과서에서 비롯되었기 때문이다. 일반적으로 사서는 그 시대적 인식 및 사상과 밀접한 관련 속에서 저술되었다는 점을 고려해 볼 때 이 시기에 편찬된 역사 교과서는 시대적 산물이자 당대 역사인식의 결정체라 할 수 있다. 따라서 대한제국시기에 간행된 22종의 국사교과서는 물론 외국 역사 교과서 12종 역시 이 분야 연구에 있어 상당히 중요한 자료임에 틀림없다. 더구나 1895~1910년의 한국사학은 중세사학에서 근대사학으로 발전하기 시작하는 시기이므로 더욱 그러하다.

이러한 격동기의 교육제도는 1894년 갑오개혁에서 새롭게 시작되었다. 사실 1894년 갑오개혁 이전 조선의 교육제도는 성균관, 사학, 향교, 서원 및 서당으로 구성되어 있었으며 고등교육은 성균관에서 담당하고 있었다. 그렇지만 당시 모든 교육기관은 과거(科擧)를 지상목표로 하여 자국사에 대한 학습은 외면한 채 사마천의 『사기(史記)』를 비롯한 『삼국지(三國志)』, 『한서(漢書)』, 『통감(統鑑)』, 『사략(史略)』 등 중국 역사를 읽고 가르치는 것이 역사교육의 실상이었다.

그런데 개항이후 1882년 조선정부는 미국과 조미수호통상조약를 체결한 이후 서양 여러 나라와 국교를 맺게 되면서 신교육의 필요를 절감하고 이를 담당할 교육기관의 설립을 서둘렀다. 그리하여 정부 주도의 관립학교를 세우면서 교육의 내용도 변화되기 시작하였다. 그 외 배재학당, 이화학당 등의 근대식 사립학교도 설립되었으며 새로운 학교교육에 따른 교과과정 및 교과목들이 확정되었고 새로운 교과과정에 역사과목으로 세계역사, 각국역사 등이 개설되었던 것이다.[1]

이후 1894년 조선정부는 갑오개혁을 단행하면서 교육제도도 개혁

1 손인수, 『韓國開化教育研究』, 일지사, 1992, 28면.

하였다. 1894년 6월 조선시대의 학무(學務)를 담당하던 예조(禮曹)를 폐지하고, 학무아문(學務衙門)을 신설하여 교육제도의 주관부서를 정비하였으며, 과거제도를 폐지함으로써 신교육제도가 확립되기에 이르렀다. 또한 1895년 2월 고종은 자주독립과 내정개혁의 실시를 주요한 내용으로 하는 '교육조서(敎育詔書)'를 반포하여 교육입국(敎育立國)의 이상을 천명하였다. 고종은 교육조서반포 이후 교육담당 부서가 학무아문임에도 불구하고 내무아문에서까지 "인민은 먼저 본국사와 본국문(本國文)을 가르칠 것"[2]이라고 특별히 역사교육의 필요성에 대한 훈시를 통해 교육의 방향을 강조하고 있다. 이 조서는 교육에 의해 나라를 정립하겠다는 교육입국의 의지를 천명한 것으로, 근대식 학제를 성립시킬 수 있는 계기가 마련되었다.

드디어 1895년 4월에 교사양성을 목적으로 하는 한성사범학교관제(漢城師範學校官制)를 공포하였는데 이것이 우리나라 최초의 근대식 학교법규였다. 그 뒤 정부는 1895년 5월에 외국어학교 관제를 제정하고 외국어학교(外國語學校)를 설립하였다. 또한 1895년 학무아문이 학부로 재편된 후 1895년 7월 19일 '소학교령(小學校令)'을 공포하고 국고에 의해 서울의 수하동, 재동, 저동 등에 관립소학교를 설립하였으며, 이후 공립소학교와 사립소학교도 전국적으로 설립되어 비로소 초등교육이 가능해졌다. 뒤이어 1889년 4월 공포된 중학교관제에 의해 처음 중학교도 설립되었다.

앞서 1895년에 발표된 각급 학교령에는 학과정도표(교과과정표)도

2 『高宗實錄』, 33권, 1895.3월 초, 10일조.

포함되어 있으며 학과목 중에는 '본국역사(本國歷史)'란 과목의 국사교과와 '외국역사'가 역사교과에서 교수되도록 규정하고 있다.[3] 예컨대 한성사범학교에서는 본과(2년과정)의 역사과목은 '본국역사 및 만국역사'로, 속성과(6개월과정)는 '본국역사 및 만국역사대요'란 역사교과과정으로 개설되었다. 또한 관립외국어학교의 교과과정에서는 역사로 '본국역사'를 별도로 두어 자국사를 더 중시한 것이다. 관립소학교의 경우 3년의 심상과(尋常科)와 2~3년의 고등과로 구분된 수업연한 중 심상과에서는 역사로 '본국역사'(선택)를, 고등과에서는 '본국역사'(필수)와 '외국역사'(선택)가 역사과목으로 규정되었다. 그 외에 전통적인 고등교육기관인 성균관의 경학과(經學科)에서도 '본국 및 만국역사'가 교수되도록 경학과규칙을 발표하여 역사교육의 강화에 주력하였다. 그런데 1895년 4월 19일에 발표된 한성사범학교의 학생 모집광고에서는 속성과(速成科)의 입학시험 중 조선역사와 지리가 포함되어 그 과목의 비중을 짐작케 한다.

한성사범학교에서 제시한 '교과목과 교수내용 및 유의점'에 대한 조항 중 특히 본국역사에 관한 내용을 보면, 당시 국가에서 의도하였던 역사교육은 국민된 지조(志操)를 기르는 것, 즉 국민된 긍지를 지니고 국가발전에 대한 자신을 갖도록 함에 그 목적을 두었음을 간파할 수 있다.[4]

한편 민간에서 설립한 사학(私學)은 그 건학정신(建學精神)을 민족주의

---

3 개국 504년 7월 22일, 勅令 제145호 「小學校令」 제8~10조(官報 제119호); 동년 7월 24일, 學部令 제1호 「漢城師範學校規則」(官報 제121호); 동년 8월 9일, 學部令 제2호 「成均館經學院規則」(官報 제135호) 참조.

4 「漢城師範學校規則」 참조.

에 토대를 두고 있었기 때문에 거의 모든 학교에서 국사교육이 이루어졌다. 1898년에 설립된 광흥학교, 한성의숙은 물론 민영환(閔泳煥), 정교(鄭喬) 등이 발기한 흥화학교, 시무학교, 상업전문의 광성학교, 한성법학교, 보성학교 등과 지방 대다수의 사립학교에서 역사가 주요과목으로 교수되었을 뿐 아니라 입학시험의 시험과목 중에 본국사가 포함되었던 것이다. 그 외에 이화학당은 역사가 정규과목으로 개설되었고, 배재학당도 세계역사, 한국역사, 일본역사, 중국역사 등을 교수하였다.

이처럼 역사과목을 중요시한 교과과정은 1906년 통감부설치 후 통감정치의 통제 하에서 실시된 학제개편에 따라 변화를 겪게 되었다.

1906년 이후 개편된 역사과목의 교과과정은 본국역사와 외국역사의 구별을 없애 자국사 과목의 중요성을 희석시켰으며, 역사과목의 시간수도 축소하는 방향으로 왜곡 편성되었다. 우선 소학교를 개편해 4년제로 신설한 보통학교의 경우 역사과목으로 통합하여 자국사개념을 배제시켰다. 이러한 양상은 시간이 지날수록 더욱 강화되어 1909년의 학제 개편에서는 지리와 역사를 한 과목으로 통합시켜 '지리역사'로 명하여 역사과목의 독립성을 제거하였을 뿐 아니라 아예 주당 과목시간 배정도 없애버렸던 것이다. 즉, 보통학교 1, 2학년은 '본국역사 · 지리의 대요(大要)'를 3, 4학년은 '본국역사 · 본국 및 외국지리의 대요'라는 과목명은 두고 있으나 수업시간을 배정하지 않았던 것이다. 이러한 역사와 지리과목의 통합은 다른 학교에서도 동일하였다. 1908년에 신설된 고등여학교에서도 역시 '역사지리'과목에 1주당 1~2시간을 배정하였지만, 1909년의 개편에 따라 과목명만 남기고 그나마 교과시간을 배정하지 않았다.[5] 일제의 학제개편이 조선을 식민지화하는 과정에서 세계관, 시대관, 현실인식을 가르치는 역사과목과 민족의식을 강화하고 항일의식을 심어주는 자국사를 학교교육에서 의도적으로 제외시키려 했던 식민지교육방침의 일환이었음은 짐작하고도 남는다.

전술한 바대로 조선정부가 추진한 새로운 학제 및 교과과정이 정비되자 무엇보다도 각 과목의 교재편찬에 착수하였으며, 학부의 담당자를 중심으로 역사 교과서의 편찬도 서둘렀다. 그러나 당시의 상황은 근대교육을 주관해 갈 인적, 물적자원의 부족은 물론 교과서편찬의 경험이 없었을 뿐 더러 새로운 국사교육의 교재개발을 위한 본국역사에 대한 통사적 서술작업은 더욱 어려운 문제가 아닐 수 없었다. 그러므로 근대교과서 편찬의 경험이 있던 일본의 선례가 참작되거나 일인의 참여 하에 교과서편찬 작업이 진행된 것은 당시의 상황에서는 불가피한 선택이었다. 예컨대 1895년 5월 24일 외부(外部)에서 주일공사관에 사범학교 및 소학교 교과서 편찬참고용으로 일본의 각종 교과서를 보내줄 것을 훈령한 것이 그 중 하나다. 이후 편찬된 최초의 국어교과서인 『심상소학(尋常小學)』과 최초의 교육학 교과서 『신찬교육학(新撰敎育學)』은 일본인의 협력과 참여로 비로소 만들 수 있었던 것이다. 이 시기 교육근대화를 위한 조선인의 주체적 역량이 부족한 데 더하여 일제의 침략적 간섭 하에 진행된 교육개혁은 출발부터 자주성을 크게 손상시키는 한계성을 지니고 있었다.[6]

---

5 「私立學校規則」 제2장 학과과정 및 교수시수 제10, 13, 14조. 강윤호, 『개화기의 교과용도서』, 교육출판사, 1973, 42~49면 참조.

6 박걸순, 「韓末 學部 편찬 사서와 그 역사인식」, 『충북사학』 5집, 2000.

교과서편찬사업의 주무부서인 학부는 1895년 3월에 교과용도서의 번역과 편찬 등을 담당할 편집국을 설치하고 교과서 편찬에 착수하였다. 마침내 1895년 10월경 최초의 관찬 역사 교과서 『조선역사(朝鮮歷史)』가 국한문 혼용체로 간행되었고, 이어 『조선역대사략(朝鮮歷代史略)』과 『조선략사(朝鮮略史)』가 편찬되었다.[7] 3책이 비슷한 시기에 출간된 점으로 미루어 보건대, 학부에서 『조선역사』와 『조선역대사략』을 간행하였지만 그 내용이 너무 어려워 초등학교 입문용으로 쉽게 풀어 서술한 『조선략사』를 편찬한 것으로 추측된다.

이후 학부는 이 사서를 보충하여 1899년에 『동국역대사략(東國歷代史略)』, 속간본인 『대한역대사략(大韓歷代史略)』 및 국한문혼용의 『보통교과 동국역사(普通教科東國歷史)』를 편찬하였다.

이 시기 이후의 역사 교과서는 학부보다는 일반인이나 계몽 단체에 의해서 간행되는 경향으로 전환되었다. 그런데 역사 교과서 편찬에서 나타난 변화는 편찬주체에 그치는 것이 아니라 역사 교과서의 서술방식이나 그 내용에도 나타나기 시작하였다. 즉 교과서 서술문체에서 순한문은 거의 사라지고 국한문 또는 순한글로 정착되었던 점이 주목된다. 또한 전근대적인 왕조중심의 편년체 서술을 하면서도 통사를 고대–중세–근대로 시대를 구분하여 기술하는 '신사체(新史體)'가 등장하고 있어 역사 서술 방법론상의 변화도 보인다.

그런데 조선정부의 의도 하에 진행되었던 교과서편찬사업은 1905년 을사조약체결이후 일제의 통감부가 설치되고 학제 개편이 본격화

---

7 金興洙, 「歷史教科書 및 歷史 圖書의 편찬과 內容」, 『韓國近代歷史教育研究』, 삼영사, 1990, 121면.

되면서 일제 주도의 교과서통제정책으로 전환되었다. 즉 1904년 제1차 한일의정서(韓日議定書)가 체결되고 1905년 제2차 한일협약(韓日協約)이 조인되어 학부참여관(學部參與官)이 부임하자 기존의 한국인위주 교육정책에서 자주적 성격이 크게 약화되었다. 특히 1905년 2월 일본정부의 추천으로 일인관리가 학부 고문관격인 학부참여관으로 임명되자 일본의 한국교육에 대한 간섭이 노골화되었다. 통감부는 1905년부터 학부 편집국을 일인 학부참여관의 지도 감독 하에 두고 교과서에 대한 일정한 제한을 두기 시작하였다. 우선 1906년 각급 학교령을 공포하고 여기에 각 학교의 '교과서사용규정'을 포함시켰다. 이시기 학부의 교과서정책은 교과용도서 번역, 편찬, 검정에 대한 통제가 주된 방향이었으며, 궁극적으로 조선을 강제로 병합할 경우를 전제로 한 성격의 조치였던 것이다.

뒤이어 통감부는 1908년 8월 '사립학교령(私立學校令)'과 '교과용도서검정규정(敎科用圖書檢定規程)'을 발표하고 본격적으로 교과서 내용에 대한 간섭과 통제를 가하였다. 사립학교령에 의하면 사립학교를 설립할 때는 학부대신의 인가를 얻어야 하며 인가 신청시 교과용도서명도 제시하도록 규제한 것이다. 즉 '교과용도서검정규정'은 모든 교과용도서가 학부대신의 검정을 받도록 압박한 것이므로 사립학교에도 그대로 적용되어 사립학교의 교육이 통감부의 통제 하에 놓이게 되었다.

1910년 5월말의 교과용도서검정 상황을 보면 역사는 16부가 출원하여 6부만이 인가(불인가 3부, 조사 중 7부)되었으며, 인가상황도 역사는 19부가 출원하여 7부만이 인가되고 있어 큰 제약을 받고 있음을 알 수 있다. 1911년 말 검정된 교과서는 유옥겸의 『동양사교과서(東洋史敎科

書)』, 『서양사교과서(西洋史教科書)』, 박정동의 『초등대동역사(初等大東歷史)』, 『초등본국략사(初等本國略史)』, 안종화(安鐘和)의 『초등본국역사(初等本國歷史)』, 유근(柳瑾)의 『신찬초등역사(新撰初等歷史)』로 국사교과서는 고작 4종에 불과하였다. 이는 모두 초등용으로 일제의 조선사왜곡 및 조선인우민화정책의 산물인 바, 특히 한일관계의 기술에서 일본의 우월성을 인정하고 일본이 조선의 근대화와 독립을 위해 노력하고 있다고 서술한 것이 공통된 특징이다. 불인가된 역사 교과서는 국사 9종과 세계사 12종 등 총 21종에 달하였다. 이로써 민족사서는 물론 학부, 문부성 및 일인이 편찬한 다수 도서까지 인가하지 않고 있는데 이는 강제병탄 이후 일제의 식민지배가 강경해져 감을 반영하는 것이다.

근대교육제가 시행된 1895년부터 1910년까지 편찬된 역사 교과서를 국사와 외국역사로 정리한 것이 아래의 표1과 표2이다.

표1 1895~1910년간 편찬된 국사교과서

	교과서명	편집자	연도	대상시대	체제	기타	책수
1	조선역사 (朝鮮歷史)	학부	1895	단군~조선	편년 국한문	최초의국사교과서, 최초국한문, 건국기원사용, 초등용	3권3책
2	조선역대사략 (朝鮮歷代史略)	학부	1895	단군~조선	편년 한문	고등용	3권3책
3	조선략사 (朝鮮略史)	학부	1895	단군~조선	신사체 국한문	1, 2를합쳐 쉽게 초등용	5권2책
4	동국역대사략 (東國歷代史略)	학부	1899	단군~고려	편년 한문	중(고)등용, 95년보다 정돈	6권3책
5	대한역대사략 (大韓歷代史略)	학부	1899	조선	편년 한문	중(고)등용	2권2책
6	보통교과 동국역사 (普通教科東國歷史)	학부	1899	단군~고려	편년 국한문	중등용 동국역대사략을 초등용으로, 문예 추가 역사총체적 파악 노력, 후일 중등교과동국사략의 기초됨	5권2책
7	역사집략 (歷史輯略)	김택영 (金澤榮)	1905	단군~고려	편년 한문	고등용, 관학 대표한 사찬	1권2책

8	대동역사 (大東歷史)	최경환 (崔景煥)	1905	단군~마한	편년 한문	독립협회 간행 (1896년 필사본을 출판)	5권2책
9	대동역사 (大東歷史)	정교 (鄭 喬)	1905	신라	편년 한문	중등이상, 독립협회 간행	12권4책
10	중등교과동국사략 (中等敎科東國史略)	현채 (玄 采)	1906	고대~조선	신사체 국한문	하야시의 『조선사』 역술, 사립중등용, 학부불인가	4권2책
11	보통교과 대동역사략 (普通敎科大東歷史略)	국민교육회	1906	단군~고려	편년 국한문	초등용, 계몽주의사서	7권1책
12	신정동국역사 (新訂東國歷史)	원영의 (元泳義), 유근(柳瑾)	1906	단군~고려	편년 국한문	초등용, 계몽주의사서	2권2책
13	초등대한역사 (初等大韓歷史)	정인호 (鄭寅琥)	1908	고대~조선	신사체	사립초등용, 학부불인가	1책
14	대한력ᄉᆞ(상)	헐버트, 오성근 (吳聖根)	1908	단군~고려	편년 한글	선교계 대동역사번역 교회나 선교계학교용	1책
15	초등본국역사 (初等本國歷史)	유근	1908	상고~조선	신사체 국한문	사립초등용, 학부인가	1책
16	초등대한력ᄉᆞ	조종만	1908	상고~조선	신사체 한글	초등용	1책
17	초등본국역사 (初等本國歷史)	안종화 (安鍾和)	1909	상고~조선	신사체 국한문	사립초등용, 학부검정	1책
18	초등본국략사 (初等本國略史)	홍사단	1909	단군~조선	신사체 국한문	사립초등용, 학부검정	2권2책
19	초등대동역사 (初等大東歷史)	박정동 (朴晶東)	1909	단군~조선	신사체 국한문	사립초등용, 학부검정	1책
20	대동청사 (大東青史)	황의돈 (黃義敦)	1909	단군~	신사체 국한문	북간도 명동학교교재	1책
21	신찬초등역사 (新撰初等歷史)	유근	1910	단군~조선	편년 국한문	사립초등용, 학부검정	3권3책
22	국조사 (國朝史)	원영의	1910	조선	편년 국한문	해외민족학교 교재용, 『신정동국역사』의 속편인 듯, 의병, 구국운동, 일제침략 기술	1책

표2 1895년~1910년 간 편찬된 외국 역사 교과서

교과서명	편집자	연도	교과서명	편집자	연도
만국략사(萬國略史) 상권	학부	1895	미국독립사(美國獨立史)	황성신문사 서양서일역본 번역	1899
중일략사론(中日略史論)	학부[輯譯]	1898	파란말년전사(波蘭末年戰史)	어용선(漁瑢善)	1899
태서신사(泰西新史)	학부	1897	만국사기(萬國史記)	학부	1905
아국략사(俄國略史)	학부	1897	중등동양사(中等東洋史)	유옥겸(兪鈺兼)	1908
중국략사론(中國略史編)	학부	1898	동양사교과서(東洋史敎科書)	유옥겸	1908
중동전기(中東戰記)	현채중역	1899	정선만국사(精選萬國史)	김상인	1908
애급근대사(埃及近代史)	황성신문사	1899	서양사교과서(西洋史敎科書)	유옥겸	1910

2. 근대 역사 교과서의 특징과 양상

구한말 역사 교과서는 그 편찬정책과 구성방식에 따라 크게 3시기로 나눌 수 있다. 제1기는 1895년~1904년까지 제2기는 1905년~1907년까지 제3기는 1908년~1910년까지로 구분해 볼 수 있다. 각 시기구분은 일제의 조선에 대한 지배력강화의 정도를 기준으로 하여 1905년 을사조약체결과 통감정치시행, 그리고 1907년 차관정치실시를 각 시기 구분의 분기점으로 설정하였다.

우선 역사 교과서 저술에 참여한 사람들을 살피면, 김택영, 현채와

같은 학부관리, 보성중학교 교사 원영의, 대한매일신보의 유근, 관립소학교 교원 박정동, 독립협회의 정교, 흥사단, 국민교육회 등 인텔리 중산층으로서 민중계몽의 전위적 지도자들이었고, 실재 교단에서 교수한 경험이 있는 사람들이 많았고 언론에 관여했던 인사들의 결사가 주축이 되고 있음을 알 수 있다. 그 외 정인호와 조종만은 옥호서림(玉虎書林)과 한양서관(漢陽書館)을 각각 운영하던 출판사경영인이었으며 외국 역사 교과서의 저자로 법률역사교수인 유옥겸과 일본유학파 김상인을 꼽을 수 있다. 그러나 이들은 전문적이고 근대적인 역사교육을 받지 못했지만 학부, 혹은 출판사의 번역원으로 종사하는 과정에서 교과서 편찬의 중요성에 대한 자각을 계기로 저사(著史)에 참여한 경우가 많다. 따라서 이들의 역사인식과 서술에는 일정한 한계가 있다. 즉 일제침략의 본질을 간과하고 무비판적으로 식민사학을 수용한다든가 서술내용의 오류, 역사 서술 방법론상의 전근대성 등이 지적될 수 있을 것이다. 그 중 학부관리였던 김택영과 현채의 경우 저자의 학문적 기반에 따라 교과서의 성격이 결정되는 양상을 확인할 수 있다. 김택영은 전통적인 유학자의 입장에서 저술한 교과서 모두 한문본, 편년체로 정통론과 문헌고증을 중시한 역사인식에 입각해 중국연호를 고집하고 있어 전통적 역사 서술의 한계를 벗어나지 못하고 있다. 게다가 단군조선을 부인한 그가 근대적 역사방법론을 무리하게 도입하면서 일본학자의 식민사학을 수용해 한국사서술에 왜곡된 한국사상(韓國史像)을 덧입히는 전형(典型)이 되는 우를 범하고 말았다.

한편 현채는 역관출신으로 다양한 외국서적을 접할 수 있는 기회가 많아서인지 23종에 달하는 역, 저서를 출판하는 등 새로운 학문을 신속하게 받아들였다. 그 결과 김택영 보다는 앞서서 근대적 역사 서술 체제를 교과서편찬에 적용해 이후 역사 교과서편찬에 영향을 끼쳤던 인물이었다.

다음으로 각 시기별 교과서의 특징을 살펴보자. 제1기(1895~1904)의 국사교과서는 모두 6종으로 학부에서 만든 관찬사서였으며, 그 체제는 1종을 제외한 나머지 5종 모두가 편년체였다.(표1 참조) 교과서 모두가 단군에서 조선까지를 서술하였다. 물론 『보통교과 동국역사』는 고려까지 서술하였지만 원래 계획에서는 조선까지를 대상으로 하였던 것인데 고려까지 서술하고 중단되었다고 전해진다. 그 중 『조선역사』는 최초의 국한문 국사교과서였다는 점과 최초로 개국기원을 사용해 독립의식을 표현했으며 이후 교과서의 방향을 제시한 것에서 그 의의가 크다. 1899년에 간행된 『대한역대사략』에서 '대한'이라는 명칭이 처음 등장하였는데 이는 대한제국의 출범에 따른 변화라 보인다. 이후 제2기와 제3기에서 '대한'이 접두된 역사 교과서는 모두 이 책에서 그 제목을 취했다고 하겠다. 『보통교과 동국역사』에서는 단군조선의 위치를 격상시켜 단군조선에 대한 자주적 인식이 확대되는 서술로 변화하였다는 점이 주목된다.

이시기 외국 역사 교과서도 역시 다수가 학부에서 편찬되었으며 그 외 황성신문사가 출간한 책도 있었다. 최초의 책은 『만국략사 상권』 그 외 중국, 러시아, 이집트역사 및 미국의 독립을 다루고 있다. 대부분 약소국의 역사나 흥망사 및 제국주의 식민지가 된 나라의 역사를 다루고 있어, 당시 애국심을 기르고 국가를 지켜내야 한다는 정신을 고취시키려는 역사교육의 특성이 잘 드러나고 있다.

제2기(1905~1907)의 국사교과서는 제1기와 달리 사찬이 등장하였으며 1905년에 간행된 3종은 모두 한문본이었다. 전체 6종 중 현채의 『중등교과동국사략』은 일본의 하야시 다이스케[林泰輔]가 취한 시대구분법을 도입하여 통사를 태고(太古)―상고(上古)―중고(中古)―근세(近世)로 시대를 구분하여 기술하는 '신사체(新史體)'로 구성되었으며 나머지는 모두 편년체 서술이다. 서술대상 시기를 살피면 현채의 교과서를 제외한 5종은 단군―고려(신라)까지만 다룬 채 당대사를 제외시켜 당시 민족의 현실문제 해결을 외면했다고 비판받고 있다. 또한 『역사집략』은 일본의 식민사학을 무비판적으로 수용해 임나일본부설과 신공황후의 신라 침공설을 조선역사에 서술하여 식민사학의 전형이 되었다. 또한 현채의 『동국사략』은 일본국수주의 국학에 의해 서술한 하야시 다이스케의 『조선사』를 역술하였으니 제국주의적 식민사학의 역사인식으로 국사교과서를 구성한 모양새가 되었다. 뒤이은 제3기의 교과서 모두 이 『동국사략』의 체제를 따랐으니 그 영향을 짐작케 한다. 이 시기의 외국 역사 교과서는 학부에서 편찬된 『만국사기』로 동서양 만국의 고금역사를 국한문으로 편찬한 책으로 문명의 발달에 주안점을 두었다.

제3기(1908~1910)의 교과서는 일제의 교과서통제정책 하에서 편찬된 까닭에 민족적 의미나 자주성을 띤 내용을 담을 수 없다는 한계를 안고 간행된 것으로 대다수 사찬이었다. 초등용 교과서인 탓에 분량도 적고 간략하게 국한문으로 단군―조선까지 서술하면서도 대부분 강화도조약 이후의 역사적 사실은 다루지 않거나 소략하게 처리해 버려 역사 교과서의 역할을 소홀히 하고 있다. 이시기 교과서는 『동국사략』의 신사체인 태고–상고–중고–근세 등의 시기구분을 적용하는 경우가 일반적인 경향이다. 그중에서 정인호의 『초등대한역사』는 37종의 삽화와 2종의 역사지도를 삽입하여 학생들에게 시각자료를 제공한 특징적인 교과서였다. 또한 이 책은 다른 교과서와 달리 개항 이후의 시기에 대한 많은 분량을 할애하여 다양한 민족운동에 대한 기사와 반일조의 서술 등을 포함시켰으므로 이시기 유일하게 불인가판정을 받았던 국사교과서가 되었던 것이다.

제3기의 외국 역사 교과서는 앞선 시기와 달리 '동양사' 혹은 '서양사' 교과서란 명칭을 채택하고 있어 일제의 교과서통제정책의 영향을 드러내고 그 내용에서도 역시 일본중심적인 성향이 강했다. 역사 서술 방식에서도 고대사–중세사–근세사라는 시대 구분을 채택하여 신사체를 도입했다는 점이 주목된다. 또한 중국 중심의 외국사에서 벗어나 인식의 대상을 확대하여 세계 각 지역의 여러나라를 대상으로 서술하였으며 문명사에 관한 내용이 많았다는 것은 근대문화에 대한 인식과 더불어 당대 지식인의 역사인식의 시야가 확대되고 있다는 것을 의미한다. 종래의 정치사, 제도사만이 아니라 대외관계사, 학술사, 종교사까지 서술하여 역사적 인식의 폭을 확대시킨 점은 특징적이다.

3 .이화여대 소장본 '근대 역사 교과서'의 가치와 번역의 의의

구한말의 역사인식을 대변하는 역사 교과서 중 이화여대 도서관에 소장된 책을 선별하여 각 시기의 대표적인 역사 교과서 9종을 번역 · 해제하였다. 제1기는 학부의 『보통교과 동국역사』, 제2기는 현채의 『중등교과동국사략』과 국민교육회의 『보통교과 대동역사략』을 선정하였다. 또한 제3기는 정인호의 『초등대한역사』, 조종만의 『초등대한력ᄉᆞ』, 안종화의 『초등본국역사』 등 초등용 국사교과서와 유옥겸의 『동양사교과서』, 김상인의 『정선만국사』 등 외국 역사 교과서를 각각 선정하였다.

이화여자대학교 도서관에는 이번에 번역 · 해제되는 9권의 역사 교과서를 포함하여 다양한 종류의 구한말 근대교과서가 소장되어 있다. 개화기 이후 국민교육 체제가 확립되는 과정에서 기독교 선교사들이 설립한 사립선교학교와 민족학교가 차지하는 위치나 역할은 자못 컸다. 예컨대 기독교 선교사들이 중심이 되어 설립한 이화전문학교는 이화여자대학교로 발전하여 현재 우리나라 여성교육의 중심축 역할을 넘어서서 글로벌이화를 추구하며 세계 속의 여자교육의 메카로 발돋움하고 있다. 이같은 대학의 역할에 걸맞게 이화여대 도서관은 개화기와 대한제국기, 일제 식민지 통치기의 역사 교과서를 비롯해 각종 근대교과서 및 다양한 자료를 수집해서 장기간 소장하고 있어 좋은 자료의 보고로서의 역할을 평가받을 만하다.

이번에 번역되는 역사 교과서들은 물론 이화여대 도서관에만 소장되어 있는 것은 아니다. 그러나 이화여대 소장본은 보존 상태가 양호하여 이 분야 연구에 기초가 되는 양질의 자료로 활용될 충분한 가치가 있다고 판단된다. 그러므로 이번 번역대상으로 선정된 역사 교과서 이외에도 반드시 번역하고 연구해야 할 귀중한 자료들이 적지 않으므로 한국학 관련기관과 연구자들에게 문호를 개방하는 방안을 모색해 보는 것이 바람직하다.

근대 역사 교과서의 번역과 해제를 통하여 도서관에 소장된 중요한 역사 교과서 일부가 공개되어 이 분야에서의 연구와 역사교육분야에 교육 자료로 활용할 수 있게 되었다. 또한 이를 토대로 개화기와 근대의 교육에 관한 연구가 활성화되는 계기가 마련되었다는 점도 주목할 만한 성과다. 아울러 현재 우리가 해결해 나가야 할 난제들을 인식할 수 있는 준거는 물론 바람직한 대응방법을 찾아가는 데 좋은 참고 자료로서의 역할도 충실히 완수할 것이라 생각된다.

근대 역사 교과서 번역은 원문에 충실한 직역을 원칙으로 하면서도 현재 우리말 수준에서 이해할 수 있는 글로 다듬었다. 또한 현재의 관점에서 이해할 수 있도록 재해석하는 과정을 거쳤으므로 단순한 역사적 자료로서 과거 교과서를 확인하는 정도를 넘어서서 우리 역사교육의 좌표와 지향점을 찾는 과정에서도 중요한 시사점을 줄 것이다. 각 역사 교과서 번역자들의 문투를 존중하면서도 전문가들의 치밀한 감수 과정을 거쳤으므로 가독력이나 완성도 측면에서도 일정한 완결성을 갖추고 있는 점도 이번 번역본의 장점으로 꼽을 수 있다. 특히 교육현장의 역사 교사들이 적극적으로 수업자료로 활용하여 학생들이 이 교과서를 통해 구한말의 학생들과 혹시 당대의 지식인들과 대화하며 서로의 역사의식을 논할 수 있는 통로 역할을 해줄 수 있기를 기대한다.

참고문헌

손인수, 『韓國開化敎育硏究』, 일지사, 1981.

김흥수, 『韓國近代歷史敎育硏究』, 삼영사, 1990.

한기언, 『日帝의 敎科書政策에 관한 硏究』, 한국정신문화연구원, 1993.

조동걸 외, 『한국의 역사가와 역사학』, 창작과 비평사, 1994.

박걸순, 『韓國近代史學史硏究』, 국학자료원, 1998.

김여칠, 「開化期 國史敎科書의 歷史認識」, 단국대학교 박사학위논문, 1985.

홍영백, 「한말세계사 관계사서의 내용과 그 한계」, 『素軒南都泳博士華甲紀念史學論叢』, 1982.

조동걸, 「한말사서와 그의 계몽주의적 허실(상)」, 『한국독립운동사연구』 제1집, 독립기념관 한국독립운동사연구소, 1987.

조동걸, 「한말사서와 그의 계몽주의적 허실(하)」, 『한국학논총』 10, 국민대학교 한국학연구소, 1988.

차례

발간사 3
서문 5
근대계몽기 교과서 해제 7
근대 역사 교과서 해제 16

초등대한역사

초등대한역사 해제 45
초등대한역사 서(序) 57
초등대한역사 목록(初等大韓歷史 目錄) 58

제1편 상고(上古) 60

제1장 단군조선(檀君朝鮮) 60
제1절 단군 탄생하다 60
제2절 단군 나라를 열다 61
제3절 단군 도읍을 정하다 61
제4절 기자(箕子)에게 왕위를 물려주다 62
제2장 기자 조선 62
제1절 기자 은(殷)나라 출신이다 62
제2절 기자 동쪽으로 오다 63
제3절 기자 교화를 베풀다 63
제4절 기준(箕準) 남쪽으로 피하다 63
제5절 위만 조선(衛滿 朝鮮) 64
제3장 삼한(三韓) 65
제1절 마한(馬韓) 65
제2절 마한 백제(百濟)에 병합되다 65
제3절 진한(辰韓) 65
제4절 변한(弁韓) 또는 변진(弁辰)이라 한다 67
제5절 삼한 결론 67

제2편 중고(中古) 삼국(三國) 69

제1장 신라(新羅) 69
제1절 박혁거세(朴赫居世) 69
제2절 박(朴), 석(昔), 김(金) 3성 69
제3절 연호(年號)를 비로소 세우다 70
제4절 박제상(朴堤上) 일본에 들어가다 70
제5절 계림(鷄林)의 신하다 70

제6절 벤 갈대 위를 걷게 하고 달군 쇠 위에 세우다[趨霞 立熱] 71
제7절 죽죽(竹竹) 절개를 지키며 죽다 71
제8절 김유신(金庾信) 백제를 공격하다 72
제9절 소정방(蘇定方) 사죄하다 72
제10절 신라 통일하다 73
제11절 국학(國學)을 세우고 공자(孔子)의 상(像)을 받들다 73
제12절 설총(薛聰)에게 색다른 소문을 청하다 74
제13절 꽃의 왕 당춘[花王 當春] 74
제14절 백두옹(白頭翁) 75
제15절 노성(老成)을 가까이하면 흥한다[近親老成] 75
제16절 처음 출신과(出身科)를 정하다 76
제17절 녹진(祿眞) 병을 치료하다 76
제18절 뇌물을 끊고 청탁을 거절하다 76
제19절 응렴(膺廉) 착한사람 3인을 만나다 77
제20절 최치원(崔致遠) 당으로 유학가다 78
제21절 격문을 보고 평상에서 떨어지다 78
제22절 산수(山水)에서 생을 마치다 79
제23절 신라 홀로 외롭고 위태롭다 79
제24절 송악(松嶽)에 성을 쌓다 80
제25절 보존되고 멸망함은 하늘의 명이다 80
제26절 신라 왕업을 이은 해[歷年] 81
제2장 고구려 81
제1절 동명왕(東明王) 81
제2절 고주몽 부여왕위를 이어받다 82
제3절 유리왕(瑠璃王) 비로소 고구려라 칭하다 82
제4절 광개토왕(廣開土王) 82
제5절 을지문덕(乙支文德) 82
제6절 반쯤 건너자 후방에서 공격하다 83
제7절 당나라 군 안시성(安市城)을 에워싸다 83
제8절 양만춘(楊萬春) 이세민을 쏘다 84
제9절 골품(骨品)으로 인재를 등용하니 계두(罽頭)를 잃다 84
제10절 문벌로 인재 등용하니 인귀(仁貴)를 잃다 85
제11절 고구려왕 잡히다 85
제3장 백제 85
제1절 온조왕(溫祚王) 85
제2절 비류형제 남으로 피하다 86
제3절 십제(十濟) 백제(百濟)로 고쳐 부르다 86
제4절 마한을 습격해서 취하다 87
제5절 왕인(王仁) 학(學)을 일본에 전하다 87
제5절 불경(佛經)과 예학(藝學)을 일본에 보내다 88
제6절 신라를 공격해 40성을 취하다 88
제7절 연합해 신라를 공격하다 89
제8절 의자왕 당에 항복하다 89
제4장 5국(五國) 90
제1절 김수로(金首露) 가락(駕洛)을 건국하다 90
제2절 왕비를 맞아들여 아들을 낳다 90

제3절 처자를 거느리고 신라에 항복하다 91
제4절 뇌실주일(惱室朱日) 가야를 건국하다 91
제5절 대조영(大祚榮) 발해(渤海)를 건국하다 91
제6절 김궁예(金弓裔) 태봉(泰封)을 건국하다 92
제7절 견훤(甄萱) 후백제(後百濟)를 건국하다 92
제8절 외모가 비슷하여 왕을 대신하다 92
제9절 핍박(逼迫)받아 고려에 투항하다 93

제3편 근고(近古) 94

제1장 고려(高麗) 94

제1절 추대하여 왕위에 오르다 94
제2절 통일하고 도읍을 옮기다 94
제3절 과거(過擧)로 관리를 선발하다 95
제4절 공복(公服)을 정하다 95
제5절 강감찬(姜邯贊)이 매복시키다 96
제6절 소손녕(蕭遜寧)을 크게 쳐부수다 96
제7절 머리 위에 꽃을 꽂다 96
제8절 안색을 바르게 하고 조정에 나아가다 97
제9절 다섯 임금을 차례로 섬기다 98
제10절 가르침을 게을리하지 않다 98
제11절 오랑캐 나라가 와서 복종하다 99
제12절 돈을 주조하여 종묘(宗廟)에 알리다 99
제13절 글을 숭상하는 풍습이 점점 일어나다 99
제14절 사 형제 문학(文學) 100
제15절 효자가 호랑이를 베다 100
제16절 문신(文臣)을 많이 죽이다 101
제17절 4대에 걸쳐 마음대로 권력을 휘두르다 102
제18절 흰 옷을 금지하다 102
제19절 은과 베로 학교를 돕다 103
제20절 대성전을 세우고 성인을 뵙다 103
제21절 언행을 지적하여 탓하는 것을 꺼리지 않다 104
제22절 자손이 본받다[服習] 104
제23절 옳지 못한 정치를 없애다 104
제24절 요사스러운 승려를 멀리하고 물리치라 상소하다 105
제25절 두렵고 놀라서 평상에서 내리다 106
제26절 성리학[理學]이 비로소 일어나다 106
제27절 수도[京師]에서 목 베어 매달다 106
제28절 모니노(牟尼奴)를 불러 들이다 107
제29절 아들을 바라다 죽임을 당하다 107
제30절 활 쏘아 적을 죽이다 107
제31절 장수와 병사가 감동하고 분발하다 108
제32절 투구를 쏘아 적을 죽이다 108
제33절 삼한(三韓)을 다시 만들다 109
제34절 사모단령(紗帽團領) 109
제35절 군사를 일으킴이 옳지 않은 것이 4가지다 110

제36절 이로움과 해로움을 온 힘을 다해 간하여 말하다 110
제37절 친히 화복(禍福)을 진술하다 110
제38절 군사를 돌이켜 강을 건너다 111
제39절 마주 보고 울며 최영을 유배 보내다 111
제40절 우(偶)를 추방하고 창(昌)을 세우다 112
제41절 의논하여 공양왕(恭讓王)을 세우다 112
제42절 대관이 한쪽 편듦을 논하다 112
제43절 어머니가 늙으시니 사직하고 돌아가다 112
제44절 충효의 큰 절개 113
제45절 죽교(竹橋)의 핏자국 113
제46절 천명(天命)이 속한 바 있다 114

제4편 현세(現世) 114

제1장 본조(本朝) 114
제1절 태조 나라를 세우다 114
제2절 종사(宗社)를 세우고 성과 궁궐을 건축하다 115
제3절 기사(耆社)에 들어가 잔치를 베풀다 115
제4절 여러 나라가 스스로 와서 복종하다 116
제5절 세자를 책봉하여 왕위를 전하다 116
제6절 조하(朝賀)에 그림을 바치다 117
제7절 절의를 아름답게 여겨 후한 예로 경의를 표하다 117
제8절 세제(世弟)에게 왕위를 물려주다 117
제9절 잘 · 잘못을 직언(直言)하다 118
제10절 신하의 절의를 장려하고 외척(外戚)을 징계하다 118
제11절 왕씨의 거주를 정하다 119
제12절 현명한 이로써 세자를 바꾸다 119
제13절 동방의 성인(聖人)이다 119
제14절 세자 입학하다 120
제15절 형(刑)을 줄이고 악(樂)을 정하다 120
제16절 음식을 개인이 준비함을 책망하다 121
제17절 김종서를 천거하여 재상을 삼았다 121
제18절 『삼강행실(三綱行實)』을 출판하여 널리 배포하다 122
제19절 간의(簡儀), 옥루(玉漏), 진(鎭)을 설치하고 공법(貢法)을 정하다 122
제20절 나라 글자를 찬정(撰定)하다 123
제21절 종이라도 천금(千金)처럼 중히 여기다 123
제22절 술을 내리고 아들을 부탁하다 124
제23절 보좌 협찬(輔佐 協贊)하다 124
제24절 단령 흉배(團領胸背) 124
제25절 보감(寶鑑)을 모아서 완성하다[撰成] 125
제26절 세자의 근검을 타일렀다 125
제27절 환구단을 쌓고 종을 달았다 126
제28절 거짓으로 미쳐서 방랑하다 126
제29절 반란을 일으킨 적(賊)을 쳐서 평정하다 127
제30절 덕종(德宗)으로 추숭(追崇)하다 127
제31절 어지러운 세상 다스림에 관심을 두다 127

제32절 음식을 살피고 약을 맛보다 128
제33절 좋은 땅은 유한하다 128
제34절 선악을 병풍에 베끼다 128
제35절 날을 바꾸어 시강(侍講)하다 129
제36절 태학(太學)에 전결[結]을 내리다 129
제37절 이름난 어진 선비를 죽이고 유배하다 130
제38절 종묘사직이 장차 위태롭다 130
제39절 억울함을 풀어주고 간신을 쫓아내다 131
제40절 어진 정치로 백성의 교화가 크게 행하여지다 131
제41절 재주에 따라 뽑아 쓰다 132
제42절 곡소리가 서로 전하다 132
제43절 발을 내리고 정치를 듣다[垂簾聽政] 132
제44절 다리를 활로 쏘고 불태우다 133
제45절 당파 처음 나뉘다 133
제46절 일본이 쳐들어오다 134
제47절 어가[大駕]타고 피난하다 135
제48절 사신을 보내 구원을 청하다 135
제49절 어가를 멈추고 의주에 머물다 135
제50절 3경(京)을 다시 찾다 136
제51절 훈련도감(訓練都監) 136
제52절 거북선을 창조하다 136
제53절 오전(鏖戰)하다 빗나간 탄환에 맞다 137
제54절 형상을 보고 크게 놀라다 137
제55절 죽음을 듣고 서로 축하하다 138
제56절 일본 장수를 안고 물로 떨어지다 138
제57절 홀로 말 타고[單騎]적을 쫓아내다 139
제58절 일본이 화친을 청하다 139
제59절 심하(深河)로 구원하러 가다 140
제60절 근심하고 분하게 여기다 죽다 140
제61절 여러 어진 선비의 벼슬을 빼앗고 귀양 보내다 140
제62절 아들이 어미를 원수로 삼는 일은 없다 141
제63절 의를 들어 반정(反正)하다 141
제64절 원종으로 추숭(追崇)하다 142
제65절 난신(亂臣)을 죽여 없애다 142
제66절 옛 왕을 구별하여 새 왕을 훈계하다 142
제67절 공(功)을 믿고 반역하다 143
제68절 청나라 군대가 침략해 오다 143
제69절 화약(和約)이 마침내 맺어지다 144
제70절 강화를 반대하다가 해(害)를 만나다 144
제71절 과연 말을 몰아 쫓아오다[長驅] 145
제72절 비분하여 명나라로 도망하였다 145
제73절 모자를 취하여 돌려보내다 146
제74절 옛 신하를 불러서 등용하다 146
제75절 대동법(大同法)을 시행하다 147
제76절 불러서 북벌(北伐)을 의논하다 147
제77절 어버이 곁에서 떨어지지 않다 148

제78절 동성혼(同姓昏)을 금(禁)하다 149
제79절 예절에 관한 학설로 옳고 그름을 논하다 149
제80절 종려(棕櫚)나무를 뽑아 버리다 149
제81절 노소(老少)가 또 나뉘다 150
제82절 상소하여 총우(寵遇)를 논하다 150
제83절 단종의 지위를 되돌리다 151
제84절 동, 서, 남, 북(당) 151
제85절 성을 쌓아 경계를 정하다 152
제86절 옛 신하에 특별히 지시하다 152
제87절 세제(世弟)를 책봉하다 153
제88절 감옥의 죄수를 친히 신문하다 153
제89절 우리나라를 지키다 154
제90절 옛 정승 반역행위를 고발하다 154
제91절 관직을 빼앗고 관직을 되돌리다 154
제92절 진종(眞宗)으로 추대하여 높이다 155
제93절 승통(承統)의 호(號)를 내리다 156
제94절 장조(莊祖)로 추대하여 높이다 156
제95절 형벌 도구를 고쳐서 바르게 하다 156
제96절 고아를 구휼하고 혼인을 돕다 157
제97절 남한(南漢)을 수비하여 막다 157
제98절 유구(琉球)사람 표류하다 다다르다 158
제99절 각(却)이 흰 꿩을 바치다 158
제100절 노비안(奴婢案)을 불태우다 159
제101절 바다 위에 책 읽는 소리 159
제102절 도적을 쳐서 평정하다 160
제103절 문조(文祖)로 추대하여 높이다 160
제104절 폐단을 금하고 역서(曆書)를 간행하다 161
제105절 성상(聖像)을 전봉(展奉)하다 161
제106절 토호(土豪)를 엄히 금하다 162
제107절 프랑스 함대가 침략해 오다 162
제108절 미국 함대가 침략해 오다 163
제109절 예전의 좋은 사이로 강화[講修]하다 163
제110절 훈련도감 병사가 난을 일으키다 164
제111절 포구 2곳에 항구를 열다 165
제112절 청나라 장군 안에서 돕다 165
제113절 공부(貢賦)를 실어 보내다 166
제114절 토문에 국경을 정하다 166
제115절 일청전쟁(日靑戰爭) 167
제116절 자주독립을 종묘사직에 맹세하며 고(告)하다 167
제117절 시모노세키[馬關] 일청조약 168
제118절 정월 초하루를 고쳐 연호를 세우다 169
제119절 황제위에 오르다 169
제120절 은행권과 의정서(議定書) 170
제121절 신조약이 성립하다 171
제122절 동포에게 경고하다 173
제123절 맑고 푸른 혈죽[靑靑 血竹] 173

제124절 선위(禪位)하다 175
제125절 협약(協約)이 또 이루어지다 175
제126절 황제의 자리를 물려받아 즉위하다 177
제127절 두 폐하가 마차를 함께 타다 177
제128절 황태자 유학(遊學)하다 178

초등대한력ᄉ

초등대한력ᄉ 해제 181
초등대한력ᄉ 서 187
대한역대전수도(大韓歷代傳授圖) 189
초등대한력ᄉ(大韓歷史) 목록 190

제1장 상고(上古) 191
제1절 단군(檀君) 191
제2절 기자(箕子) 191
제3절 위만(衛滿) 192
제4절 삼한(三韓) 193
제5절 봉건시대 193
제2장 중고(中古) 194
제1절 신라 1 194
제2절 신라 2 195
제3절 신라 3 195
제4절 고구려 1 196
제5절 고구려 2 197
제6절 백제 197
제7절 가락(駕洛) 198
제8절 발해(渤海) 199
제9절 태봉(泰封) 199
제10절 견훤(甄萱) 199
제3장 근고(近古) 200
제1절 고려(高麗) 1 200
제2절 고려 2 200
제3절 고려 3 201
제4절 고려 4 202
제5절 고려 5 202
제4장 국조(國朝) 203
제1절 본조 1 203
제2절 본조 2 203
제3절 본조 3 204
제4절 본조 4 204
제5절 본조 5 205
제6절 본조 6 206

제7절 본조 7 206
제8절 본조 8 207
제9절 본조 9 207
제10절 본조 10 208
제11절 본조 11 209
제12절 본조 12 209
제13절 본조 13 210
제14절 본조 14 211
제15절 본조 15 212
제16절 본조 16 213
제17절 본조 17 214
제18절 본조 18 215
제19절 본조 19 216
제20절 본조 20 216
제21절 본조 21 217
제22절 본조 22 218
제23절 본조 23 218
제24절 본조 24 219
제25절 본조 25 219

초등본국역사

초등본국역사 해제 225
초등본국역사 목록(初等本國歷史目錄) 231
본국역대도(本國歷代圖) 232

제1장 상고(上古) 233
제1절 단군(檀君) 233
제2절 기자(箕子) 234
제3절 위만(衛滿) 234
제4절 삼한(三韓) 235
제5절 부여(扶餘) 236
제6절 상고의 문화 236
제2장 중고(中古) 237
제1절 신라 1 237
제2절 신라 2 238
제3절 신라 3 238
제4절 고구려 1 239
제5절 고구려 2 240
제6절 백제 241
제7절 가락(駕洛) 242
제8절 발해(渤海) 242
제9절 태봉(泰封) 243

제10절 견훤(甄萱) 243
제11절 중고(中古)의 문화 244
제3장 근고(近古) 244
제1절 고려(高麗) 1 244
제2절 고려 2 245
제3절 고려 3 246
제4절 고려 4 247
제5절 고려 5 248
제6절 근고의 문화 248
제4장 국조(國朝) 249
제1절 본조(本朝) 1 249
제2절 본조 2 249
제3절 본조 3 250
제4절 본조 4 251
제5절 본조 5 251
제6절 본조 6 252
제7절 본조 7 252
제8절 본조 8 253
제9절 본조 9 254
제10절 본조 10 254
제11절 본조 11 255
제12절 본조 12 256
제13절 본조 13 256
제14절 본조 14 258
제15절 본조 15 258
제16절 본조 16 259
제17절 본조 17 260
제18절 본조 18 260
제19절 본조 19 261
제20절 본조 20 262
제21절 본조 21 263
제22절 본조 22 263
제23절 본조 23 264
제24절 본조 24 264
제25절 본조 25 265
제26절 근세의 문화 268

부록|용어해설 269
영인|초등대한역사 347
영인|초등대한력ᄉᆞ 437
영인|초등본국역사 483

초등대한역사

초등대한역사 해제

강영심

1. 저자

정인호(鄭寅琥, 1869~1945)는 구한말~일제시대에 활동한 독립운동가로 일명 정인호(鄭仁昊)라고도 불린다. 본관은 동래(東萊)이며 경기도 양주 출신이다.

정인호는 어려서 양주의 사숙에서 한문공부를 시작하였다. 이후 19세 되던 해 봄 향리를 떠나 한성으로 올라와 성균관에 입학하여 학업을 이었다. 25세 때 종친부의 참봉(參奉)으로 관계에 진출한 후 궁내부의 감중관(監重官)과 경상북도 청도(淸道)군수직을 역임하였다. 그는 관직에 몸담기 보다는 민중계몽교육과 국력을 기르기 위한 산업진작의 길을 모색하는 일을 더욱 중요시하였다. 우선 1896년 창립된 독립협회에서 전개했던 독립문건립운동에 건립자금을 희사하여 국권확립을 위한 계몽운동에 뜻을 더하였다. 또한 1899년 4월 창경궁(昌慶宮) 부근에 흥인학교를 설립하고 직접 구국교육에 헌신하였다. 이 학교는 초등반과 고등반으로 편성하여. 초등반 학생들에게는 국문과 한문, 그리고 사회 과목 등 기초 과정을 가르쳤고, 고등반 학생들에게는 국가사상학, 소학(小學), 대한역사, 세계사, 대한지지(大韓地誌) 등을 가르쳤다고 전한다. 홍인학교는 1910년경까지도 다수의 졸업생을 배출하는 교육기관으로 존속하였다.

교육계몽운동에 매진하던 정인호는 1904년 7월 서울 종로에서 원세성(元世性), 송수만(宋秀萬) 등과 함께 보안회(輔安會)를 설립하여 일본의 황무지 개간권 요구에 반대하는 정치운동을 펼쳤다. 즉 1904년에 일본이 한국의 교통 · 통신 기관을 강제로 장악하고, 이어 일본인이 황무지 개간권을 요구하자 이를 저지하고 반대하기 위해 조직하였던 것이다. 보안회의 적극적인 항일투쟁으로 일본인의 황무지 개간권획득을 좌절시키는 성과를 거둘 수 있었다.

이후 정인호는 정치투쟁보다는 구구교육운동에 더욱 힘을 쏟았다. 홍인학교를 운영하면서 절실하게 느꼈던 교과서 부재의 현실을 타개하고 각급학교 교과목인 역사, 지리, 소학 등 각 전문교과용 교과서를 출판할 출판사를 출범시켰다. 1906년 서울 을지로 부근에 옥호서림(玉虎書林)을 설립하고 초등, 중등학교용 각종 교과서를 간행하는 등 교육계몽 및 구국운동에 앞장섰다.

구한말 구국운동을 전개하던 정인호는 국권상실이후 국권회복운동의 길을 모색하였다. 1919년 거족적인 3.1운동에 동참한 후 동지 장두철(張斗徹) 등과 협의하여 상해 임시정부와 연계하면서 1920년 3월 비밀결사 구국단(救國團)을 조직하고 동단의 단장을 맡았다. 구국단은 다양한 방법으로 상해 임시정부에 대한 지원활동을 폈다. 국내에서의 주된 활동은 단원확보를 통한 단세 확장과 상해 임정에 보낼 독립운동자금 모집이었다. 그해 4월에는 구국단 단원들이 모의 권총을 소지하고 충남 논산군의 부호 집에 침입하여 군자금 5백원을 모금하였으며 또한 정인호 역시 동년 12월 충남 익산군 부호에게 군자금 납입을 요구하였으나 실패하고 일경에 피체되어 재판에 회부되었다. 1922년 5월 경성복심법원에서 제령(制令)7호 및 출판법 위반 혐의로 징역 5년을 언도받아 옥고를 치렀다. 정부에서는 그의 공훈을 기리어 1977년에 건국포장을 추서하였으며 다시 1990년에 건국훈장 애국장을 추서하였다.

이렇게 정인호는 행동하는 지식인으로 국민의 힘을 양성해야 한다는 실력양성운동의 일환으로 교육계몽운동에 적극적이었다. 자신이 운영하는 옥호서림(玉虎書林)을 통해 다양한 분야의 교육용 교과서를 출판하였을 뿐 아니라 자신이 직접 교과서를 찬술하여 『초등대한역사』 이외에 『(최신)초등소학(最新初等小學)』(편술, 1908), 『(초등)동물학교과서(初等動物學教科書)』(역집(譯輯), 1908), 『초등식물학(初等植物學)』(역찬(譯編), 1908), 『(최신고등)대한지지(最新高等大韓地誌)』(편집, 1909) 등 다양한 교과서가 남아 있다. 그 외에 1908년에 역술한 『국가사상학(國家思想學)』, 『헌법요의(憲法要義)』를 남겼다.

2. 구성

『초등대한역사』는 정인호가 편집하고 장세기(張世基)가 교열하여 1908년 옥호서림에서 출판한 초등용 국사교과서다. 그 구성은 시기별, 주제별로 구분하여 알기 쉽도록 일목요연하게 설명하고 있다. 다루는 시기는 단군부터 순종조까지이며 전체분량은 170쪽으로 비슷한 시기에 출판된 다른 초등국사교과서에 비해 제법 두꺼운 편이다.

교열자인 장세기가 쓴 서(序)에서 이 책을 편집하게 된 배경을 밝히고 있다.

"교육에 정도가 있고 학년에는 계급이 있다. 정도는 가까운 데서 먼 것이요, 계급은 비루한 데서 높은 것이니 그 계급에 따라 등분을 정하는 것이 교수하는 사람의 규모다. 대한역사를 초등으로 이름한 것은 그 중등과 구별이 있으므로 우리가 유치한데서부터 청년이 되고 청년으로써 노인이 되는 것과 같다. 어리고 나이 먹음이 뒤섞여 어수선해서는 안 되니 이는 질서를 문란케 함이다."

즉 초등학생용 역사 교과서이므로 중등의 역사교육과 연계될 수 있도록 하되 어린학생들이 이해하기 쉽게 편찬하였다는 것이 그 취지였다. 이런 취지에 따라 편찬된 이 책은 다른 초등국사교과서에서 볼 수 없는 중요한 인물에 대한 삽화나 지도, 그리고 각종 풍습에 대한 내용을 많이 수록하고 있다. 그 누구보다도 국민교육의 필요성을 중시한 저자가 1908~1909년경에 집중 편찬한 책들 중 초등용이 다수인 점을 미루어 그가 기초적인 초등교육의 중요성을 인식하고 있음을 엿볼 수 있다. 또한 그 역시 당대의 계몽주의자들과 같이 사회진화론의 우승열패, 약육강식적 인식틀을 수용하여 국민계몽적인 교육이 구국의 지름길이란 시대관으로 교과서편찬에 앞장섰던 것이다.

이 책은 국한문혼용체로 서술하였다. 전체구성은 편, 장, 절로 구분하여 총131개의 절로 편집되었는데 제1편 상고(上古), 제2편 중고(中古),

제3편 근고(近古) 고려(高麗), 제4편 현세(現世)로 나누어 단군부터 순종 시기까지를 다루고 있다. 역대왕조사를 따라 구분하였으나 분야별로 내용을 나누어 서술하지는 않았다. 종래 교과서의 권별 내용이 '편'으로 대체되고 있지만 상고, 중고, 근고, 현세의 시대구분은 1906년 현채의 『중등교과 동국사략』에서 채택한 신사체(新史體)의 형식을 취한 것이다. 다만 동국사략의 태고사를 이 책에서는 상고사로, 상고사가 중고사로, 중고사가 근고사로, 근세사가 현세로 각각 그 시대 명칭을 달리하고 있다. 이는 상고, 중고, 근세 등의 시대구분법이 당시에는 시대적 성격에 부합된 일정한 이론적 체계로 확립되지 못하였다는 현상을 반영한 것이다.

이 책에서는 역사적 사실을 발전적 인과관계로 파악하고 서술한 신사체를 취하면서 주제별 분류를 시도한 특징이 돋보인다. 예컨대 각 시대를 절로 나누어 중요내용을 '단군탄생(檀君誕生)' 같이 사언(四言)의 한자로 절의 제목을 붙였다. 신사체를 따랐다고 하여도 장의 편제를 살피면 고대사 인식에서는 원칙적으로 단군조선, 기자조선, 마한으로 이어지는 정통론을 따르고 있음을 알 수 있다. 다만 위만조선에 대한 내용은 기자조선 중에 포함시켜 서술하고 있다. 이 책의 연도표시가 융희 원년(1907)을 기준으로 이를 역산한 점은 주목할 부분이다.

이 책에서는 삼한정통론을 취하였지만 각국의 발전내용은 별도로 독립시켜 서술하고 있다. 즉 삼한 중 마한, 진한, 변한을 각각 분리하여 개별적으로 서술하였으며 삼국의 성립과정도 같은 방법으로 처리하였다. 특히 2편 4장에서는 가락, 대가야, 발해, 태봉, 후백제의 5개국을 차례로 다룬 구성은 종래 신라 중심의 연대기적 역사 서술 방법에서 탈피하여 민족사의 활동내용을 총망라한 것으로 저자의 근대적 역사 서술에 대한 지향을 엿볼 수 있다.

3. 내용

서술내용은 정치사 분야에서 큰 변화를 주고 있다는 점을 첫째로 들 수 있다. 종래 왕 중심의 서술에서 탈피하여 각 시대 마다 민족적, 역사적으로 중요한 인물을 선정하여 서술의 중심에 세우고 있다는 점이다. 즉 대외항쟁에서 무공을 세운 을지문덕 · 강감찬 · 김종서 · 이순신 · 임경업 · 김덕령 등에 대한 서술이 많은 분량을 점하고 있음이 그러하다. 둘째, 전체의 내용이 정치적 변천과 함께 사회, 경제, 문화의 각 분야로 망라되어 있는 것도 진전된 역사 서술의 변화로 볼 수 있다. 셋째, 각 시대의 역사상 중요인물의 행적이나 인물상은 삽화로 배치하였는데 「동국(東國)을 창립하신 단군」을 비롯하여 「황태자전하」에 이르기까지 37종의 삽화를 수록한 것이다. 아울러 「고조선과 삼한의 도(圖)」와 「삼국정립도」의 지도도 첨부하여 당시의 다른 교과서와 달리 시각적인 교육자료를 활용해 학생들의 이해를 높이려는 점에서 그 의의가 크다. 특히 이 지도들은 이 책에만 수록되어 있어 역사 교과서로서의 역할이 강화된 면도 주목할 만하다.

그런데 이렇게 역사인물을 강조한 서술기법은 인물을 중심으로 한국사교육의 일반적인 양상이며, 또한 당시 풍미했던 계몽운동의 특징 중 하나였던 위인영웅전기의 간행이란 일반적 경향과 관련된 것으로 당시의 역사인식의 한 흐름을 반영하고 있다고 하겠다.

넷째, 역사고증적 서술에 주력한 점이다. 예컨대 고대사 부분에서 거론된 지명의 경우 본문주를 달아 작은 글씨 2행으로 그 위치를 현재의 지명과 연결시켜 고증하고 있다. 또한 1904년에 체결된 '한일의정서(韓日議定書)', '러일전쟁', 1905년의 '을사조약', 1907년의 '한일신협약(韓日新協約)' 등의 내용도 조약내용 전체를 자세하게 본문주로 고증하고 있어 교과서의 역사적 사실성을 높여 주었던 것이다.

다섯째, 이 책의 내용에는 민족의 자주성을 강조하는 민족의식이 뚜렷하게 나타나고 있다. 즉 이 책의 많은 부분을 외세의 침략을 막아낸 명장이나 충·효와 지조로 이름난 인물, 그리고 민족문화 발전에 공헌한 인물에게 할애하고 있는데 특히 한일관계에서 그런 양상이 더욱 두드러진다. 즉 임진왜란 당시 이순신과 의병의 활동에 대한 서술은 4편 128개 절 중 46절~58절에 이르는 13절의 분량으로 조선왕조의 기사 중 10%에 달하는 지면을 할애하고 있으며, 특히 이순신과 거북선의 삽화를 「거북선을 창조한 이순신의 상」이라는 제목으로 한 장 천체에 수록한 것을 보아도 항일의식의 강조를 읽어 낼 수 있다.

여섯째, 일제의 침략에 항거하는 민족운동의 모습도 부각시켜 서술하고 있다. 을사조약의 체결에 반대하는 각종 움직임과 민영환의 유서내용은 물론 그의 삽화도 소개하고 독립정신을 강조하였으며, 그 외 헤이그에서의 이준 등의 활동, 매국노에 대한 국민의 비판 및 군인의 항거에 관한 상세한 서술을 담아내고 있다.

이 책을 특징을 정리하면 첫째, 초등용이지만 내용의 수준이 높은 편이며 정치사 분야의 비중을 축소하여 문화사, 사회사분야의 내용을 상당히 반영함으로써 새로운 역사인식의 틀을 모색하려고 시도하고 있다는 점이다. 예컨대 민족의 역사 중 폭넓은 활동을 인과적으로 서술하려는 의도로서 근대 역사학에 기초한 서술 태도를 추구하려 한 것이다.

둘째, 자주성을 강조하고 민족의 독립정신을 배양하는데 주력하고 있어 당시의 구국운동의 일익을 담당하려던 역사인식의 특징을 지적할 수 있다. 셋째 인물을 중심으로 한 삽화를 많이 수록하여 학습효과를 높였으며 역사지도를 처음으로 소개했던 역사 교과서였다. 넷째, 근대 이후 일제의 침략에 대항하는 민족운동을 많이 다루어 민족의식을 고취시키고 있다. 이시기 간행된 다른 초등교과서가 강화도조약 이후의 역사를 회피한 것과는 달리 많은 분량에서 상세하게 일본의 침략성을 폭로하고 있어 반일적, 자주적인 교과서였다.

이러한 특성으로 인해 이 책은 1908년 일제통감부의 교과용도서 검정규정이 발표된 후 학부불인가 교과용도서, 검정무효 및 검정불허가 교과서도서로 분류되어 어느 학교에서도 사용할 수 없도록 규제되었던 것이다. 이후 1909년 2월 일제가 제정한 출판법에 의하여 발매반포 금지도서로 지정되었다.

이 책 중 일부분에서는 시모노세키조약[馬關條約, 1895]으로 조선의 독립이 이루어졌다는 등 잘못된 서술도 다소 눈에 띤다는 지적과 아울러 역사책이라기보다는 도덕교과서와도 같다는 평한 견해도 있어 덧붙여 둔다.

4. 가치

조선정부가 주도한 갑오개혁에서 추진한 근대적 교육제도의 도입으로 근대적 학교들이 설립되면서 학부의 국사교과서편찬을 필두로 1910년까지 20여종의 국사교과서가 세상에 출판되었다. 근대국사교과서의 편찬단계를 크게 3시기로 구분하면 제1기(1895~1904)의 교과서는 모두 학부에서 만든 관찬사서였으며, 체제는 1종만 제외하고 5종 모두 편년체로 단군에서 조선까지를 서술하였고 최초의 국한문사용과 개국기원사용, 단군조선의 위치 격상 등으로 교과서의 방향을 제시하면서 기초를 다지던 단계였다. 제2기(1905~1907)는 사찬교과서가 등장하고 일본의 조선사서술 및 조선사 인식 틀인 식민사학이 본격적으로 영향을 미쳐 왕조사 중심의 편년체를 벗어나 새로운 시대구분법인 태고–상고–중고–근고라는 구분법을 국사서술에 적용한 교과서가 등장한 것이 특징이었다. 다만 근대적인 역사 서술틀을 도입하면서 그 틀 안에 숨은 식민사학의 역사인식도 함께 들여오는 우를 범했다고 평가되는 시기다. 제3기(1908~1910)의 교과서는 일제 통감정치하의 교육통제에 기초한 교과서통제정책 하에서 편찬된 까닭에 민족적 의미나 자주성을 띤 내용을 담을 수 없다는 한계를 안고 간행된 것으로 대다수 사찬이었다. 이 시기에 편찬된 대부분의 교과서가 초등용이었으므로 분량도 적고 간략하게 국한문으로 단군-조선까지 서술하였으며 『동국사략』의 체제를 따른 신사체로 구성되었지만 대부분이 강화도조약 이후의 사실은 다루지 않고 있다.

이러한 한말의 국사교과서편찬의 흐름 속에서 편찬된 『초등대한역사』는 제3기에 해당되는 교과서다. 그런데 당시 학부 검인정을 받은 교과서들은 민족적, 자주적인 방향 보다는 일제의 교과서통제정책에 순응하며 그 침략적 의도를 책에 반영하여 결국 그 시기를 살면서도 당대사에 대한 서술에서 일본이 주도한 침략적 행위인 청일전쟁이나 러일전쟁, 그리고 통감정치에 대한 정확한 사실을 서술하지 못한 역사가들의 책이었다. 그러나 이 책은 당대사를 진실로 기록하며 다양한 민족운동에 대한 기사와 민족주체성에 터한 일본에 관한 내용을 객관적으로 서술하였다는 점에서 그 역사적 의의가 크다. 더욱이 학생들의 이해를 돕기 위해 37개의 삽도와 역사지도를 교과서에 편집하여 최초의 시각적 교과서라는 교육적인 의의도 자못 큰 중요한 교과서였다.

[참고문헌]

『京城覆審法院判決文』, 1922.

朝鮮總督府 慶尙北道警察部, 『高等警察要史』, 1934.

愛國同志援護會, 『韓國獨立運動史』, 1956.

金正明 編, 『朝鮮獨立運動』 1, 原書房, 1967.

대한민국국회도서관, 『韓國民族運動史料－中國篇－』, 1974.

李炫熙, 『臨政과 李東寧研究』, 一潮閣, 1990.

구자혁, 「開化期 初等學校 國史敎育에 對한考察－敎科書分析을 中心으로－」, 『민족교육연구』 2, 춘천교대 민족교육연구소, 1981.

김태현, 「舊韓末國史敎科書分析研究－初等用敎科書를 중심으로－」, 『역사교육논집』 3, 한국역사교육학회, 1982.

김흥수, 「韓末 歷史敎育 및 敎科書에 관한 研究」, 『歷史敎育』 29, 역사교육연구회, 1981.

김홍수, 「韓末의 國史敎科書 編纂」, 『歷史敎育』 33, 1983.
김여칠, 「1906년 이후의 국사교과서에 대하여」, 『歷史敎育』 36, 1984.
조동걸, 「한말사서와 그의 계몽주의적 허실(상)」, 『한국독립운동사연구』 제1집, 독립기념관 한국독립운동사연구소, 1987.
조동걸, 「한말사서와 그의 계몽주의적 허실(하)」, 『한국학논총』 10, 국민대학교 한국학연구소, 1988.
문동석, 『초등역사교육 과거와 현재』, 국학자료원, 2005.

|근대 역사 교과서 일러두기|

1. 번역의 저본은 이화여자대학교 중앙도서관 소장『初等大韓歷史』,『초등대한력ᄉᆞ』,『初等本國歷史』를 사용하였다.
2. 편차와 체제는 저본을 따랐다. 단 독자의 편의를 위하여 저본의 내용을 해치지 않는 범위에서 문장 길이를 조정하거나 문단을 나누었다.
3. 번역은 직역을 원칙으로 하되, 문맥이 통하는 자연스러운 현대역의 의의를 살리도록 하였다.
4. 맞춤법과 띄어쓰기는 '한글맞춤법통일안'을 따르는 것을 원칙으로 하였다.
5. 한글 표기를 원칙으로 하고, 고유명사나 이름, 관직, 지명, 기타 전문용어는 한자 또는 원어를 ( ) 안에 표기하였다. 반복되어 나올 경우에는 한글로만 표기하였다.
6. 연대는 원문에 있는 표기 방식을 살려 쓰되, '( )' 안에 서력 기년을 부기한다. 필요에 따라 한국 연호나 역조 임금의 즉위 기년을 환산하여 부기한다. 추정연도는 '[ ]'를 사용한다.
   예) 673년(문무왕 13)
7. 부호는 다음과 같이 구별하였다.
   ( ) : 음이 같은 한자 표기
   [ ] : 한글과 발음이 다른 한자 표기
   " " : 인용문, 대화
   ' ' : 재인용, 대화 안의 대화
   「 」: 항목명, 편명, 조명, 논문명
   『 』: 서명

|초등대한역사 · 초등대한력ᄉᆞ · 초등본국역사 일러두기|

1. 지명, 인명(동서양서 포함) 등 고유명사는 현재 사용하는 단어로 과거에 사용된 것은 살려서 쓴다.
2. 외국 지명, 인명은 현지음으로 표기하되 갑오경장 이전 중국의 인명과 지명은 한자음으로 표기한다.
3. 전문적 역사용어는 원본에 충실하고 문투는 현대역으로 쉽게 풀어서 번역한다.
4. 본문 중의 인명, 지명, 관직, 관청명에 대한 설명은 본문 주로 처리하지 않고 부록에 정리해 두었으며 세 권을 묶어 하나의 부록으로 작성하였다.
5. 원문의 저자주는 번역문의 본문에 위첨자 형태로 표기하였으며 가독을 위해 필요한 곳에 번역자의 주를 각주로 처리하였다.
6. 각주의 일반적인 용어 풀이는 국립국어원 사이트에 의거하였다.
7. 원문의 오류는 가능한 한 수정하는 것을 원칙으로 하였다.
   예) 원문의 " "은 오기이므로 바로잡았다.

초등대한역사(初等大韓歷史)

정인호(鄭仁浩)

초등대한역사 서(序)

"교육에 정도가 있고 학년에는 계급이 있다. 정도는 가까운 데서 먼 것이요, 계급은 비루한 데서 높은 것이니, 그 계급에 따라 등분을 정하는 것이 가르치는 사람의 규모다. 대한역사를 초등으로 이름지은 것은 중등과 분별함이니 우리가 유치한 데서부터 청년이 되고, 청년으로서 노인이 되는 것과 같다. 어리고 나이 먹음이 뒤섞여 어수선해서는 안 되니 이는 질서를 문란케 함이다." 친구 정인호가 학계 여러분을 위하여 이 역사서를 편집하고, 내가 한 마디 하여 이 책머리를 대변한 까닭에 책의 요약 줄거리에 따라 그 뜻을 돕고자 한다.

융희 2년 7월 일 학사(學士) 장세기(張世基) 서(序)

초등대한역사 목록(初等大韓歷史 目錄)

제1편 상고(上古)

단군(檀君)

기자(箕子)

위만(衛滿)

삼한(三韓) 부(附) 고조선과 삼국도(古朝鮮及 三國圖)

삼한결론(三韓結論)

제2편 중고(中古)

신라(新羅)

고구려(高句麗)

백제(百濟)

가락국(駕洛國)

가야국(伽倻國)

발해국(渤海國)

태봉(泰封)

후백제(後百濟)

제3편 근고(近古)

고려(高麗)

제4편 현세(現世)

본조(本朝)

초등 대한역사목록 마침[終]

초등대한역사

동래(東萊) 정인호 찬집(纂集)

제1편 상고(上古)

제1장 단군조선(檀君朝鮮)

제1절 단군 탄생하다

동국(東國)을 새로 만들어 세우신 단군상(檀君像)

동방(東方)에 처음에는 군장(君長)이 없어서 인민이 풀로 옷을 입고 나무 열매를 먹으며 여름에는 나무 위에 머물고 겨울에는 동굴에서 지냈다. 환인(桓因) 이라 하는 이가 있어 아들 웅(雄)을 출생하니 태백산(太白山)지금 영변(寧邊) 묘향산이다 박달나무 아래 집을 짓고 왕검(王儉)을 낳았다.

제2절 단군 나라를 열다

왕검이 성스러운 덕이 있어서 나라 사람이 높여 임금[君]을 삼으니 이분이 단군이다. 나라 이름을 조선(朝鮮)먼저 아침 해가 비치는 선(鮮)인 까닭에 일러 조선이라 하였다이라 하니, 원년은 당지나[1] 요(堯) 25년이고 융희(隆熙) 원년 전 424년 전(기원전 2333)이다. 비로소 백성을 가르쳐 머리를 묶어 늘어뜨리며 임금과 신하, 남녀의 음식과 거처의 제도를 처음 갖추었다.

제3절 단군 도읍을 정하다

태자 부루(扶婁)를 도산(塗山)에 보내 하(夏)지나 우(禹)씨의 만국회(萬國會)[2]에 참석하게 하고 왕자 3인을 강화 전등산(傳燈山)에 보내서 삼랑성(三郎城)을 쌓았다. 처음에 평양(平壤)에 도읍하였다가 백악(白岳)지금 문화(文化) 구월산(九月山)으로 옮겼다. 팽오(彭吳)에게 명하여 국내 산천에 제를 올리실 때 동쪽은 대해(大海)지금 태평양를 끝으로 하고 서쪽은 요하(遼河)지금 지나 성경성(盛京城)와 잇대어있고, 남쪽은 조령(鳥嶺)지금 문경군(聞慶郡)에 있다에 이르고 북쪽은 흑룡강지나에 있는 흑룡강성(黑龍江省) 북측에 접하였다.

---

1 지나는 중국을 지칭한다. 일본에서 메이지 유신 이후 중화사상이 드러난 '중국' 대신 '지나'라는 호칭이 일반화된 이래 점차 쇠퇴해가는 중국을 경멸하거나 비하하는 표현으로 사용한 것이다. 개화기 일본의 문물을 수용하는 과정에서 일본의 영향을 받은 조선의 지식인들도 중국중심적인 세계관에서 탈피하려는 의도에서 중국을 '지나'로 표기하고 있다. 특히 이 시기 역사 교과서에서는 대부분 중국을 '지나'로 표기하고 있어 번역문도 당시 역사서의 중국 인식을 반영하려는 의도에서 모두 원본대로 옮겼다.

2 고대 중국에서 있었던 도산의 모임을 가리키는 말이다. 『춘추좌씨전(春秋左氏傳)』에는 "애공(哀公) 7년에 우(禹)가 제후들을 도산에 모았다. 옥백(玉帛)을 담은 것이 만 나라나 되었다"고 하였으며, 그 주(註)에 "도산은 수춘현(壽春縣)에 있다"고 하였고 '우'는 하왕조의 우왕을 가리키며, 옥백은 제후가 천자에게 바치는 예물이다. 청일통지(淸一統志)에 의하면 도산은 지금의 안후이성(安徽城)에 속한다.

제4절 기자(箕子)에게 왕위를 물려주다

단군의 후손이 왕위를 서로 전한지 1212년에 왕위를 기자에게 물려주고[讓位] 북부여(北扶餘)로 옮겼다가 후에 고구려에 병합되었다. 부여. 지금 지나 길림(吉林) 영고탑(寧古塔) 등지.

제2장 기자 조선

교화(敎化)를 창흥(倡興)[3]하신 기자의 상

제1절 기자 은(殷)나라 출신이다

기자의 성은 자(子)이고 이름은 서여(胥餘)인데, 자작(子爵)으로 기(箕)땅에 봉한 까닭에 기자라 칭하니, 은(殷)지나나라 왕 성탕(成湯)의 후손이며 주(紂)의 아버지와 같은 항렬의 당 내친인 제부(諸父)이다. 주(紂)의 태사(太師)가 되었다.

3 원문의 '창(倡)'은 광대의 의미인데, 번창하다는 뜻으로 사용하였으니 오기인 듯하다.

제2절 기자 동쪽으로 오다

주왕(紂王)이 인간의 도리를 저버리고 막된 것을 보고, (기자가) 머리 풀고 미친 것처럼 꾸며 노비가 되었더니 주왕이 옥에 가두었다. 주(周)나라 무왕(武王) 희발(姬發)이 주왕을 멸(滅)하여 죄인을 풀어주고 도(道)를 물었는데, 기자가 홍범9주(洪範九疇)[4]를 진술하고 남녀 5천 명을 이끌고 주(周)나라를 피하여 조선으로 들어왔다.

제3절 기자 교화를 베풀다

기자가 시(詩), 서(書), 예악(禮樂), 밭농사와 누에치기[田蠶], 실을 뽑아 천짜는 일[織作]들을 백성에게 가르쳤다. 나라 사람이 성스러운 덕을 높이 받들어 왕을 삼으니, 평양에 도읍하고 8조의 교(敎)[5]를 베풀어 인자하고 현명한 교화가 드러났다.

제4절 기준(箕準) 남쪽으로 피하다

기자의 41세 손 기준에 이르러 연(燕)나라 사람 위만(衛滿)이 무리를 이끌고 상투를 틀고 오랑캐 복장을 하고 와서 항복하였다. 박사(博士) 벼슬을 주고 서쪽지방[西鄙]을 지키게 하였는데, 위만이 군사를 이

---

4 하나라 우왕이 홍수를 다스린 공으로 왕이 되어 국호를 '하'라 하고 도산에서 받은 신서(神書)를 홍범9주(洪範九疇)라 한다.

5 고조선 때에 시행한 여덟 가지의 금법(禁法)이다. 살인자는 죽이고, 남을 다치게 한 자는 곡물로 배상하며, 도둑질을 한 자는 종으로 삼는다는 따위의 세 조항이 전한다. 기자 팔조교(箕子八條敎) · 범금팔조(犯禁八條) · 팔조법 · 팔조법금 · 팔조지금법 등으로도 쓴다.

끌고 평양을 공격하니 기준이 군사를 피하여 남쪽으로 금마군(金馬郡) 지금 익산군(益山郡)에 이르러 마한(馬韓)이라 칭하였다.

상투를 틀고 오랑캐 옷을 입은 연나라 무리

제5절 위만 조선(衛滿 朝鮮)

위만이 평양에 도읍하여 나라 이름을 조선이라 칭하고, 병권과 재력으로 수천 리를 개척하였다. 그 손자 우거(右渠)에 이르러 한(漢)지나의 사신(使臣)을 죽였는데, 한무제(武帝) 유철(劉徹)이 누선장군(樓船將軍) 양복(楊僕)과 좌장군(左將軍) 구체(荀彘), 공손달(公孫遂)을 보내 부숴 버리고 4군(四郡)을 두었다. 4군 중 하나는 낙랑(樂浪)인데 평양부와 춘천이며, 하나는 임둔(臨屯)으로 경기 서쪽 교외[西郊]와 황해 동도(黃海 東道)이다. 하나는 현도(玄菟)로 함흥부(咸興府)며, 하나는 진번(眞蕃)인데 요동(遼東)이다.

제3장 삼한(三韓)

제1절 마한(馬韓)

마한 왕 기준(箕準)이 금마군(金馬郡)에 정착하여 한왕(韓王)이라 칭하였다. 그 백성이 씨 뿌리고 식물 심는 일에 힘쓰며 누에치기를 즐겨하고, 금은(金銀)을 경시하여 구슬과 옥으로 머리를 꾸몄다. 남자는 흰 도포[帛袍]를 입고 그 성정이 용맹하여 활과 방패[弓楯], 그리고 창과 큰방패[矛櫓]를 잘 다루었다.

제2절 마한 백제(百濟)에 병합되다

기준의 후손이 마한의 우두머리왕[總王]이 되어 해를 이어 스스로 지키다가 백제 왕 고온조(高溫祚)에게 멸망하였다. 기자 원년으로부터 이에 이르러 왕업을 누린 세월이 모두 1131년이었다.

제3절 진한(辰韓)

진한은 마한의 동방에 자리하여 북쪽은 예맥(濊貊)과 접하고 남쪽은 변한(弁韓)과 이웃하였는데, 그 시조는 진(秦)나라 사람이다. 진의 가혹한 정치를[6] 피하여 마한에 들어왔으며, 마한이 동쪽 편의 경계를 나누어 주어 살게 하였는데 후에 신라에게 병합되었다.

6 진(秦)은 중국 최초의 통일 왕조이다. 춘추 전국시대, 지금의 간쑤[甘肅] 지방에서 일어나 기원전 221년 시황제가 주나라 및 육국(六國)을 멸망시키고 최초로 중국을 통일하였는데, 기원전 207년 한나라 고조에게 멸망하였다.

고조선(古朝鮮)과 삼한도

제4절 변한(弁韓) 또는 변진(弁辰)이라 한다

변한은 진한의 남방에 자리하여 진한과 서로 섞여 살았으므로 마한과 함께 삼한이라 불리웠다. 후에 가락국(駕洛國)의 시조 김수로(金首露)에게 병합되었다.

제5절 삼한 결론

한(韓)이라 부른 것은 한강의 남쪽에 대륙 하나가 있는데 방언 중 '일(一)'이란 크다[大]란 뜻을 옮긴 바이다. 삼한이 솥의 다리[鼎足]와 같이 대치하고 마한이 통치하였는데 마한이 54국이며, 진한과 변한은 각각 12국의 속국이 있다. 큰 나라는 만여 가(家)며, 작은 나라는 천여 가였다. 절풍건(折風巾)갓, 장수삼(長袖衫)저고리, 대구고(大口袴)바지, 오혁리(烏革履)[7]검은 신는 그 남은 습속으로 아직도 전하고 있다.

7 절풍건은 삼국 시대, 머리에 쓰던 고깔 모양의 건으로 새의 깃털을 꽂거나 붉은 비단으로 만들어 금은 장식을 하였다. 오혁리는 검정 가죽신이다.

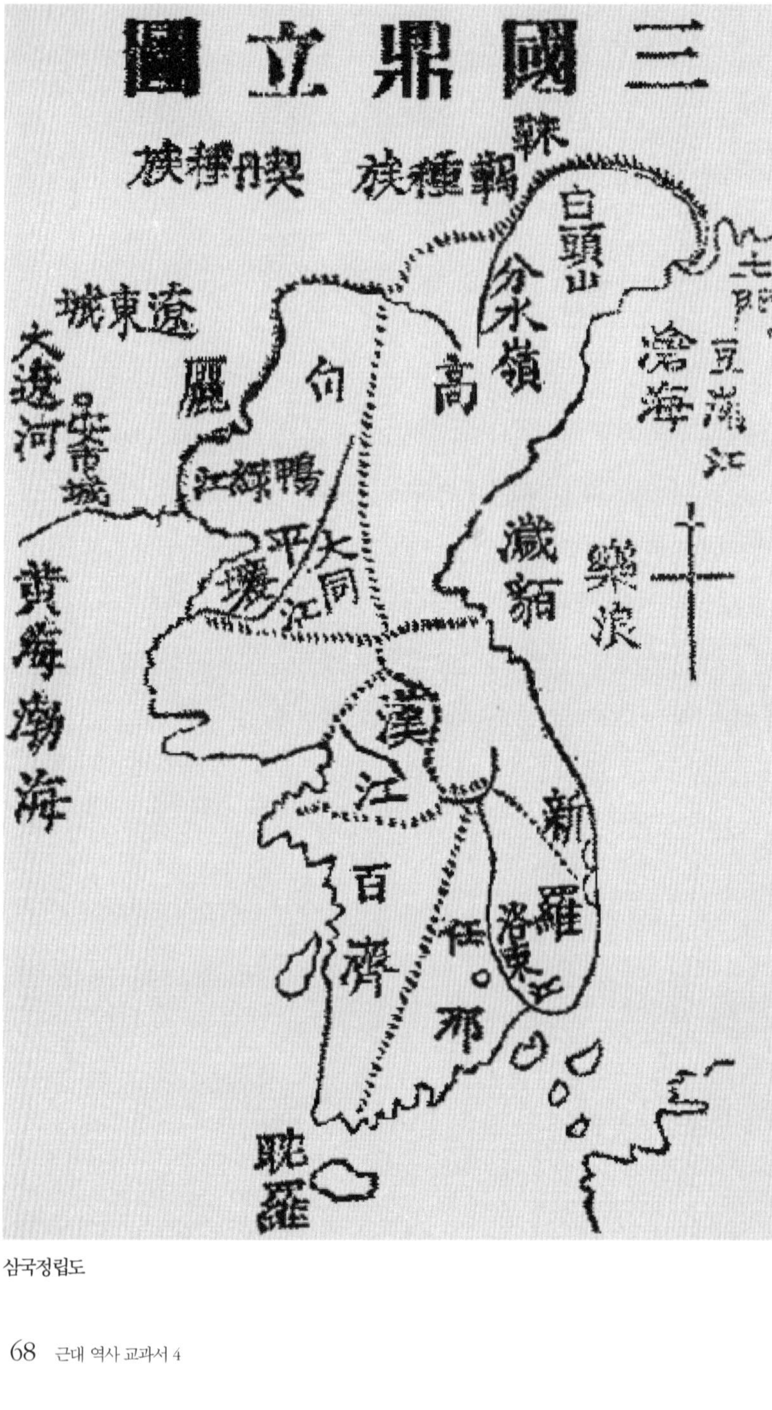
三國鼎立圖
靺鞨種族
契丹種族
遼東城
大遼河
安市城
高句麗
白頭山
分水嶺
滄海
豆滿江
鴨綠江
平壤
大同江
濊貊
樂浪
黃海渤海
漢江
百濟
新羅
洛東江
任那
耽羅

삼국정립도

제2편 중고(中古) 삼국(三國)

제1장 신라(新羅)

제1절 박혁거세(朴赫居世)

신라시조 박혁거세와 알영 두 성인의 상

신라의 시조 박혁거세는 진한(辰韓)사람이다. 그 사람됨이 영특하고 숙성(夙成)하여 6부의 인민이 임금[君]으로 세웠는데, 이때 나이 13세였다. 나라 이름을 서라벌(徐羅伐)후에 신라이라 하고 왕위에 오른 지 5년만에 알영(閼英)을 맞아들여 왕비로 삼았다. 왕비가 어진 행실이 있어 내조하였으므로 당시 사람들이 두 성인이라 칭하였다. 그때에 왜국(倭國)지금 일본(日本)이 변경을 침략하였다가 왕에게 신성한 덕이 있다는 것을 듣고 물러갔다.

제2절 박(朴), 석(昔), 김(金) 3성

박혁거세의 아들 남해(南解)가 왕위에 있을 때, 아들 유리(儒理)와 사위 석탈해(昔脫解)에게 유언하여, "내가 죽은 후에 박, 석, 두 성씨가 나이순으로 왕위를 잇도록 하라"고 하였다. 그러므로 그 후에 유리가 왕위를 탈해에게 전하였다가 석조분(昔助賁)에 이르러 그 사위 김미추(金味鄒)에게 전하였다.

제3절 연호(年號)[8]를 비로소 세우다

탈해왕(脫解王) 때에 나라 이름을 계림(鷄林)이라 하고 지증왕(智證王) 때에 신라라 하며, 비로소 법흥왕(法興王) 때에 연호를 세워 건원(建元)이라 하였다.

제4절 박제상(朴堤上) 일본에 들어가다

눌지왕(訥祗王) 원년(417)에 왕이 일본에 인질로 간 동생 미사흔(未斯欣)을 생각하여 박제상을 일본에 보냈다. 박제상이 거짓으로 배반자가 되어 일본에 가서 미사흔을 몰래 돌아오게 하였는데, 미사흔이 "어찌 당신을 버리고 혼자 돌아가겠습니까?"라고 말하였다. 박제상이 "왕의 정을 위안하고자 하는데 내가 어찌 한 목숨을 아끼겠습니까"라고 대답하였다.

제5절 계림(鷄林)의 신하다

마침내 일본이 미사흔이 도망쳐서 돌아간 사실을 알고 나서 박제상을 신문하였다. 박제상이 대답하여 "계림의 신하다. 우리 임금의 뜻을 이루고자 함인데 어찌 신문이 많은가"라고 말하였다. 일본 왕이 화내며 말하기를, "네가 우리 신하가 되었는데, 어찌 계림의 신하라 하는가? 네가 일본의 신하가 된다면 많고도 후한 녹봉을 상으로 내릴 것이다"라고 하였다.

---

8 중국이나 우리나라에서 군주의 치세(治世)에 붙이는 칭호로, 대년호(大年號) 또는 원호(元號)라고도 한다. 중국의 제도에서 비롯되어 우리나라와 일본에서 사용되었다.

제6절 벤 갈대 위를 걷게 하고 달군 쇠 위에 세우다[趨霞 立熱]

벤 갈대 위를 걷고 달군 쇠 위에 선 박제상의 상

박제상이 답하여 “나는 오히려 계림의 개 돼지가 될지언정 일본의 신하는 될 수 없으며, 오히려 계림의 수초(箠楚)[9]는 받을지언정 일본의 작록은 받을 수 없다”고 하였다. 일본왕이 더욱 화를 내며 박제상의 발바닥 가죽을 벗기고 갈대를 베어 그 위로 걸어가게 하고, 또 달군 쇠 위에 세우고 물었는데 계림의 신하라 대답하자, 일본왕이 굴복시키지 못할 것을 알고 불태워 죽였다.[10]

제7절 죽죽(竹竹) 절개를 지키며 죽다

선덕왕(宣德王) 때 백제군이 신라를 공격해 함락시켰다. 휘하의 사지(舍知) 죽죽이 스스로 맹세하여, “내 아버지가 나를 죽죽이라 이름한 것은 나로 하여금 한겨울에도 시들지 말라 함이었는데, 어찌 두려워하여 살아 항복하겠는가” 하고 힘껏 싸우다 전사하였다.

---

9 장형(杖刑)을 이르는 말이다.

10 박제상이 왜왕의 협박을 거부하여 화형에 처해 죽은 후, 눌지마립간은 박제상의 부인을 국대부인(國大夫人)으로 삼고, 그의 둘째 딸을 미사흔의 아내로 삼아 그의 공적을 기렸다.

제8절 김유신(金庾信) 백제를 공격하다

진덕왕(眞德王) 때 백제가 서쪽 마을을 공격해 무너뜨리고 옥문곡(玉門谷)에 이르렀다. 왕이 김유신을 보내 백제를 쳐서 22성을 함락시키고 목 벤 자가 2만여 명이며 사로잡은 자가 9천여 명이었다.

제9절 소정방(蘇定方) 사죄하다

김유신 군 앞에서 당 장군 소정방이 사죄하는 그림

그 때에 왕이 당나라지나 에 구원병을 청하니, 당황제가 장군 소정방에게 명하여 20만 군을 거느리고 함께 백제를 정벌하게 하였다. 소정방이 병력을 믿고 김유신에게 무례를 범하였는데 김유신이 화를 내며 창을 잡고 군문(軍門)에 나와 서니, 진노한 머리카락이 위로 치솟고 허리에 찬 검이 저절로 소정방을 치려고 하였다. 소정방이 크게 놀라서 김유신 앞에 무릎 꿇고 사죄하였으므로, 김유신이 소정방과 더불어 백제를 평정하고 고구려를 멸하여 큰 공로가 천하에 으뜸이었다. 후에 추봉(追封)하여 흥무대왕(興武大王)이라 하였다.

제10절 신라 통일하다

삼국을 통일하신 신라 문무왕의 상

문무왕(文武王)이 즉위한 지 8년(668)에 고구려 왕의 외손 안승(安勝)을 책봉하여 고구려왕을 삼고 그 땅을 취하였다. 왕 10년(670)에 백제의 토지를 취하여 삼국을 통일하였다. 왕 15년(675)에 왕이 당나라 장군 설인귀(薛仁貴)와 함께 20여 차례 전투하여 크게 승리하고 40여 급(級)을 목 베었으므로, 이때부터 당나라군이 다시 이르지 못하였다. 왕이 조상의 사당 앞에 포로를 바치면서 전쟁의 승리를 고하였으며, 공신(功臣)으로 전공을 표창하였고 나라 안의 죄수를 크게 사면하였다.

제11절 국학(國學)을 세우고 공자(孔子)의 상(像)을 받들다

대교육가 지성문선왕(至聖文宣王) 공자의 상

신문왕(神文王) 원년(681)에 국학(國學)을 세워 예부(禮部)에 두었다. 성덕왕(聖德王) 15년(716) 가을 9월에 왕자 수충(守忠)이 당으로부터 돌아와 문선왕(文宣王) 10철(十哲) 72제자의 화상을 바치니, 명하여 태학(太學)에 모셔두었다.

제12절 설총(薛聰)에게 색다른 소문을 청하다

신문왕(神文王) 11년(691)에 왕이 한가로이 계실 때에 설총을 불러, "오늘에야 오래 내리던 비가 비로소 개이고 여름의 훈훈한 바람은 조금 서늘하니, 고상한 이야기나 재미있는 농담으로 유쾌하게 노는 것이 좋겠다. 그대는 나를 위하여 색다른 소문을 이야기 하라"라고 말하였다.

제13절 꽃의 왕 당춘[花王 當春][11]

9경(九經)을 해석한 설총의 상

설총은 다음과 같이 들었다고 대답하였다. 꽃의 왕 모란꽃이 봄철이 되어 곱게 피어나 온갖 꽃들 중에 훨씬 뛰어났습니다. 아리따운 꽃의 정령들이 모두 다투어 꽃의 왕에게 찾아와 만났습니다. 그런데 갑자기 어떤 아리따운 여자가 나타나더니 이름은 장미라 하며, 붉은 얼굴을 곱게 단장하고 간들간들 걸어와서 공손하게 다가서며, '첩이 눈같이 흰 모래 벌에 자리하여 거울같은 맑은 바다를 바라보았는데, 왕의 어지신 덕망을 듣고 향기로운 휘장에서 대왕의 잠자리를 뫼시기를 원합니다'라고 말하였습니다.

---

11 신라 신문왕 때 설총이 꽃을 의인화하여 지은 우언적(寓言的)인 한문 단편이다. 꽃의 왕 모란이 아첨하는 미인 장미와 충간하는 백두옹 사이에서 누구를 택할 것인가 주저하는 것을 보고 백두옹이 왕을 질책하였다는 내용이다. 『삼국사기』 열전(列傳) 설총조에 실려 있으며, 『동문선』에는 풍왕서(諷王書)라는 제목으로 전한다.

제14절 백두옹(白頭翁)

한 남자가 있는데 그 이름이 백두옹입니다. 베옷에 가죽띠를 하고 비틀거리는 걸음으로 굽실굽실 걸어와서, '무연한 광야의 경치를 내려다보고 높이 솟은 산세에 의거하였는데, 제 생각에는 곁에서 주는 음식은 기름진 음식으로 만족하지만, 농과 상자에 저장해둔 것은 좋은 약이 반드시 있으니, 왕께서 혹 이런 의향이 있으십니까?'라고 말하였습니다.

제15절 노성(老成)을 가까이하면 흥한다[近親老成]

꽃의 왕이 말하여 '대장부의 말도 일리가 있다. 그러나 어여쁜 여자를 얻기가 어렵다'고 하였습니다. 그 남자가 대답하여 '예로부터 임금된 자가 노성[12]을 가까이하면 흥하고, 요염(妖艶)을 따르고 좇으면 망하였으니, 내가 어찌하겠습니까' 하였습니다. 꽃의 왕이 사죄하여 말하기를 '내가 잘못하였다' 하였습니다. 왕이 이에 서글퍼하며 말하기를 "그대가 비유한 말은 의미심장하다" 하고 설총을 발탁하여 높은 벼슬을 주었다. 설총의 자는 총지(聰智)로 총명, 예민하고 박학하여 방언(方言)으로써 9경[13]을 해석하고 이어(俚語)[14]로 이두(吏讀)[15]를 만들었다.

---

12 많은 경험을 쌓아 세상일에 익숙한 사람을 말한다.

13 아홉 종류의 경서를 지칭하는데, 『주례』, 『의례』, 『예기』, 『좌전』, 『공양전』, 『곡량전』, 『주역』, 『시경』, 『서경』을 이르기도 하고, 『주역』, 『시경』, 『서경』, 『예기』, 『춘추』, 『효경』, 『논어』, 『맹자』, 『주례』를 이르기도 한다.

14 이언(俚言). 항간에 떠돌며 쓰이는 속된 말을 가리킨다.

15 한자의 음과 뜻을 빌려 우리말을 적은 표기법. 신라 때에 발달한 것으로, 넓은 의미로는 향찰, 구결 및 삼국 시대의 고유 명사 표기 따위의 한자 차용 표기법들을 통틀어 이르는 말로

제16절 처음 출신과(出身科)를 정하다

원성왕(元聖王) 3년(787) 봄에 독서출신과(讀書出身科)[16]를 처음 정하였다. 이에 앞서 활쏘기로 사람을 선발하였으나 이에 이르러 오경(五經)과 삼사(三史) 등으로 선발하였다.

제17절 녹진(祿眞) 병을 치료하다

헌덕왕(憲德王) 13년(821) 봄에 왕이 아들이 없으므로 친아우 수종(秀宗)으로 태제(太弟)를 삼았다. 이때에 상대등(上大等) 충공(忠恭)이 내외관(內外官)을 전형[注擬]할 때[17] 청탁이 쇄도하였으므로, 충공이 심화가 괴로워 병을 칭탁하고 쉬고 있었다. 집사시랑(執事侍郎) 녹진이 만나기를 청하며, "공의 병은 약석(藥石)약을 쓸 필요 없이 한 마디 말로도 치료할 수가 있겠습니다"라고 말하였다.

제18절 뇌물을 끊고 청탁을 거절하다

"대체로 보아 뇌물을 물리치고 청탁하는 폐단을 끊어, 승진과 강등

쓰나, 일반적으로는 한자를 국어의 문장 구성법에 따라 고치고 이에 토를 붙인 것을 이른다.

16 독서삼품과를 말하는 것으로, 이는 신라 때 귀족의 자제에 한하여 상 · 중 · 하의 삼품으로 나누어 성적을 심사하고 결정하여 관리로 등용하던 제도이다. 원성왕 4년(788)에 국학(國學)에 설치한 것인데, 『좌전』 · 『예기』 · 『문선』에 능통하고 아울러 『논어』 · 『효경』에 밝은 자를 상품으로, 『곡례』 · 『논어』 · 『효경』에 통한 자를 중품으로, 『곡례』 · 『효경』에 통한 자를 하품으로 하였고, 오경(五經) · 삼사(三史) · 제자백가의 서(書)에 능통한 자가 있으면 특품(特品)으로 하여 순서를 뛰어넘어 등용하였다.

17 주의(注擬)란 관원을 임명할 때 먼저 문관(文官)은 이조(吏曹), 무관(武官)은 병조(兵曹)에서 후보자 세 사람을 정하여 임금에게 올리던 방식을 말한다.

[黜陟] 및 관직을 주고 뺏는 것을 사랑과 미움으로써 아니한다면, 문을 활짝 열고 담소하여도 좋을 것인데,[18] 어째 구구히 약 먹기에 몰두합니까." 충공이 기뻐하며 왕을 알현하니, 태제(太弟)가 이를 듣고 치하하며, "임금이 총명하면 신하가 정직하니, 이는 국가의 아름다운 일입니다"라고 말하였다.

제19절 응렴(膺廉) 착한사람 3인을 만나다[19]

헌안왕(憲安王) 3년(859) 가을에 왕이 군신과 함께 잔치를 열었는데, 이때 왕족인 응염의 나이가 15세였다. 왕이 묻기를 "네가 각지를 돌아다니며 배웠는데 착한사람을 만났느냐"라고 하였다. 대답하여 "신이 세 사람을 보았는데, 한 사람은 훈공(勳功)이 있는 문벌의 자제로 사람에게 겸양하여 자기를 낮추고, 한 사람은 집이 부유하나 의복이 사치하지 않고, 한 사람은 세력이 있는데 교만한 기색이 나타나지 않습니다"라고 말하였다. 왕이 왕후에게 말하여, "짐이 많은 이를 보았는데 응염과 같은 사람은 없다"라고 하였다. 후에 경문왕(景文王)이 되었다.

18 『삼국사기』 녹진조에서 고사를 인용한 기사를 문을 열고 담소하다[開閤談笑]로 축약한 것이다. 그 의미는 '공손홍(公孫弘, 한 무제 때의 승상. 집안의 동각(東閣)을 개방하여 어진이를 맞아 정치를 자문하였다)처럼 집의 문을 열어 놓고, 조참(曹參, 한 고조의 승상. 친구를 좋아하던 인물로 첫 번째 승상인 소하(蕭何)가 정해 놓은 법규만을 따랐다. 그리고 아무런 의견을 내지 아니할 뿐 아니라, 다른 사람이 의견을 말하려고 찾아가면 술을 취하도록 먹여서 아무 말도 못하게 하였다)과 같이 잔치를 베풀어 친구들과 한담오락하고 있어도 좋을 것이다'라는 기사 중 개합담소만을 따온 것이다.(『삼국사기』 권45 「열전」 5 녹진조)

19 『삼국사기』 권11 「신라본기」 11 헌안왕 4년 조의 기사를 참조.

제20절 최치원(崔致遠) 당으로 유학가다

유학해 격문을 전하여 천하에 이름을 떨친 최치원의 상

헌강왕(憲康王) 때 최치원이 나이 12세에 바다의 배편을 따라 당나라에 공부하러 갔다가 18세에 과거에 급제하여 시어사(侍御史)가 되었다. 그때에 황소(黃巢)가 반란하였는데[20] 고병(高騈)의 종사(從事)가 되어 황소를 토벌하는 격문을 써서 말하기를, "천하 모든 사람이 다 너를 죽이려고 생각할 뿐 아니라, 문득 또한 땅 속의 귀신도 벌써 남몰래 베기로 의논하였다"고 하였다.

제21절 격문을 보고 평상에서 떨어지다

황소가 격문을 보고 상(床)에서 떨어지는 것을 깨닫지 못하였으니, 이 이후로 그 이름이 천하에 떨쳤다. 이에 이르러 돌아왔는데, 나이 28세였다. 왕이 시독 겸 한림학사(侍讀兼翰林學士)로 삼으니, 최치원이 학문이나 지식을 펼치고자 하였지만 의심하고 꺼리는 것이 많았으므로, 나아가 태산(太山), 부성(富城) 등 군의 태수가 되었다.

20 중국 당나라 말 875년에 산둥[山東]에서 황소가 주도한 농민 반란이다.

제22절 산수(山水)에서 생을 마치다

정강왕(定康王) 7년[21]에 최치원이 시무책(時務策) 십여조를 바쳤는데 왕이 기쁘게 받고 아찬(阿湌)을 삼았으나, 최치원이 어지러운 세상을 한탄하며 산 좋고 물 좋은 곳으로 방랑하였다. 효공왕(孝恭王) 때에 최치원이 왕건(王建)의 세가 흥하는 것을 듣고 글을 보내고서[22] 가족을 이끌고 가야산 해인사(海印寺)에 은거하면서 여생을 마치니 『사륙집(四六集)』과 『계원필경(桂苑筆耕)』[23] 등의 저서가 있다.

제23절 신라 홀로 외롭고 위태롭다

진성왕(眞聖王) 4년(890)에 양길(梁吉)은 북원(北原)지금 원주(原州)에서 반란하고, 궁예(弓裔)헌강왕(憲康王)의 서자는 반란하여 양길에게 붙고, 기훤(箕萱)은 죽주(竹州)지금 죽산(竹山)에서 반란하였다. 5년(891)에 견훤(甄萱)이 반란하여 완산(完山)에 웅거하였다.

---

21 정강왕은 신라 제50대 왕으로 재위 기간이 2년(886~887)인데 정강왕 7년의 표기는 저자의 오류이며, 삼국사기에 의하면 최치원이 시무책을 받친 것은 진성왕 8년이므로 이 기사 내용 또한 오류다.

22 최치원의 말년의 삶은 908년 해인사에서의 행적은 있으나, 그 이후는 알 수 없다. 다만, 『삼국사기』에는 고려 태조 왕건(王建)이 흥기할 때 비상한 인물이 반드시 천명을 받아 개국할 것을 알고 "계림(鷄林)은 황엽(黃葉)이요, 곡령(鵠嶺)은 청송(靑松)"이라는 글을 보내 문안했다고 한다. 이 사실을 기술한 것이다. 이는 후대의 가작(假作)인 것으로 보이나, 신라 말에 왕건을 지지한 희랑(希朗)과 교분이 있었던 점으로 미루어 전혀 가능성이 없는 것은 아니라는 견해다.

23 최치원이 당에서 귀국한 뒤, 정강왕 1년(886) 당에 있을 때에 지은 작품을 28권의 문집으로 간추려서 정강왕에게 바쳤는데, 이 중 『중산복궤집(中山覆簣集)』 등 8권은 전하지 않고 『계원필경』 20권만 전한다. 20권 4책으로 이루어졌고, 대부분 고병(高駢)의 종사관(從事官)으로 있을 때 대작(代作)한 시문들로 우리나라와는 별로 관계가 없는 내용이다. 사륙변려체의 명문만을 뽑아 넣은 문집으로, 우리나라 한문학사에 있어 중요한 자료가 된다.

제24절 송악(松嶽)에 성을 쌓다

효공왕(孝恭王) 원년(897)에 궁예가 송악성을 수리하여 쌓고 왕건을 정기대장군(精騎大將軍)으로 삼았다. 8년(904)에 증성(甑城)지금 증산(甑山)에서 적의(赤衣), 황의적(黃衣賊) 등이 궁예에게 항복하였다. 14년(910)에 궁예가 나라 이름을 태봉(泰封)이라 하였다. 경명왕(景明王) 원년(917)에 태봉의 여러 장수가 궁예의 포학(暴虐) 무도(無道)함을 보고 왕건을 세워 고려왕을 삼자 궁예가 도망가서 죽었다. 경순왕(敬順王) 8년(934)겨울 10월에 왕이 나라의 세력이 약하고 외로워졌음을 보고 "고립되고 위급한 형세가 이와 같으니, 나는 무고한 백성으로 하여금 참혹하게 죽도록 하는 것은 차마 할 수 없도다"라고 말하고 고려에 항복하였다.

제25절 보존되고 멸망함은 하늘의 명이다

왕자이름은 없다가 간하여 말하기를, "나라가 보존되고 멸망하는 것은 반드시 하늘의 운명에 달려 있으니, 마땅히 충신과 의로운 선비들과 함께 죽음을 다해 스스로 지키다가 힘을 다 소진한 후에 그쳐야 합니다. 어찌하여 1천년 사직(社稷)으로써 하루아침에 가벼이 남에게 주겠습니까"라고 하였으나 왕이 받아들이지 않았다. 왕자가 통곡하여 왕께 사직하고 금강산에 들어가 바위에 의지하여 집을 삼고 삼베옷과 나물 음식으로써 그 생을 마쳤다.

제26절 신라 왕업을 이은 해[歷年]

고려왕이 왕을 봉해 낙랑왕(樂浪王)정승(政丞)을 삼으니 신라가 마침내 망하였다. 신라가 56대를 전하였는데 박씨 10왕이고 석씨 8왕이며 김씨 37왕이다. 삼국이 정립할 때에 29왕이 계승하고 삼국을 통일한 후에 27왕이 뒤를 이어 모두 왕업을 이은 해가 992년이었다.

제2장 고구려

제1절 동명왕(東明王)

고구려 시조 고주몽(高朱蒙)은 북부여왕 해부루(解夫婁)의 손자이며 금와(金蛙)의 아들로[24] 곧 단군의 후손이다. 골격과 풍채가 영걸스럽고 위대하여 나이 7세에 활과 화살을 제 손으로 만들어 백발백중하였으므로 형제 7인이[25] 그 재능을 시기하여 죽이고자 하였다.

고구려 시조 동명왕 고주몽의 상

24 주몽은 본래 금와왕의 친아들이 아니라, 하백(물귀신)의 딸인 유화와 천제의 아들 해모수 사이에 낳은 아들이다. 금와왕이 유화부인과 그 아들 주몽을 거두어 그 휘하에 두어 금와왕의 일곱 아들과 함께 자란 것이다.

25 7인은 금와왕의 일곱 아들을 지칭한다.

제2절 고주몽 부여왕위를 이어받다

주몽이 난을 피하여 졸본부여(卒本扶餘)지금 압록(壓綠) 북쪽에 이르렀는데 이때 나이 20세였다. 부여왕이 아들이 없어 주몽에게 그 딸로서 처를 삼게 하였다가 부여왕이 돌아가시자 주몽이 왕위를 이어받으니 이가 동명왕(東明王)이다.

제3절 유리왕(瑠璃王) 비로소 고구려라 칭하다

왕의 아들 유리왕 때에 한(漢)의 고구려현(高句麗縣)을 습격하여 빼앗아 나라 이름을 고구려라 하고, 인하여 고(高)로써 성(姓)을 삼고 국경을 널리 개척하였다. 북쪽으로 부여와 진번과 현도요, 남쪽으로 패수(貝水)의 남쪽과 한수(漢水)의 북쪽을 점령하고, 후에 평양에 도읍을 옮겨서 겸손하게 사양하는 예가 있으며 옷차림은 흰색을 숭상하였다.

제4절 광개토왕(廣開土王)

광개토왕 5년(395)에 연(燕)을 정벌하여 요동성(遼東城)을 취하고, 11년(401)에 장수를 파견하여 연을 공략하여 요동과 현도의 땅을 전부 소유하니 동서가 수천 리였다.

제5절 을지문덕(乙支文德)

영양왕(嬰陽王) 때에 수(隋)지나 황제 양광(楊廣)이 대군을 거느리고 침략하였는데 왕이 을지문덕을 보내 공격해 대파하였다. 수황제가 천하 병사 1백 2십만을 내서 아홉 길로 출정하여 평양에 총집결시키고자 할 때 깃발은 9백 6십 리에 달하고 북과 나팔, 함성이 마주 들렸다 하였다.

수나라 병을 대파한 을지문덕의 상

제6절 반쯤 건너자 후방에서 공격하다

을지문덕이 수나라 군대를 지치게 하려고 서로 전투할 때마다 문득 퇴각하여 달아나자, 하루는 수나라 병사가 승리를 취하여 동으로 살수(薩水)를 건너 평양으로 갈 때, 군이 반쯤 건너니 을지문덕이 후방에서 습격해 대파하였다. 장수와 병졸이 전사하고 패하여 도망하며 하루 낮 하루 밤에 압록강에 이르니, 거리가 4백 5십 리였다. 수나라군대가 올 때는 1백 2십만 명이라 하였는데 살아 돌아간 자가 겨우 1천 7백 명뿐이었다.

제7절 당나라군 안시성(安市城)을 에워싸다

보장왕(寶藏王) 때에 당나라 황제 이세민(李世民)이 30만군을 거느리고 고구려 안시성지금 요동을 쳐들어 올 때에, 정주(定州)에 이르러 곁에 모시는 신하에게 말하기를, “수(隨)나라가 네 차례 고구려에 출병하였으나 크게 패하였으므로 짐이 지금 그 원수를 갚고 설욕할 것이다” 하였다. 친히 활과 화살을 차고 비옷을 안장 뒤에 매달고, 요수(遼水)로 돌아갈

다리를 끊어 죽기를 각오할 마음을 표시하고 안시성을 공격해 포위하였다.[26]

안시성에서 이세민이 눈 중앙에 화살을 맞아 다친 그림

제8절 양만춘(楊萬春) 이세민을 쏘다

안시성 성주 양만춘(楊萬春)이 성문을 굳게 닫고서 활 쏘는 군사로 하여금 세민의 눈을 쏘게 하여 적중하니 세민이 눈을 다치고 앓아누워 군사를 돌이킬 때 한탄하며 이르기를 "위징(魏徵)이 만약 있다면 내 어찌 이 행차가 있겠는가" 하였다 한다.

제9절 골품(骨品)으로 인재를 등용하니 계두(罽頭)를 잃다

신라인 설계두(薛罽頭)가 항상 말하기를, "우리나라의 인재를 등용함이 골품을 논하여 그 족(族)이 아니면 비록 큰 재주와 걸출한 공이 있어도 뽑아 계발하지 못하니, 나는 다른 나라에 떠나가 불세(不世)의 웅대한 계략을 널리 떨치고 비상하고 큰 공로를 세울 것이다" 하였다. 이세민에게 스스로 천거하여 전쟁터에 나아가서 선두를 다투었다.

---

26 보장왕 4년(645) 당나라는 10만 명이 넘는 군사를 동원하여 고구려를 침공하고 요동지방의 여러 성을 잇달아 함락시킨 뒤 태종의 직접 지휘로 안시성을 공격했다. 고구려에서는 고정무(高延武) 등으로 하여금 15만 명의 군사를 이끌고 안시성을 구원하게 했으나 당군에게 대패했다. 고립무원의 상태에서 안시성 군민(軍民)의 항전이 시작되었으며, 당군은 온갖 공성구(攻城具)로 공격했으나 완강히 저항하여 성은 함락되지 않았다. 공방전이 3개월을 계속해도 성과가 없고, 9월이 되어 추위가 닥치고 군량이 바닥나게 되자 당군은 철수할 수밖에 없었다.

제10절 문벌로 인재 등용하니 인귀(仁貴)를 잃다

설인귀(薛仁貴)는 요동사람으로, 사납고 날쌔기로 세상에 이름을 알렸다. 고구려인이 문벌로써 인재를 등용하므로 뽑히지 못한 것에 분노하고 한탄하여 당나라에 들어가 이세민의 신임을 받게 되자 마침내 고구려 군대를 무너뜨렸다.

제11절 고구려왕 잡히다

보장왕 27년(668) 가을 9월에 신라왕이 당나라 군사와 연합하여 평양성을 공격해 무너뜨렸다.[27] 왕이 당나라 장수에게 사로잡히니 고구려가 마침내 멸망하였다. 28대를 전하고 705년을 지냈다.

백제 시조 온조왕의 상

제3장 백제

제1절 온조왕(溫祚王)

백제 시조 고온조(高溫祚)가 서니, 이가 온조왕이다. 고구려 시조 동명왕이 난

27 고구려가 나당연합군의 공격을 받아 평양성이 함락된 것은 보장왕 27년(668)의 일이다. 원문의 '보장왕 26년(667)'은 오기이므로 바로잡았다.(『삼국사기』 권22「고구려본기」 제10 참조)

을 피하여 졸본부여로 도망하여 부여왕의 둘째 딸을 아내로 맞이하고, 그 왕위를 이어서 아들 둘을 낳으니 큰 아들은 비류(沸流)이고, 작은 아들이 온조(溫祚)다.

제2절 비류형제 남으로 피하다

이에 앞서 동명왕이 동부여에 있을 때에 예(禮)씨를 아내로 맞이하여 유리(類利)를 낳았는데, 후에 유리가 졸본에 이르자 왕이 크게 기뻐하여 태자로 삼았다. 비류 형제가 태자에게 받아들여지지 않을까 두려워하여 오간(烏干) 등 10명을 데리고 남쪽으로 도망 나와, 비류는 미추(彌鄒)지금 인천(仁川)에 거하고, 온조는 위례성(慰禮城)지금 직산(稷山)에 도읍을 정하였다.

제3절 십제(十濟) 백제(百濟)로 고쳐 부르다

온조가 10명의 신하로 나라를 보좌케 하여 나라 이름을 십제라고 하였다. 비류가 미추의 땅이 습하고 물이 짜서 편안하게 살 수 없다고 여겨 위례로 왔는데, 도읍과 인민이 안정된 것을 보고 분노하다 죽었다. 그 신하와 백성이 위례성으로 모두 귀의하자 나라 이름을 백제로 고쳐 불렀다. 그 계통이 고구려와 함께 부여에서 같이 나왔으므로 부여(扶餘)씨라 칭하였다.

제4절 마한을 습격해서 취하다

온조왕 26년(8) 가을에 왕이 여러 장수와 의논하여 말하기를 "마한이 점점 약해지고 임금과 신하가 각각 딴 마음을 품고 있으니, 만일 다른 사람이 병탄하게 되면 순망치한(脣亡齒寒)[28]이라 후회해도 소용없게 될 것이니, 우리가 먼저 취하는 것이 옳다"라 하였다. 겨울 10월에 사냥 나간다고 칭하고, 가만히 군사를 출동시켜 갑자기 습격하여 그 나라를 마침내 병합하였다.

제5절 왕인(王仁) 학(學)을 일본에 전하다

고이왕(古爾王) 때에 왕인(王仁)이 『논어(論語)』와 『천자문』을 가지고 일본에 가니 일본왕이 기뻐하여 태자의 스승으로 삼았다.[29] 이에 앞서 왕자 아직기(阿直岐)가 경전에 능통하였는데 일본에 가서 일본 왕이 그 아들 치랑(稚郞)으로 하여금 배우게 하였다. 인하여 "네 나라에 너보다 현명한 자가 또 있는가?" 물으니 대답하여 말하기를 "왕인이 있어 온 나라에서 빼어나다" 하였다. 일본 왕이 왕인을 청하므로 가니 일본에 문자가 비로소 있게 되었다.

28 순망치한(脣亡齒寒) : 입술이 없으면 이가 시리다는 뜻으로, 서로 이해관계가 밀접한 사이에서는 어느 한쪽이 망하면 다른 한쪽도 그 영향을 받아 온전하기 어려움을 이르는 말이다.

29 백제 근구수왕 때의 학자로, 추측되는 왕인에 관한 기록은 『삼국사기』, 『삼국유사』 등 한국 역사서에는 보이지 않고 전적으로 일본의 사서에 의존하므로, 왕인 박사 유적지가 왕인의 실제 출생지임을 뒷받침하는 유적이나 추가 사료가 없다는 지적이 있다.

제5절 불경(佛經)과 예학(藝學)을 일본에 보내다[30]

일본에 유학을 전한 왕인의 상

왕(聖王)이 금동불(金銅佛)과 불경을 일본에 보내고 그 후에 비구와 비구니, 절 짓는 일꾼인 사공(寺工), 천문(天文), 서(書), 역법(曆法), 악인(樂人),[31] 옹기장이와 기와장이, 말안장을 만들고 수리하는 안공(鞍工), 술 빚는 사람과 의사, 박사(博士) 등을 일본에 보냈다. 일본이 여러 법에 따라 행하여 그 나라의 학술과 기예가 이로부터 발달하였다.

제6절 신라를 공격해 40성을 취하다

의자왕(義慈王) 원년(641)에 신라 서쪽 지역을 공격하여 40성을 취하였다. 장군 윤충(允忠)[32]이 대야성(大耶城)지금 합천(陜川)을 공격해 함락하고 신라 도독(都督) 김품석(金品釋)이 죽으니 신라 신하 김춘추(金春秋)가 김유신(金庾信)과 함께 백제를 멸할 뜻을 행하였다.

---

30 원문에서 저자의 착오로 5절이 두 개로 편집되었으므로 번역문에서도 이를 반영하여 옮겼다.

31 악사(樂師), 악생(樂生), 악공(樂工), 가동(歌童) 따위를 통틀어 이르는 말이다.

32 『삼국사기』에는 이에 대해 다음과 같이 기록되어 있다. 의자왕 즉위 다음해인 의자왕 2년(642) 8월 윤충에게 군사 1만 명을 이끌고 신라의 대야성을 공격하도록 하였다. 당시 신라군은 김춘추의 사위 대야성 성주 품석의 지휘로 이에 맞섰으나, 성 안의 불만 세력이 백제에 내응하여 성 안의 인심은 흉흉하였다. 이 틈을 이용해서 윤충은 성주 품석에게 항복을 권유하였고, 품석이 장수들의 반대에도 불구하고 처자와 함께 나와 항복하였다. 윤충은 성을 함락시키고 품석과 그 처자들은 머리를 베어 사비성으로 보내고, 사로잡은 주민 1,000명은 백제의 서쪽 주현으로 옮겨 거주시켰다. 이 대야성의 전공으로 윤충은 말 20필과 곡식 1,000섬을 받았다.(『삼국사기』 권28 「백제본기」 제6 의자왕조)

제7절 연합해 신라를 공격하다

의자왕 3년(643)[33]에 왕이 고구려와 서로 응하여 말갈(靺鞨)[34]과 함께 병사를 연합하여 신라 북쪽 국경 33성을 취하자 신라왕이 당에 사신을 파견해 구원을 청하였다.

제8절 의자왕 당에 항복하다

의자왕이 임금에게 옳은 말로 간하는 신하 성충(成忠)을 죽이고 음란과 향락에 빠졌는데 나당 연합군이 도성을 쳐서 빼앗았다. 왕이 탄식하고 말하기를 "내가 성충의 말을 듣지 않아 이에 이르렀다" 하고 나아가 항복하였다. 종실(宗室) 풍(豐)을 세우니 이가 후왕(後王)이다. 신라왕이 김유신과 더불어 당나라 장수와 연합하여 주류성(周留城)을 포위하였는데 왕이 탈출하여 달아나니 백제가 드디어 망하였다. 백제가 31대를 전하였으니 왕업을 이은 해가 681년이었다.

---

33 원문에는 '의자왕 34년'으로 되어 있으나 의자왕은 재위년이 20년(641~660)이므로 오기이며, 기사의 내용이 왕 3년(643)의 사건이므로 바로잡았다.(『삼국사기』 권28 「백제본기」 제6 의자왕조)

34 중국 수나라 · 당나라 때에 둥베이[東北] 지방에서 한반도 북부에 거주한 퉁구스계의 여러 민족을 통틀어 이르는 말이다. 만주족의 선조로 뒤에 7부로 나뉘었으며, 속말 말갈(粟末靺鞨)을 중심으로 발해를 세웠는데, 흑수 말갈(黑水靺鞨)은 이에 대립하여 나중에 금(金)을 세웠다.

제4장 5국(五國)

제1절 김수로(金首露) 가락(駕洛)을 건국하다

얼굴에 겹으로 된 눈동자를 가진 김수로왕의 상

가락국 시조는 수로왕(首露王)이다. 처음에 가락의 부락(部落)이 아홉으로, 각각 그 추장(酋長)을 세워 산과 들에 살고 임금과 신하의 벼슬 등급과 이름이 없었다. 가야산지금 고령(高靈)의 정견모주(正見母主)가 아들 둘을 낳아 뇌실주일(惱室朱日)과 뇌실청예(惱室青裔)라 각각 칭하였다.[35] 뇌실청예는 특히 영웅호걸로 키가 9척이고, 임금의 얼굴에 겹으로 된 눈동자[重瞳]가 있었다. 무리가 추대하여 왕으로 삼으니 이가 수로왕이다. 나라 이름을 가락이라 하고 왕이 스스로 김천(金天)씨의 후예라 하여 김으로 성(姓)을 하고 주일은 대가야국 왕이 되었다.

제2절 왕비를 맞아들여 아들을 낳다

왕이 허(許)씨를 맞아 들여 왕비로 삼으니 이가 보조태후(普照太后)였

---

35 대가야의 건국설화 정견모주설(正見母主設)과 난생설(卵生設) 중 하나로, 가야산의 산신인 여신 정견모주가 하늘의 신인 이비가(夷毗訶)에 감응하여 두 아들을 낳았는데, 그 중 하나가 김수로왕이란 가야건국설화에 대한 내용이다. 최치원(崔致遠)의 석리정전(釋利貞傳) 전기에 기록되어 있다.

다. 이름은 황옥(黃玉)이며 아들 아홉을 낳으니 둘째 아들이 엄마 성을 따랐다. 왕이 돌아가시니 나이가 158세다. 왕의 시대에 백성이 크게 교화되고 사방이 본받아 순박하고 후한 다스림이라 하였는데 이에 돌아가시니 나라 사람들이 슬퍼하며 울부짖었다.

제3절 처자를 거느리고 신라에 항복하다

구해왕(仇亥王)에 이르러 왕비와 아들 셋을 거느리고 나라 재산, 보물로 신라에 투항하였고 모두 15왕을 전하여 491년을 지냈다. 김유신은 곧 구해왕의 증손이었다.

제4절 뇌실주일(惱室朱日) 가야를 건국하다

이진아시왕(伊珍阿豉王) 뇌실주일이 대가야(大伽倻)에 나라를 세웠다. 후왕 가실(嘉室)이 12현금(絃琴)을 만들었는데 12월을 형상하고 이름을 가야금(伽倻琴)이라 하였다. 후왕 도설지(道設智)에 이르러 신라에 항복하였는데 16대를 전하고 왕업을 지낸 세월은 572년이었다.

제5절 대조영(大祚榮) 발해(渤海)를 건국하다

고구려의 유민 대조영(大祚榮)이 요수를 건너서 태백산지금 백두산에 웅거하고 나라를 세우니, 이가 발해국 고조(高祖)다. 5경(京)과 15부(府)를[36] 설치하고, 나라 땅이 5천 리에 이르러 해동(海東)의 성국(盛國) 이라 불렀는데 후에 거란(契丹)에게 멸망당하였다.

제6절 김궁예(金弓裔) 태봉(泰封)을 건국하다

신라 헌강왕(憲康王)의 아들 김궁예가 아버지에게 쫓겨 나와 승려가 되었는데, 신라 정치의 대강이 문란하고 도적이 벌떼처럼 떼지어 일어나는 것을 틈타 북원(北原)에서 군사를 일으켰다. 철원(鐵原)에 도읍하고 나라 이름을 태봉이라 하였는데, 포악하고 무도하므로 그 나라를 세우는 데 공로가 큰 신하와 여러 장수가 궁예를 폐하고 왕건(王建)을 추대하여 왕을 삼았다. 이가 고려(高麗) 태조(太祖)이다.

제7절 견훤(甄萱) 후백제(後百濟)를 건국하다

견훤은 상주(尙州)사람이다. 지략이 많고 새로운 나라를 세우려는 뜻을 품었는데, 신라가 쇠(衰)함을 틈타서 망명당(亡命黨)을 모아 주군(州郡)을 강제로 위협해서 탈취하였다. 완산(完山)에 도읍하여 나라 이름을 후백제라 하고, 신라에 갑자기 쳐들어가서 왕을 시해하고 자녀와 진귀한 보물을 모두 취하여 돌아갔다.

제8절 외모가 비슷하여 왕을 대신하다

고려 태조가 친히 날쌔고 용맹한 기병 5천 명을 이끌고 견훤을 공산(公山)지금 공주(公州)에서 맞아 공격하다가 견훤 병사에게 포위당함에 매

36 원문에 16부로 오기되어 바로잡았다. 발해의 지방 조직은 5경, 15부, 62주로 조직되었고 전략적 요충지에는 5경을 두었는데(오늘날의 광역시에 해당), 국도(國都)인 상경(上京)과 중경(中京) · 동경(東京) · 남경(南京) · 서경(西京)을 가리킨다. 지방 행정의 중심인 15부에는 도독을 두어 지방 행정을 총괄하게 하였다.

우 위급하였다. 대장 신숭겸(申崇謙)이 외모가 태조와 비슷하므로 태조를 나무숲에 숨기고 그 마차를 대신 타고 장군 김락(金樂)과 더불어 힘을 다해 싸우다가 전사하니, 태조가 이때를 틈타 탈출하였다.

제9절 핍박(逼迫)받아 고려에 투항하다

후에 견훤이 그 아들 신검(神劍)에게 핍박 받아서 고려에 투항하였다. 견훤은 본래 농가의 자손인데, 일시에 기울어져 가는 집안에 훌륭한 사람이 태어나니, 기세가 천하에서 으뜸이라 하였다.

제3편 근고(近古)

제1장 고려(高麗)

제1절 추대하여 왕위에 오르다

삼한을 통합하신 고려 태조의 상

고려 태조의 성은 왕(王)이고 이름은 건(建)이다. 송악군(松岳郡) 사람으로 금성태수(金城太守) 융(隆)의 아들이다. 나이 20세에 태봉 궁예의 장수가 되어 여러 적을 무력으로 쳐서 평정하므로 위엄과 덕망이 날로 성하자 태봉의 장수 홍유(洪儒), 배현경(裵玄慶), 신숭겸, 복지겸(卜智謙) 등이 추대하여 왕위에 올랐다.

제2절 통일하고 도읍을 옮기다

나라 이름을 고려산이 높고 물이 아름답다는 뜻을 취하다라 하고 연호를 천수(天授)라 하였다. 궁예를 쫓아내고[37] 견훤을 평정하며 신라가 와서 항복하니, 전국을 통일하여 송악군에 도읍을 옮기고 군을 올려서 개주(開州)

37 원문에 성취할 '수(遂)'로 오기되어 있어 쫓을 '축(逐)'으로 바로잡았다.

라 하였다. 궁궐, 시장 거리의 가게[市廛], 마을[坊里], 5부(部) 6위(衛)[38]의 제도를 정하였다.

제3절 과거(科擧)로 관리를 선발하다

광종(光宗) 9년(958) 후주(後周)지나 대리평사(大理評事) 쌍기(雙冀)가 주(周)나라 사신을 따라 왔는데, 왕이 그 재능을 아껴서 한림학사(翰林學士)를 제수하고 나라의 문서를 담당하는 일을 전적으로 맡겼다. 시(詩), 부(賦), 송(頌)과 시무책(時務策)으로써 벼슬하지 않은 선비를 시험보아 취하니 문풍(文風)이 크게 떨쳤다.

제4절 공복(公服)을 정하다

11년(960)에 백관의 공복[39]을 정할 때 원윤(元尹) 이상은 자주색의 자삼(紫衫)이고 중단경(中壇卿) 이상은 붉은 색의 단삼(丹衫)이며, 도항경(都航卿) 이상은 비색의 비삼(緋衫)이고 주부(主簿) 이상은 녹색의 녹삼(綠衫)을 공복으로 하였다. 이 해에 개경으로 황도(皇都)를 삼고, 서경(西京)으로 서도(西都)를 삼았다.

---

38 5부(部) 6위(衛) : 개경의 행정 체계로 동(東)·서(西)·남(南)·북(北)·중(中)의 5부를 두었고, 군사 조직으로 2군 6위 중 2군은 왕실친위대이며, 6위는 좌우위(左右衛)·신호위(神虎衛)·홍위위(興威衛)·감문위(監門衛)·천우위(千牛衛)·금오위(金吾衛)이다.

39 예복에는 조복(朝服)과 공복이 있는데, 조복이 정장이라면 공복은 매일의 공사와 조현(朝見)·사은·사퇴 등으로 왕을 알현할 때나 매달 삭망(朔望 : 초하루와 보름)의 조하(朝賀) 때 착용하는 복장이다.

제5절 강감찬(姜邯贊)이 매복시키다

현종(顯宗) 2년(1010) 9월에 거란의 대장 소손녕(蕭遜寧)이 침략해 오자 강감찬에게 상원수(上元帥)를 제수하였다. 그가 군사 2십만 8천 명을 이끌고 나가 흥화(興化)지금 의주(義州)에 이르러 산 속에 병사를 매복시키고, 또 굵은 밧줄로 쇠가죽을 꿰어 큰 냇물을 막았다.

제6절 소손녕(蕭遜寧)을 크게 쳐부수다

이어 적병이 이르자 막았던 물을 트고 복병을 내보내 소손녕을 크게 쳐부수니, 소손녕이 감히 맞아 싸우지 못하고 군사를 돌이켜 구천(龜川)에 이르렀다. 강감찬 등이 또 맞아 전투할 때 비바람의 형세를 헤아려 떨쳐 공격하여 크게 쳐부수었다. 추워서 얼어 죽은 송장[殭尸]이 들판에 널리고 사람과 말, 낙타, 온갖 무기를 사로잡거나 획득한 것이 이루 다 셀 수가 없었다. 소손녕의 군사 중 살아 돌아간 자가 겨우 수천 명뿐이었다.

제7절 머리 위에 꽃을 꽂다

강감찬이 승전가를 부르며 돌아오니, 왕이 직접 교외로 마중 나와 잔치를 베풀 때, 금으로 만든 꽃[金花] 여덟 가지를 강감찬의 머리에 꽂아 주고, 오른손으로 잔을 잡고 왼손으로 강감찬의 손을 잡으며 위로하였다.

현종이 교외에서 강감찬을 맞아 머리에 금꽃을 꽂아주는 그림

제8절 안색을 바르게 하고 조정에 나아가다

강감찬은 금천(衿川)지금 시흥(始興) 사람이다. 성정이 청렴하여 산업(産業)을 경영하지 않고, 학문을 좋아하여 게을리하지 않으며 진기한 꾀가 많았다. 몸집은 키가 작고 보기 흉하며, 옷은 때가 묻고 떨어져 외모가 뛰어나지 못하나, 안색을 바르게 하고 조정에 나아가 큰일과 큰 계책을 결정할 때에는 위엄스럽게 솟은 나라의 기둥과 주춧돌이었다. 또한 경도(京都)에 성곽을 쌓았다.

제9절 다섯 임금을 차례로 섬기다

문종(文宗) 21년(1067)에 중서령(中書令) 최충(崔沖)이 일찌기 풍채가 뛰어나게 훌륭하고 성품이 꿋꿋하고 바르며, 공부하기를 좋아하고 문구를 엮어서 글을 잘 지었는데, 다섯 임금을 차례로 섬기어서 당대의 기대가 매우 중하였다. 현종(顯宗)이후에 전쟁이 겨우 그쳤으나 문화와 교육이 미칠 겨를이 없었다.

제10절 가르침을 게을리하지 않다

해동공자 최충의 상

최충이 후학(後學)을 불러 모아 가르치는 것을 게을리 하지 않아서 학도(學徒)가 구름같이 모여들어 길거리에 가득 메워 넘쳐서 드디어 9재(九齋)[40]에 나누어 가르치게 되었다. 당시 사람이 "시중(侍中) 최공의 제자는 나누어 서서 나아감과 물러남에 예절이 있다"라고 말하였다. 동방에 학교를 일으키는 데 대개 최충을 본으로 하여 시작하였으니, 세상에서 '해동공자(海東孔子)'라고 일컬었다.

40 9재(九齋) : 고려 문종 때에, 최충이 제자를 가르치던 아홉 군데의 학당. 악성(樂聖), 대중(大中), 성명(誠明), 경업(敬業), 조도(造道), 솔성(率性), 진덕(進德), 대화(大和), 대빙(待聘)을 이른다.

제11절 오랑캐 나라가 와서 복종하다

그 때에 동여진(東女眞)의 15주(州) 추장(酋長)이 무리를 거느리고 와서 복종하여 군현(郡縣)이 되기를 청하였다. 서여진(西女眞)의 여러 추장이 동번(東藩)으로써 와서 복종하였다. 그 후에 삼산(三山), 대란(大蘭), 대제(大齊), 두룡(豆龍) 등 수십 종족의 마을이 연이어 와서 항복하였다.[41]

제12절 돈을 주조하여 종묘(宗廟)에 알리다

숙종(肅宗) 2년(1097) 왕이 윤관(尹瓘)의 말을 받아들여 돈[錢貨]을 주조하여 종묘에 알리고, 또 우리나라 땅 모양을 본뜬 은병(銀甁)[42]을 화폐로 사용하였는데, 그 이름을 활구(闊口)라고 하였다. 윤관이 숙종 때에 동여진을 쳐서 무너뜨리고 4성을 쌓았으며, 또 5성을 쌓아 남쪽 경계에 6만여 호(戶)를 옮겨서 살게 하고 선춘령(先春嶺)에 비(碑)를 세워 경계를 정하였다.

제13절 글을 숭상하는 풍습이 점점 일어나다

예종(睿宗) 13년(1118)에 양현고(養賢庫)를 국학(國學)에 세우고, 왕이 유교의 도를 잘 하려고 단단히 마음을 준비하였다. 공부하는 학생을 늘

---

41 고려 문종 2년 동여진과 서여진의 투항 이후 항복해 온 동번의 여러 번족들이다.(서거정이 저술한 『동국통감』 고려기 문종조에 자세하다)

42 은병(銀甁) : 고려 숙종 6년(1101)에 은으로 만든 화폐다. 국토 모양을 본뜬 병으로, 조선 태종 8년(1408)에 유통이 금지되었다.

리고 뛰어난 유학자를 선발하여 교육하는 학관(學官)으로 삼아 가르쳐서 이끄니, 글을 숭상하는 풍습이 점점 일어났다. 인종(仁宗) 5년(1126)에 여러 주(州)에 학교를 세웠다.

제14절 사 형제 문학(文學)

인종 때에 김부일(金富佾)이 동생 김부식(金富軾), 김부의(金富儀)와 함께 문학을 숭상하였다. 김부식은 승려 묘청(妙清)의 반란을 평정하였고, 조광(趙匡) 등이 서경(西京)을 의거하여 반란하였을 때 무력으로 다스렸으며, 신라와 백제와 고구려 삼국사를 지어 임금에게 바쳤다. 송나라 사신이 『고려도경(高麗圖經)』[43]을 지으면서 김부식 집안의 계통과 문벌[家世]을 싣고, 또 그의 얼굴을 그려 가지고 돌아가니 천하에 이름을 떨쳤다. 김부의는 시문(詩文)이 호탕하고 인품이 뛰어나서 세상 사람의 입에 칭찬이 자주 오르내리고, 김부철(金富轍)[44]도 글을 잘해 세상에 알려져 과거에 급제했다.[45]

제15절 효자가 호랑이를 베다

의종(毅宗) 9년(1155)에 기거사인(起居舍人) 최루백(崔婁伯) 등을 불러 국

43 『고려도경(高麗圖經)』: 고려 시대에 송나라 사신 서긍(徐兢)이 고려에 와서 보고 들은 것을 기록한 책으로, 인종 원년(1123)에 간행되었다. 40권이며 『선화봉사고려도경』이라고도 한다.

44 김부의의 어릴 때 이름이다.

45 절의 제목에는 사 형제라고 하였으나 원문에는 부일, 부식, 부철만을 언급하였다. 김부식은 형제가 넷인데 맏형이 부필(富弼)이다. 사 형제 모두 과거에 급제하여 이름을 날렸다.(『동국통감』 참조)

정(國政)의 잘 · 잘못을 의논하였다. 최루백은 수원(水原)의 벼슬아치 최상저(崔尙翥)의 아들이다. 나이 15세 때에 아버지가 호랑이에게 해(害)를 당하였는데, 최루백이 즉시 도끼를 메고 호랑이를 쫓아가서 베고 아버지의 유골을 거두어 편안하게 장사지냈다. 호랑이 고기는 항아리에 담아 냇물 가운데 묻어 두었다가 삼년상을 마치고[服闋] 상복을 벗고 나서 모두 다 먹었다.

효자 최루백이 도끼를 메고 호랑이를 베는 그림

제16절 문신(文臣)을 많이 죽이다

(의종) 24년(1170)에 무신 이의방(李義方), 이고(李高), 정중부(鄭仲夫), 이의민(李義旼) 등이 반란을 일으켜서 문신을 많이 죽여 시체가 산처럼 쌓였다. 명종(明宗) 원년(1171)에 상장군(上將軍) 정균(鄭筠)이 이의방을 베어 죽이고, 6년(1176)에 장군 경대승(慶大升)이 정중부를 베어죽였다. 24년(1194)에 최충헌(崔忠獻)이 이의민을 베어 죽여 삼족(三族)을 이(夷)하고[46] 궁중에 함부로 뛰어들어 이인성(李仁成) 등 36명을 죽여 왕을 폐위하고 왕의 동생 민(旼)[47]을 세웠다.

46 이삼족(夷三族) : 친가, 외가, 처가 등 삼족을 멸하는 형벌. 이는 친척 연좌이다. 즉, 한 명이 죄를 지으면 삼족을 멸하는 것이다. "법에는 애초에 삼족의 죄가 있다."(『史記』「秦本紀」)

47 민(旼) : 고려 제20대 왕(1144~1204) 신종을 지칭한다. 부록참조.

제17절 4대에 걸쳐 마음대로 권력을 휘두르다

의종(毅宗) 20년(1166) 이후부터 최충헌, 그 아들 최우(崔瑀), 최우의 아들 최항(崔沆), 최항의 아들 최의(崔竩)가 계승하여 난을 일으켜서 신종(神宗 : 재위 1197~1204)의 왕위를 태자 덕(悳)에 전하게 하였다(1211). 희종(熙宗 : 재위 1204~1211)을 강화로 옮겼다. (희종을 이은) 강종(康宗 : 재위 1211~1213)의 왕위를 태자 돈(暾)에게 전하게 하였다. 왕(폐위된 희종)을 교동(喬桐)에 옮겼으니, 4대를 마음대로 권력을 휘둘렀다.[48] 고종(高宗) 45년(1258)에 최충헌의 노비 별장(別將) 김인준(金仁俊)이 최항에게 너그럽게 대접받았는데, 최항의 아들 최의가 소홀히 대하므로 비밀히 모의하여 최의와 그 무리를 모두 죽였다.

제18절 흰 옷을 금지하다

충렬왕(忠烈王) 원년(1275)에 태사국(太史局)이 말하여 동방은 목(木)에 속하니 색은 푸른빛을 숭상하는 것이 마땅한데 나라의 습속이 백색을 숭상하니 이는 목이 금(金)에 제압되는 모습이다. 흰옷을 금하도록 청하니 왕이 따랐다. 4년(1278)에 복장(服章)을 개정하여 재추(宰樞) 이상은 옥띠[玉帶]이고, 6품 이상은 뿔띠[犀帶][49]이며, 7품 이하는 검은 띠[黑帶]로

---

48 원문에서는 최씨의 무신집권을 연대표시 없이 약술하여 그 정확한 왕위계승을 파악할 수 없으므로 아래와 같이 간단히 보완하였다. 최충헌은 의종을 폐위시키고, 1170년 명종(明宗)을 세웠다가 1197년 폐위하고 아들 정과 강화도로 쫓겨났다. 이어 신종을 세웠으며 1204년 태자에게 양위케 하였다. 1204년 왕이 된 희종은 1211년 최충헌을 죽이려다가 발각돼 폐위되어, 강화도로 옮겨졌다가 교동으로 옮겨졌다. 1219년 서울로 왔으나 1227년 최우에게 쫓겨나 강화도로 갔다. 왕위는 명종의 아들 정(貞)으로 잇게 하였다. 1211년 즉위한 강종은 1213년 태자 철(瞮)에게 양위하였으며, 1213년 고종이 즉위하였다.

정하였다. 같은 해에 백관(百官)으로 하여금 머리카락을 자르고 원(元)지나의 의관을 입었다.

제19절 은과 베로 학교를 돕다

충렬왕 30년(1304)에 찬성사(贊成事) 안유(安裕)가 학교가 무너지고 헐어졌으며 양현고(養賢庫)가 남김없이 다 고갈되었으므로, 문하부와 밀직사(密直司)[兩府]에 의논하였다. 6품 이상은 은 한 근을 각각 내고, 7품 이하는 베를 내서 양현고에 보내 본밑천은 그대로 두고 이자를 받자 하니, 왕이 듣고 왕실 재정을 담당하던 창고[內庫]의 돈과 곡식을 내서 도왔다.

제20절 대성전을 세우고 성인을 뵙다

안유가 국학을 새로 고치고 나머지 자산을 강남(江南)[50]지나에 보내서 옛 성인과 70자(子)의 화상을 그리게 하였으며, 또 제기(祭器)·제악(祭樂)·6경(六經) 및 제자류(諸子類)·사기(史記)를 구입(購入)해 오게 하였다. 경전마다 교수(敎授) 2명을 두어서 여러 생도로 듣고 익히게 하였다. 대성전(大成展)[51]이 완성되니 왕이 옛 성인께 참배하였다.

---

49 서대(犀帶) : 고려 및 조선 시대에 일품의 벼슬아치가 허리에 두르던 띠. 조복, 제복, 상복에 둘렀으며 무소의 뿔로 장식하였다.

50 강남(江南) : 중국 양쯔 강[揚子江]의 남쪽 지역을 이르는 말이다.

51 대성전(大成展) : 문묘 안에 공자의 위패를 모신 전각이다.

제21절 언행을 지적하여 탓하는 것을 꺼리지 않다

충혜왕(忠惠王) 4년(1343) 정당문학(政堂文學) 이조년(李兆年)이 배움에 힘써 벼슬을 얻었다. 그는 틀림없고 확실하며 과감하게 말하였으므로 꺼림을 당하였는데, 왕을 알현하러 궁에 들어올 때마다 왕이 신발 소리를 듣고 꼭 "이조년이 오는구나" 하며, 좌우를 물리치고 용모를 가다듬으며 기다렸다. 이때에 이르러 왕이 음란, 방탕하여 하고 싶은 것을 제멋대로 함이 더욱 심해져도 대간(臺諫)이 감히 간하는 자가 없었으나, 이조년 혼자만이 왕의 언행을 지적하여 탓하는 것을 꺼리지 않았다. 그러나 왕이 고치지 않았으므로 마침내 홀로 말을 몰아 돌아갔다.

제22절 자손이 본받다[服習]

평양 사람 황수(黃遂)가 동생 셋과 자매 둘과 함께 맛 좋은 음식을 구하여 70여 세 된 부모에게 먼저 봉양하는 것을 하루 세 번하고 물러나와 함께 먹은 지 20여 년에 자손이 이를 본받아 조금도 게을리함이 없었다. 찬성사(贊成事) 강융(姜融)이 서류로 상세하게 보고하여 왕에게 들려 드렸다.

제23절 옳지 못한 정치를 없애다

이제현(李齊賢)이 건의하여 선대왕의 옳지 못한 정치를 없애고자 하여 내승응방(內乘鷹坊)과 보흥고(寶興庫), 덕령고(德寧庫))에 속한 전토(田土)와 노비를 자세히 조사하여 밝혀서 본래 주인에게 돌려주었다. 한종유(韓宗愈) 등 48명이 네 차례로 나누어 서연(書筵)[52]에 하루씩 번갈아 왕 앞에서 강의할 때, 왕이 이백(李白)과 두보(杜甫)의 시(詩)를 보고자 하니, "아름다운 문구를 늘어놓은 것[抽黃對白]이어서 정사에는 도움이 되지 않습니다" 하고 올리지 않았다.

제24절 요사스러운 승려를 멀리하고 물리치라 상소하다

이존오와 정추가 요사스런 승려를 크게 꾸짖고 온 힘을 다해 간하는 그림

공민왕(恭愍王) 15년(1366) 정도를 멀리하는 요사스러운 승려 편조(遍照)가 머리카락을 기르고서 두타(頭陀)[53]가 되어 이름을 신돈(辛旽)이라 하였다. 신돈이 왕의 총애를 믿고 방자하고 잔인하게 세가대족(世家大族)[54]에게 죄를 물어 죽여도 감히 말하는 사람이 없었다. 우정언(右正言) 이존오(李存吾)가 신돈의 죄를 있는 힘을 다해 간하여 말하였는데, 정추(鄭樞)만이 홀로 따라서 상소하였다.

52 서연(書筵) : 고려 시대에 임금 앞에서 경서를 강론하던 자리로 예종 11년(1116)에 처음으로 설치하였다가, 공양왕 2년(1390)에 경연(經筵)으로 고쳤다.

53 두타(頭陀) : 불도를 수행하는 거사(居士)를 말한다.

54 세가대족(世家大族) : 여러 대를 계속하여 나라의 중요한 자리를 맡아 오거나 특권을 누린 집안과 세력이 있는 집안을 뜻한다.

제25절 두렵고 놀라서 평상에서 내리다

상소에 이르기를, "(전하께서) 반드시 신돈을 공경하고 등용해야 재해(災害)가 없고 국가가 평강해진다면, 그 머리털을 깎고 승복(僧服)으로 갈아입게 하며, 그 관작을 빼앗고 권한을 억제하여 사원(寺院)에 두신 후에야 백성들의 뜻이 안정될 것이고 나라의 어려움이 해소될 것입니다" 하였다. 상소가 올라가자, 왕이 크게 화내며 직접 책망하였다. 이때 신돈이 왕과 함께 평상(平床)을 마주 대하고 앉아 있었는데, 이존오가 크게 꾸짖었으므로 신돈이 두렵고 놀라 미처 평상에서 내려왔다는 사실을 깨닫지 못하였다.

제26절 성리학[理學]이 비로소 일어나다

(공민왕) 17년(1368)에 대사성(大司成) 이색(李穡)이 박사 정몽주(鄭夢周)와 더불어 김구용(金九容), 박상충(朴尙衷), 박의중(朴宜中), 이숭인(李崇仁) 등을 택하여 교관과 교수를 겸하게 하니, 성리학(性理學)이 비로소 일어났다.

제27절 수도[京師]에서 목 베어 매달다

(공민왕) 20년(1371)에 신돈이 형벌을 받아 죽었다[伏誅]. 이때에 신돈이 제멋대로 위력으로 억압하기도 하고 복덕을 베풀어서 사람을 달래기도 하니, 왕도 역시 스스로 편안하지 못하였다. 왕의 성격이 시기가 심하여 비록 심복 대신(大臣)이라도 권세가 중하면 반드시 죽이니 신돈이

죽임을 당할까 두려워하여 반역을 꾀하였다. 그의 문객 시랑(侍郎) 이인(李靭)[55]이 왕께 고하자, 왕이 신돈을 수원에 귀양 보냈다가 수도[京師]에서 목 베어 매달고[梟首] 그의 두 살짜리 아들도 함께 죽였다.

제28절 모니노(牟尼奴)를 불러 들이다

전날에 신돈이 귀양갔을 때 왕이 곁에 모시는 신하에게 "내가 일찍이 신돈 집에서 계집종 하나를 가까이 하여 아들을 얻어 이름은 모리노라 하였으니 잘 보호하라" 말하였다. 이윽고 태후전(太后展)에 불러들여 우(禑)라 이름을 고치고 강릉부원대군(江陵府院大君)으로 삼았다.

제29절 아들을 바라다 죽임을 당하다

왕이 홍륜(洪倫) 등으로 궁중 여인들을 건드려 아들이 생기기를 바랬는데, 환자(宦者) 최만생(崔萬生)이 익비(益妃)가 임신한 것이 홍륜과 교합한 때문이라고 하였다. 왕이 홍륜을 죽이고 입을 막으려 하자 최만생이 자기도 죽음을 면하지 못할까 두려워하여, 홍륜과 더불어 왕을 죽였다. 왕비[명덕태후 홍씨]가 최만생 등을 죽이고 우(禑)를 왕으로 세웠다.

제30절 활 쏘아 적을 죽이다

거짓 왕(僞主) 우왕 6년(1380)에 왜구(倭寇)가 운봉현(雲峰縣)을 불 지르

55 원문의 '이륵(李勒)'은 오기이므로 바로잡았다.

고 북상한다 하니 중외(中外)가 크게 놀랐다. 우왕이 우리 태조(太祖) 고황제(高皇帝)[56]를 삼남도순찰사(三南都巡察使)에 제수하여 가서 공격하게 하였는데, 험한 지름길로 들어가서 50여 명 모두 얼굴에 활 쏘아 죽였으며, 세 번 모두 최후까지 싸워서 다 섬멸하셨다. 적이 산에 웅거하여 스스로 굳게 지켰다.

제31절 장수와 병사가 감동하고 분발하다

태조께서 여러 군사들을 이끌고 높은 곳을 향하여 공격할 때 날아온 화살이 태조의 왼쪽 다리를 맞추었다. 태조가 화살을 빼내고 기운을 더욱 왕성케 하여 싸움을 더욱 급하게 하자, 장수와 병사들이 감동하고 분발해 죽을 힘을 다해서 싸웠다. 적군 중에 아지발도(阿只拔都)라고 하는 자가 있어 나이가 겨우 15, 6세 정도인데, 날래고 용맹스럽기가 비할 데 없었다. 그가 향하는 곳마다 공략하여 무너지니, 단단한 갑옷으로 덮어서 활을 쏠 틈이 없었다.

제32절 투구를 쏘아 적을 죽이다

태조께서 보시고 편장(偏將) 이두란(李豆蘭)과 약속을 정하시고 말을 달려 나가며 아지도발의 투구에 활 쏘니 투구 꼭지가 땅에 떨어졌다. 이두란이 즉시 활 쏘아 죽이자 적의 사기(士氣)가 꺾이므로, 인하여 분격(奮擊)하여 크게 쳐부수었는데 죽은 시체가 들에 두루 퍼져서 냇물이

56 조선을 건국한 태조 이성계를 존칭한 것이다.

다 붉게 물들고 남은 적은 도망쳐 갔다.

견고한 갑옷과 청동 투구를 한 아지도발을 활 쏘아 죽이는 그림

제33절 삼한(三韓)을 다시 만들다

태조께서 승리하고 돌아오니 최영(崔瑩)이 백관을 거느리고 천수사(天壽寺) 앞에서 영접하였을 때 태조와 더불어 두 번 절하고 손을 잡고 눈물을 흘리며, "삼한을 다시 만드는 것이 단판으로 결판내야 할 형세[在此一擧]다"라고 말하였다. 이때부터 왜인(倭人)이 태조를 두려워하여 감히 가까이 하지 못하였고, 매번 우리나라 사람을 사로잡으면 반드시 "이만호(李萬戶)가 지금 어디에 있느냐"고 물었다.

제34절 사모단령(紗帽團領)[57]

(우왕) 13년(1387) 설장수(偰長壽)가 명(明)지나으로부터 돌아왔을 때 사모와 단령을 입고 왔는데, 정몽주와 하륜(河崙)이 청하여 몽고의 복식인 호복(胡服)을 없애고 명나라 복식을 계승하였다. 1품 이하는 모두 사모와 단령을 붙이고 품대(品帶)[58] 만을 차등 있게 하였다. 오직 우왕 및 환관과 측근은 따르지 않았다.

57 사모단령(紗帽團領) : 사모는 고려 말에서 조선 시대에 걸쳐 벼슬아치들이 관복을 입을 때에 쓰던 모자로, 검은 사(紗)로 만들었는데 지금은 흔히 전통 혼례식에서 신랑이 쓴다. 단령은 깃을 둥글게 만든 관복을 말한다.

58 품대(品帶) : 벼슬아치가 공복(公服)에 갖추어 두르던 띠로, 공복의 종류와 품계에 따라 달랐다.

제35절 군사를 일으킴이 옳지 않은 것이 4가지다

14년(1388) 여름 4월에 우가 우리 태조와 최영을 불러 "요양(遼陽)명을 치려 한다" 말하므로, 태조가 다음과 같이 말하였다. "군사를 일으키는 것[出師]이 옳지 않은 점 4가지가 있습니다. 작은 나라로서 큰 나라를 거역함이 첫째 옳지 않으며, 여름에 군사를 일으킴이 둘째 옳지 않으며, 온 나라가 멀리 정벌(征伐)을 떠나면 왜인이 우리 허점을 틈탈 것이니 셋째 옳지 않으며, 지금 바야흐로 덥고 비가 내려 활의 아교가 녹아 풀리고 대군(大軍)이 전염병에 걸릴 테니 넷째 옳지 않은 것입니다." 우가 듣지 않았다.

제36절 이로움과 해로움을 온 힘을 다해 간하여 말하다

태조께서 물러나와 울며 눈물을 흘리며, "백성의 재난이 이로부터 시작될 것이다"라고 말하였다. 위화도(威化島)압록강 서쪽에 나아가 주둔하여 우에게 글을 올려 말하시고, 또 최영에게 글을 남겨서 요동공략의 불편함과 이로움과 해로움을 온 힘을 다해 간하여 말하였으나, 모두 받아들이지 않았다.

제37절 친히 화복(禍福)을 진술하다

태조께서 드디어 여러 장수들을 설득하기를, "지금 만일 요동을 공격하면 곧 백성이 재난에 이를 것이다. 왕은 살피지도 아니하고, 최영

역시 늙고 혼미하여 나라의 존속과 멸망을 근심하지 않는다. 지금 공경(公卿)들과 같이 왕을 만나서 친히 화복(禍福)을 진술하고, 임금의 곁에 있는 악을 제거하여 생령(生靈)을 편안케 하지 않겠는가?" 라고 하였는데, 여러 장수들이 모두 따랐다.

제38절 군사를 돌이켜 강을 건너다

이에 군사를 돌이켜 압록강을 건넜는데, 태조께서 먼저 건너 흰 말을 타고 새의 흰 깃으로 깃을 단 화살[白羽箭]과 붉은 칠을 바른 활[彤弓]을 잡고 강 언덕에 서서 군사들이 다 건너기를 기다렸다. 병사들 안에서 바라보고 서로 말하기를, "예로부터 지금에 이르기까지 어찌 이와 같은 분이 다시 있겠는가?"라고 하였다.

제39절 마주 보고 울며 최영을 유배 보내다

수도[京師]에 이르러서 최영의 손을 잡고 말하기를, "이와 같은 사변(事變)은 나의 본심이 아닙니다. 그러나 요동을 공격하는 일은 국가의 흥망과 관계되었으므로 마지못하여 한 일이니, 잘 가시요 잘 가시요" 하면서 서로 마주 보고 눈물 흘렸다. 마침내 최영을 고봉현(高峰縣)지금 고양(高陽)에 유배하였다. 이때에 명나라가 병사를 일으키려 하다가 군사를 돌이켰다 함을 듣고 곧 그만두었다.

제40절 우(偶)를 추방하고 창(昌)을 세우다

태조께서 왕씨의 후사를 택하여 왕으로 세우고자 하였는데, 조민수(曹敏修)가 듣지 않고 우를 강화(江華)로 추방하고, 우의 아들 창(昌)을 세웠다. 이때에 조인옥(趙仁沃)이 서로 상소[交章]하여 최영의 죄를 바로잡도록 청하니, 창이 이에 따라 최영의 목을 베었다.

제41절 의논하여 공양왕(恭讓王)을 세우다

태조께서 심덕부(沈德符)와 정도전(鄭道傳)과 함께 의논하여 우와 창이 왕씨가 아니므로 종사(宗社)를 받드는 것이 옳지 않다 여겨 우를 강릉에 옮기고 창을 강화에 추방한 후 정창군 요(定昌君 瑤)를 세우니 이가 공양왕이다.

제42절 대관이 한쪽 편듦을 논하다

공양왕 원년(1389)에 대관(臺官)이 글을 올려 이색(李穡), 조민수, 이숭인(李崇仁) 등이 우와 창을 편든 죄를 논하여 조민수는 폐하여 서인(庶人)으로 삼고 이색과 이숭인은 유배하였다. 사자를 보내서 우왕과 창왕 부자에게 죄를 물어 죽였다.

제43절 어머니가 늙으시니 사직하고 돌아가다

문하주서(門下注書) 길재(吉再)는 해평(海平)사람이다. 어려서 성리학을 다스려 배워 정몽주를 스승으로 삼고, 폐위된 왕인 우왕 때에 과거에 급제하여 주서가 되었다. 이때에 이르러 국가가 장차 망할 것을 알고 어머니가 늙으셨다며 사직하고 선산(善山)으로 돌아갔다.

제44절 충효의 큰 절개

충효의 큰 절개가 있었던 포은 정몽주의 상

4년(1492) 여름 4월에 조영규(趙英珪)가 시중 정몽주를 죽였다. 정몽주는 사람됨이 호탕하고 인품이 매우 뛰어나며, 충효(忠孝)와 높은 절개가 있었다. 어려서부터 학문을 좋아하여 인성(人性)과 천명(天命)의 심오함을 깊히 체험해 진리를 얻었고, 큰 일을 처리하고 큰 문제를 해결함에 말소리와 얼굴빛이 동요됨이 없어 왕을 보필할 인재라 일컬었다.

제45절 죽교(竹橋)의 핏자국

(정몽주가) 안으로 5부(五部)의 학당(學堂)을 세우고 밖으로 향교(鄕校)를 설립하여 유학[儒術]을 일으켰으며, 항상 나라가 쇠퇴하는 것을 보고 눈물을 흘렸는데, 이에 이르러 영규에게 피살당하니 그 피해당한 선죽교(善竹橋) 돌 위에 핏자국이 지금까지 남아 있다. 우리 조정[59]에서 시호를 문충(文忠)이라 하고 문묘(文廟)에 덧붙여 제사를 지냈다.

---

59 이 책을 집필할 당시의 조정인 조선왕조를 '우리 조정'이라 칭한 것이다.

제46절 천명(天命)이 속한 바 있다

우리 태조의 위엄과 덕망이 날로 성하여 중외(中外)의 민심이 추대하여 공공연히 소리 높여 말하기를, "천명과 인심이 속한 바가 있는 것인데 어찌 나아가 권하지 않느냐" 하였다. 우시중 배극렴(裵克廉) 등이 왕대비께 아뢰고 대비의 교서(教書)로써 왕을 폐하여 공양군(共讓君)에 봉하여 원주로 추방하였는데, 3년 후에 돌아가셨다. 태조께서 왕위에 오르신 후에 왕을 추봉(追封)하셨다. 고려태조가 개국한 후로부터 왕에게 이르기까지 모두 34왕이며 왕업을 이은 세월이 475년이었다.

제4편 현세(現世)

제1장 본조(本朝)

태조 고황제폐하

제1절 태조 나라를 세우다

태조 고황제(高皇帝)휘(諱)는 단(旦)이며 처음 휘는 성계(成桂)다. 자는 군진(君晉), 호는 송헌(松軒)이다 계출(系出)은 전주(全州)이시니, 신라 사공(司空) 한(翰)의 후손으로 환조(桓祖)대왕의 아들이니, 영흥(永興)의 사저에서 태어나서 고려에서 벼슬하여 문하시중이 되었다. 융희

(隆熙) 원년 전 516년 임신(壬申 1392) 가을 7월 16일에 송악[松京]에서 즉위하시고 나라 이름을 조선(朝鮮)이라 하고, 4대를 추존(追尊)하여 왕으로 하였다. 목조(穆祖), 익조(翼祖), 도조(度祖), 환조(桓祖)이다.

제2절 종사(宗社)를 세우고 성과 궁궐을 건축하다

개국공신에 익안대군(益安大君) 방의(芳毅)[60] 등 39인을 책(策)하셨다. 3년(1394)에 한양(漢陽)에 도읍을 옮겼는데, 종묘(宗廟)와 사직(社稷)[61]을 세우시고 수도의 성[京城]을 축성하시며, 경복궁(景福宮)과 창덕궁(昌德宮)을 건축하셨다. 또한 구리로 만든 호랑이 모양의 호부(虎符)를 군대동원용으로 만들어 병사를 움직일 때에 사용하게 하셨다.

제3절 기사(耆社)에 들어가 잔치를 베풀다

왕이 기사에 들어가시고 문신으로 작(爵) 2품(品)에 나이 70세 이상을 명하여 기로연(耆老宴)에 참여케 하셨다. 현명한 인재를 들이시고 아첨잘하는 신하를 멀리 하시며, 거짓으로 꾸며서 남을 헐뜯어 윗사람에게 고하는 참언(讒言)을 끊으시며, 음사(淫祀)[62]를 금지하셨다.

---

60 익안대군은 태조의 셋째아들이다. 이름이 방의(芳毅)인데 '방살(芳殺)'로 오기되어 바로잡았다.

61 종묘는 조선 시대에 역대 임금과 왕비의 위패를 모시던 왕실의 사당이며, 사직은 고대 중국에서, 새로 나라를 세울 때 천자나 제후가 제사를 지내던 토지신과 곡식신을 의미하나 조선이 이 제도를 따른 것이다.

62 음사(淫祀) : 귀신에게 드리는 제사를 지칭하며 이를 금함은 조선시대에 유교윤리와 명분에 어긋나는 사신행위(祀神行爲)를 의미한다.

제4절 여러 나라가 스스로 와서 복종하다

여진국을 불러 설득하여 편안하게 살게 한 이지란의 상

6년(1397)에 청해군(青海君) 이지란(李之蘭)여진사람으로 본명은 동두란(佟豆蘭)인데, 이때 성명을 하사받았다을 명하여, 여진을 불러 설득하여 편안하게 살도록 하였다. 이지란이 고려 말에 태조를 따라 왜장(倭將) 아지발도를 활 쏘아 죽였고, 전승의 공로가 여러 번이었다. 이에 이르러 여진을 불러 위로하니 여진이 면(面)을 없애고 귀화하여 역(役)을 감당하고 부세(賦稅)를 내는 것이 편호(編戶)와 같았다. 유구국(琉球國)은 사신을 보내 신하를 칭하고, 섬라국(暹羅國)[63]은 방물(方物)을 가져와 조공하였다. 야인(野人) 중 스스로 와서 복종하는 추장은 천호(千戶)와 만호(萬戶)의 직을 제수하셨다.

제5절 세자를 책봉하여 왕위를 전하다

7년(1398)에 영안군(永安君)을 책(冊)하여 세자로 삼으시고, 왕위를 전하신 뒤 상왕의 자리에 계시다가 태종 8년(1408)에 돌아가셨다. 재위 7년이고 상왕위 10년이며 74세까지 살았다. 태황제 광무 3년(1899)에 추존하여 고황제(高皇帝)라 하고, 환구단(圜丘壇)에 짝지어 제사하셨다.

---

63 지금의 태국을 지칭한다.

제6절 조하(朝賀)에 그림을 바치다

정종(定宗)휘는 경(曔)이며, 초휘는 방과(芳果)이고 자는 광원(光遠)이다께서 태조에게 왕위를 물려받아[禪位] 정전(正殿)에서 모든 신하의 조하(朝賀)를 받았는데, 평양부윤(平壤府尹) 성석린(成石璘)은 의기도(欹器圖)를 바치고, 경기좌도 관찰사(觀察使) 이정보(李廷俌)는 역년도(歷年圖)를 바치고, 우도(右道)관찰사 최유경(崔有慶)은 무일도(無逸圖)를 진상하였는데, 왕이 즐겨 받으셨다. 이 해에 송악[松京]으로 도읍을 옮기셨다.

제7절 절의를 아름답게 여겨 후한 예로 경의를 표하다

2년(1400)에 고려 주서(注書) 길재(吉再)를 불러 봉상박사(奉常博士) 벼슬을 주셨는데, 길재가 상소하여 말하기를 "신이 듣기를 여자는 두 지아비를 섬기지 않고, 신하는 두 왕을 섬기지 않는다 합니다. 바라오니 두 성(二姓)을 섬기지 않는 뜻을 따르게 하십시오" 하였다. 왕이 그 절의를 아름답게 여겨 후한 예로 보내시고, 그 집의 세금을 면제하셨다[復戶].

제8절 세제(世弟)에게 왕위를 물려주다

왕의 성격이 순수하고 조심성이 많으시고 지조와 행실이 단방(端方)해서 왕위에 오른 지 2년에 동생 정안군(靖安君)으로 세제를 삼아 왕위를 물려주시고 세종 원년(1419)에 돌아가셨다. 재위 2년이고 재상왕위 19년이며 63세까지 살았다.

제9절 잘·잘못을 직언(直言)하다

태종(太宗)휘는 방원(芳遠)이며 자는 유덕(遺德)이다께서 뛰어나고 슬기로우심이 세상에 뛰어나서 항상 세상을 다스리는 뜻을 가졌으니, 하륜(河崙)이 매번 탄식하며 "이 사람은 하늘을 덮는 뛰어난 기상이 있다"라고 말하곤 하였다. 왕위에 오르자 모든 신하에게 왕의 잘·잘못을 직언(直言)하라 하며, 또 간관(諫官)[64]에게 일을 따라 간하라 하셨다.

제10절 신하의 절의를 장려하고 외척(外戚)을 징계하다

원년(1400)에 고려 시중 정몽주를 기려 추증하여 신하의 절개를 장려하시며, 민무구(閔无咎)[65] 등에게 독약을 내려 자결하게[賜死]하여 외척을 징계하였다. 부참(符讖)[66]의 서적을 불태우시고 인심을 혼란하게 만드는 요사스러운 말을 막으셨다. 신문고(申聞鼓)[67]를 설치하여 억울한 사람으로 하여금 북을 치고 중요한 사실이나 사건을 임금에게 알리게 하여 아랫사람의 사정을 통하게 하셨다.

---

64 간하는 관리인 간관(諫官)을 간궁(諫宮)으로 오기하여 바로잡았다.

65 장인 민제의 가문이 외척으로 성장하면서 이들이 양녕대군을 지지하고 그 주위에 수구파가 결집하자, 태종이 장인과 처남들을 과감하게 제거했던 일을 말한다. 처남인 민무구(閔無咎)의 '無'를 '无'로 쓴 것이다.

66 1417년 태종은 도참서의 유포와 소장을 금지하는 명령을 내리고 도참서를 불태웠다.(도참은 왕의 운명이나 인사(人事)의 미래를 예언한 기록을 의미함)

67 신문고(申聞鼓) : 조선 시대에 백성이 억울한 일을 하소연할 때 치게 하던 북을 말한다. 태종 때에 대궐의 문루(門樓)에 달았으며 등문고를 고친 이름이다.

제11절 왕씨의 거주를 정하다

12년(1412)에 대간이 고려 장령(掌令) 서견(徐甄)을 신문하자고 청하였다. 왕이 이르기를, "고려의 신하가 우리 조정의 신하로 왕을 섬기지 아니하는 것은 또한 백이(伯夷)의 부류다. 어찌 죄를 내릴 수 있겠느냐" 라고 말하셨다.

13년(1413)에 왕씨의 후예로 민간에 있는 자를 편리한 대로 거주케 하라 하셨다.

제12절 현명한 이로써 세자를 바꾸다

18년(1418)에 세자 제(禔)를 폐하여 양녕대군(讓寧大君)으로 삼으시고, 충녕대군(忠寧大君)으로 세자를 삼아 왕위를 전하고 비로소 경연(經筵)을 시작하셨다. 만년에 상왕위(上王位)에 있을 때 가물어서 백성을 위하여 근심하였는데, 왕이 돌아가시는 날5월 10일에 이르러 큰 비가 내린 고로 태종우(太宗雨)라 칭하였다. 세종 4년(1422)에 돌아가셨다. 재위 18년이고 상왕위에 계신 지 4년이며 56세까지 살았다.

제13절 동방의 성인(聖人)이다

세종(世宗)휘는 도(裪)고 자는 원정(元正)이다 원년(1419)에 나이가 많은 궁인(宮人)[68]을 내보내 집으로 돌려보냈다. 2년(1420)에 집현전(集賢殿)을 설치

---

68 궁인(宮人) : 나인을 말하며 고려 · 조선 시대에, 궁궐 안에서 왕과 왕비를 가까이 모시는 내명부를 통칭한 말이다.

하고 문학(文學)의 선비 성삼문(成三問)과 신숙주(申叔舟) 등을 선발하시어 고문(顧問)을 갖추시니, 인재를 얻는 일이 이로써 채워져서 이웃나라가 동방성인(東方聖人)이라 일컬었다.

제14절 세자 입학하다

3년(1421)에 왕이 이르기를, "8세에 (성균관) 입학은 옛 제도다. 지금 세자 나이가 8세이니 마땅히 입학하라" 하시니, 세자가 성균관(成均館)에 이르러 유생의 복장으로 속수례(束脩禮)[69]를 행하셨다. 모든 도(道)의 장정[丁夫] 30여 만 명을 뽑아 도성을 수리해 쌓았다. 태종 5년(1405)에 한양에 도읍을 옮겼는데, 이에 이르러 다시 수리하였다.

제15절 형(刑)을 줄이고 악(樂)을 정하다

11년(1429)에 『농사직설(農事直說)』[70]을 순서에 따라 편집하게 하여 전국에 반포하시며 종학박사(宗學博士)를 설치하고, 종친을 교수(教授)하셨다. 12년(1430)에 태장(笞杖)으로 죄인의 등을 쳐서 징벌하는 혹형인 태배(笞背)를 없애시고, 15년(1433)에 아악(雅樂)[71]을 비로소 정하시며 양로연을 베푸셨다.

---

69 속수례(束修禮) : 제자가 되려고 스승을 처음 뵐 때에 드리는 예물로, 예전에 중국에서 열 조각의 육포를 묶어 드렸다는 데서 유래함.

70 『농사직설(農事直設)』 : 원문의 농가집설(農家集說)의 '가(家)'와 '집(集)'은 오기이므로 바로잡았다. 조선 세종 11년에 정초 등이 지은 농서로 각 도관찰사가 경험 많은 농부들에게 들은 농사 관련 지식을 모아 엮은 가장 오래된 농서이다. 우리말로 된 곡식 이름을 향찰과 이두로 적었다.

71 아악(雅樂) : 삼악(三樂)의 하나. 예전에 우리나라에서 의식 따위에 정식으로 쓰던 음악으로, 고려 예종 때 중국 송나라에서 들여왔던 것을 조선 세종이 박연에게 명하여 새로 완성시켰다.

제16절 음식을 개인이 준비함을 책망하다

개인 비용의 음식 준비를 책한 황희의 상

그 때 재상 황희(黃喜), 허조(許稠), 맹사성(孟思誠), 최윤덕(崔潤德)은 모두 이름난 신하로, 충성을 다해 나라를 도와서 나라가 태평하고 백성이 편안하였다. 황희가 정부에서 여러 대신과 나랏일을 의논할 때 공조판서(工曹判書) 김종서(金宗瑞)가 음식을 갖추어 들였다. 황희가 노하여 김종서를 앞에 세우고 정색하여 말하기를 "국가에 예빈시(禮賓寺)를 둔 것은 대신(大臣)이 음식을 먹고자 하면 예빈시로 하여금 미리 준비하여 기다리게 함인데, 어찌하여 개인의 돈으로 마련하십니까"라 하고 크게 책망하였다.

제17절 김종서를 천거하여 재상을 삼다

김종서가 두려워하여 감히 대답하지 못하였더니 황희가 대신(大臣)을 그만둘 때에 김종서를 천거하여 대신(代身)하게 하였다. 후에 김종서가 말이나 행동을 삼가고 조심하여 재상의 직무로 한 시대를 흔들었다.

제18절 『삼강행실(三綱行實)』을 출판하여 널리 배포하다

16년(1434)에 유신(儒臣)에게 명하여 『삼강행실』을 편집할 때 고금의 충신, 효자, 열녀(烈女) 중 빼어나게 뛰어나고 의젓해 본받을 만한 자를 일을 따라 기재(記載)하여 세상에 널리 배포케 하셨다. 17년(1435)에 나이 90세 이상자에게 술을 내리셨다.

제19절 간의(簡儀), 옥루(玉漏),[72] 진(鎭)을 설치하고 공법(貢法)을 정하다

20년(1438)에 간의대(簡儀臺)[73]를 제작하고 간의, 혼의(渾儀)[74]와 정시규표(定時圭表),[75] 금루(禁漏)[76] 등 기구를 설치하니 그 정교함이 극히 갖추어졌다. 또한 작은 누각[77]을 세우고 옥루기계의 바퀴를 설치하여 북치기, 종치기와 사신(司晨),[78] 옥녀(玉女)[79]를 만들었다. 사람의 힘 없이 모든 기관이 스스로 치고 스스로 움직이니, 신과 같아 하늘의 해의 돗수

---

72 옥루(玉漏) : 조선시대의 천상시계(天象時計)이며 자동 물시계의 하나로, 옥으로 만든 물시계이다.

73 간의대(簡儀臺) : 간의(천체의 운행과 현상을 관측하던 기구의 하나로 세종 14년(1432)에, 이천 · 장영실 등이 나무로 만들어 실험에 성공하자, 구리로 다시 제작)를 올려놓기 위하여 설치한 대. 세종 때에 경복궁의 경회루 북쪽에 돌로 쌓아 만들었다.

74 혼의(渾儀) : 혼천의로 고대 중국에서 천체의 운행과 위치를 관측하던 장치이다. 지평선을 나타내는 둥근 고리와 지평선에 직각으로 교차하는 자오선을 나타내는 둥근 고리, 하늘의 적도와 위도 따위를 나타내는 눈금이 달린 원형의 고리를 한데 짜 맞추어 만든 것이다. 선기옥형 · 혼의기로도 불리운다.

75 정시규표(定時圭表) : 예전에 쓰던 천문 관측 기계의 하나로 곱자처럼 생겼으며 그림자의 길이로 태양의 시차를 관측하였다.

76 금루(禁漏) : 궁중의 물시계로 금루(禁漏), 궁루(宮漏)라고도 한다.

77 흠경각(欽敬閣)을 지칭하는데, 궁중의 자동 천문시계인 옥루를 보관하기 위해 지은 집이었다.

78 사신(司晨) : 예전에 날이 밝아 새벽임을 알리는 것을 맡아보던 일을 가리킨다.

79 옥녀(玉女) : 시각을 알리는 옥으로 만든 여자 인형을 말한다.

와 누수의 시각이 조금도 어긋나지 않았다. 김종서를 파견하여 북쪽 경계를 모두 수복하고, 6진(六鎭)[80]을 설치하였다. 공법(貢法)[81]을 행하여 토지를 6등으로 나누고, 연(年)을 9등으로 나누어서 세금을 정하였다.

제20절 나라 글자를 찬정(撰定)하다

28년(1446)에 왕이 외국에 대개 나라글자가 있는데, 오직 우리나라에 없다 하시고 전주(篆籒)[82]를 모방하여 28 자모(子母)를 만들어서 여러 글자[字]를 연작(演作)하여, 성삼문과 신숙주와 정창손(鄭昌孫) 등으로 하여금 찬정하게 해 훈민정음(訓民正音)이라 하였다. 32년(1450)에 왕이 돌아가시니54세까지 살았다 세자가 즉위하셨다.

제21절 종이라도 천금(千金)처럼 중히 여기다

문종(文宗)휘는 향(珦)이고 자는 휘지(輝之)이다께서는 성리학에 정통하시며 또 필법(筆法)이 정밀하고 묘해 짧은 편지[寸簡]와 작은 종잇조각이라도 천금(千金)같이 중하게 여기셨다. 유신(儒臣)에게 명하여 『동국병감(東國兵鑑)』[83]을 찬(撰)하시고 친히 『진법9편(陣法九篇)』을 제작하셨다.

---

80 6진(六鎭) : 함경북도 북변(北邊)을 개척하여 설치한 여섯 진(鎭). 경원 · 경흥 · 부령 · 온성 · 종성 · 회령의 진을 이른다.

81 공법(貢法) : 조선 세종 26년(1444)에 실시한 지세(地稅) 제도로서, 종래의 답험 손실법의 폐해를 바로잡고자 전국 각 도(道)를 토질에 따라 나누고, 모두 27종의 전등(田等)에 따라 각각 다른 세율로써 조세를 거두어들였다.

82 전주(篆籒) : 주문(籒文)을 지칭하는데, 십체의 하나로 중국 주나라 선왕(宣王) 때 태사(太史)였던 주(籒)가 창작한 한자의 자체(字體)이다. 소전(小篆)의 전신으로 대전(大篆)이라고도 한다.

제22절 술을 내리고 아들을 부탁하다

2년(1452)에 왕이 병이 있어 집현전 여러 신하를 부르셔서 밤이 깊도록 경의(經義)를 강론하실 때 세자를 무릎 아래에 두시고 손으로 그 등을 쓰다듬으시며 이르기를 "내가 이 아이를 경(卿) 등에게 부탁하노라" 하시고 의자에서 내려 바닥에 앉으시고 술잔을 잡아 술을 주셨다. 5월에 돌아가시고39세까지 살았다 세자가 즉위하였다.

제23절 보좌 협찬(輔佐 協贊)하다

단종(端宗)휘가 홍위(弘暐)이다께서 즉위하시니 나이 12세였다. 영의정(領議政) 황보인(皇甫仁), 좌의정 남지(南智), 우의정 김종서 등은 (세종의) 고명(顧命)[84]을 받아서 보좌하고, 집현전학사 성삼문, 박팽년(朴彭年), 하위지(河緯地), 이개(李塏), 유성원(柳誠源) 등은 (문종의) 전일 부탁을 받아서 좌우에 협찬(協贊)하였다.

제24절 단령 흉배(團領胸背)

왕이 문신에게 명하여 『고려사(高麗史)』를 간행하여 중외에 널리 배

---

83 『동국병감(東國兵鑑)』: 고조선 때부터 고려 말기까지 우리나라와 중국 또는 여진 사이에 일어난 30여 차례의 전쟁을 시대순으로 기술한 책이다. 조선 문종의 명에 따라 편찬하여 선조 41년(1608)에 간행한 것으로, 중국 한(漢)나라 무제 때부터 이성계가 여진의 발도(拔都)를 격퇴한 고려 우왕 때까지의 전쟁 사실을 기록하였다. 2권 2책의 활자본이다.

84 고명(顧命): 임금이 유언으로 세자나 종친, 신하 등에게 나라의 뒷일을 부탁함. 또는 그런 부탁을 의미한다.

포하시며, 문무백관의 조복(朝服)[85]은 단령(團領)과 흉배(胸背)[86]의 제도를 정하여 품급(品級)의 차례(次序)로 입게 하셨다. 3년(1455)에 왕이 왕위를 숙부 수양(首陽)에게 물려주고 세조 2년(1456)에 돌아가셨다. 17세까지 살았다.

제25절 보감(寶鑑)을 모아서 완성하다[撰成]

세조(世祖)휘는 유(瑈)이고 자는 수지(粹之)이다 원년(1455)에 성삼문, 유응부(兪應孚) 등 6명이 죽임을 당했다. 2년(1456)에 금성대군(錦城大君) 유(瑜)는 순흥(順興)에 안치(安置)[87]하고, 남쪽 지방의 선비들 중 간여되어 죽은 자가 매우 많았다.[88] 상왕(上王)이 영월로 손(遜)하시니 낮추어 노산군(魯山君)이라 하였는데, 10월에 노산군이 죽었다. 신숙주 등이 『국조보감(國朝寶鑑)』[89]을 모아서 완성하였다.

제26절 세자의 근검을 타일렀다

85 조복(朝服) : 관원이 조정에 나아가 하례할 때에 입던 예복으로 붉은빛의 비단으로 만들며, 소매가 넓고 깃이 곧다.

86 흉배(胸背) : 조선 시대에 문무관(文武官)이 입는 관복의 가슴과 등에 학이나 범을 수놓아 붙이던 사각형의 표장(表章)을 가리킨다.

87 안치(安置) : 조선 시대에 먼 곳에 보내 다른 곳으로 옮기지 못하게 주거를 제한하던 일, 또는 그런 형벌을 지칭한다.

88 세조3년(1457) 세종의 여섯째 아들로 세조즉위를 반대한 금성대군과 순흥부사 이보흠이 공모했던 제2차 단종복위 사건의 발각으로 주동자를 비롯해 300여 명에 가까운 영남 사민(士民)들이 처단되었던 사건을 적었다.

89 『국조보감(國朝寶鑑)』 : 조선 역대 임금의 치적(治績)에서 모범이 될 만한 일을 실록에 의하여 엮은 편년체의 역사책이다. 세조 3년(1457)에 수찬청(修撰廳)을 설치하여 이듬해에 신숙주 · 권남 등이 태조 · 태종 · 세종 · 문종 4대의 보감(寶鑑)을 완성하였고, 편찬을 계속하여 순종 때에 완성하였다. 90권 28책으로 구성되었다.

왕이 조하(朝賀)를 받으실 때 세자에게 이르시며 말하길, "네가 옷 입은 목면(木棉)이 비록 얇고 천하나, 이는 밭 갈고 김매고 물들이고 옷감 짜는 근로와 고생으로써 이룬 것이다. 너는 마땅히 옷을 보거든 여인의 일이 쉽지 아니함을 생각하며 음식을 보거든 농부의 매우 괴롭고 고통스러움을 생각하여 아낌으로써 스스로 받들고 혹시라도 부지런하지 않음이 없게 하라" 하셨다.

제27절 환구단을 쌓고 종을 달았다

왕이 우찬성(右贊成) 서거정(徐居正)사가(四佳) 등에게 명하여 『동국통감(東國通鑑)』[90]을 엮으셨다. 환구단(圜丘壇)[91]을 남쪽 교외에 쌓으시며 큰 종을 새로 주조하여 가로 위에 걸고 새벽과 저녁을 경계하시며, 원각사(圓覺寺)[92]를 성 중에 세우셨다.

제28절 거짓으로 미쳐서 방랑하다

김시습(金時習)매월당(梅月堂)은 세 살에 능히 글을 지어 신동(神童)이라 불리웠고, 다섯 살에는 세종이 불러 보시고 매우 기이하게 여기셨다. 단종

---

90 『동국통감(東國通鑑)』: 성종 16년(1485)에 서거정(徐居正) 등이 신라 초부터 고려 말까지의 역사를 편찬한 사서로, 세조 4년(1458)에 편찬사업이 시작되어 고대사 부분이 성종 7년(1476)에 『삼국사절요』로 간행되었다.

91 환구단(圜丘壇): 고려 시대부터 하늘과 땅에 제사를 드리던 곳, 또는 제사를 드리던 단을 말한다. 현재 남아 있는 것은 광무 원년(1897)에 고종이 황제로 즉위하면서 다시 제사를 드리기 시작한 곳으로, 황제 즉위식을 거행한 곳이기도 하다.

92 원각사(圓覺寺): 서울 종로구 탑골공원 자리에 있던 절로, 조선 세조 11년(1465)에 왕명으로 세운 큰 절이다.

이 임금의 자리를 내어놓자[遜位] 거짓으로 미쳐서 승복을 입고 산수(山水)간에 방랑하였는데, 이에 이르러 왕이 불렀으나 끝내 응하지 않았다.

제29절 반란을 일으킨 적(賊)을 쳐서 평정하다

12년(1466)에 이시애(李施愛)가 모반하였는데, 남이(南怡)와 조석문(曺錫文) 등을 명하여 쳐서 평정하였다. 남이는 한시대의 이름난 장수였지만 후에 유자광(柳子光)이 무고히 모함하여 죽였다. 13년(1467) 9월에 임금이 돌아가시니 52세까지 살았다 세자가 즉위하셨다.

제30절 덕종(德宗)으로 추숭(追崇)하다

덕종휘는 장(璋)이고 초휘는 숭(崇)이며, 자는 원명(原明)이다 대왕은 세조의 맏아들로 세자 때에 돌아가시고 성종(成宗) 2년(1471)에 추존[93]하였다.

제31절 어지러운 세상 다스림에 관심을 두다

예종휘는 황(晄)이고 자는 명조(明照)이다께서 즉위하시어 정사(政事)에 관해 신하가 아뢰는 말을 듣고 처리하셨다. 이후에 어지러운 세상을 다스린 행적에 관심을 두셔서 친히 『역대세기(歷代世紀)』를 지으셨다. 또 문신에게 명하시어 『국조무정보감(國朝武定寶鑑)』[94]을 짓게 하셨다.

---

93 추존 : 왕위에 오르지 못하고 죽은 이에게 임금의 칭호를 주던 것을 말한다.

94 예종 1년(1469)에 조선 건국 이후의 전란을 기록한 『무정보감』을 펴냈으나 전하지 않는다.

제32절 음식을 살피고 약을 맛보다

처음에 세조께서 병환이 나셨는데, 왕이 음식을 살피고 약을 맛보시며 낮 밤으로 좌우에서 시중하니 잠을 자려고 눈을 감지 못한 지 수 개월이었다. 세조가 돌아가시자 왕이 지나치게 슬퍼하여 한 모금의 물도 드시지 않으셨다. 마침내 병이 나셔서 돌아가셨다.20세까지 살았다. 왕이 후사(後嗣)가 없으시니, 왕대비명으로 덕종의 둘째 아들 을산군(乙山君)을 봉하여 즉위하게 하셨다.

제33절 좋은 땅은 유한하다

성종(成宗)휘는 혈(娎)이다께서 왕위에 올라 예종을 창릉(昌陵)에 안장하실 때, 대신이 "근처 땅 백성의 무덤을 모두 파서 없애 버리십시오" 하였다. 왕이 하교하여 "산천은 늘지 않고 좋은 땅은 한정되어 있는 것이다. 천만년의 세대의 능실(陵室)이 끝이 없어 후세의 인민이 가히 장사할 산과 농사지을 땅이 없을까 두려우니, 지금부터는 법을 세워 금지하는 경계를 확장하지 말라" 하셨다.

제34절 선악을 병풍에 베끼다

왕의 효성과 형제 우애가 천성에서 나오니, 왕대비를 정성과 공경으로써 받들어 모시며, 월산대군(月山大君)을 은혜의 예로써 대하시고, 연로하고 덕이 높은 사람을 술로써 위로하셨다. 전대(前代)의 훌륭한 치적이 있는 왕과 사리에 어둡고 어리석은 왕이 행한 선악을 가려서 화공(畵工)으로 하여금 병풍에 베끼게 하고, 앉거나 누워서나 자세히 바라보며 항상 깨우치고 경계하셨다.

제35절 날을 바꾸어 시강(侍講)하다

왕이 정사에 밝아 집현전을 고쳐서 홍문관(弘文館)이라 하시고 김종직(金宗直)점필제(佔畢齋) 등을 선발하여 날마다 숙직케[直宿]하여 경서(經書)와 사기(史記)를 왕 앞에서 강의하게 하였다. 2년(1471)에『경국대전(經國大典)』[95]과『여지승람(輿地勝覽)』[96] 등 책을 만드시고 학교법을 지으셨다.

제36절 태학(太學)에 전결[結]을 내리다

15년(1484)에 태학에 전(田) 4백 결(結)[97]을 내리셨다. 16년(1485)에 명하여 다시 혼인한[改嫁] 여자의 자손은 동서반(東西班)[98]에 채용하지 못

---

95 『경국대전(經國大典)』: 조선 시대에 통치의 기준이 된 최고의 법전으로 고려 말부터 조선 성종 초년까지 100년간에 반포된 법령, 교지(敎旨), 조례(條例) 및 관례 따위를 망라한 것이다. 세조 때 최항(崔恒), 노사신(盧思愼), 강희맹(姜希孟) 등이 집필을 시작하여 성종 7년에 완성하고, 16년(1485)에 간행하였고 그 후에도 여러 차례 보완되었으나, 기본 골격은 유지한 채 왕조 말기까지 계속 적용되었다.

96 『여지승람(輿地勝覽)』: 원명은『동국여지승람』으로 조선 성종의 명에 따라 노사신 등이 편찬한 우리나라의 지리서이다.『대명일통지(大明一統志)』를 참고하여 우리나라 각 도(道)의 지리 · 풍속과 그 밖의 사항을 기록하였다. 특히 누정(樓亭), 불우(佛宇), 고적(古跡), 제영(題詠) 따위의 조(條)에는 역대 명가(名家)의 시와 기문도 풍부하다.

97 논밭에 물리는 세금을 결이라 한다.

98 동서반(東西班) : 조선시대 동, 서반을 아우르는 말로 양반 가운데 문반(文班)과 무반(武班)을 각각 달리 이르던 말인데 궁중의 조회 때 문관은 동쪽에, 무관은 서쪽에 벌여 선 데서 나온 말이다.

하게 하고 『대전속록(大典續錄)』[99]을 반포하셨다. 25년(1494)에 왕이 돌아가시니 31세까지 살았다 세자가 왕이 되었다.

제37절 이름난 어진 선비를 죽이고 유배하다

연산군(燕山君) 4년(1498)에 유자광(柳子光)과 이극돈(李克墩)이 사옥(史獄)을 일으켜서[100] 김종직(金宗直)과 남효온(南孝溫)추강(秋江)은 죄를 추국하고, 김일손(金馹孫)영탕(纓濯)과 김굉필(金宏弼)색훤당(塞暄堂)은 죽임을 당하고 정여창(鄭汝昌)일두(一蠹)은 귀양가서 죽었다. 일시에 이름난 어진 선비들이 죽고 유배당하여 거의 죽었다. 창기(娼妓)와 궁녀와 무격(巫覡)으로 음란한 놀이를 일삼았다.

제38절 종묘사직이 장차 위태롭다

11년(1505)에 여러 생원을 몰아내고 성균관(成均館)을 즐겁게 놀며 장난하는 놀이장[遊戲場]으로 만들고, 도성 100리 안에 인가를 헐어 없애고 사냥터로 삼았다. 왕이 음란하고 잔학함이 심하여 종묘사직이 장차 위태하게 되었으니, 박원종(朴元宗)과 성희안(成希顔)과 유순정(柳順汀) 등이 왕대비의 명으로 진성대군(晉城大君)성종(成宗)의 둘째 아들을 받들어 왕위

---

99 『대전속록(大典續錄)』: 성종 22년(1492)에 『경국대전』 이후 성종 21년(1491)까지 새로 제정된 법규를 모아 편찬한 법전이다. 1491년부터 편찬을 시작해 1492년에 완성하여 1493년 5월부터 시행하였다.

100 무오사화(戊午士禍)를 말한다. 유자광 중심의 훈구파가 김종직 중심의 사림파에 대해서 일으킨 사화로 조선시대의 4대 사화 가운데 첫 번째 사화이다. 『성종실록』에 실린 사초 「조의제문(弔義帝文)」을 트집 잡아 이미 죽은 김종직의 관을 파헤쳐 그 목을 베고, 김일손을 비롯한 많은 선비들을 죽이고 귀양 보냈던 역사적 사건이다.

에 세웠다. 왕을 폐하여 연산군으로 봉하고 교동(喬桐)에 추방하였다.

제39절 억울함을 풀어주고 간신을 쫓아내다

중종(中宗)휘는 역(懌)이고 자는 낙천(樂天)이다께서 즉위하여 연산군 때에 유배당한 여러 사람을 사면하고, 김굉필 등의 벼슬을 추증(追贈)하시고, 유자광의 관직을 빼앗아 물리쳤더니 얼마 지나지 않아 죽었다.

제40절 어진 정치로 백성의 교화가 크게 행하여지다

14년(1519)에 어진 신하 조광조(趙光祖)로 대사헌(大司憲)을 삼으시니, 법을 집행함에 있어 공평하여 남녀가 길을 달리하고, 어진 정치로 백성의 교화가 크게 행해졌다. 조광조가 남곤(南袞)과 심정(沈貞)에게 무고(誣告)당하여 북문(北門)의 화를 만났는데,[101] 상신(相臣)[102] 정광필(鄭光弼)문익공(文益公)이 힘써 구하여 능주(綾州)에 유배되었다가 사사(賜死)이때 나이 38세되었다. 대사성(大司成) 유숭조(柳崇祖)로 하여금 가르치고 인도함을 맡게 하시니 유숭조는 사서삼경을 국문으로 뜻을 풀었다. 39년(1544) 왕이 돌아가시니57세까지 살았다 세자가 즉위하셨다.

---

101 중종 14년(1519) 11월 남곤 · 심정 · 홍경주(洪景舟) 등의 재상들에 의해 조광조 · 김정(金淨) · 김식(金湜) 등 사림(士林)이 화를 입은 기묘사화를 말한다. 즉 북문의 화는 남곤이 정식 절차를 밟지 않고, 밤중에 비밀리에 경복궁의 북문인 신무문을 열게 하고 들어가서 화를 일으켰다는 데서 나온 말이다.

102 상신(相臣) : 영의정, 좌의정, 우의정을 통틀어 이르는 말이다.

제41절 재주에 따라 뽑아 쓰다

인종(仁宗)휘는 호(峼)다께서 즉위하여 형조(刑曹)에 명하여, "고문하여 때리는 것을 조심하고 삼가게 하여 억울함이 없게 하라" 하셨다. 이어서 탄식하며 이르기를, "어찌하면 과인(寡人)의 세상에는 백성 한 사람도 죄과(罪科)를 범함이 없게 할까" 하셨다. 또 하교하여 이르기를 "착함을 드러내고 악함을 형벌함은 왕의 다스림에서 먼저 할 바이니, 충효가 남보다 뛰어나게 다르든지 아전이 되어 청렴결백한 자가 있거든 재주에 따라 뽑아 쓰라" 하셨다.

제42절 곡소리가 서로 전하다

조광조의 관작을 되돌리셨다. 왕이 즉위하신 지 8월에 돌아가시니 31세까지 살았다 멀고 가까운 곳의 백성이 양식을 싸가지고 와서 곡하는 자가 도로에 끊이지 않으며, 곡소리가 서로 전하여 하루 만에 의주(義州)까지 이르렀다. 왕이 자손이 없으니 유명(遺命)[103]으로 동생 경원대군(慶源大君)이 왕위를 이었다.

제43절 발을 내리고 정치를 듣다[垂簾聽政]

명종(明宗)휘는 환(峘)이고, 자는 대양(對陽)이다께서 나이가 어리므로 문정왕후(文定王后)[104]께서 발을 내리고 정사를 들은 지 8년에 정사를 왕에게 돌

---

103 유명(遺命) : 임금이나 부모가 죽을 때에 남긴 명령을 말한다.

104 문정왕후(文定王后) : 파산부원군 정평공 윤지임(坡山府院君 靖平公 尹之任)의 딸로, 중종

려보내셨다. 어진 신하 이황(李滉)퇴계(退溪)과 이이(李珥)율곡(栗谷) 등을 발탁해서 쓰시며 성수침(成守琛)청송(聽松)과 조식(曹植)남명(南冥) 등을 뽑으셨다. 정순붕(鄭順朋)과 이기(李芑) 등이 유관(柳灌) 등을 무고로 모함하여 사화(士禍)[105]를 크게 일으켰다. 찬성 이언적(李彦迪)회재(晦齋)이 유배지에서 죽었다. 비변사(備邊司)를 두니 일본을 방어하고자 함이었다.

제44절 다리를 활로 쏘고 불태우다

일본 병선(兵船) 70여 척이 전라도 손죽도(損竹島)를 도적질하였는데 전주부윤(全州府尹) 이윤경(李潤慶)이 일본 장수의 왼쪽 다리를 활로 쏘았고, 바람을 타고 불을 질러 병사를 쫓아 따라가서 죽이니 일본군이 크게 무너져 달아나버렸다. 22년(1556)에 왕이 돌아가시고34세까지 살았다 자손이 없으니, 상신 이준경(李浚慶)이 유명(遺命)으로 하성군(河城君)신종(申宗)의 손이요, 덕흥대원군(德興大院君)의 셋째 아들이다을 받들어 왕위를 이었다.

제45절 당파 처음 나뉘다

선조(宣祖)휘는 공(昖)이고, 초휘는 균(鈞)이다께서 즉위하자 전 찬성(贊成) 이황은 『성학십도(聖學十圖)』[106]를 지어서 드리니 왕이 병풍에 베껴서 아침

의 제3비였으며 아들 명종의 즉위 후 약 9년간 수렴청정을 맡았다.

105 을사사화(乙巳士禍)를 지칭한다. 명종 1년(1546) 조선 왕실의 외척인 대윤(大尹 : 인종의 모인 장경왕후의 아우 윤임 일파) · 소윤(小尹 : 명종의 모인 문정왕후의 아우 윤원형 일파)의 반목으로 일어난 사림(士林)의 화옥(禍獄)으로 소윤이 대윤을 몰아낸 사건이다.

106 『성학십도(聖學十圖)』 : 조선 시대에 이황이 성학(聖學)의 개요를 그림으로 설명한 책이다. 성학과 심법(心法)의 요점을 설명하기 위해 여러 성리학자들의 도설(圖說)을 취사하여 채택하고, 자신의 의견을 첨부하였고 숙종 7년(1681)에 오도일이 간행하였다.

저녁으로 보며 깨달았다. 전 찬성 이이는 『성학집요(聖學輯要)』[107]를 지어 바치니 왕이 기뻐 받으셨다. 8년(1575)에 심의겸(沈義謙)과 김효원(金孝元)이 동, 서당(東西黨)[108]으로 나뉘었고, 우성전(禹性傳)과 이발(李潑)이 남, 북당[109]으로 나뉘었는데, 한 당파에 치우쳤다는[偏黨] 논(論)이 이로부터 시작하였다.

제46절 일본이 쳐들어오다

24년(1591)에 일본 관백(關白) 도요토미 히데요시[平秀吉][110]가 게이테쓰 겐소[景轍玄蘇] 등을 파견하여 서신(書信)을 보내서 명나라를 정벌코자 하니 길을 빌려 달라 청하였는데, 왕이 마땅히 지켜할 큰 도리로써 물리치셨다. 이듬해 임진(壬辰, 1592)에 히데요시가 사전에 허락 없이 가토 기요마사[加藤清正] 등을 보내서 대병(大兵)을 일으켜 침략해 왔다. 동래(東萊)를 먼저 함락시키니, 부사(府使) 송상현(宋象賢)과 첨사(僉使) 정발(鄭撥) 등이 국난(國難)에 죽었다.

---

107 『성학집요(聖學輯要)』: 조선 시대에 이이가 『대학』의 본뜻을 따라 성현들의 말을 인용 · 설명한 책으로 통설(統說), 수기(修己), 정가(正家), 위정(爲政), 성학도통(聖學道統)의 다섯 편으로 되어 있고, 선조 8년(1575)에 간행되었다.

108 조선 선조 8년(1575)에 사류(士類)가 동서(東西)로 분열한 사건이다. 서울의 동쪽 낙산 밑에 살던 신진 사류 김효원과 서울의 서쪽 정동에 살던 명종 왕후의 아우 심의겸을 각각 이조 정랑(吏曹正郎)으로 추천하던 사람들 사이의 반목 · 대립에서 비롯되어, 당쟁의 기원이 되었다.

109 조선 선조 때에 동인(東人)에서 갈라진 당파이다. 이발, 이산해를 중심으로 한 북인(北人)에 대하여 유성룡, 우성전을 중심으로 한 파가 남인으로, 경종 이후 정계에서 멀어져 고향에서 학문과 교육에 전념하였다.

110 원문에 히데요시의 성을 '豊臣'이 아니라 '平'으로 표기하였다.

제47절 어가[大駕]타고 피난하다

이일(李鎰)과 신립(申砬)이 충주(忠州)에서 싸워 패하자 일본병이 수도[京城]로 곧바로 향하였다. 왕이 서쪽으로 난을 피해 도성을 떠났다. 밤에 임진(臨津)을 건너서 여러 재상을 불러 방책을 물었는데, 도승지(都承旨) 이항복(李恒福)백사(白沙)이 먼저 말하여, "우리나라 병력(兵力)이 족히 방어하지 못할 것이니, 서쪽으로 나아가 명나라에 구원을 청하소서" 하였다.

제48절 사신을 보내 구원을 청하다

어가를 평양에 주둔하시고 이덕형(李德馨)한음(漢陰)을 명나라에 보내어 원병(援兵)을 청하자, 명이 부총병(副總兵) 조승훈(祖承訓)과 유격(遊擊) 사유(史儒) 등을 보내 도우러 왔다. 이때에 제독관(提督官) 조헌(趙憲)중봉(重峯)이 의병(義兵)을 일으켜 금산(錦山)에서 전사했다. 각도에서 충성과 절의있는 선비가 병사를 모집하여 의병을 일으킬 때 고경명(高敬命)이 또 전사하였다.

제49절 어가를 멈추고 의주에 머물다

김천일(金千鎰)과 곽재우(郭再祐)홍의장군(紅衣將軍)와 정인홍(鄭仁弘)과 권응수(權應銖)[111] 등이 여기저기에서 의병을 일으켰다. 일본 군사가 평양을 함락하니 왕이 의주로 어가를 몰아 머무시고 정곤수(鄭崑壽) 등을 또 명

111 원문의 '수(洙)'는 오기이므로 바로잡았다.

나라에 보내어 원병(援兵)을 청하자 명이 제독(提督) 이여송(李如松)과 유연(劉淵) 등으로 20만 군을 거느리고 와서 도왔다.

제50절 3경(京)을 다시 찾다

26년(1593)에 이여송이 평양을 격파하고 3경을 도로 찾았으므로, 왕이 수도로 돌아왔다. 도원수(都元帥) 권율(權慄)이 행주(幸州)에서 크게 승리하고, 통제사(統制使) 이순신(李舜臣)은 한산도(閒山島)에서 일본 수군을 결딴내서 없애버리니, 기요마사 등이 병사를 거두어 달아났다.

제51절 훈련도감(訓練都監)

왕이 명나라 사람 척계광(戚繼光)의 절병(浙兵)제도[112]를 좋다고 여겨 훈련도감을 세우시고, 재상 유성룡(柳成龍)서애(西厓)으로 하여금 장정(壯丁)을 불러 모아 그 법으로써 가르쳤다. 이때에 요사스러운 적 이몽학(李夢鶴)이 난을 일으키니 홍주목사(洪州牧使) 홍가신(洪可臣)이 잡아 죽였다.

제52절 거북선을 창조하다

30년(1597)에 기요마사 등이 다시 병사를 일으켜 침략해 오자 명나라

112 원문의 '석(淅)'은 오기이므로 바로잡았다. 임진왜란으로 조선의 전통적 진관체제(鎭管體制)가 무너지자 유성룡의 건의에 따라 명나라 척계광(戚繼光)의 『기효신서(紀效新書)』에 나오는 「절강병법(浙江兵法)」에 의거해, 임진왜란 당시인 선조 26년(1593) 임시 기구로 훈련도감을 설치하였다.

장수 양호(楊鎬), 마귀(麻貴), 나개(那玠) 등이 소사평(素沙坪) 직산(稷山)에서 일병(日兵)을 크게 격파하였다. 이순신이 거북선[龜船]을 창조하여 수군을 거느리고 일병을 격파하며 계속 크게 이겼으니 일본 배가 감히 서쪽으로 가지 못하였다. 그 거북선은 철로 표면을 덮었으니 곧 세계 각국 철갑선(鐵甲船)의 시조가 되었다.

거북선을 창조한 이순신의 상

제53절 오전(鏖戰)하다 빗나간 탄환에 맞다

31년(1598)에 이순신이 일병을 노량(露梁)에서 만나 적을 모조리 죽일 때까지 힘을 다하여 싸우다[鏖戰] 빗나간 탄환에 맞아서 죽으니, 시호를 충무(忠武) 라 하였다. 이때에 히데요시가 죽자 일본이 드디어 군사를 거두어 돌아갔다.

제54절 형상을 보고 크게 놀라다

김덕령(金德齡)은 천고(千古)의 용사이다. 무등산(無等山)에 들어가서 3척의 긴 칼을 주조하였는데, 밤에 푸르고 흰 기운이 한 동네에 널리 가득 차서 그들막하니 산이 5, 6일 동안 울렸다. 또 용마(龍馬)[113]를 얻어서 장사(壯士) 5천 명을 거느리고 의병의 깃발을 세우고 일병을 토벌하니, 기

113 용마(龍馬) : 용의 머리에 말의 몸을 하고 있다는 신령스러운 전설상의 짐승으로 중국 복희씨 때 황허강[黃河江]에서 팔괘(八卦)를 등에 싣고 나왔다는 준마이다.

천고 용사 김덕령의 상

요마사[清正]가 화가[畵師]를 몰래 보내서 형상을 그리게 하여 보고 크게 놀라 이르기를, "진정한 장군이다" 하고 감히 범하지 못하였다.

제55절 죽음을 듣고 서로 축하하다

이때에 조정이 화친하고자 하여 김덕령으로 하여금 서로 전투하지 못하게 하고, 간사한 신하가 무고히 모함하여 이몽학(李夢鶴)과 같이 반란한다고 잡아서 옥중에서 쳐서 죽였다. 일인이 듣고 서로 축하하였으니 국민은 통곡하였다.

제56절 일본 장수를 안고 물로 떨어지다

애국의랑 논개가 물에 뛰어든 그림

진주성이 함락될 때 의병장 고종후(高從厚)경명(敬命)의 아들, 김천일(金千鎰), 유복립(柳復立), 황섬(黃暹) 등이 전사하였다. 일본 장수가 진주에 들어가 촉석루(矗石樓)에서 기생과 풍류를 불러 잔치할 때에 읍의 기생 논개(論介)가 일본 장수가 술 취한 것을 틈타서 자기 등에 지고 물에 뛰어들었다. 일본 장수가 뛰어 올라 나오고자 하였으나, 기생의 손이 굳게 묶고 있어 풀지 못하고 강 속으로 끌려 들어가서 익사하였다. 후대 사람이 누각 아래의 바위를 의랑암(義娘巖)이라 하고 바위 위에 의랑사(義娘祠)[114]를 세워 제사하였다.

제57절 홀로 말 타고[單騎] 적을 쫓아내다

정기용(鄭起龍)은 거창(居昌)에서 10여 기병과 함께 일인의 선봉 100여 명을 죽이고 일본 장수를 사로잡아 크고 작은 60여 전투에서 한 번도 패한 적이 없으니 가히 제일 용감한 장수였다.

정기용이 홀로 말 타고 적을 쫓아낸 그림

제58절 일본이 화친을 청하다

이때에 왕이 성혼(成渾)에게 참찬(參贊) 벼슬을 내려 특명으로 궁궐에 들어와 임금을 뵙고 시강(侍講)하게 하시고 관왕묘(關王廟)[115]를 세웠다. 39년(1606)에 일본이 사신을 보내서 화친을 구하였는데 여우길(呂祐吉) 등을 파견하여 답하였다. 41년(1608)에 왕이 돌아가시고57세까지 살았다 세자 혼(琿)이 즉위하였다.

---

114 의랑사(義娘祠) : 정확한 명칭은 의기사(義妓祠)로 논개의 영정과 위패를 모신 사당이다. 경종 원년(1721)에 논개에 대한 포상이 건의되어 영조 16년(1740)에 경남 진주에 건립되었다.

115 관왕묘(關王廟) : 중국 삼국 시대 촉한의 장수 관우의 영(靈)을 모시는 사당이다. 조선 시대에 서울에 동묘, 서묘, 남묘, 북묘가 있었다. 관제묘 · 노야묘 · 무묘(武廟)라고도 칭한다.

제59절 심하(深河)로 구원하러 가다

광해군(光海君)이 원년(1609)에 형 임해군(臨海君) 진(珒)을 죽였다. 이때에 명이 청(淸)지나인의 난을 당하여 원병을 청하였다. 조정이 임진의 은혜를 생각하여 강홍립(姜弘立), 김경서(金景瑞), 김응하(金應河)요동백(遼東伯)로 병사를 거느리고 심하(深河)에 나아가 전투하게 할 때, 강홍립은 청에 붙고 김응하가 홀로 싸우다 화살이 다해 죽었다.[116]

제60절 근심하고 분하게 여기다 죽다

광해군이 이이첨(李爾瞻) 등의 부추김을 받아 영창대군(永昌大君) 의(㼁)와 연흥부원군(延興府院君) 김제남(金悌男)을 죽이니, 상신 이덕형(李德馨)이 화(禍)가 인목대비(仁穆大妃)에게 미칠 줄 알고 근심하고 분하게 여기다 죽었다. 금병(禁兵)을 따로 두어서 왕대비의 궁문을 가로막았다.[117]

제61절 여러 어진 선비의 벼슬을 빼앗고 귀양 보내다

정조(鄭造)와 윤인(尹訒) 등이 이이첨의 지시와 부림을 받들어 폐모(廢母)[118]의 논(論)을 앞서서 발의하였다. 상신(相臣) 이원익(李元翼)오리(悟里),

---

116 광해군 11년(1619) 명나라가 요동 반도를 침범한 후금(청나라를 건국한 만주족)을 토벌할 때 조선에 원병을 청하자, 강홍립 등이 군사를 거느리고 출정했다. 강홍립은 포로가 되어 후금에 끌려갔다가 정묘호란 때 풀려나 귀국하였다.

117 광해군은 이이첨 · 정인홍 등의 농간으로 형 임해군을 죽이고(1609) 인목대비의 아버지 김제남을 반역죄로 몰아 사형시켰으며, 영창대군도 같은 죄목으로 관작을 빼앗아 서인으로 만들고 강화도에 투옥하였다가(1613, 계축화옥) 이듬해 강화부사에게 죽임을 당하였다. 1618년 인목대비를 폐위시키고 서궁에 가두었던 일을 서술한 것이다.

전 필선(弼善)정온(鄭蘊)동계(桐溪), 유생 홍무적(洪茂績) 등이 상소하였는데 말이 아주 매우 정직하므로 광해가 노하여 이원익을 홍주에 유배하고 정온을 대정(大靜)에 안치(安置)[119]하고 유생 등은 귀양보냈다.

제62절 아들이 어미를 원수로 삼는 일은 없다

광해가 대비를 폐할 일로 백관에게 의론할 때 영부사(領府事) 이항복이 "춘추(春秋)에 아들이 어머니를 원수로 하는 의(義)가 없다"[120]고 아뢰자, 광해가 노하여 북청(北青)에 유배하였는데 곧이어 죽었으며 정홍익(鄭弘翼) 등이 역시 간하다가 귀양가게 되었다. 왕대비를 서궁(西宮)에 가두고 대장으로 병사를 거느리고 에워싸서 지키게 하였다.

제63절 의를 들어 반정(反正)[121]하다

윤리의 기운이 끊어지고 황난(荒亂)이 매우 심하여 종사(宗社)가 거의 위태로웠다. 15년(1623)에 김류(金瑬)승평(昇平), 이귀(李貴)연평(延平), 원두표(元斗杓)원평(原平), 최명길(崔鳴吉)완성(完城), 장유(張維)신풍(新豐), 이서(李曙)완풍(完豐) 등이 왕대비명으로 왕을 폐하여 광해군으로 봉하고 제주에 옮겼다. 능양군(綾陽君)원종(元宗)의 맏아들을 받들어 즉위하게 하였다.

---

118 원문의 '폐모(廢毋)의 무(毋)'는 오기이므로 바로잡았다.

119 조선 시대에 먼 곳에 보내 다른 곳으로 옮기지 못하게 주거를 제한하던 일, 또는 그런 형벌을 말한다.

120 원문의 '子가 毋를' 중 '무(毋)'는 오기이므로 바로잡았다.(62절의 제목도 동일하다)

121 반정(反正) : 옳지 못한 임금을 폐위하고 새 임금을 세워 나라를 바로잡음, 또는 그런 일을 반정이라 한다.

제64절 원종으로 추숭(追崇)하다

원종(元宗)휘는 부(琈)이다 대왕은 선조의 다섯째 아들 정원군(定遠君)으로 인조 10년(1632)에 추숭되었다.

제65절 난신(亂臣)을 죽여 없애다

인조(仁祖)휘는 종(倧)이고 자는 화백(和伯)이며, 호는 송창(松窓)이다께서 즉위하신 후에 조정을 혼란케 한 난신 이이첨 등을 죽였다. 선왕 때 옛 신하 이원익(李元翼)으로 영상(領相)을 삼고 정온과 홍무적과 정홍익 등을 불러 돌아오게 하셨다. 오윤겸(吳允謙)추탄(楸灘), 이정귀(李廷龜)월사(月沙), 정경세(鄭經世)복우(伏愚) 등을 받아들여 등용하시고 김장생(金長生)사계(沙溪)을 뽑아 등용하셨다.

제66절 옛 왕을 구별하여 새 왕을 훈계하다

옛 왕을 구별하여 새 임금을 훈계한 이원익의 상

왕이 이원익을 부르시니 이원익이 곧 나아가 아뢰지 아니하고 광해군에게 먼저 갔는데, 왕과 여러 신하들이 모두 놀라서 겁을 내니 이는 당시 원익의 명망이 온 나라에 진동하였기 때문이었다. 이원익이 광해군을 보고 눈물 흐리며 말하기를, "상감을 폐함은 신의 죄요, 그러나 상감이 인심을 크게 잃었으니 이는 스스로 취한 것입니다. 천명을 순순히 받으십시오"라고 하였다. 가마를 돌려 왕께 와서 아뢰고 나아가 훈계하여 이르기를, "사람들의 왕이 되기가 가장 어려우니 극히 조심(操心)하시고 전임금의 행실을 본받지 마십시오" 하였더니, 왕이 공경하여 들었고 인심이 진정되었다.

제67절 공(功)을 믿고 반역하다

2년(1624)에 이괄(李适)이 반정(反正)한 공을 믿고 교만 방자함이 심하므로 조정에서 배척당하였다. 안주(安州)병사(兵使)에 제수하자 이괄이 야속해 하며 병사를 거느리고 수도[京城]에 직접 침범하니 왕이 공주(公州)로 난을 피하였다. 도원수(都元帥) 장만(張晚)옥성(玉城)과 부원수(副元帥) 정충신(鄭忠信)금남군(錦南君) 등이 안현(鞍峴)에서 적을 대파하고 이괄을 목베어 죽였다.[122] 왕이 수도로 돌아왔다.

제68절 청나라 군대가 침략해 오다

5년(1627) 청나라 장수 영아대(英兒岱)속칭 용골대(龍骨大) 등이 크게 들고 일어나 의주를 함락하니 부윤 이완(李莞)이 전사하고 부사(副使) 기협(奇協)이 굴복하지 않고 죽자 안주(安州)로 직접 침범하였다.[123] 병사(兵使)

---

122 인조 2년(1624)에 이괄이 주동해 일으킨 반란을 지칭한다. 인조반정 때 공을 세운 이괄이 논공(論功)에서 우대받지 못하고 평안 병사 겸 부원수로 좌천되자 불만을 품고 난을 일으켰다가, 실패하자 일부가 후금(後金)으로 도망하여 국내의 불안한 정세를 알리며 남침을 종용하였는데, 이것이 정묘호란(1627)의 원인이 되었다.

123 인조 5년(1627)에 후금의 아민(阿敏)이 인조반정의 부당성을 내세우고 침입하여 일어난 정

남이흥(南以興)이 전사하니 청나라 군대가 평산(平山)에 이르렀다. 왕이 강화도[江都]로 피난하였다가 청나라 사람이 화친을 청하고 돌아가자 왕이 수도로 돌아왔다.

제69절 화약(和約)이 마침내 맺어지다

14년(1636) 병자에 청나라가 대병을 거느리고 수도[京城]를 직접 침범하였는데 왕이 남한산성(南漢山城)광주(廣州)으로 피난하시고 봉림대군(鳳林大君)이 묘사주(廟社主)를 받들고 강화도로 들어갔다. 강화도 성이 함락되자 영돈령(領敦寧) 김상용(金尙容)선원(仙源)이 권순장(權順長)과 함께 스스로 불타 죽었다. 남한(南漢)이 매우 위태하므로 최명길(崔鳴吉)이 화친을 아뢰니 왕이 종사를 위하여 화약을 체결하고 도읍으로 돌아오셨다.[124]

제70절 강화를 반대하다가 해(害)를 만나다

이때에 청나라 사람이 세자와 봉림대군을 인질로 잡아 심양(瀋陽)으로 데려 가고, 또 홍익한(洪翼漢), 오제달(吳濟達), 윤집(尹集) 등 3학사(三學士)를 잡아가서 강화를 반대한 일로 해쳤다. 전 판서 김상헌(金尙憲)청음(淸陰)을 심양에 죄인으로 가두었다가 6년 만에 풀어주니 돌아왔다.

묘호란을 말한다.

124 인조 14년(1636)에 청나라가 침입한 병자호란 때 청나라와 맺은 화약을 말한다. 청나라에서 군신(君臣) 관계를 요구한 것을 조선이 물리치자 청 태종이 20만 대군을 거느리고 침략하였다. 이에 인조는 삼전도에서 항복하고 청나라에 대하여 신(臣)의 예를 행하기로 한 굴욕적인 화약(和約)을 맺었다.

제71절 과연 말을 몰아 쫓아오다[長驅]

이에 앞서 정충신(鄭忠信)이 이괄(李适)의 난을 평정하여 사직을 다시 안정시키고 나서 항상 청나라 사람을 우려해 방비할 방책을 바쳤으나 조정에서 장래의 일에 대한 대비가 없이 황급히 청나라에 사신을 보내서 화친을 끊었다. 이때에 정충신이 병들어 누웠다가 이 말을 듣고 박차고 일어나서 길게 탄식하여 말하기를, "국가의 존속과 멸망이 금년에 결정된다"고 하였는데 과연 이해 12월에 청나라 사람이 말을 몰아 쫓아 나왔다.

제72절 비분하여 명나라로 도망하였다

임경업(林慶業)은 어려서부터 천하를 편안히 안정시킬 뜻을 가졌는데 청나라 사람이 쳐들어오는 것을 우려하여 방비할 계책(計策)을 여러 번 아뢰었으나 조정에서 받아들이지 않았다. 이에 이르러서 도리어 청나라 사람을 위하여 청국으로 잡아 보내려는 것이었다. 임경업이 크게 비통, 분개하여 명나라로 도망하였다. 이는 명과 합력하여 청나라 사람을 멸하고 병자의 수치를 설욕하고 명의 임진년 은혜를 갚고자 한 것이지만, 명나라도 정치가 문란하여 쇠망한 탓에 떳떳한 대의(大義)를 펴지 못하였으니, 이는 천고에 남는 한이다.

제73절 모자를 취하여 돌려보내다

대의를 펴지 못한 임경업의 상

임경업이 의주부윤으로 있을 때에 청 황제 애신각라홍타시(愛新覺羅弘佗時)[125]가 간첩을 보내서 임경업의 화살 1개를 몰래 훔쳐갔는데, 이는 그 모략을 나타내 보이고자 함이었다. 임경업이 청 황제가 시킨 것임을 알고 영리한 사람을 심양에 보내서 청 황제가 매일 쓰는 붉은 모자를 가져다가 숨겼더니 뒤에 청 황제가 사신을 보내서 화살을 돌려보냈다. 임경업이 모자를 가져다가 청국 사신 앞에 던지며 말하기를, "네 임금의 모자를 돌려보내겠다" 하니 사신이 놀라서 돌아갔다. 청 황제가 어렵게 여기고 꺼려서 병자년의 군사를 위원(渭原), 벽동(碧潼)으로 돌려 수도[京師]를 범하였다. 20년(1642)에 임경업이 명으로부터 돌아왔지만 김자점(金自點)이 일을 맡은 관리로 사사로운 감정을 품고서 죽였다. 뒤에 시호를 내려서 충민(忠愍)이라 하였다.

제74절 옛 신하를 불러서 등용하다

23년(1645)에 세자와 봉림대군이 심양으로부터 돌아왔는데, 세자가

125 애신각라홍타시(愛新覺羅弘佗時) : 청국 황실의 성을 한자로 표기한 것이 애신각라이며, 홍타시는 2대 황제 태종의 이름이다.

죽으니 봉림대군을 책봉하여 세자를 삼았다.[126] 시강원(侍講院)에 찬선(贊善)과 자의(諮議) 등 관리를 두어 김집(金集)신독재(愼獨齋)과 송시열(宋時烈)우암(尤庵) 등을 뽑아서 등용하셨다. 27년(1649)에 왕이 돌아가시니55세까지 살았다 세자가 즉위하여 옛 신하 김상헌(金尙憲), 이경여(李敬輿)백강(白江), 송준길(宋浚吉)동춘(同春) 등을 불러 등용하셨다.

제75절 대동법(大同法)을 시행하다

효종(孝宗)휘는 호(淏)이고[127] 자는 정연(靜淵)이며, 호는 죽오(竹梧)다 원년(1650)에 청나라 사신이 와서 상신 이경석(李景奭)백헌(白軒)과 대제학(大提學) 조경(趙絅)용주(龍州) 등을 귀양보냈다. 2년(1651)에 상평통보(常平通寶)[128] 동전을 사용하고 대동법(大同法)을 시행하였다. 6년(1655)에 명하여 수차(水車)를 만들어 수도[京師] 이외의 지방에 전파하여 농사를 장려하는 데 도움이 되게 하셨다.

제76절 불러서 북벌(北伐)을 의논하다

9년(1658)에 대신 정태화(鄭太和)양파(陽坡)와 대장 이완(李浣)을 불러서 청나라 정벌을 계획하였다. 어느 날 밤에 이완을 침실 안으로 불러 "나라에 급한 일이 있으면 경이 나를 따라서 강화도에 들어갈 것이니, 만

---

126 효종인 봉림대군은 병자호란 후 형 소현세자(昭顯世子) 및 홍익한(洪翼漢) 등 강경 주전론자(主戰論者)들과 함께 청나라에 볼모로 잡혀가 선양[瀋陽]에 8년 동안 머물렀다.

127 원문의 '호(昊)'는 오기이므로 바로잡았다.(『조선왕조실록』 참조)

128 상평통보(常平通寶) : 조선 시대에 쓰던 엽전의 이름으로 인조 11년(1633)부터 조선 후기까지 주조하여 사용하였다.

일 군대가 모두 건너지 못하고 적병이 뒤에 있으면 장차 어찌 하겠는가?"라고 물었다. 이완이 대답하여 "신이 20말의 흙을 채울 만한 큰 포대를 만든 것이 수천입니다. 사람들로 하여금 각자 한 자루씩 가지고 간다면 발을 떼고 머무른즉, 흙을 파서 그 가운데에 담아 성을 이루면 높이가 한 길이요, 넓이는 가히 스스로 호위할 만하오니 이는 원야(原野)에 도적을 막는 좋은 계책입니다" 하고 아뢰니 왕이 칭찬하였다. 왕이 돌아가시니41세까지 살았다 세자가 즉위하셨다.

제77절 어버이 곁에서 떨어지지 않다

현종(顯宗)휘는 직(直)이고 자는 경직(景直)이다께서 어려서부터 총명함이 이를 데 없어 보고 듣는 바가 있으면 잊지 아니 하더니 크면서 어버이 곁에서 떠나지 아니하시고, 불안하신 모습이 계시면 낮밤으로 부지(扶持)[129] 하시어 비록 물러가라 명하실지라도 감히 물러가지 아니하셨다. 원년(1660)에 송시열(宋時烈)이 국정을 장악하자 윤휴(尹鑴)가 윤선도(尹善道)를 부추겨서 상소하여, "대비의 복제(服制)[130]를 3년으로 정하는 것이 당연한데 기제(朞制)[131]로 정하였으니, 이는 왕을 업신여기고 종(宗)을 달리하고자 함입니다" 하였다. 왕이 그 상소를 불태우고 윤선도를 북쪽 변방에 귀양 보냈다.

129 부지(扶持) : 상당히 어렵게 보존하거나 유지하여 나간다는 의미다.
130 기제(朞制) : 상례(喪禮)에서 정한 오복(五服)의 제도이다.
131 원문의 '기제(期制)'는 기제(朞制)의 오기이므로 바로잡았다.

제78절 동성혼(同姓昏)을 금(禁)하다

2년(1661)에 송시열을 뽑아서 재상 벼슬을 내리고 고인이 된 충신 송상현(宋象賢), 이순신, 조헌의 묘에 제사를 내리고 동성혼을 금하셨다. 15년(1674)에 인선대비(仁宣大妃)께서 돌아가시자 상신(相臣) 김수홍(金壽興)이 복제(服制)의 득실(得失)을 논하다가 유배되었다. 8월에 왕이 돌아가시니 세자가 즉위하셨다.

제79절 예절에 관한 학설로 옳고 그름을 논하다

숙종(肅宗)휘는 순(焞)이고 보명(普明)은 자다 원년(1675)에 허적(許積)과 윤휴 등이 예절에 관한 학설로써 옳고 그름을 따지니 상신 송시열과 김수항(金壽恒)문곡(文谷) 등을 귀양 보냈다. 6년(1680)에 허적과 그의 서자(庶子) 허견(許堅)이 형벌을 받아 죽자 송시열 등을 사면하고, 김수항을 다시 정승에 세우고 민정중(閔鼎重)노봉(老峰)을 뽑아 등용하여 정승으로 삼았다.

제80절 종려(棕櫚)나무를 뽑아 버리다

영안위(永安尉) 홍주원(洪柱元)의 아들 홍만회(洪萬恢)의 집에 종려나무가 있음을 왕이 듣고 액례(掖隷)[132]로 하여금 구해 오도록 하셨다. 홍만회가 뜰로 내려와 엎드려서 말하기를, "이마에서 발끝과 머리털까지 국가의 은덕을 입었는데 어찌 꽃나무를 아끼겠습니까만, 신하가 되어

132 액례(掖隷) : 조선 시대에 액정서(掖庭署)에 속하여 있던 이원(吏員)과 하례(下隷)를 가리킨다.

어찌 완물(玩物)로써 임금에게 사사로이 바치겠습니까" 하고 곧 종려나무를 뽑아 버렸다. 액례가 돌아 와서 그 사실을 아뢰므로, 왕이 훌륭한 일이라고 칭찬하면서 후원에 심은 종려나무를 뽑아서 민간의 본 주인에게 돌려보내셨다.

제81절 노소(老少)가 또 나뉘다

9년(1683)에 유학에 조예가 깊은 신하 박세채(朴世采)현석(玄石)를 부르셨다. 경신(1680) 이후로 서인(西人) 중에서 노소가 각립(角立)[133]하여 선진(先進)[134]에 김석주(金錫胄), 김만기(金萬基), 김수항, 민정중 등은 노론(老論)이 되어 송시열로 우두머리를 삼았다. 소년(少年)에 조지겸(趙持謙)우제(迂齋), 오도일(吳道一)서파(西坡), 박태보(朴泰輔)정재(定齋), 한태동(韓泰東)시와(是窩) 등은 소론(少論)이 되어서 박세채로 우두머리를 삼다가 후에 윤증(尹拯)을 우두머리로 하였다.

제82절 상소하여 총우(寵遇)[135]를 논하다

10년(1684)에 유학에 조예가 깊은 신하 윤증을 내쳤다. 14년(1688)에 박세채를 불러들여 이조판서를 삼았는데, 박세채가 종실 항(杭)을 귀여워하고 사랑하여 특별히 대우하는 것이 지나치다고 논하며, 뜻을 거역하고 즉시 돌아갔다. 상신 남구만(南九萬)약천(藥泉)이 박세채를 구하

133 각립(角立) : 둘 이상의 무리가 서로 맞버티어 굴복하지 아니한다는 뜻이다.
134 선진(先進) : 어느 한 분야에서 연령, 지위, 기량 따위가 앞섬. 또는 그런 사람을 의미한다.
135 총우(寵遇) : 귀여워하고 사랑하여 특별히 대우한다는 뜻이다.

려다 북쪽 변방에 유배되었다. 15년(1689)에 목래선(睦來善)과 민암(閔黯) 등이 크게 일어나 옛 신하를 귀양 보내 죽였다.

왕비 민씨가 폐위되어 사저(私邸)[136]로 쫓겨가자 장씨(張氏)를 책봉하시니 오두인(吳斗寅)양곡(陽谷), 이세화(李世華)쌍백당(雙栢堂), 박태보 등이 간하다가 오두인과 박태보는 죽고 이세화는 귀양 갔다.

제83절 단종의 지위를 되돌리다

22년(1696)에 왕비 민씨를 복위하시고 장씨를 내려 빈(嬪)을 삼고 박세채를 발탁하여 정승을 삼았다. 24년(1698)에 단종대왕과 왕후 송씨의 위호(位號)를 되돌리고 성삼문, 박팽년, 유성원, 하위지, 이개, 유응부(兪應孚) 등 6신(臣)의 관직을 되돌렸다.

제84절 동, 서, 남, 북(당)

명종(明宗) 말년에 동, 서당(東西黨)이 시작되어 선조 때에 당론(黨論)이 크게 일어났고, 광해 때에 동인이 변하여 남, 북당(南北黨)으로 나누어졌다. 이때에 이르러 서인 중에 또 노소(老小)가 나뉘어 동, 서, 남, 북의 사색(四色)이 문호(門戶)를 각각 세우니, 시비하거나 헐뜯는 말[口舌]로써 병란을 대신하여 정당하고 이치에 합당한 의견이나 주장[正論]은 사라지고 인재가 버려졌다.

---

136 사저(私邸) : 개인의 저택 또는 고관(高官)이 사사로이 거주하는 주택을 관저에 상대하여 이르는 말이다.

第85절 성을 쌓아 경계를 정하다

37년(1711)에 북한산성을 쌓고 38년(1712)에 박권(朴權)으로써 정계사(定界使)를 삼아 청나라에서 파견한 목극등(穆克登)과 더불어 백두산(白頭山)에 경계를 정하였다.[137]

43년(1716)에 세자로써 대리를 명하시고 45년(1718)에 왕이 기사(耆社)에 들어가시고 46년(1720)에 왕이 돌아가시니60세까지 살았다 세자가 즉위하셨다.

第86절 옛 신하에 특별히 지시하다

경종(景宗)휘는 윤(昀)이고 자는 휘서(輝瑞)이다 원년(1721)에 영의정 김창집(金昌集)몽와(夢窩)이 상주하여 말하길, "최규서(崔奎瑞)간재(艮齋)는 선왕 때부터 물러나 민간에 있고 정호(鄭澔)장암(丈巖)와 이재(李縡)도암(陶菴)는 병을 칭하고 사퇴하길 바라니, 바라건대 특별하게 지시를 내리십시오" 하였다. 왕이 외방에 있는 여러 신하를 불러 격려하셨다. 전 좌상 권상하(權尙夏)수암(遂菴)는 여러 번 불러도 오지 않더니 이에 이르러 죽었다.

137 숙종 38년 청은 목극등(穆克登)을 조선에 보내 백두산 주변의 국경을 분명히 하기 위해 백두산정계비(白頭山定界碑)를 세우라고 칙명을 내리고, 조선은 접반사(接伴使) 박권(朴權), 군관 이의복(李義復)에 명해 이를 따르도록 했다. 비문에는 조선 측의 박권 이름이 보이지 않는데, 박권은 고령이므로 백두산에 오르지 않고 군관과 역관만 딸려 보내 정계비를 세우게 됐다.

제87절 세제(世弟)를 책봉하다

왕이 왕세자의 자리가 비었고 국가의 형세가 고립되고 위험하므로 왕대비께 고하시고 연잉군(延礽君)을 봉하여 왕세제(王世弟)를 삼으셨다. 2년(1720)에 목호룡(睦虎龍)이 반역 행위를 고발하니 큰 옥사[138]가 일어나서 상신 김창집, 이이명(李頤命), 이건명(李健命), 조태채(趙泰采)를 독약을 내려 죽였다[賜死]. 4년(1724)에 왕이 돌아가시니37세까지 살았다 세제가 즉위하셨다.

제88절 감옥의 죄수를 친히 신문하다

영조(英祖)휘는 금(昑)이고, 자는 광숙(光叔)이다 원년(1725)에 죄적(罪籍)[139]을 살펴보시고 옛 신하 정호(鄭澔)와 민진원(閔鎭遠)단암(丹岩) 등을 등용하시고 상신 이광좌(李光佐), 최석항(崔錫恒), 조태구(趙泰耉), 유봉휘(柳鳳輝) 등을 귀양 보냈다. 3년(1727)에 왕이 여러 신하들이 응징하여 치는 것에 격분하시어 전안(前案)을 번복(翻覆)하여 4대신 이하를 죄적에 되돌려 두고, 이광좌와 조태억(趙泰億)을 다시 정승에 올리셨다. 왕이 친히 감옥의 죄인을 신문하실 때 압슬형(壓膝刑)[140]을 없애셨다.

---

138 1721년 소론의 상소로 세제 대리청정의 발설자인 노론 4대신 김창집 · 이이명 · 조태채 · 이건명 등을 유배 보냈고, 이듬해 노론 일파가 왕을 시해하고자 모의했다는 목호룡의 고변(告變)이 있자, 유배 보냈던 4대신을 사사(賜死)한 뒤 노론을 모두 숙청하였다.

139 죄적(罪籍) : 죄인의 죄상을 적은 도류안(徒流案)이나 형명부(刑名簿) 따위를 이르는 말이다.

140 압슬형(壓膝刑) : 죄인을 자백시키기 위하여 행하던 고문이다. 죄인을 기둥에 묶어 사금파리를 깔아 놓은 자리에 무릎을 꿇게 하고 그 위에 압슬기나 무거운 돌을 얹어서 자백을 강요하였다.

제89절 우리나라를 지키다

왕이 하교하여 이르기를 "붕당의 폐단이 요즈음같이 심함이 없도다. 어느 한편의 사람을 모두 역적의 무리로 몰아내니 그 중에 어찌 억울함을 품은 사람이 없겠는가. 저를 공격하고 이를 침에 공평한 말이 끊기고 막히니 조정의 기강이 어느 때에 바르며 공언(公言)을 어느 때에 듣겠는가, 너희 모든 신하는 붕당의 폐습을 버리고 공평을 힘써서 우리나라를 보존하라" 하셨다.

제90절 옛 정승 반역행위를 고발하다

4년(1728)에 이인좌(李麟佐)는 충청도에서 모반하고 정희량(鄭希亮)은 경상도에서 모반해서 안성 산위에 진을 쳤는데 전 영상 최규서(崔奎瑞)가 반역 행위를 고발하였다. 병조판서 오명항(吳命恒)으로 도순무사(都巡撫使)를 삼아 무력으로 평정하자 왕이 어필(御筆)로 '일사부정(一絲扶鼎)'[141] 4자를 써서 최규서에게 내려주셨다. 5년(1729)에 이건명과 조태채의 관직을 되돌리셨다. 16년(1740)에 김창집과 이이명의 관직을 되돌리셨다. 11월에 세자가 죽으니 시호를 효장(孝章)이라 하였다.

제91절 관직을 빼앗고 관직을 되돌리다

20년(1744)에 왕이 기로소에 들어가셨다. 유봉휘와 조태구 등의 관

141 일사부정(一絲扶鼎) : '한 가닥 실로 쇠솥을 돕다'는 뜻으로 정말 어렵게 백성과 종묘사직을 구한다는 의미이다.

직을 추탈(追奪)[142]하였다. 23년(1747)에 생원(生員)과 진사(進士)의 난채복두(襴彩幞頭)[143]를 입고 쓰는 제도를 정하였다. 단종 때의 상신 황보인(皇甫仁)과 김종서 등의 관직을 되돌리고 안평대군 용(瑢)의 억울함을 풀어주셨다.[144] 25년(1749)에 세자로써 대리를 명하셨다. 38년(1762)에 세자가 죽으니 시호를 사도(思悼)라 하였다.[145] 47년(1771)에 척신(戚臣) 홍봉한(洪鳳漢)과 김귀주(金龜柱)가 당을 나누어 서로 공격하였는데, 정후겸(鄭厚謙)이 인하여 권력을 휘두르는 힘을 빼앗았다.

제92절 진종(眞宗)으로 추대하여 높이다

51년(1775)에 세손(世孫)에게 명하여 대리하게 하셨다. 52년(1776)에 왕이 돌아가시니83세까지 살았다 세손이 즉위하셨다.

태황제 27년(1890)에 묘호(廟號)를 올리어[追上] 영조(英祖)라 하셨다. 세손이 영조의 명으로써 효장세자(孝章世子)의 후사를 이어 즉위하시고 효장세자를 추대하여 높여서 진종이라 하였다. 사도세자의 시호를 올리어 장헌(莊獻)이라하고 묘호를 경모궁(景慕宮)이라 하셨다. 김상로(金尙魯)를 역적처벌법으로 추가로 처벌하고 홍인한(洪麟漢)과 정후겸을 사사(賜死)하셨다. 규장각(奎章閣)을 궁궐 안에 세웠다.

---

142 추탈(追奪) : 죽은 사람의 죄를 논하여 살았을 때의 벼슬 이름을 깎아 없앤다는 의미이다.

143 복두는 조선 시대에 과거에 급제한 사람이 홍패를 받을 때 쓰던 관(冠)으로, 사모같이 두 단(段)으로 되어 있으며, 위가 모지고 뒤쪽의 좌우에 날개가 달려 있다.

144 단종 1년에 수양대군이 친조카인 단종의 왕위를 빼앗기 위하여 김종서와 황보인 등을 제거하고 정권을 장악한 사건인 계유정란의 피해자를 복권하였다.

145 조선 영조의 둘째 아들로 노론에 비판적이었으므로 정치적 모략에 의해 뒤주 속에 갇혀 죽었다.

제93절 승통(承統)의 호(號)를 내리다

진종소황제(眞宗昭皇帝)휘는 위(緯)이고 자는 성경(聖敬)이다는 영조의 맏아들이니 경종께서 경의군(敬義君)을 봉하시고 영조께서 세자를 책봉하셨다가 돌아가시자10세까지 살았다 호를 승통(承統)세자라 하셨다. 정조(正祖)께서 영조 유언의 하교를 받들어 추대하고 높여 왕으로 하시고 대황제 융희 2년(1908)에 추존하여 진종소황제라 하셨다.

제94절 장조(莊祖)로 추대하여 높이다

장조의황제(莊祖懿皇帝)휘는 선(愃)이고, 자는 윤관(允寬)이며, 호는 의재(毅齋)이다는 영조의 둘째 아들이니 세자에 책봉되어 대리를 하셨다가 돌아가시니28세까지 살았다 정조께서 시호를 추대하고 높여 장헌이라 하셨다. 태황제 광무 3년(1899)에 올려서 왕으로 하고 같은 해에 추존하여 장조의황제라 하셨다.

제95절 형벌 도구를 고쳐서 바르게 하다

정조(正祖)휘는 산(祘)이고, 자는 형운(亨運)이며, 호는 홍재(弘齋)이다께서 원년(1777)에 하교하여 이르기를 "곤장에는 크고 작은 것이 있고 칼[가(枷)]에도 두껍고 얇은 것이 있음은 죄의 가볍고 무거움에 따라 적용하려는 것이다. 근래에 옛 법이 점차 느슨해져서 죄의 가볍고 무거움을 의론치 않고 모두 큰 곤장과 두꺼운 칼을 쓰니, 어찌 인명을 그릇되게 해하는 폐가 없겠는가. 중앙과 지방 각 영문(營門)의 형벌 기구를 정리해서 바로잡아서 널리 배포하라" 하셨다.

제96절 고아를 구휼하고 혼인을 돕다

4년(1780)에 월근문(月覲門)을 내원(內苑)의 동쪽에 세웠는데, 이는 경모궁에 가서 뵙기에 편하고자 한 것이니 제왕의 효성이 고금에 제일이었다. 6년(1782)에 태학에 이르러 옛 성인께 작헌례(酌獻禮)[146]를 행하시고 명륜당(明倫堂)에서 유생에게 먹을 것을 베풀었으니, 당대 조정의 처음 있는 성대한 일이었다. 10년(1786)에 중앙과 지방에 조칙을 내리시어 어린이로 부모 없이 버려진 자와 남녀가 외롭고 빈한하여 때를 넘겨도 혼인하지 못한 자를 설날에 불러 보고하여 어린아이는 달마다 쌀과 미역을 주고 남녀는 혼수를 도와주라 하셨다.

제97절 남한(南漢)을 수비하여 막다

노인직[老職][147]의 가자(加資)[148]와 대소과(大小科)[149] 회방인(回榜人)[150]의

146 작헌례(酌獻禮) : 임금이 몸소 왕릉, 영전(影殿), 종묘(宗廟), 문묘 따위에 참배하고 잔을 올리던 제례이다. 재계(齋戒), 진설(陳設), 거가 출궁(車駕出宮), 작헌의 순서로 진행되었다.

147 노인직[老職] : 조선 시대에 노인에게 특별히 내려 주던 직무가 없는 벼슬이다. 대개 80세 이상의 양인, 천인에게는 1계(一階)를 주고, 원래 관계(官階)가 있는 종친이나 벼슬아치에게는 1품계(一品階)를 올려 주었다.

148 가자(加資) : 조선 시대에 관원들의 임기가 찼거나 근무 성적이 좋은 경우 품계를 올려 주던 일, 또는 그 올린 품계를 말한다. 왕의 즉위나 왕자의 탄생과 같은 나라의 경사스러운 일이 있거나, 반란을 평정하는 일이 있을 경우에 주로 행하였다.

149 대소과(大小科) : 조선시대 과거 중 문관과 무관의 과거인 대과(大科)와 생원과 진사를 뽑던 과거인 소과(小科)를 말한다.

가자하는 식(式)을 정하였다. 15년(1791)에 중앙과 지방에 단단히 타일러 굶주린 백성이 끼니와 몸을 보호할 물건의 수요를 나누어 주라 하시고 장용영(壯勇營)을 설치하셨다. 19년(1795)에 수어사(守禦使)를 남한(南漢)에 출진(出鎭)하여 광주유수(廣州留守)를 삼고, 『무경칠서(武經七書)』[151]와 『규장전운(奎章全韻)』[152]을 엮어서 가르치고 충무공 이순신의 전서(全書)를 간행하여 반포하였다.

제98절 유구(琉球)사람 표류하다 다다르다

유구국 사람이 바람에 표류하여 이르렀는데 왕이 하교하여 이르기를, "유구국 사람이 전에 우리나라의 총관(總管)직에 이바지한 자가 있었다 하니, 이는 불과 2백 년 전 일이다. 바로 이때에 특별히 불쌍히 여겨서 돌보는 것이 옳다" 하시고 관찰사에게 명하여 술과 음식으로 먹이시고 몸을 보호할 물품을 넉넉히 공급하라 하셨다.

제99절 각(刲)이 흰 꿩을 바치다

21년(1797)에 함흥 유생이 흰 꿩을 바쳤는데 왕이 물리치셨다. 왕이 정하신 오경(五經) 100편과 『대학유의(大學類義)』가 완성되었다. 24년

---

150 회방(回榜) : 과거에 급제한 지 예순 돌이 되는 해를 회방(回榜)이라 한다.

151 『무경칠서(武經七書)』: 중국의 병법에 관한 일곱 가지 책으로 『육도(六韜)』, 『손자』, 『오자』, 『사마법(司馬法)』, 『삼략(三略)』, 『울요자(尉繚子)』, 『이위공문대(李衛公問對)』를 이른다.

152 『규장전운(奎章全韻)』: 왕명(王命)에 따라 규장각에서 편찬한 운서(韻書)로 사성(四聲)에 따라 소리의 높낮이를 구분하였으며, 한글로 한자의 음을 달았다. 조선 정조 20년(1796)에 간행하였다.

(1800)에 왕이 돌아가시니49세까지 살았다 세자가 즉위하셨다. 태황제 광무 3년(1900)에 추존하여 정조선황제(正祖宣皇帝)라 하셨다.

제100절 노비안(奴婢案)을 불태우다

순조휘는 공(玜)이고 자는 공보(公寶)이며 호는 순재(純齋)이다께서 즉위하시고 명하여 내사(內司), 각궁(各宮), 각사(各司)의 노비안을 거두어 돈화문(敦化門) 밖에서 불태우시고 이르기를 "궁사(宮司)의 노비를 방면하려 함은 윗대 조상[先朝]의 남긴 뜻이니 나는 마땅히 계승하리라" 하셨다. 장용영(壯勇營)으로 하여금 그 노비삯[代錢]을 주게 하셨다. 2년(1802)에 인정전(仁政展)을 고쳐 지으시고 4년(1804)에 장용영을 없애버리셨다.

제101절 바다 위에 책 읽는 소리

정약용(丁若鏞)다산(茶山)은 제자백가(諸子百家)의 책에 정통하고 일의 이치를 관철(貫徹)하니 우리 동방에서 제일의 경제가(經濟家)다. 그러나 그 당시의 형세가 이롭지 아니하여 큰 재주를 미처 펼치지 못하고, 또 천주교[西教]에 연좌(連坐)되어 강진(康津) 땅에 유배되었다. 이때부터 세상살이에 대한 관심은 완전히 끊어지고 오직 국민을 깨우쳐 이끌고자 하여 300여 권의 책을 저술하였다. 모두 절실하게 유용하여

제일경제가 정약용의 상

그가 비록 변방 읍 멀리 떨어진 외진 땅에 살았지만 사방의 학자가 모여들어 가르침을 받는 사람이 수백 명이었다. 바다 위의 초가지붕에서 책 읽는 소리가 끊이지 않았으며, 월출산(月出山)에서 차나무를 얻어서 찻잎을 맛보고 천하에 두 번째라 하였다.

제102절 도적을 쳐서 평정하다

12년(1811)에 관서(關西)지방의 도적[土寇] 홍경래(洪景來),[153] 우군칙(禹君則) 등이 무리를 모아 가산(嘉山) 등 일곱 군을 함락하니, 이요헌(李堯憲)으로 순무사(巡撫使)를 삼아 무력으로 평정하였다. 27년(1827)에 세자를 명하여 대리하게 하였다가 30년(1830)에 세자가 돌아가시고 34년(1834)에 왕이 돌아가시니45세까지 살았다 세손이 즉위하셨다. 태황제 광무3년(1900)에 추존하여 순조숙황제(純祖肅皇帝)라 하셨다.

제103절 문조(文祖)로 추대하여 높이다

문조익황제(文祖翼皇帝)휘는 호(旲)이고 자는 덕인(德寅)이며, 호는 경헌(敬軒)이다께서 세자였을 때에 대리하다가 돌아가시니22세까지 살았다 세손이 즉위하시고 추대하여 높여 익종(翼宗)이라 하고, 태황제 광무 3년(1900)에 추존하여 문조익황제라 하셨다.

---

153 조선 순조 11년(1811)에 평안북도 가산군에서 홍경래가 지방 차별과 조정의 부패에 항거하여 일으킨 농민 항쟁으로 이듬해 관군에게 진압되었다.

제104절 폐단을 금하고 역서(曆書)를 간행하다

헌종(憲宗)휘는 환(奐)이고 자는 문응(文應)이며, 호는 원헌(元軒)이다 원년(1835)에 명하여 모든 도에 납세를 넘치게 받는 폐단을 타일러 경계하시고, 수령 중 그 소임을 감당치 못하는 자는 전최(殿最)[154]를 기다리지 말고 장계하여 파면하라 하셨다. 사적으로 집에서 소 잡는 폐와 백성을 학대하는 폐를 엄하게 경계하셨다. 8년(1842)에 『천세력(千歲歷)』[155]을 간행하고, 9년(1843)에 『문헌비고(文獻備考)』[156]를 간행하였고, 13년(1847)에 총위영(總衛營)을 설치하였다. 15년(1849)에 왕이 돌아가시니23세까지 살았다 후사가 없었다. 황제 융희(隆熙) 2년(1908)에 추존하여 헌종성황제(憲宗成皇帝)라 하였다.

제105절 성상(聖像)을 전봉(展奉)하다

철종(哲宗)휘는 승(昇)이고 자는 도승(道升)이며, 호는 대용재(大勇齋)이다은 장조(莊祖)의 손자, 전계대원군(全溪大院君)의 셋째 아들 덕완군(德完君)이다. 순원숙황후(純元肅皇后)의 명을 받들어 순조숙황제의 대통을 이어서 즉위하셨다. 2년(1851)에 강릉에 있는 공자의 성상(聖像)을 수원 궐리사(闕里司)에 전

---

154 고려 · 조선 시대에, 관찰사가 각 고을 수령의 치적을 심사하여 중앙에 보고하던 일을 말한다. 전(殿)은 맨 아래 등급을, 최(最)는 맨 위 등급을 말하는데, 고과 평정의 뜻으로 썼으며, 해마다 음력 6월과 12월에 시행하였다.

155 정조 6년(1782)에 서운관(書雲觀)에서 시헌력(時憲曆)을 기초하여 편찬한 역서(曆書)이다.

156 『문헌비고(文獻備考)』: 동국문헌비고를 말한다. 조선 영조 46년(1770)에 왕명에 따라 홍봉한 등이 우리나라 고금의 문물 제도를 수록한 책이다. 중국의 『문헌통고』를 참고로 하여 편찬하였으며, 그 내용은 상위(象緯) · 여지(輿地) · 예(禮) · 악(樂) · 병(兵) · 형(刑) · 전부(田賦) · 재용(財用) · 호구(戶口) · 시려(市閭) · 선거(選擧) · 학교(學校) · 직관(職官) 따위로 분류하였다.

봉(展奉)하라 하셨다. 10년(1859)에 『오륜행실(五倫行實)』을 간행하였다.

제106절 토호(土豪)를 엄히 금하다

의정부에 명하여 장시(場市)와 포구(浦口)에 대한 명목이 없는 잡세(雜稅)를 없애고, 수리 시설인 둑과 제방[堤堰]과 전답(田畓)을 폭력으로 강제로 빼앗는 폐를 금하시며 토호(土豪)[157]가 강제로 무력을 써서 행하는 폐단을 엄하게 경계하셨다. 14년(1863)[158]에 왕이 돌아가시니33세까지 살았다 후사가 없었다. 대황제 융희 2년(1908)에 추존하여 철종장황제(哲宗章皇帝)라 하셨다.

제107절 프랑스 함대가 침략해 오다

수강태황제(壽康太皇帝)휘는 희(㷩)이고, 자는 성임(聖臨)이며 초휘[159]는 재황(載晃)이고 자는 명부(明夫)이며, 호는 주연(珠淵)이다는 장조의 증손 흥선대원군(興宣大院君)의 둘째 아들 익성군(翼成君)이다. 신정익황후(神貞翼皇后)의 명을 받들어 문조(文祖)의 후사를 이어 즉위하셨다. 2년(1865)에 경복궁(景福宮)을 고쳐 지으셨다. 3년(1866)에 프랑스[佛蘭西] 군함이 강화도에 쳐들어오니 순무(巡撫)중군(中軍) 양헌수(梁憲洙)를 파견하여 강계포군(江界砲軍) 5천 명을 거느리고 격파하니 프랑스 병사 중 죽거나 다친 이가 많았으므로 프랑

157 토호(土豪) : 어느 한 지방에서 오랫동안 살면서 양반을 떠세할 만큼 세력이 있는 사람을 지칭한다.

158 철종이 승하한 것은 철종 14년이므로 원문의 오기를 바로잡았다.(『조선왕조실록』 철종 15권 참조)

159 원문의 '약(礿)'은 '초(初)'의 오기이므로 바로잡았다.

스 장수가 크게 두려워하여 달아났다.[160] 당백대전(當百大錢)[161]을 주조하여 작은 동전청나라 동전을 통용하고 경복궁으로 옮겨 거처하셨다.

제108절 미국 함대가 침략해 오다

8년(1871)에 미국 군함 5척이 강화 덕진(德津)을 침략해 오자[162] 순무중군(巡撫中軍) 어재연(魚在淵)에게 명하여 역으로 공격하게 하여 크게 이겼다. 또한 대포(大礮)로 군함 2척을 격파하니 미국 장수 로저스[노적수(魯籍壽)]가 병사를 시켜 잠수해 육지로 내려가게 하여 우리 군진의 뒤를 따라서 습격하였다. 어재연이 그 동생 어재순(漁在淳)과 더불어 검을 빼서 수십 명을 쳐서 베어 죽이니 미국 장수가 무리를 이끌고 달아나 가버렸으므로 어재연에게 병조판서를 내렸다.

제109절 예전의 좋은 사이로 강화[講修]하다

13년(1876)에 일본과 강화하고 김기수(金綺秀)를 수신사(修信使)[163]로

---

160 대원군에 의한 가톨릭 탄압으로 고종 3년(1866)에 프랑스 함대가 강화도를 침범한 병인양요다. 병인박해 때 중국으로 탈출한 리델 신부가 톈진[天津]에 와 있던 로즈 제독에게 진상을 보고함으로써 일어났는데, 프랑스 함대는 약 40일 만에 물러갔다.

161 당백대전(當百大錢) : 조선 시대에 경복궁 중건으로 인한 재정적 궁핍을 해결하기 위하여 대원군이 만든 화폐이다. 법정 가치는 상평통보의 100배였지만 실제 가치는 이에 크게 미치지 못하여 화폐 가치의 폭락을 가져왔고, 고종 4년(1867)에 폐지되었다.

162 신미양요(辛未洋擾)를 말하며 고종 8년(1871)에 미국 군함이 강화도 해협에 침입한 사건이다. 대동강에서 불탄 제너럴셔먼호 사건에 대한 문책과 함께 조선과의 통상 조약을 맺고자 하였으나 격퇴되었다.

163 수신사(修信使) : 구한말에, 일본에 보내던 외교 사절로 고종 13년(1876)에 통신사를 고친 것이다.

삼아 일본에 나아가서 일을 주관하였다. 16년(1879)에 일본이 전권대신(全權大臣) 구로다 기요다카[黑田淸雄]와 의관(議官) 이노우에 가오루[井上馨] 등을 파견하여 국서(國書)를 보내왔다. 왕이 중추부지사(中樞府知事) 신헌(申櫶)과 부총관(副總管) 윤자승(尹滋承) 등으로 강화부(江華府)에 회동하여 통상조약(通商條約)[164]을 정한 후에 일본 외무대승(外務大丞) 하나부사 요시카타[花房義質]가 관소(館所)에 와서 머물렀다. 19년(1882)에 조영하(趙寧夏)와 김홍집(金弘集)으로 전권대신을 삼아 독일[德國] 사신과 일의 마땅함을 상판(商辦)하게 하였다.[165]

제110절 훈련도감 병사가 난을 일으키다

훈련도감[訓局]의 병사가 난(亂)을 일으켜 일본인 교사 호리모토[堀本禮造]를 죽이고 궁궐 안으로 난입하여 중신(重臣) 민겸호(閔謙鎬)와 김보현(金輔鉉) 등을 죽였다. 칼을 빼서 악행을 함부로 행함이 극에 달하였으므로 대원군이 변(變)을 듣고 달려 들어와 소란(騷亂)을 진압하고 무위소(武衛所)를 혁파하였다. 왕비가 난을 피해 익찬(翊贊) 민응식(閔應植)의 충주 고향집으로 옮기셨다가 8월에 돌아왔고 훈련도감(訓練都監)을 혁파하였다.

---

164 운양호 사건을 계기로 조선 고종 13년(1876)에 조선과 일본 사이에 체결한 조약이다. 군사력을 동원한 일본의 강압에 의하여 맺어진 불평등 조약(12개 조항)이었으며, 이 조약에 따라 당시 조선은 부산 외에 인천, 원산의 두 항구를 개항하게 되었다. 조약이 체결된 시기가 1876년 2월인데 본문에는 고종 16년(1879)으로 표기되어 있는데 집필자의 착오나 오기로 추측된다.

165 1882년 6월 30일 독일사신이 청국 도원인 마건충(馬建忠)의 알선으로 조선의 전권대신 조영하(趙寧夏) · 김홍집(金弘集) 등과 교섭, 14개조에 걸친 조 · 독수호통상조약에 조인하였다. 그러나 이 조약은 비준을 얻지 못하였고, 1883년 11월 26일 독일전권대신 에드워드 잡페(Edward Zappe)와 조선전권대신 민영목 간에 수정을 가한 다음 전문 13조의 조독수호통상조약 등 조인을 완료하였다.

제111절 포구 2곳에 항구를 열다

미국과 교호통상(交好通商)하고 독일인 묄렌도르프[穆麟德]를 외무협판(外務協辦)으로 삼고, 통리교섭아문(統理交涉衙門)을 세워 덕원(德源) 원산포(元山浦)에 항구를 열었다. 20년(1883)에 당오전(當五錢)[166]을 주조하고 인천 제물포(濟物浦)에 항구를 열었으며, 기기국(機器國)과 전환국(典圜局)과 박문국(博文局)을 세웠다. 청나라 사람 왕석창(王錫鬯)으로 군국아문(軍國衙門) 참의(參議)를 삼고 마건상(馬建常)으로 찬의(贊議)를 삼았다.

제112절 청나라 장군 안에서 돕다

21년(1884)에 우정국(郵征局)을 세우고 해방영(海防營)을 부평부(富平府)에 세웠다. 김옥균(金玉均), 홍영식(洪英植), 박영효(朴泳孝), 서광범(徐光範), 서재필(徐載弼) 등이 일본병을 불러 들였는데[167] 왕이 경우궁(景祐宮)에 옮겨 기거하시니 민태호(閔台鎬), 조영하(趙寧夏), 민영목(閔泳穆), 이조연(李祖淵), 윤태준(尹泰駿), 한규직(韓圭稷), 유재현(柳載賢) 등이 모두 살해당하였다. 청나라 장수 원세개(元世凱)가 병사를 거느리고 들어와서 구하였다. 김옥균 등이 일본으로 도망가 버렸다. 왕이 청나라 장수 오조유(吳兆有)의 영방(營房)[168]에 행차하시고 각 전궁(殿宮)[169]은 노원(蘆原)에 옮겼다가 돌아오셨다.

166 당오전(當五錢) : 구한말에 법정 가치를 상평통보의 5배로 쳐 발행한 화폐로 고종 20년(1883)에 만들어 고종 32년(1895)까지 사용하였다.

167 1884년 김옥균 등 급진개화파가 일으킨 갑신정변을 말한다.

168 영방(營房) : 조선 시대에 영리(營吏)가 사무를 보던 곳이다.

169 전궁(殿宮) : 왕, 왕비, 동궁 등 여러 빈을 통틀어 이르는 말이다.

제113절 공부(貢賦)를 실어 보내다

영국, 독일과 더불어 상호 통상(通商)하였다. 제중원(濟衆院)을 세우고 통리군국아문(統理軍國衙門)을 파하여 의정부(議政府)에 합하였다. 서상우(徐相雨)와 묄렌도르프를 전권대신[170]으로 특별히 보내 일본에 가서 일의 마땅함을 판리(辦理)케 하였다. 22년(1885)에 러시아[俄國]와 상호 통상하였다. 23년(1886)에 미국인 데니[德尼]로 내무협판(內務協辦)을 삼고 이탈리아[義國]와 상호 통상하고, 육영공원(育英公院)과 광무국(鑛務局)을 세웠다. 홍종영(洪鍾永)으로 총무관(總務官)을 삼아 삼남(三南)의 공부(貢賦)[171]를 기선[輪船]으로 실어 보냈다.

제114절 토문에 국경을 정하다

24년(1887)에 전보국(電報局)을 세우고 프랑스[法國]와 상호 통상하였다. 박정양(朴定陽)을 전권대신으로 특별히 보내 미국에 가서 사신의 일을 잘 판별하여 밝히게 하였다. 25년(1888)에 안변부사(安邊府使) 이중하(李重夏)로 토문(土們) 감계사(勘界使)를 삼아 청국 사신과 일의 마땅함을 잘 판별하여 밝히게 하였다. 27년(1890)에 미국인 그레이트 하우스[具禮]와 르장드르[李善得]로 내무협판을 삼았다. 28년(1891)에 은, 동 화폐를 제조하여 엽전(葉錢)과 당오전을 편(便)하게 하여 통용에 어려움이 없게 하였다. 29년(1892)에 오스트리아[奧國]와 상호 통상하였다.

---

170 전권대신 : 나라를 대표하는 권한을 위임받아 파견하던 외교 사절을 지칭한다.
171 공부(貢賦) : 나라에 바치던 물건과 세금을 통틀어 이르던 말로 넓게는 조세 일반을 의미하나 좁게는 전세(田稅)와 공물(貢物)을 이른다.

제115절 일청전쟁(日靑戰爭)

30년(1893)에 호남과 호서에 동학당(東學黨)이 많은 사람을 불러 모아 난을 일으키니 사방이 호응하여 곳곳에서 봉기하였는데, 관군이 사도(四道)로 군을 내서 무력으로 평정하였다. 31년(1894)에 동학 잔당 전봉준(全琫準)이 난을 일으키자 홍계훈(洪啓薰)을 불러 토벌하게 하고 청국에 군대를 청하였다. 청나라 장군 엽지초(葉志超) 등이 아산(牙山)에 이르고 일본사신 오토리 게이스케[大鳥圭介]는 수도[京城]에 들어왔는데, 일본과 청나라 양국이 우리나라 독립하는 일로 다투다가 마침내 대전(大戰)하였다.[172]

제116절 자주독립을 종묘사직에 맹세하며 고(告)하다

개국(開國) 503년(1894)31년 갑오(甲午) 6월 28일에 국내외의 공문서[公事文牒]에 개국기년(開國紀年)을 썼다.[173] 왕이 위호를 대군주(大君主)라 하시고 12월 12일에 14조 홍범(洪範)[174]으로 종묘와 사직에 맹세하며 고하시고 조칙(詔勅)을 신하와 백성에게 반포하셨다. 대개 청국에 의지하여 좇는 생각을 베어 끊고 자주독립의 기초를 확실하게 세우며, 왕실

---

172 1894년에 조선의 동학 농민 운동에 출병하는 문제로 일어난 청나라와 일본과의 전쟁인 청일전쟁을 말한다. 일본군은 평양 · 황해 · 웨이하이웨이[威海衛] 등지에서 승리하고 1895년에 시모노세키 조약을 맺었다.

173 갑오개혁을 추진했던 군국기무처는 정치개혁 사회제도 · 경제제도 개혁을 단행했으며, 1894년 7월 29일 모든 국내외의 문서에 개국기년을 쓸 것을 의결, 국왕의 재가를 얻어 공포했다. 개국기년은 조선을 건국한 1392년을 개국원년으로 삼아 1894년을 개국 503년으로 산정했다.

174 1895년 1월 7일 고종이 왕족 및 백관을 거느리고 종묘에 나아가 독립서고문(獨立誓告文)과 홍범14조를 선포했다. 홍범14조는 최초의 근대적 정책백서이자 헌법 성격의 문서이다.

전범(典範)을 제정하여 왕위의 계승과 종친(宗親)과 왕실외척의 분의(分義)[175]를 밝히며, 대군주께서 정전(正殿)에 나오셔서 정무를 친히 관장할 때 각 대신에게 친히 자문하여 재결(裁決)하심과, 각 아문(衙門)의 직무 권한을 제정함과, 지방관제의 개정(改定)함과, 조세의 부과와 징수함과, 경비의 예산 지출함과 총준(聰俊)[176] 자제를 널리 가도록 파견하여 외국의 학술과 기예(技藝)를 배워 익히게 함과, 장관(將官)을 교육하고 군제를 확실하게 정함과, 민법, 형법을 엄격하고 명백하게 하여 생명 재산을 보전함과, 사람 씀에 문벌을 불구하고 조야(朝野)에 두루 구해서 인재를 등용함을 넓히는 일이었다.

제117절 시모노세키[馬關] 일청조약[177]

504년고종 32년 을미(乙未, 1895) 4월 17일 청나라 전권대신(全權大臣) 리훙장[李鴻章], 이경방(李經芳)과 일본 전권대신 이토 히로부미[伊藤博文], 무쓰 무네미쓰[陸奧宗光] 등이 일본 시모노세키에서 회동하여 일청전쟁 후에 강화조약을 체결하였는데, 제1관(第一款)에 조선이 확연(確然)히 완전무결한 독립 자주국이 됨을 인명(認明)하였다. 5월 27일에 8도를 나누어 23부(府)로 정하였다.

---

175 분의(分義) : 자기의 분수에 알맞은 정당한 도리를 말한다.

176 총준(聰俊) : 슬기롭고 영리하며 풍채가 빼어남. 또는 그런 사람을 가리킨다.

177 일청조약 : 1895년 4월, 청일 전쟁 뒤 청국과 일본의 전권대신이 일본의 시모노세키에서 체결한 강화 조약이다. 청이 조선의 독립을 확인하고 군비 2억 냥을 배상하며, 랴오둥 반도[遼東半島]와 대만, 펑후[澎湖] 섬을 일본에 할양하는 따위를 내용으로 한다.

제118절 정월 초하루를 고쳐 연호를 세우다

8월 20일에 만고에 비길 데 없는 변란(變亂)이 궁중에 있었다. 황후폐하께서 살해당해 돌아가시고 궁내대신 이경직(李耕稙)과 장관(將官)홍계훈(洪啓薰)이 피살되었다. 9월 9일에 조서에 이르기를 "삼통(三統)의 호용(互用)[178]함이 때를 인하여 의(宜)를 제함이니 정월 초하루를 고쳐서 태양력을 사용하되, 개국 504년 11월 17일로써 505년 1월 1일을 삼는다" 하였다. 10월 12일에 임최수(林最洙) 등이 의로움을 들어 내각을 범하고자 하다가 죽었다. 11월 15일에 조서에 이르기를 "정월 초하루를 이미 고쳐서 태양력을 사용할 것이니, 개국 505년으로 시작하여 연호를 세우되 일세(一世), 일원(一元)으로 제정하여 만세 자손이 정성을 다해 지키게 하라" 하시니 연호를 세워 건양(建陽)이라 하였다. 내부대신 유길준(兪吉濬)이 단발령[179]을 내리자 각 지방에 의병(義兵)이 봉기하여 고을 원을 살해하는 일이 많았다.[180]

제119절 황제위에 오르다

건양 원년(1896)병신(丙申) 2월에 왕이 태자와 함께 러시아공관(公館)에 잠시 옮겨 계시니,[181] 성안의 백성이 격동(激動)하여 총리대신(總理大臣)

---

178 호용(互用) : 서로 넘나들면서 이쪽으로도 쓰고 저쪽으로도 쓴다는 의미다.

179 1895년(양력 12월 30일)에 김홍집 내각이 내린 단발령(斷髮令)은 성년 남자의 상투를 자르고 서양식 머리를 하라는 내용의 칙령이다.

180 단발령이 일본을 본따 만든 제도라는 인식이 전국적으로 확산되어 반일 감정이 제고되면서 전국 각지의 의병운동으로 전개됐고, 을미사변과 함께 의병운동의 결정적 기폭제 구실을 했다.

181 친러 세력에 의하여 고종과 세자가 러시아 공사관으로 옮겨서 거처한 사건인 '아관파

수강태황제 폐하

김홍집(金弘集)과 농상대신(農商大臣) 정병하(鄭秉夏)를 죽였다.[182] 단발령을 편한 대로 따르도록 하였다.

왕이 경운궁(慶運宮)으로 돌아오셨다. 2년(1897) 8월에 23부를 13도(道)로 개정하였다. 9월 17일 문무 신하와 서민[臣庶]들이 대호(大號)를 강력히 권하였으니,[183] 대군주폐하께서 천지에 고하고 황제의 지위에 오르셨다. 국호를 대한(大韓)이라 하시고 건양 2년(1897)을 광무(光武) 원년이라 하고 역명(曆名)을 명시(明時)라 하였다.[184]

제120절 은행권과 의정서(議定書)

광무 원년(1897)부터 동서양의 통상하는 각국에 친왕(親王)과 대사와 공, 영사(公領事)가 상호 왕래하여 우방의 정이 두텁고 화목한 분위기가 있어서 나라의 영광이 지구상에 영원히 이름을 드높이기를 기대하였

천'(1896.2.11~1897.2.20)을 말한다. 일본 세력에 대한 친러 세력의 반발로 일어난 사건으로, 이로 말미암아 친일 내각이 붕괴되었으며 각종 경제적 이권이 러시아 등 서구열강에게 넘어갔다.

182 1894년 김홍집이 내각 총리대신이 되어 갑오개혁을 단행하였으나, 과격한 개혁과 아관파천으로 친러파 내각에 밀려나게 되었고, 광화문에서 정병하와 함께 폭도들에게 피살되었다.

183 1897년 5월 이후 정부관원, 각도 유생, 시전상인과 일부(개신유학 계열) 독립협회 회원 등 각계각층에서 국권확립을 위한 조치로 칭제를 요청한 일을 말한다.

184 고종을 중심으로 새로 국호(國號)를 정하고 왕을 황제라 한 것은 조선 나름의 왕권확립의 노력의 일환이며, 이후 1899년 전문 9조로 된 대한제국의 정치체제를 규정한 헌장에 그 기초를 마련해 두었으며 대한은 삼한(三韓) 통합의 의미다.

다. 후에 외무대신조병식(趙秉式)은 일본주식회사 은행권(銀行券)을 전국에 통용하도록 인가하고 내부대신이지용(李址鎔)은 의정서(議定書)[185]일러전쟁 초에 군 작전상의 긴요한 토지는 마음대로 취해 사용하라는 의정서이다를 만들어 주었다.

제121절 신조약이 성립하다

광무 8년(1904)[186]에 일본과 러시아가 크게 전쟁하였다. 러시아가 청국 만주를 점령하여 여순(旅順)항구에 군항을 크게 열고 우리나라 압록강 연안에 삼림을 취하고자 하여 용암포(龍巖浦)를 점령하였다. 일본이 우리나라의 독립을 위하고 만주를 청국에 돌려주기 위하여 전쟁을 선포하는 문서[宣戰書]를 각국에 공식으로 배포하고, 수십만 육해군이 러시아 군과 전쟁을 시작하였다. 러시아 병을 격퇴하니 미국대통령이 공의(公儀)중재를 내세워 일·러 양국의 전권위원이 미국에서 회동하여 강화가 이루어졌다. 9년(1905) 11월 17일에 한일 신조약(韓日新條約)이 이루어졌다.[187]일본대사 이토 히로부미, 전권공사(全權公使) 하야시 곤스케[林權助], 대장 하세가와[長谷川好道]와 우리나라 외무대신 박제순(朴齊純), 내무대신 이지용, 군부대신 이근택(李根澤), 학부대신 이완용(李完用), 농상공부대신 권중현(權重顯)과 함께 궐내에 들어와서 5조약을 정하였다. 대개 일본정부와 한국정부는 양 제국을 결합하는 이해(利害)공통의 주의(主義)를 공고(鞏固)히 하고자, 한국의 부강의 실태(富强之實)을 인정(認定)할 수 있을 때에 이르기까지 이 목적을 위하여 다음의 조건을 약정(約定)함. 제1조. 일본정부는 재동경 외무성을 경유하여 금후 한국이 외국에 대한 관계와 사무를 감리·지휘함이 가

185 1904년 러일 전쟁 직후 일본이 한국 식민지화의 제1단계로서 한국에 강제하여 교환한 의정서다. 전문 6조로 일본은 대한 제국의 독립과 영토 보전·황실의 안전을 위하며, 대한 제국은 이를 위한 일본의 신속한 조치가 필요한 경우에는 일본에게 충분한 편의를 제공하여야 하고, 이 협정의 취지에 위반되는 협약을 제3국과는 체결할 수 없다는 내용 등이다. 일본은 이로 인하여 많은 토지를 군용지로 차지하였다.

186 러·일전쟁이 발발한 시기는 1904년(광무 8)이므로 바로잡았다.

187 1905년에 일본에 의해 강제로 체결된 을사조약을 말한다.

(可)하고, 일본국의 외교 대표자와 영사는 외국에 있는 한국의 신민과 이익을 보호함이 가함. 제2조. 일본국정부는 한국과 타국 간에 현존하는 조약의 실행을 완전히 하는 책임에 있어서 한국정부는 금후 일본정부의 중개를 경유하지 않고서는 국제적 성질을 가진 어떠한 조약이나 약속을 하지 않기로 약(約)함. 제3조. 일본국정부는 그 대표로 하여금 한국황제폐하의 궐하(闕下)에 1명의 통감(統監)을 두되, 통감은 전적으로 외교에 관한 사항을 관리함을 위하여 경성에 주재하고 친히 한국황제를 알현하는 권리가 있음. 일본국정부는 또한 한국의 각 개항장과 기타 일본정부가 필요하다고 인정하는 지역에 이사관(理事官)을 설치하는 권리를 가지며, 이사관(理事官)은 통감의 지휘 하에 종래 재한국 일본영사에게 속하였던 일절의 직권을 집행하고, 아울러 본 협약의 조관을 완전히 실행하기 위하여 필요로 하는 일절 사무를 관리함이 가함. 제4조. 일본국과 한국 간에 현존하고 있는 조약과 약속은 본 협약 조관에 저촉되지 않는 한, 모두 그 효력을 계속하는 것으로 함. 제5조. 일본국정부는 한국 황실의 안녕과 존엄을 유지하도록 보증함. 위의 증거로서 하명(下命)은 본국 정부의 상당한 위임을 받아 본 협약에 기명(記名), 조인함. 조약이 성립하여 국권이 떨어지자 육군부장(陸軍副將) 민영환(閔泳煥)은 칼로 스스로 자결하고 원로대신 조병세(趙秉世)는 음독 자정(自靖)하였으며, 학부주사 이상철(李相哲)과 징상상등병(徵上上等兵) 김봉학(金奉學) 역시 음독 자결하였다. 전 참판 홍만식(洪萬植)과 산림(山林) 송병용(宋秉瑢)은 고향집에서 약을 마시고 자재(自裁)하였으니 왕이 충혼(忠魂)을 위로하여 모두 동네 어귀에 문[門閭]을 세워 그 장함을 기리고 직위를 올리고 시호를 내렸다. 전 찬정(贊政) 최익현(崔益鉉)은 대마도(對馬島)에서 죽었다. 통감부(統監府)를 설치하여 외교권이 다 통감부로 귀속하였으니 각국에 파견한 공사를 소환하고 우리나라에 주재한 각국 공사도 모두 철수하여 돌아가고 각 그 총영사(總領事)가 와서 주재하였다. 일본은 영사를 이사(理事)라 하여 경성과 각 항구와 필요한 곳에 두었다.

제122절 동포에게 경고하다

육군부장 민영환(閔泳煥)이 백관(百官)과 함께 궁궐 앞에 엎드려 상소하여 대세(大勢)를 만회하고자 하다가 시세를 어찌하지 못함을 알고 이에 스스로 목 베어[自刎] 죽었다. 유서로써 한국인민에게 경고하여 그 글에 이렇게 말하였다. "나라의 수치와 백성의 욕됨이 이에 이르렀으니 우리 인민은 장차 생존경쟁에서 모조리 죽을 것이다. 대저 살기를 바라는 자는 반드시 죽고, 죽기를 기약하는 자는 도리어 살 수 있는데, 여러분은 왜 이것을 모르시는가. 영환은 한번 죽음으로써 임금의 은혜에 보답하고, 아울러 우리 2천만 동포형제에게 사과합니다. 영환이 비록 죽어도 죽지 않고, 여러분을 저승에서 돕고자 하니 우리 동포는 천만 분려(奮勵)하여 사기(士氣)를 견고하고 확고히 하며, 학문을 더욱 힘쓰고, 일심협력하여 우리의 자유 독립을 회복한다면 죽은 몸도 저승에서 기뻐 웃겠습니다." 또 각국 공관에 글을 보냈다. 전 의정대신(議政大臣) 조병세(趙秉世)가 또 상소하며 인민에게 유서로 작별을 고하고 각국 공관에 서한을 보냈다. 전 찬정 최익현이 대마도에서 죽을 때에 남긴 상소를 바쳤다.

제123절 맑고 푸른 혈죽[靑靑 血竹]

광무 10년(1906)에 충정공(忠正公) 민영환의 궤연(几筵)[188]을 설치한 정침

188 궤연(几筵) : 죽은 사람의 영궤(靈几)와 그에 딸린 모든 것을 차려 놓는 곳. 영실(靈室)이라고도 한다.

(正寢)[189] 뒤 곁방 청사(廳事)에 핏자국이 있는 유의(遺衣)를 두고 그 문을 닫은 지 250일이다. 하루는 집안사람이 열어 보았는데 맑고 푸른[靑靑] 4포기의 새 대나무가 처마 틈에서 살아났으니 모두 9가지에 41개 잎이 달렸다. 나라 안팎 사람이 듣고 감탄하며 서로 다투어 와서 보고 길거리에서 목이 메어 함께 이르기를 "민공의 혈죽(血竹)이 2천만 동포를 불러 깨우쳐서 독립정신을 화생(化生)하였다"고 하였다.

민충정공 영환의 혈죽도

11년(1907)정미(丁未) 6월에 네덜란드[荷蘭] 헤이그[海牙府]의 만국평화회의[190]에 이상설(李相卨), 이준(李儁), 이위종(李瑋鍾)이 한국위원이라 하고 가서 참석하였다. 이위종은 국제협회에서 공개연설하고, 이준은 충의로 인하여 일어나는 분한 마음[忠憤]을 이기지 못하여 자결하여 만국사신(萬國使臣) 앞에 뜨거운 피를 뿌려서 만국이 놀라 움직이게 하였다.

---

189 정침(正寢) : 거처하는 곳이 아니라 주로 일을 보는 곳으로 쓰는 몸채의 방을 말한다.

190 제정 러시아 황제 니콜라이 2세의 주창으로 1899년과 1907년에 세계 여러 나라의 대표가 네덜란드의 헤이그에 모여 군비 축소와 세계 평화를 논의한 국제회의이다. 국제 분쟁의 평화적 처리 협약, 독가스 및 특수 탄환 사용 금지의 선언 따위를 채택하고 국제 중재 재판소를 설치하였는데, 2차 회의 때에 고종이 밀사를 파견하여 당시 일본의 대한 제국에 대한 부당한 간섭을 호소하고 밀서를 전달하려 하였으나 일본의 방해로 실패하였다.

제124절 선위(禪位)하다

7월 18일에 조서하여 이르기를, “짐(朕)이 역대 임금들의 크나큰 위업을 계승하고 지켜온 지 이제 44년이 되었다. 황위를 물려주는 것은 원래 역대로 시행해오는 규례였고, 지금 군국대사(軍國大事)를 황태자로 하여금 대리(代理)하게 한다” 하셨다. 22일에 총리대신 이완용(李完用)이 각부 대신을 거느리고 황태자께 삼가 아뢰기를, “태황제폐하의 어명을 받들어 우리 폐하께서 군국(軍國) 서정(庶政)을 대리하시어, 이미 ‘짐(朕)’이라 칭하고 ‘조(詔)’라고 칭하게 하시고 태황제를 높이 받드는 절차도 이미 마련하였습니다. 큰 덕을 지닌 분은 반드시 마땅한 이름을 가지는 것이니, 이제부터 조서, 칙서, 아뢰는 글들에 ‘대리(代理)’라는 칭호는 ‘황제(皇帝)’라는 대호(大號)로 높여 부르는 것이 실로 하늘의 뜻과 백성들의 마음에 부합되므로 신들은 같은 말로 호소합니다” 하였다. 황태자께서 “대조(大朝)의 처분을 받들어 힘써 따르겠다” 하셨다.

제125절 협약(協約)이 또 이루어지다

7월 24일에 한일협약(韓日協約)[191]이 체결되었다. 일본 통감(統監) 이토 히로부미[伊藤博文], 총리대신(總理大臣) 이완용(李完用), 내무대신 임선준(任善準), 탁지대신 고영희(高永喜), 학무대신 이재곤(李載崑), 군무대신 이병무(李秉武), 법무대신 조중응(趙重應), 농무대신 송병준(宋秉畯)과 함께 협약을 새로 체결하였다. 대개 일본정부는 속히 한국의 부강을 도모하고 한국 국민의 행복

191 1907년 일본이 한국을 강점하기 위해 한국에 강제한 조약으로 차관정치의 실현과 한국군대 해산 조치 등이 시행되게 한 조치였다.

대황제폐하 황후폐하

을 증진시키려는 목적으로 이하의 조관(條款)을 약정한다. 제1조 한국 정부는 시정(施政) 개선에 관하여 통감(統監)의 지도를 받을 것. 제2조 한국 정부의 법령의 제정 및 중요한 행정상의 처분은 미리 통감의 승인을 거칠 것. 제3조 한국의 사법 사무는 보통 행정 사무와 이를 구별할 것. 제4조 한국의 고등 관리(高等官吏)를 임명하고 해임시키는 것은 통감의 동의에 의하여 이를 행할 것. 제5조 한국 정부는 통감이 추천한 일본 사람을 한국의 관리로 임명할 것. 제6조 한국 정부는 통감의 동의가 없이 외국인을 초빙하여 고용하지 아니할 것. 제7조 메이지[明治] 37년(1905) 8월 22일에 조인한 한일 협약 제1항을 폐지할 것. 이상을 증거하기 위하여 아래의 이름들은 각각 본국 정부에서 상당한 위임을 받아서 본 협약에 이름을 적고 조인한다 이때에 서울 안 인민들이 난동(亂動)하여 종로에 모여 연설(演說)하며 총리대신 이완용 집에 방화하고, 군대가 또 일어나 서소문내 영문(營門)에서 일본병과 대포의 탄알을 서로 쏘아대니 참령(參領) 박성환(朴星煥)이 죽었다. 8월 1일에 각 영(營) 군대를 일시에 해산하라는 조칙(詔勅)을 반포하였다.[192]

---

192 8월 1일 강제로 군대해산조칙이 내려지고 일본군에 의해 대한제국 군대가 무장해제 되었다. 박성환은 병영에 머물러있다 권총으로 자결하였으며, 대대장의 자결 소식을 들은 군인들이 일본군에 저항하며 교전했던 상황을 저자가 혼돈해서 설명한 것이다.

제126절 황제의 자리를 물려받아 즉위하다

대황제폐하휘는 척(坧)이고, 자는 군방(君邦)이다께서 8월 27일에 경운궁(慶運宮) 즉조당(卽祚堂)에서 황제의 자리를 물려받아 즉위하시고, 광무(光武) 11년을 융희(隆熙) 원년(1907)이라 하셨다. 태황제를 높이 받들어 수강태황제(壽康太皇帝)라 하시고, 궁호(宮號)를 덕수(德壽)라 하고 부호(府號)를 승령(承寧)이라 하셨다. 동생 영친왕(英親王) 은(垠)을 황태자로 책봉하고, 죄인을 크게 사하여 병사를 들어 궁궐을 범한 역적 이외에는 모두 사면하고 개국 이래에 이름이 죄적(罪籍)에 있는 자는 모두 죄명을 없애 주었다.

제127절 두 폐하가 마차를 함께 타다

황태자전하

황제가 창덕궁(昌德宮)으로 옮기실 때 마차를 타셨는데, 황후폐하와 함께 타시고 마차 위에 덮개를 치지 않아 두 폐하께서 용안(龍顔)을 보이시며 궁을 나섰다. 모시는 신하가 모두 마차를 타고 모시며 따르고 관, 공, 사립학교의 학생과 인민이 대로의 좌우에 늘어서서 서로 말하기를, "황후폐하께서 큰 길 위에서 얼굴을 보여서 신하와 민가 부녀의 표준을 만드시니, 우리 부녀들은 이제부터 가마[乘轎]와 얼굴 가리는 구습을 폐지하는 것이 옳다"고 하였다.

제128절 황태자 유학(遊學)하다

황태자를 일본에 보내서 공부하게 할 때 이토 히로부미[伊藤博文]를 태사(太師)로 삼아 수행하여 갔다.[193] 황태자께서 이때 나이 11세였다. 본국에서도 일찍 성취하고 영민하신 명성과 칭송받는 명예[聲譽]가 자자하였는데 열 살 안팎의 어린 나이에 공부하러 가는데도 태황제 슬하를 떠나시면서 꺼리거나 어려워하는 기색이 전혀 없으셨다. 일본에 도착해서 황실과 교제하시고 각처에 유람하실 때에 몸가짐과 차림새가 정숙하고 말씨가 사리에 꼭 들어맞아서 외국인도 칭송한다는 말이 우리나라 신문 상에 종종 전해졌다. 일반신민이 이 소식을 듣고 우리나라의 행복을 희망하였다고 한다.

초등대한역사 마침

193 1907년 12월 황태자 영친왕은 어린 나이에 이토 히로부미[伊藤博文] 통감에 의해 유학이라는 명목으로 일본에 인질로 잡혀갔다.

초등대한력ᄉᆞ

초등대한력ᄉ 해제

강영심

1. 저자

저자인 조종만은 농상공부 참서관, 성천군수, 중추원의원을 각각 역임하였고 기호흥학회 회원, 휘문의숙 숙감(徽文義塾塾監)을 지냈던 인물이다. 구한말 한양서관을 운영하여 서적출판보급을 통한 계몽운동에 이바지 하였으며, 초등교과서인 『초등대한력사』 이외에 『대한초등지리』도 저술한 바 있다.

2. 구성

이 책은 1908년 9월에 조종만이 순국문으로 서술한 초등용 국사교과서이다. 조종만이 유근의 『초등본국역사(初等本國歷史)』를 한 자도 빠뜨리지 않고 그대로 국문으로 쉽게 풀어쓴 책이다. 따라서 '조종만 편찬'이라기보다 '조종만 역술'이라고 보는 것이 타당하다.

유근의 책을 그대로 한글로 옮기고 곳곳에 고유명사나 중요 단어 옆에 한자를 병기하였다. 그 발행처가 조종만이 운영하는 한양서관이었으므로 유근의 책을 자신이 순국문으로 다시 발행한 것으로 추측된다.

다만 유근의 책과 달리 서문을 실어 "역사는 국가와 인민 간에 정치득실과 풍속선악을 기술(記述)하여 역대 사기의 일부[部]를 편성(編成)함이니 그 의의가 크도다"라고 하여 과거의 정치와 풍속의 옳고 그름을 알게 하는 데 역사 편찬의 의의를 두고 있다. 또한 "우리나라 선현이 『동국통감』과 역사 등을 많이 저작하였으나 한문으로 편찬하였던 까닭에 한문을 배운 상등이 아니면 독습(讀習)키 어려워, 지식발달과 개명(開明)을 논하지 못할 것"이니 모든 사람이 읽을 수 있도록 국문으로 옮긴 것임을 밝혔다.

또한 그는 자국문자로 책을 출판함이 독립의 기본이며 자주국과 자유민을 인정하는 것이므로, 한글을 사용함이 바로 자주국임을 나타냄이라고 주장하여 국문운동을 강조하였다. 그동안 본국사기를 멀리하여 국민의 자격을 포기하였으니, 자기나라 글자로 서술한 자국역사를 읽는 것이야말로 자주국민의 기초를 튼튼히 세우는 것이라고 주장하였다. 다시 말해 국사 교육이 바로 자주독립과 문명 발전의 지름길임을 강조하였다. 이같은 견해는 당시 계몽운동에서 강조하던 국사연구 흐름을 반영한 것이라 할 수 있다.

이 책은 대한제국시기 간행된 순한글본 국사교과서 2종 중 하나로 상고부터 조선(순종)까지를 서술하였다. 이 책의 서술 체제는 전체적으로 왕조별로 편년적인 방법으로 이루어지고 있으나, 1906년 현채가 역술한『동국사략』의 태고, 상고, 중고, 근세의 시대 구분을 따른 유근의 초등본국역사와 같은 틀을 취했다. 다만 태고사를 상고사로, 상고사가 중고사로, 중고사가 근고사로, 근세사가 국조(國朝)로 그 시대 명칭을 달리하고 있다. 이는 상고, 중고, 근세 등의 시대구분법이 시대적 성격에 부합된 일정한 이론적 체계로 확립되지 못하였다는 것을 의미한다.

그 목차 구성을 보면 전체를 4장으로 구분하여 1장 상고(上古)는 단군(檀君), 기자(箕子), 위만(衛滿), 삼한(三韓) 및 봉건시대(封建時代)를 절로 두었고, 2장 중고(中古)는 신라(新羅), 고구려(高句麗), 백제(百濟), 가락(駕洛), 발해(渤海), 태봉(泰封), 견훤(甄萱) 등 삼국시대와 통일신라를 다루었다. 3장 근고(近古)는 고려(高麗)를, 4장 국조(國朝)에서는 본조(本朝)를 각각 다루고 있다.

3. 내용

책의 내용은 단군부터 조선왕조의 순종까지 왕조별 편년적인 순서로 간단하게 서술하였으며 개별 왕의 시대를 서술하면서 전쟁이나 반란기사가 많았다. 그 외에 왕들의 치적보다는 그 시대에 있었던 왕의 성격이나 왕과 관련된 특별한 정치 외적인 사건에 대한 기사를 서술하였다. 특히 마지막 절인 본조 25절, 고종부터 융희제(純宗)의 즉위까지는 병인양요, 신미양요, 강화도조약, 임오군란, 동학난에 대해서 3~4줄로 극히 간단하게 설명적으로 서술하고, 대한제국으로 국호를 변경한 것과 순종이 즉위했다는 것까지 간략하게 서술했다. 강화도조약부터의 역사를 불과 3면으로 줄였으며 일본과 관련된 기사는 강화도조약에 대한 내용은 일본이 "국서(國書)를 가져와 바치고 화호(和好)하기를" 청하여 통상조약을 맺은 것으로 표현하고 있어, 마치 조선이 유리한 위치에서 조약을 맺은 것으로 해석되는 부분이다. 그 외 일본 관련 기사를 서술하지 않아 저자의 일본에 대한 인식을 확인할 수 없는 아쉬움이 있다. 아마도 역사적 판단을 배제하고 역사 서술에 임했던 것으로 추측된다.

다만 삼한을 봉건시대로 본 것이 특이하다. 그것은 주(周)나라 방식의 봉건제도를 말한다. 아울러 후삼국과 발해를 삼국과 동격으로 둔 것이 발전적이다.

4.가치

갑오개혁에 따른 근대적 교육제도의 도입으로 근대적 학교들이 설립되면서 학부의 국사교과서 편찬을 필두로 1910년까지 20여 종의 국사교과서가 간행되었다. 우선 1895~1904년까지의 교과서는 모두 학부에서 만든 관찬사서였다. 그 체제는 1종 외 5종 모두 편년체로 단군에서 조선까지 서술하였고, 최초의 국한문 사용과 개국기원 사용, 단군조선의 위치 격상 등을 특징으로 하였다. 1905~1907년의 교과서는 사찬이 등장하고, 일본의 조선사 서술 및 조선사 인식틀인 식민사학이 본격적으로 영향을 미쳐 새로운 시대구분법인 태고–상고–중고–근고란 시대 구분을 국사 서술에 적용한 것이 그 특징이었다. 다만 근대적인 역사 서술의 틀을 도입하면서 그 틀 안에 숨은 식민사학의 역사 인식도 함께 이식하여 이후 한국사서술에 부정적인 영향을 끼쳤다는 데 그 심각성이 있다. 1908~1910년의 교과서는 통감정치 하의 교육 통제에 기초한 교과서통제정책 하에서 편찬된 것들로 민족적 의미나 자주성을 띤 내용을 담을 수 없다는 한계를 안고 간행된 것으로 대다수 사찬이었다. 초등용교과서인 탓에 분량도 적고 간략하게 국한문으로 단군~조선까지 서술하였으며, 『동국사략』의 체제를 따른 신사체로 구성되었다. 특히 일본에 의해 강제 체결된 강화도조약 이후의 사실은 대부분 다루지 않았다. 이러한 한말의 국사교과서 편찬의 흐름 속에서 편찬된 것 중 하나가 『초등대한력ᄉᆞ』였다.

이 책은 1908~1910년경 출간된 유근의 『초등본국역사』, 안종화의 『초등본국역사』 등과 함께 학부 검인정을 받은 교과서였으므로, 민족적, 자주적인 성격보다는 그 체제가 근대적 역사 서술 형식을 취한 국문교과서였다는 점을 특징이라 지적할 수 있다. 다만 자신이 살았던 당대사에 대한 서술에서 일본이 주도한 침략적 행위인 청일전쟁이나 러일전쟁, 그리고 통감정치에 대한 정확한 사실 설명이 없었다는 것은 역사가로서 진실을 기록하지 못했다는 비난을 피하기 어려운 저술이었다. 이 책을 통해 통감부 시기 학부 검인정 교과서 정책 중 역사교과서에 대한 역사관은 물론 당시 역사 교육의 특징을 파악할 수 있으므로 현대문 번역의 의의가 자못 크다.

참고문헌

구자혁, 「開化期 國史教育課程의 分析的 考察」, 『춘천교대논문집』 20, 춘천교육대학, 1980.

구자혁, 「開化期 初等學校 國史教育에 對한考察 – 教科書分析을 中心으로 –」, 『민족교육연구』 2, 춘천교대 민족교육연구소, 1981.

김여칠, 「1906년 이후의 국사교과서에 대하여」, 『歷史教育』 36, 역사교육연구회, 1984.

김태현, 「舊韓末國史教科書分析硏究 – 初等用教科書를 중심으로 –」, 『역사교육논집』 3, 한국역사교육학회, 1982.

김흥수, 「韓末 歷史教育 및 教科書에 관한 硏究」, 『歷史教育』 29, 1981.

김흥수, 「韓末의 國史教科書 編纂」, 『歷史教育』 33, 1983.

조동걸, 「한말사서와 그의 계몽주의적 허실(상)」, 『한국독립운동사연구』 제1집, 독립기념관 한국독립운동사연구소, 1987.

조동걸, 「한말사서와 그의 계몽주의적 허실(하)」, 『한국학논총』 10, 국민대학교 한국학연구소, 1988.

문동석, 『초등역사교육 과거와 현재』, 국학자료원, 2005.

초등대한력ᄉᆞ

조종만

초등대한력ᄉᆞ 서

오호라, 역사는 국가와 인민 간에 정치의 얻음과 잃음 및 풍속의 선악을 기술(記述)하여 역대 역사서의 일부를 구성하는 것이니, 그 의의가 크다. 우리나라 선현(先賢)이 『동국통감(東國通鑑)』[1]과 역사 등 책을 지은 것은 많으나, 다만 한문(漢文)으로 편찬하였던 까닭에 상중등(上中等) 등 사회는 깨달아 아는 것이 쉽지만, 여자와 하등인은 스스로 배워 익히기 어려우니, 지식의 발달과 보통 개명(開明)함은 가히 논하지 못할 것이다. 천하의 문명 국민은 자국 문자로 독립의 기본을 삼아 자주국이다, 혹은 자유민이다 하여 세계에 상등 국민을 표시한다. 오직 우리나라는[2] 단군 4천년 신성한 나라이며, 본조 5백년 도덕의 교화에 훈목(薰沐)[3]한 민족으로 침몰할 지경에 이르니, 이는 뜻 있는 선비가 길게 탄식할 바이다. 오홉다 세종임금께서 훈민정음을 창조[4]하시어 오랜 문명을 계발하신 지 수백 년이지만 오히려 발전치 못하였으므로 일반

---

1 『동국통감(東國通鑑)』: 조선 성종 15년(1484)에 왕명에 따라 서거정, 정효항(鄭孝恒) 등이 편찬한 역사책이다.

2 원문의 '분국'은 오기이므로 바로잡았다.

3 훈목(薰沐): 향료를 옷에 뿌리고 머리를 감아 몸을 깨끗이 한다는 의미이다.

4 원문의 '창조(倡造)'는 '창조(創造)'의 오기이므로 바로잡았다.

인민이 자기 나라 역사서를 멀리하고 어두워서 국민의 자격을 포기하였으니 어찌 국체(國體)와 국민의 생명을 유지하겠는가. 이에 우리나라의 문자로 역사를 간단 긴요히 편집하여 국내에서 발행하도록 권하여 장려하니, 원컨대 2천만 형제자매는 열심히 살펴서 오랜 세월 국민의 기초를 독립공고(鞏固)케 하는 목적을 달성하도록 하자. 오호라.

융희 2년(1908) 7월 한양서관 주인 서(序)

대한역대전수도(大韓歷代傳授圖)

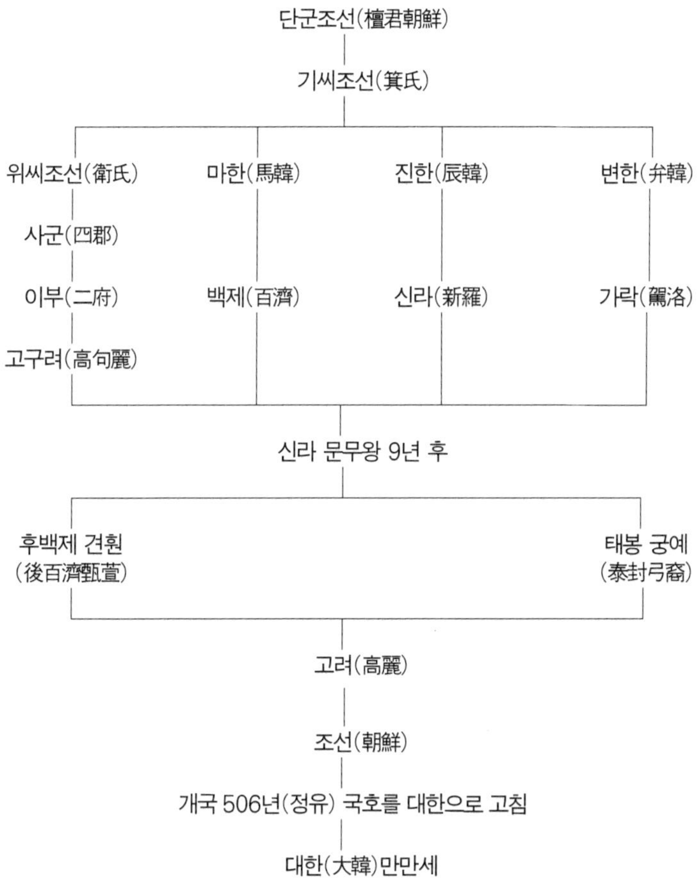

초등대한력ᄉᆞ(大韓歷史) 목록

제1장 상고(上古)

단군(檀君) 기자(箕子) 위만(衛滿) 삼한(三韓) 봉건시대(封建時代)

제2장 중고(中古)

신라(新羅) 고구려(高句麗) 백제(百濟) 가락(駕洛) 발해(渤海)

태봉(泰封) 견훤(甄萱)

제3장 근고(近古)

고려(高麗)

제4장 국조(國朝)

본조(本朝)

초등대한력사목록 마침

초등대한력ᄉ

제1장 상고(上古)

제1절 단군(檀君)

대한 융희(隆熙)[5] 원년(1907) 정미(丁未)부터 4240년 전(기원전 2333)에 신성(神聖)하신 사람이 태백산(太白山) 박달나무 아래에 내려와 나라 사람이 세워 임금[人君]을 삼으니 이가 단군이다. 원년 무진(戊辰)에 나라 이름을 조선(朝鮮)이라 하고, 백성을 가르쳐 터럭을 엮고 머리를 덮으며 음식과 거처의 제도를 정하였다. 태자 부루(扶婁)를 도산(塗山)에 보내어 지나(支那) 하우씨(夏禹氏) 만국회(萬國會)[6]에 참예케 하였다. 처음에는 평양에 도읍하였다가 후에 백악(白岳)문화구월산으로 도읍을 옮겼다.

단군의 자손이 임금의 자리를 서로 전한 후 1200여 년에 나라를 북부여(北夫餘)로 옮겼다가 고구려에게 아우른 바가 되었다.

제2절 기자(箕子)

기자는 지나 은(殷)나라 왕 성탕(成湯)의 자손으로 성은 자(子)이고 이름

---

5 융희(隆熙) : 조선의 마지막 임금인 순종 때의 연호(1907~1910)이다.

6 만국회(萬國會) : 고대 중국에서 있었던 도산의 모임을 가리키는 말이다.(앞의 주 참조)

은 서여(胥餘)인데, 기(箕)에 자작(子爵)을 봉한 까닭에 기자라 일컬었다.

주(周)지나 무왕(武王) 희발(熙發)이 은나라를 멸하자 기자가 주를 피하여 5천 명의 사람을 거느리고 동쪽으로 오실 때 시(詩), 서(書), 예(禮), 악(樂)과 백공(百工)의 기예가 다 좇아왔다. 나라 사람이 기자의 성스러운 덕을 사모하여 왕을 삼으니, 기자가 평양에 이어 도읍하고 8조(八條)의 교(敎)를 펴서 행하여 어질고 현명한 사람의 교화가 크게 이루어졌다.

기자의 41세손 기준(箕準)에 이르러 연(燕)지나나라 사람 위만(衛滿)이 그 무리 천여 명을 이끌고 상투를 틀고 오랑캐의 옷을 입고 와서 항복하였다. 기준이 박사(博士)를 제수(除授)하여 서쪽 번(藩)을 지키게 하였더니, 위만이 군사를 이끌고 평양을 가만히 몰래 습격하자 기준이 피하여 남으로 옮겼다.

제3절 위만(衛滿)

위만이 기준을 쫓아내고 평양에 도읍하여 나라 이름을 조선이라 이어 칭하고 병권(兵權)과 재력(財力)으로 수천 리 땅을 개척하였다. 손자 우거왕(右渠王)에 이르러 교만하여 거만함이 날마다 심해져 한(漢)지나의 사자(使者)를 죽이니 한 무제(武帝) 유철(劉徹)이 노하여 장수를 보내어 쳐서 취하고 그 땅에 4군(四郡)을 두었는데 고구려에게 아우른 바가 되었다. 단군조선과 기자조선과 위씨조선이 나라 이름을 이어 칭하고 그 성이 세 번 바뀌었기 때문에 후세 사람이 상고(上古) 3조선(三朝鮮)이라 일컬었다.

제4절 삼한(三韓)

한(韓)이라 칭함은 한강 남쪽 편에 한 대륙이 있으므로 부른 방언의 하나로, 크다한 라고 하는 뜻을 번역한 것이다.

기준이 나라를 잃고 바다에 떠서 남으로 금마군(金馬郡)익산에 이르러 나라를 세우고 마한(馬韓)이라 칭하여 변한(弁韓)과 진한(辰韓)을 통치하니 이를 삼한이라 일렀다.

변한은 김해군(金海郡)에 있으니 혹은 변한(卞韓)이라 칭했는데, 후에 가락국왕 김수로(金首露)에게 아우른 바가 되었다.

진한은 옛 진국(辰國)의 땅이다. 진(秦)지나나라 사람이 진시황 영정(嬴政)의 가혹한 정치를 피하여 마한에 돌아와 붙었는데 마한이 동쪽 편의 경계를 나누어 주어 살게 한 까닭에 혹은 진한(秦韓)이라 칭하였다. 진한과 변한이 마한의 속국(屬國)이 되어 그 군장(君長)을 다 마한 사람으로 뽑아 정하였다.

제5절 봉건시대

삼한이 솥발[7]처럼 병립했을 때에 속국이 78국이니, 마한은 54국이고 진한과 변한은 각각 12국이었는데, 큰 나라는 만여 호였고 작은 나라는 천여 호이었다. 절풍건(折風巾)갓, 장수삼(長袖衫)저고리, 대구고(大口袴)바지, 오혁리(烏革履)검은신는 그 끼친 풍속이 오히려 후세에 전하였다.

---

7 솥발 : 옛날 솥 밑에 달린 세 개의 발을 지칭하는데 셋이 사이좋게 나란히 있는 모양을 비유할 때 쓴다.

제2장 중고(中古)

제1절 신라 1

진한 사람 박혁거세(朴赫居世)가 신성하신 덕이 있으므로 6부의 민인이 세워 왕으로 삼았는데, 이때에 나이가 13세였다. 나라 이름을 사로(斯盧)라 하고, 군호(君號)를 거서간(居西干)이라 하였다. 왕비 알영(閼英)이 또한 어진 행실이 있으므로, 그때 사람이 두 성인이라 칭하였다.

박혁거세의 태자 남해(南解)가 왕위에 있을 때에 아들은 유리(儒理)이며 사위는 석탈해(昔脫解)였다. 남해가 병이 심하여 나이 많은 사람으로 왕위를 이으라 하였다. 남해가 돌아가시자 유리가 탈해에게 사양하였는데 탈해가 이르기를, "성인의 지혜가 있는 사람은 이가 많다"고 하니 병(餠)떡으로써 시험하였는데, 떡을 씹으니 유리의 잇자국[齒痕]이 많았다. 유리가 왕위에 올라 임금의 호칭을 니사금(尼斯今)이라 하였는데 니사금은 풍속말로 이끔이니 지금 말소리가 잘못 전해져 임금이라 하였다.

그 후에 유리가 왕위를 탈해에게 전하여 박(朴), 석(昔) 두 성이 서로 전하다가 석조분(昔助賁)에 이르러 그 사위 김미추(金味鄒)에게 전하니 박씨는 10왕이고, 석씨는 8왕이며, 김씨는 38왕이니, 총 56왕이고 왕업을 누린 세월[歷年]이 992년이었다.

제2절 신라 2

유리왕 때에 관(官)을 17등(等)으로 정하며 6부에 성(姓)을 주니 이(李), 최(崔), 손(孫), 정(鄭), 배(裵), 설(薛)이었다.

탈해왕 때에 나라 이름을 계림(鷄林)이라 하였으며 지증왕(智證王) 때 고쳐 신라(新羅)라 하고 법흥왕(法興王) 때에 비로소 연호를 세워 건원(建元)이라 하였다.

태종 무열왕(太宗武烈王) 때에 김유신(金庾信)이 책략을 써서 당(唐)나라 군과 연합하여 백제를 멸하고 문무왕(文武王) 때에 김유신이 또 당나라 군대와 더불어 고구려를 멸하니 삼국이 통일되었다.

제3절 신라 3

진성왕(眞聖王)은 여왕[女主]인데 상벌이 공평치 못하고 기강(紀綱)이 해이하여 도적이 벌떼같이 일어났다. 김궁예(金弓裔)는 원주에서 군사를 일으키고 견훤(甄萱)[8]은 전주에서 병사를 일으켰다.

경애왕(景哀王)이 또한 정사를 잃어 포석정(鮑石亭)에 나아가 놀 때 견훤이 병사를 거느리고 갑자기 이르니, 군신이 어찌할 바를 알지 못하였다. 견훤이 왕을 죽이고 그 일가 사람의 아들 김부(金傅)를 세우니, 이가 경순왕(敬順王)이다.

경순왕이 나라 형세가 외롭고 약함을 스스로 알고 고려(高麗)에 돌아

8 원문에는 견훤을 '진헌[甄萱]'으로 표기하여 한글 발음을 '진'으로 읽었지만 번역문에서는 모두 '견훤'으로 표기하였다.

가 붙고자 하였는데 왕자 전(典)이 간(諫)하였으나 듣지 아니하였다. 전이 왕에게 울며 하직하고 개골산(皆骨山)금강에 들어갔다. 고려 태조가 맏딸 낙랑공주(樂浪公主)로서 경순왕에게 혼인하게 하고 신라를 취하여 경주부(慶州府)를 두었다.[9]

제4절 고구려 1

고주몽(高朱蒙)은 단군의 유민[遺種]이다. 구려산(句麗山) 아래에서 태어났으며 나이가 20세였다. 졸본부여(卒本夫餘)에 도읍하고 나라 이름을 고구려(高句麗)라 하니, 이가 동명왕(東明王)이다.

태조는 동명왕의 증손으로 이름은 궁(宮)이다. 날 때에 능히 눈을 들어 보았고, 7세에 왕위로 나아가 118세까지 살았다. 그 전성기에는 강한 군대가 백만이었으며 서쪽으로 유연(幽燕)지나을 물리치고 남으로 제노(齊魯)지나를 흔들었다.

광개토왕(廣開土王)은 땅을 넓게 개척한 공이 많아서 나라 사람이 안동현(安東縣)지나 동편 대동구(大東溝)에 송덕비(頌德碑)를 세웠다. 장수왕(長壽王)은 도읍을 평양으로 옮기고 연(燕)지나 왕 풍홍(馮弘)의 항복을 받았다.

영양왕(嬰陽王) 때에 수(隋)나라지나 황제 양광(楊廣)이 병사를 크게 이끌고 들어와 재물을 훔치고 빼앗으니 상국(相國) 을지문덕(乙支文德)이 수나라 병사 30여 만명을 살수(薩水)청천강 위에서 크게 깨뜨려 살아 돌아간 자가 겨우 2천 7백 명이었다.

---

9 경순왕이 나라를 들어 고려에 귀부하자 신라의 수도를 경주부로 하고 이를 식읍으로 준 것이다.

제5절 고구려 2

영류왕(榮留王) 때에 당나라 황제 이세민(李世民)이 군사를 거느리고 들어와 도적질하였다. 안시성(安市城) 성주 양만춘(楊萬春)이 성을 굳게 지킨 지 60일에 당나라 황제가 능히 대적하지 못함을 알고 포위망을 풀고 물러갔다.

연개금(淵蓋金,[10] 또는 천개소문(泉蓋蘇文)이라고 함)이 군사를 일으켜 영류왕을 죽이고 왕의 조카 보장(寶藏)을 세워 왕으로 삼았다. 연개금(蓋金)은 스스로 막리지(莫離支)벼슬이름가 되어 당나라 군대를 두 차례 깨뜨리고 남쪽으로 신라를 깨뜨려 국권(國權)을 홀로 휘두르니 위엄이 사방에 떨쳤다. 연개금이 죽자 아들 남생(男生)과 남건(男建)과 남산(南産) 등이 서로 시기하고 투기하여 권세를 다투다가 당나라 장수 이세적(李世勣)에게 나라가 멸망당하였다. 역대가 28왕이며 왕업을 이은 세월이 705년이었다. 그때에 9 도독부(都督部)를 두었는데 후에 남방은 신라의 소유가 되고 북방은 발해국의 소유가 되었다.

제6절 백제

고구려 사람 부여 온조(扶餘溫祚)가 그 신하 10명과 더불어 달아나 하남(河南)직산 위례성(慰禮城)에 이르러 나라를 세우고, 이름을 십제(十濟)라 하였다가 후에 백제(百濟)라 고쳐 불렀다. 한산(漢山)광주에 도읍을 옮기니 남쪽으로 마한을 삼키고 동쪽으로 낙랑[11]을 좇아 신라, 고구려와

10 원문에 '蓋'를 '개'가 아닌 '합'으로 오기하여 바로잡았다.

더불어 솥발같이 병립하니 이것이 삼국시대다.

다루왕(多婁王)은 주군(州郡)에 비로소 볏논[稻田]을 짓고 하신왕(河莘王)은 박사 왕인(王仁)을 일본국에 보내어 비로소 문자를 전하며 베 짜는 여인[織女]과 바느질 하는 공인[針工][12]을 보내서 방적과 바느질[縫針]을 가르쳤다. 성왕(聖王)은 사비(泗沘)부여로 도읍을 옮겼다.[13]

의자왕(義慈王)은 교만하고 사나워 간(諫)하는 신하 성충(成忠)을 죽이고 곧은 신하 홍수(興首)를 귀양 보내고 신라를 침노하였다. 신라 장수 김유신(金庾信)이 당나라 장수 소정방(蘇定方)과 더불어 군사를 합하여 도성을 둘러싸자 왕이 나아가 항복하니 대대로 전함이 30왕이고 왕업을 이은 세월이 678년이었다. 당이 5도독부(都督部)를 두었는데 후에 신라에게 아우른 바가 되었다.

제7절 가락(駕洛)[14]

김해군(金海郡) 귀지봉(龜旨峰) 아래에 김수로(金首露) 형제 여섯이 있어, 수로는 나라를 세워 이름을 가락김해이라 하였다. 동생 다섯은 나누어 대가야(大伽倻)고령, 소가야(小伽倻)고성, 아라(阿羅)가야함안, 고령(古寧)가야함창, 벽진(碧珍)가야성주의 군주(君主)가 되어 5가야라 칭하였는데 후에 신라에게 아우른 바가 되었다.

---

11 원문의 '악랑'을 낙랑으로 바로잡았다.

12 원문에 있는 '침공(鍼工)'의 '침(鍼)'은 '침(針)'의 오기이므로 바로잡았다.

13 원문에는 '성왕'을 '문주왕(文周王)'으로 오기하였으며, 또 원문에 '사비(泗沘)'를 '사자'로 오기하였으므로 번역문에서 바로잡았다.

14 가락(駕洛) : 가락국을 지칭하며 학술적인 용어로 가야를 말한다.

제8절 발해(渤海)

고구려의 유민[遺種] 대조영(大祚榮)이 요수(遼水)를 건너 태백산(太白山) 백두산을 웅거하고 나라를 세우니, 이가 발해국 고조(高祖)이다. 5경(京)과 15부(府)[15]를 두고 지방이 5천 리에 이르러 바다 동편에 성(盛)한 나라라 칭하였는데, 후에 거란(契丹)에게 멸망당하였다.

제9절 태봉(泰封)

신라 헌안왕(憲安王)의 아들 김궁예(金弓裔)가 부왕(父王)에게 쫓겨나자 승려가 되었다. 신라의 정강(政綱)이 문란하고 도적이 벌떼같이 일어날 때를 틈타서 북원(北原)에서 병사를 일으켜 철원(鐵原)에 도읍하고 국호를 태봉이라 하였다. 포학무도하였으므로 그 나라를 위해 공로를 세운 신하[元勳] 여러 장수가 궁예를 폐하고 왕건(王建)을 추대하여 왕을 삼았는데 이가 고려 태조이시다.

제10절 견훤(甄萱)

견훤은 상주(尙州)사람으로 지략이 많고 다른 뜻을 품었더니 신라가 쇠함을 타서 망명당을 모아 주군(州郡)을 겁략하고 완산(完山)전주에 도읍하여 국호를 후백제(後百濟)라 하였는데, 고려태조에게 항복하였다.

---

15 발해의 지방 조직은 5경, 15부, 62주로 조직되었고, 전략적 요충지에는 5경을 두었는데(오늘날의 광역시에 해당), 국도(國都)인 상경(上京)과 중경(中京)·동경(東京)·남경(南京)·서경(西京)을 가리킨다. 지방 행정의 중심인 15부에는 도독을 두어 지방 행정을 총괄하게 하였다.

제3장 근고(近古)

제1절 고려(高麗) 1

고려태조의 성은 왕(王)이며 이름은 건(建)이다. 나이 20세에 태봉의 장수가 되어 여러 도적을 쳐서 평정하니, 위엄과 덕망이 날로 성하여 왕위에 나아가 국호를 고려라 하고, 연호를 천수(天授)라 하였다. 궁예를 쫓아내고 견훤을 평정하였으며, 신라가 돌아와 붙으니 전국을 통합하였다.

광종(光宗)이 비로소 과거법(科擧法)을 행하여 진사(進仕)와 급제(及第)를 뽑아 쓰고 송악(松岳)을 황도(皇都)라 칭하였다. 성종(成宗)은 생일을 천춘절(天春節)[16]이라 칭하였고 3성(省)과 6조(曹)와 7사(寺)를 두고 서희(徐熙)를 내사령(內史令)[17]에 제수하여 거란과 화친하였다.

제2절 고려 2

현종(顯宗) 때에 거란이 2십 만 병사를 거느리고 들어와 도적질하자 강감찬(姜邯贊)을 원수(元帥)로 삼아 귀주(龜州)귀성에서 크게 깨뜨리니, 거란 병사 중 한 필의 말도 돌아가지 못하였다.

문종(文宗) 때에 문헌공(文憲公) 최충(崔沖)이 학교(學校)를 베풀어 생도를 교육하고, 예종(睿宗) 때에 문숙공(文肅公) 윤관(尹瓘)을 보내서 여진(女

16 천춘절(天春節) : 임금의 탄일(誕日)을 경축하던 명일이다. 고려 성종 1년(982)에 정하였다가 다음 해에 '천추절(千秋節)'로 고쳤다.

17 원문에는 '내사령(內舍令)'으로 표기되어 번역문에서는 '舍'를 '史'로 바로잡았다.

眞)을 쳐서 쫓고 선춘령(先春嶺)에 비(碑)를 세워 지경을 정하였다.

의종(毅宗)은 무도하고, 명종(明宗)은 임금답지 않고, 신종(神宗)은 암약(闇弱)[18]하여 정중부(鄭仲夫)와 이의민(李義旼) 등이 문신을 다 죽이니 이것이 경계난(庚癸亂)[19]이다. 최충헌(崔忠獻)이 이의민 등의 목을 베고 국권을 혼자 휘두르며 아들 최우(崔瑀), 손자 최항(崔沆), 증손 최의(崔竩)에 이르기까지 4대에 걸쳐 정권을 잡았다.

제3절 고려 3

고종(高宗) 때에 몽고(蒙古)가 해마다 와서 침노하였는데 태자 전(倎)[20]을 보내서 몽고와 화친하고 태손(太孫) 원(諶)으로 몽고 세조(世祖)의 딸 제국공주(齊國公主)에게 장가들어 두 나라가 장인과 사위의 의를 맺었다.

충렬왕(忠烈王), 충선왕(忠宣王), 충숙왕(忠肅王), 충혜왕(忠惠王), 공민왕(恭愍王)에 이르기까지 여러 대를 몽고의 공주에게 장가들고 머리카락을 깎으며 옷을 고쳐 몽고의 풍속을 많이 좇았다.

그때에 문성공(文成公) 안유(安裕), 문충공(文忠公) 이제현(李齊賢), 문정공(文正公) 권부(權溥), 문정공(文靖公) 이색(李穡)이 문장과 덕행으로 평생 가르치고 인도함을 자기의 임무로 여겼다.

---

18 암약(闇弱) : 어리석고 분개(憤慨)가 흐릿하며 빙충맞다는 뜻이다.

19 경계난(庚癸亂) : 의종 24년(1170)에 일어난 경인(庚寅)의 난과 명종 3년(1173)의 계사(癸巳)의 난을 합쳐 부르는 말이다. 이는 정중부와 김보당(金甫當)이 무인정권에 반대하여 군사를 일으킨 것을 계기로 하여 문인이 크게 화를 당한 것을 가리킨다.

20 고종의 태자 전의 이름은 원문에 '琠'로 오기되어 번역문에서 '倎'으로 바로잡았다.

제4절 고려 4

공민왕 때에 홍건적(紅巾賊)[21] 수십만이 와서 침노하여 송도(松都)를 무너뜨리자 왕이 복주(福州)로 달아나 안우(安祐), 김득배(金得培), 이방실(李芳實)을 원수(元帥)로 삼아 홍건적을 무력으로 평정하고 수도[京都]를 회복하였다. 김용(金鏞)이 그 공을 시기하여[22] 고려인으로 하여금 3원수를 가만히 죽였더니, 후에 일이 발각되어 김용이 형벌을 받아 죽었다.

일본의 유구(流寇)[23]가 해마다 와서 침노하였는데 최영(崔瑩)과 정지(鄭地) 등으로 대장을 삼아 막았다.

제5절 고려 5

공양왕(恭讓王) 때에 아홉 공신이 권세를 부려 정사와 권세를 서로 다투자 천명과 인심이 우리 태조 고황제(高皇帝)께로 돌아왔는데 시중(侍中) 정몽주(鄭夢周)가 선죽교(善竹橋)에서 나라를 위하여 죽었다.

---

21 중국 원 말기에 허베이 성[河北省] 영평(永平)에서 한산동(韓山童)·유복통(劉福通) 등이 중심이 된 한족(漢族) 반란군이다. 홍두적(紅頭賊)·홍적(紅賊)이라고도 하며, 머리에 붉은 수건[紅巾]을 둘러 표를 했다.

22 원문에 글자 일부가 누락되어 문장이 연결되지 않아 저본이었던 안종화의 책을 참고하여 번역문에 '시기하여'를 삽입하여 바로잡았다.

23 유구(流寇) : 조선 시대에, 해안으로 침범한 '왜구'를 이르던 말이다.

제4장 국조(國朝)[24]

제1절 본조 1

태조(太祖) 고황제(高皇帝)께서 도읍을 한양(漢陽)에 정하여 국호를 조선(朝鮮)이라 하시고 어진 재주[25]를 들으시며 아당[26]한 신하를 멀리하셨다. 또한 참소(讒訴)의 말을 막으시고 음란한 제사를 금하시며, 종묘(宗廟)와 사직(社稷)을 세우시고 경성(京城)을 쌓으며 경복궁(景福宮)과 창덕궁(昌德宮)을 세우셨다.

제2절 본조 2

정종(定宗)께서 태조의 선위(禪位)를 받아 정전(正殿)에서 모든 신하의 축하인사를 받으실 때 평양부윤(平壤府尹) 성석린(成石璘)은 의기도(欹器圖)[27]를 바치고 경기좌도 관찰사(觀察使) 이정보(李廷俌)는 역년도(歷年圖)를 바치고 우도(右道) 관찰사 최유경(崔有慶)은 무일도(無逸圖)를 진상하였는데 왕이 즐겨 받으셨다. 왕의 성품이 순수하고 조심성이 많고 지조와 행실이 단정하고 방정해서 재위한 지 2년에 태종(太宗)에게 왕위를 전하셨다.

---

24 당대의 조정인 조선왕조를 지칭한다.

25 이 책의 모본인 책의 현재(賢才)를 풀어쓴 표현으로 현명한 재주를 가진 사람이란 의미이다.

26 아당 : 남의 비위를 맞추거나 환심을 사려고 아첨한다는 뜻이다.

27 원문의 '가기도(歌器圖)'는 오기이므로 바로잡았다.

제3절 본조 3

태종(太宗)께서 뛰어나고 슬기로우심이 세상에 뛰어나서 항상 세상을 건질 뜻이 있었으므로, 하륜(河崙)이 매양 탄식하여 이르기를 "이 사람은 하늘을 덮는 뛰어난 기운이 있다"라고 하였다. 정종의 선위를 받게 되자 군신으로 하여금 왕의 득실을 곧게 말하라 하며, 또 간(諫)하는 관원으로 하여금 일을 따라 간하라 하셨다.

고려 시중 정몽주를 기려 추증해서 신하의 절개를 장려하시며 민무구(閔无咎)[28] 등을 죽여 외척을 징계하시고, 부참(符讖)[29]의 글을 태우고 요망한 말을 막으셨다. 만년에 상왕위(上王位)에 있을 때 하늘이 가물거늘 백성을 위하여 근심하시더니 왕이 돌아가시는 날에 이르러 큰비가 내린 까닭에 태종우(太宗雨)5월 10일라 칭하였다.

제4절 본조 4

세종께서 젊어서부터 배우기를 좋아하시더니 왕위에 올라 문학을 잘 하는 선비를 뽑아 집현전(集賢殿)에 두시고 아침저녁으로 강론(講論)하며 고문(顧問)하여 우문(右文)[30]의 다스림을 높이하시니 이웃나라 사람이 동방성인(東方聖人)이라 칭하였다.

설순(偰循)에게 명하여『효행록(孝行錄)』[31]을 만들고, 정초(鄭招)에게

---

28 원문의 '민무구(閔无咎)'의 '무(无)'는 '무(無)'와 같다.

29 1417년 태종은 도참서의 유포와 소장을 금지하는 명령을 내리고 도참서를 불태웠다.(도참은 왕의 운명이나 인사(人事)의 미래를 예언한 기록을 의미함)

30 우문(右文) : 학문을 무예보다 높이 여긴다는 뜻이다.

31 『효행록(孝行錄)』: 고려 시대에 권부와 권준이 효자 62명에 대한 전기를 모아 엮은 책으로

명하여 『농사직설(農事直說)』[32]을 순서에 따라 편집하게 하여 전국에 반포하시며 종학박사(宗學博士)를 두어 종친을 가르치셨다. 박연(朴堧)으로 아악(雅樂)[33]을 지으시며 김조(金銚)[34]와 김돈(金墩)으로 간의대(簡儀臺)[35]를 지으시며 성삼문(成三問)으로 『훈민정음(訓民正音)』을 교정(校正)하게 하며, 김종서(金宗瑞)로 6진(鎭)을 개척하게 하셨다.

제5절 본조 5

문종(文宗)께서는 성리(性理)의 학에 통달하시며 또 필법(筆法)이 정밀하고 묘하시어 짧은 편지나 작은 종이라도 천금(千金)같이 중히 여기셨다. 유신(儒臣)에게 명하여 『동국병감(東國兵鑑)』을 지으시고 친히 『진법9편(陣法九篇)』[36]을 지으셨다.

왕이 병환이 있어 집현전 여러 신하를 부르시어 밤이 깊도록 촛불을 켜고 경의(經義)를 강론하실 때 세자를 무릎 아래에 두시고 손으로 그 등을 어루만지며 이르기를, "내가 이 아이를 경등에게 부탁하노라" 하시고 의자에서 내려 바닥에 앉으시고 술잔을 잡아 술을 주셨다.

후에 권근이 주해와 발문을 달았으며, 조선 세종 10년(1428)에 설순 등이 개정하여 중간(重刊)하였다.

32 원문의 '농가직설(農家直說)'은 오기이므로 바로잡았다.

33 아악(雅樂) : 삼악(三樂)의 하나로 예전에 우리나라에서 의식 따위에 정식으로 쓰던 음악으로, 고려 예종 때 중국 송나라에서 들여왔던 것을 조선 세종이 박연에게 명하여 새로 완성시켰다.

34 원문의 '김도[金銚]'의 '도'는 오기이므로 바로잡았다.

35 간의대(簡儀臺) : 간의(천체의 운행과 현상을 관측하던 기구의 하나로 세종 14년(1432)에, 이천 · 장영실 등이 나무로 만들어 실험에 성공하자, 구리로 다시 제작한 것임)를 올려놓기 위하여 설치한 대인데 세종 때에 경복궁의 경회루 북쪽에 돌로 쌓아 만들었다.

36 원문의 '신법9편(陣法九篇)'의 '신'은 오기이므로 바로잡았다.

제6절 본조 6

단종(端宗)께서 나이 12세에 왕위에 올라 영의정(領議政) 황보인(皇甫仁)과 좌의정 남지(南智)와 우의정 김종서 등은 세종의 고명(顧命)을 받아 보좌하였다. 또한 집현전학사 성삼문(成三問), 박팽년(朴彭年), 하위지(河緯地), 이개(李塏), 유성원(柳誠源) 등은 문종[37]의 전일부탁을 받아 좌우에서 협찬(協贊)하였다.

왕이 문신을 명하여 『고려사(高麗史)』를 간인(刊印)하여 중외에 넓게 펴시며 문무백관의 조복(朝服), 단령(團領), 흉배(胸背)의 제도를 정하여 품급(品級)의 차례로 입게 하셨다.

제7절 본조 7

세조(世祖)께서 근정전(勤政殿)에 나와서 조하(朝賀)를 받으실 때 세자가 모셨는데, 왕이 세자에게 일러 말하길 "네가 입은 목면(木棉)이 비록 얇고 누추하나 이는 밭 갈고 매는 이와 캐고 짜는 이의 근로와 고생으로써 이룸이니, 너는 마땅히 옷을 보거든 부녀자들의 길쌈이 쉽지 아니함을 생각하라. 또한 밥을 보거든 농부가 매우 고생스럽다 생각하여 검소한 것으로 스스로 받들고 조금도 부지런하지 아니함이 없게 하라" 하셨다.

왕이 우찬성(右贊成) 서거정(徐居正) 등을 명하여 『동국통감(東國通鑑)』

---

37 전일의 부탁을 한 것은 세종이 아니라 문종이므로 문종의 오기이다. 안종화의 『초등본국역사』에는 '문종'으로 표기되어 있다.

을 지으시며 원구단(圓丘壇)[38]을 남측 교외에 쌓았다. 큰 쇠북을 새로 주조하여 거리 위에 달고 새벽과 어두운 때를 경계하시며 원각사(圓覺寺)를 성 안에 세우셨다.

제8절 본조 8

예종(睿宗)께서 세조의 선위를 받고 정사(政事)를 들으신 여가에 난을 다스린[治亂] 자취에 뜻을 두시어 친히 『역대세기(歷代世紀)』를 지으시고, 또 문신에게 명하여 『국조무정보감(國朝武定寶鑑)』을 지으셨다.

처음에 세조께서 병이 나셨는데 왕이 직접 찬을 보시며 약을 맛보시고 낮과 밤으로 좌우에 모시고 잠을 못잔 지 여러 날이었다. 세조가 돌아가시자 왕이 지나치게 슬퍼하셔서 물 한모금도 드시지 아니하셨다가 마침내 병환이 되어 돌아가셨다.

제9절 본조 9

성종(成宗)께서 왕위에 올라 예종을 창릉(昌陵)에 장사하실 때 대신이 아뢰어 "가까운 땅의 백성 무덤을 다 없애십시오" 하였다. 왕이 하교(下教)하시고 "산천은 더하지 아니하고 길한 땅은 한정이 있는데, 천만 년의 세대의 능실(陵室)이 끝이 없어 후세 인민이 가히 장사할 산과 밭 갈 땅이 없을까 두려우니 지금부터 법을 세워 금하는 한정을 넓게 말라" 하셨다.

---

38 천자가 하늘에 제사를 지내는 단으로 환구단(圜丘壇), 혹은 원구단이라고도 한다.

왕이 타고난 성품에 부모에 대한 효성과 형제 우애가 있어 왕대비(王大妃)를 정성과 공경으로써 봉양하시며 월산대군(月山大君)을 은혜의 예로써 대접하시고 늙은 백성을 술로써 위로하셨다. 또 왕은 전대의 밝은 임금과 어두운 임금의 행한 바 착하고 악함을 취하여 화공(畵工)으로 하여금 병풍첩에 베껴 쓰게 하여 앉거나 누워서 보시고 살펴 항상 깨우쳐 훈계[箴戒]하셨다.

제10절 본조 10

연산군(燕山君)은 음탕하고 잔학하며 무도(無道)하여 옳은 말하는 신하와 어진 선비를 죽이고 살육하였다. 박원종(朴元宗)과 성희안(成希顔) 등이 연산군을 폐하고 진성대군(晉城大君)을 맞아 세우니 이가 중종(中宗)이다.

중종께서 어진 신하 조광조(趙光祖)를 대사헌(大司憲)으로 삼으시니 법을 공평하게 집행하고 남녀의 길을 다르게 하여 다스리는 덕화가 크게 행해졌다. 그러나 조광조는 남곤(南袞)과 심정(沈貞)에게 무고함을 입어 화(禍)를 만났다.[39]

왕이 대사성(大司成) 유숭조(柳崇祖)와 윤탁(尹倬)으로 가르치고 인도함을 맡게 하시니 유숭조는 사서삼경을 국문으로 뜻을 풀고 윤탁은 공자 묘정(廟庭)에 은행나무를 심어서 지금까지 전하게 하였다.

---

39 중종 14년(1519) 11월 남곤 · 심정 · 홍경주(洪景舟) 등의 재상들에 의해 조광조 · 김정(金淨) · 김식(金湜) 등 사림(士林)이 화를 입은 기묘사화를 말한다.

제11절 본조 11

인종(仁宗)께서 왕위에 올라 형조(刑曹)에 명하여, "고문하여 때리는 것을 조심하고 삼가게 하여 억울함이 없게 하라" 하셨다. 이어서 탄식하며 이르시길, "어찌하면 과인(寡人)의 세상에는 백성 한 사람도 죄과(罪科)를 범함이 없게 할까" 하셨다. 또 하교하여 이르기를 "착함을 드러내고 악함을 형벌함은 왕의 다스림에서 먼저 할 바이니, 충효가 남보다 뛰어나게 다르든지 아전이 되어 청렴결백한 자가 있거든 재주에 따라 뽑아 쓰라" 하셨다.

왕의 병이 깊어지니 말씀하시길 "조광조 등의 일은 선왕께서 허락하지 아니하셨기 때문에 감히 가볍게 고치지 못하였더니 이제 나의 병이 여기에 이르니 조광조의 벼슬을 회복하라" 하셨다. 마침내 왕이 돌아가시니 멀고 가까운 곳의 백성이 양식을 싸가지고 와서 곡하는 자가 도로에 끊이지 아니하며 우는 소리가 서로 전하여 하루 만에 의주(義州)까지 사무쳤다.

제12절 본조 12

명종(明宗)께서 나이 어려 문정왕후(文定王后)께서 발을 내리고 정사를 들은 지 8년에 정사를 왕에게 돌려보내셨다. 어진 신하 이황(李滉)과 이이(李珥) 등을 뽑아 쓰시고 유일(遺逸)[40]의 선비 성수침(成守琛)과 조식(曹植) 등을 뽑아 들이셨다. 고려 충신 정몽주가 나서 자란 땅에 서원(書

40 유일(遺逸) : 유능한 사람이 등용되지 않아 세상에 나타나지 않았다는 의미이다.

院)을 세우고 편액(扁額)을 주셨다.

일본 병선 7십여 척이 전라도 손죽도(損竹島)를 도적질하자 전주부윤 이윤경(李潤慶)이 군사 3천을 거느리고 나아가 싸웠다. 그 때 윤경이 활을 잘 쏘는 사람으로 하여금 도적 장수의 왼편 다리를 맞추고, 바람을 타서 불을 놓으며 군사를 보내 쫓아 죽이니, 적국의 무리가 크게 무너져 양초(糧草)[41]를 버리고 도망갔다.

제13절 본조 13

선조(宣祖) 임진(1592)에 일본국의 관백평(關白平) 도요토미 히데요시[豊臣秀吉]가 명나라를 친다고 자칭하고 길 빌리기를 청하였지만 조정이 허락지 않았더니 히데요시가 큰 군대를 이끌고 와서 도적질하였다.[42] 동래(東萊)를 먼저 함락하니 첨사(僉使) 정발(鄭撥)과 부사(府使) 송상현(宋象賢) 등이 국난(國難)에 죽고, 이일(李鎰)과 신립(申砬) 등이 차례로 싸우다 패하자 일본 군대가 수도[京城]로 곧바로 향하였다.

왕이 도성을 떠나 서쪽으로 피난하셨는데 일본군이 쫓아 이르러 평양에 웅거하자 왕이 의주에서 왕의 수레를 멈추고 머물렀다. 이어 정곤수(鄭崑壽)와 이덕형(李德馨) 등을 명나라에 보내어 구원병을 청하자 명나라 제독(提督) 이여송(李如松) 등이 수륙군 2십여 만을 거느리고 와서 구원하였다.

---

41 양초(糧草) : 군사가 먹을 양식과 말을 먹일 꼴을 통틀어 이르는 말이다.

42 선조 25년(1592)부터 31년(1598)까지 2차에 걸쳐서 우리나라를 침입한 일본과의 싸움인 임진왜란을 말한다. 화의가 되었으나 일군(日軍)은 선조 30년(1597) 정유년에 재침략하여 31년에 물러갔다.

각도에 충성과 절의 있는 선비가 의기(義旗)를 들고 군사를 모집하니 조헌(趙憲), 고경명(高敬命), 김천일(金千鎰)은 호남에서 일어나고, 곽재우(郭再祐), 정인홍(鄭仁弘), 김면(金沔), 권응수(權應洙)는 영남에서 일어났다. 권율(權慄)은 행주에서 크게 승리하고, 이정암(李廷馣)은 해서(海西)에서 막아 싸우고, 이순신(李舜臣)은 한산도(閑山島) 앞 바다에서 크게 싸워 일본의 수군을 함몰시켰다. 일본 장수 가토 기요마사[加藤淸正]와 히데이에[秀家] 등이 수도[京城]와 평양을 버리고 동으로 달아났다. 이듬해에 다시 군사를 크게 들어 진주성을 무너뜨리니 고종후(高從厚), 김천일(金千鎰), 유복립(柳復立), 황섬(黃暹) 등이 싸우다가 죽었다.

정유(丁酉, 1597)에 가토 기요마사 등이 군사를 두 번째 이끌고 와서 도적질할 때,[43] 직산(稷山) 소사평(素沙坪)에 이르렀다가 명나라 구원 장수 양호(楊鎬)에게 크게 패하여 군사를 거두어 돌아가니 이것이 임진 후 8년의 전쟁이었다.

제14절 본조 14

광해군(光海君) 때에 명나라가 청인(淸人)의 난을 만나 구원병을 청하였는데, 조정에서 임진의 공을 생각하여 강홍립(姜弘立)과 김경서(金景瑞)와 김응하(金應河)로써 군사를 거느리고 심하(深河)에 들어가서 구원케 하였다.[44]

---

43 정유재란을 말한다. 조선 시대에 임진왜란 휴전 교섭이 결렬된 뒤, 선조 30년(1597)에 왜장 가토 기요마사[加藤淸正] 등이 14만의 대군을 이끌고 다시 쳐들어와 일으킨 전쟁이다.

44 광해군 11년(1618) 명나라가 요동 반도를 침범한 후금(청나라를 건국한 만주족)을 토벌할 때 조선에 원병을 청하자, 강홍립 등이 군사를 거느리고 출정했다. 강홍립은 포로가 되어 후

광해군이 정사를 권력과 세력을 가진 간사한 신하에게 위임하여 큰 옥사(獄事)를 여러 번 일으켰다. 영창대군(永昌大君) 의(㼁), 임해군(臨海君) 율(珒), 왕의 장인[國舅] 연흥부원군(延興府院君) 김제남(金悌男) 등을 죽이고, 인목대비(仁穆大妃)를 서궁(西宮)에 가두었다.[45] 김류(金瑬), 이귀(李貴), 이괄(李适), 원두표(元斗杓), 최명길(崔鳴吉) 등이 광해를 폐하여 제주로 옮기고 능양군(綾陽君)을 맞아 세우니 이가 인조(仁祖)다.[46]

제15절 본조 15

인조께서 왕위에 오르자 이괄이 반정(反正) 때의 공을 믿고 교만 방자하였기 때문에 조정의 물리침을 당해 안주병사(安州兵使)로 제수되었다. 이괄이 마음으로 야속해 하더니 그 아들 이전(李栴)이 당론(黨論)[47]에 참여하여 옥(獄)에 매였다. 이괄이 분노하여 군사를 들어 수도[京城]로 곧 침범하니, 왕이 공주로 피난하시고 장만(張晩)과 정충신(鄭忠信) 등이 적을 크게 쳐서 수도를 다시 찾았다.[48]

금에 끌려갔다가 정묘호란 때 풀려나 귀국하였다.

45 광해군은 이이첨 · 정인홍 등의 농간으로 형 임해군을 죽이고(1609) 인목대비의 아버지 김제남을 반역죄로 몰아 사형시켰으며 영창대군도 같은 죄목으로 관작을 빼앗아 서인으로 만들고 강화도에 투옥하였다가(1613, 계축화옥) 이듬해 강화부사에게 죽임을 당하였다. 1618년 인목대비를 폐위시키고 서궁에 가두었다.

46 광해군 15년(1623)에 이귀 · 김유 등 서인(西人) 일파가 광해군 및 집권파인 대북파(大北派)를 몰아내고 능양군(綾陽君)인 인조를 즉위시킨 인조반정을 말한다.

47 당론(黨論) : 조선 시대에 벼슬아치들이 붕당(朋黨)을 만들거나 여러 파로 갈리어 정치 · 사상적으로 대립하던 일을 말한다.

48 조선 인조 2년(1624) 정월에 이괄이 주동이 되어 일으킨 반란이다. 인조반정 때 공을 세운 이괄이 논공(論功)에서 우대받지 못하고 평안 병사 겸 부원수로 좌천되자 불만을 품고 난을 일으켰다가, 실패하자 일부가 후금(後金)으로 도망하였다. 거기에서 국내의 불안한 정세를 알리며 남침을 종용하였는데, 이것이 정묘호란(1627)의 원인이 되었다.

정묘(인조 5년, 1627)에 청나라 장수 영아대(英兒岱)속칭 용골대(龍骨大) 등이 의주(義州)와 선천(宣川)을 함락시키니, 부윤 이완(李莞)과 부사 기협(奇協)이 굽히지 아니하고 죽었다.[49] 안주를 즉시 침범하니 병사 남이흥(南以興)과 부사 김준(金浚)이 적을 막아 싸울 때 김준이 염초자루에 불을 지르니 남이흥과 청나라 장수가 다 타서 죽었다.

병자(丙子, 1636)에 청나라 사람이 또 와서 침략하여 수도[京城]를 침범하였는데 왕이 남한산성(南漢山城)으로 옮기셨다. 마침내 강화성(江華城)이 함락되자 왕이 최명길(崔鳴吉) 등으로 하여금 화약을 맺게 하고 수도로 돌아왔다.[50]

제16절 본조 16

효종(孝宗)께서 봉림대군(鳳林大君)으로 계실 때에 병자의 난을 당하여 심양(瀋陽)의 풍설(風雪)을 겪다가 왕위에 오르셨다. 대신 정태화(鄭太和) 등을 부르고 술잔을 이끌어 같이 마시고 이르기를 "청나라는 과인의 원수다. 이제 청국의 아홉 왕이 죽고 세 번신(藩臣)이 난을 일으키니 이때를 타서 원수를 갚지 아니하면 어느 때를 다시 기다리겠느냐? 가히 큰일을 함께 꾀할 뜻 있는 선비를 구하라" 하셨다.[51]

---

49 조선 인조 5년(1627)에 후금의 아민(阿敏)이 인조반정의 부당성을 내세우고 침입하여 일어난 사건을 말한다.

50 인조 14년에 청나라가 침입한 병자호란 때의 일이다. 청나라에서 군신(君臣) 관계를 요구한 것을 조선이 물리치자 청 태종이 20만 대군을 거느리고 침략하였다. 이에 인조는 삼전도에서 항복하고 청나라에 대하여 신(臣)의 예를 행하기로 한 굴욕적인 화약(和約)을 맺었다.

51 효종은 인조의 둘째 아들로 병자호란 때 청나라에 8년간 볼모로 잡혀가 있었던 원한을 풀고자 북벌 계획을 실현하기 위하여 송시열, 이완 등을 중용하였으나 뜻을 이루지 못하였다.

왕이 이완(李浣)으로 훈련대장을 삼으셨다. 하루는 밤에 이완을 누워 계신 내실로 불러들여서 물어 말하길, "나라의 급함이 있으면 경이 마땅히 나를 좇아 강도(江都)로 들어갈지니, 만일 군사가 다 건너지 못하여 적국의 군사가 뒤에 있으면 장차 어찌할까" 하셨다. 이완이 대답하여 아뢰기를, "신이 이미 큰 자루를 만들었는데 가히 20말의 흙을 담을 수 있는 것이 수천입니다. 사람들로 하여금 각자 한 자루씩 가지고 간다면 발을 떼고 머무른 즉, 흙을 파서 그 가운데에 담고 자루를 이어서 성을 이루면 높이가 한 길이요, 넓이는 가히 스스로 호위할 만하오니, 이는 원야(原野)에서 도적을 막는 좋은 계책입니다" 하니 왕이 좋다하셨다.

왕이 비변사(備邊司)에 하교하여 이르기를, "심양[燕瀋]에서 관개(灌漑)하는데 물수레를 쓴다. 우리나라는 이 제도를 전혀 알지 못하여 지척(咫尺)에 비록 곤곤한 물이 있을지라도 땅 형세가 조금 높으면 어떻게 하지 못하니 이제 공장(工匠)으로 하여 그 제도를 지어 내서 농사를 권함에 큰 도움이 되게 하라" 하셨다.[52] 그리고 궁궐 안으로부터 수레 하나를 지으니 제도가 매우 뛰어나고 교묘하므로 8도에 나누어 보냈다.

제17절 본조 17

현종(顯宗)께서 어릴 때부터 총명함이 이를 데 없으시어 보고 듣는 바가 있으면 잊지 아니 하시더니, 크면서 부모 곁에서 떠나지 아니하시고 불안하신 모습[諸節][53]이 있으시면 낮과 밤으로 곁에서 모시고 비

52 효종이 볼모 생활 중 심양 교외를 둘러보다 수차로 관개하는 것을 보았던 일을 상기하여 당시 본 수차 그림을 그리도록 지시하고, 그대로 제작하게 했던 일을 말한다.

록 물러가라 명하실지라도 감히 물러가지 아니하셨다.

왕이 임진병화(壬辰病禍)가 지난 후에 교서관(校書館)의 활자가 흩어지고 잃어버려 나무색임으로써 서책을 인쇄함이 심히 정교하지 못하였다. 이에 호조판서 김좌명(金佐明)에게 명하여 구리와 쇠로 활자를 불려 공사(公私)의 서적을 넓게 인쇄해 출판하셨다.

제18절 본조 18

숙종(肅宗)께서 영안위(永安尉)의 아들 홍만회(洪萬恢) 집에 종려(棕櫚)나무가 있음을 들으시고 액정하례(掖庭下隸)[54]로 하여금 구하게 하셨다. 홍만회가 뜰아래 내려가 엎드려서 말하기를, "이마에서 발끝과 머리털이 다 나라 은혜라 어찌 꽃나무를 아끼겠습니까마는 신하가 되어 구경할 물건으로써 임금께 사사로이 들임은 죄입니다" 하고 곧 종려나무를 뽑아 버렸다. 액례가 돌아가 그 사태를 아뢰자, 왕이 착하다 하시고 후원에 심은 종려나무를 뽑아서 민간의 본임자에게 돌려 보내셨다.

명종 말년에 동서 붕당(東西朋黨)이 비로소 일어났고, 선조 때에 당론(黨論)이 크게 일어났으며, 광해 때에 동인이 변하여 남북당(南北黨)이 되었다. 이때에 이르러서 서인 중에 또 노소론(老小論)이 나뉘어 동서남북의 사색(四色)이 각각 서니, 시비하거나 헐뜯는 말로써 간과(干戈)를 대신하여 정당하고 이치에 합당한 의견이나 주장이 소멸하고 인재를 버렸다.

---

53 제절은 손윗사람의 기거 동작을 높여 이르는 말이다.

54 액정하례(掖庭下隸) : 조선 시대에 액정서(掖庭署)에 속하여 있던 이원(吏員)과 하례(下隸)를 가리킨다.

제19절 본조 19

경종(景宗)께서 왕위에 오르자 영의정 김창집(金昌集)이 아뢰어 말하길 "최규서(崔奎瑞)는 선조(先朝) 때부터 더을에 물러가고[55] 정호(鄭澔)와 이재(李縡) 등은 병을 칭하고 물러가니 원컨대 특별하게 지시를 내리십시오" 하였다. 왕이 교지를 내려 (벼슬하지 않고) 재야에 있는 여러 신하를 권하여 부르셨다.

왕의 몸 상태[玉度]가 항상 좋지 않아 오래 조정을 보지 못하시고 또 왕세자의 지위[儲位]가 비어서 나라 형세가 외롭고 위태로우므로 왕대비께 고하고 연잉군(延礽君)을 봉하여 왕세제(王世弟)를 삼으셨다.

제20절 본조 20

영조(英祖)께서 왕위에 올라 하교하여 이르기를 "붕당(朋黨)의 폐가 이즈음같이 심함이 없도다. 어느 한편을 다 역적의 무리(逆黨)로 몰아내니 그 가운데 어찌 원통하지 않은 사람이 없겠는가. 조정의 기강이 어느 때에 바르며 공론을 어느 때에 듣겠는가? 너희 모든 신하는 붕당의 폐습을 버리고 공평을 힘써 우리나라를 보전하라" 하셨다.

왕이 친히 임하셔서 감옥의 죄인을 신문하실 때 담당 관리가 압슬형(壓膝刑)[56]을 베풀자 하니 왕이 이르기를 "예전에 한나라 문제(漢文帝)

---

55 원문에 '더을에 물러가고'라고 표기된 뜻을 정확하게 알 수 없으나 관직을 사직하고 향리에 머문다는 의미로 이해해도 크게 뜻이 어긋나지 않을 것이다.

56 압슬형(壓膝刑) : 죄인을 자백시키기 위하여 행하던 고문으로 죄인을 기둥에 묶어 사금파리를 깔아 놓은 자리에 무릎을 꿇게 하고 그 위에 압슬기나 무거운 돌을 얹어서 자백을 강요하는 것이다.

는 육체의 형벌을 없애고 우리 세종께서는 등을 때리는 형벌을 없애셨으니 이는 성덕(聖德)이다. 하물며 압슬은 법률에 없는 율이다. 지금으로부터는 영원히 없애라" 하셨다.

이인좌(李麟佐) 등이 반란하여 청주(淸州)를 함락하고 안성(安城) 청룡산(靑龍山) 위에 진치고, 홍산(紅傘)을 세우고, 백기(白旗)로써 지휘하였다. 오명항(吳命恒)으로 도순무사(都巡撫使)를 삼아 무력으로 평정하셨다.

제21절 본조 21

정조(正祖)께서 하교하여 이르기를, "곤장은 크고 작은 것이 있고 칼[枷]은 두껍고 얇은 것이 있는데, 죄가 가볍고 무거운 것을 의론치 않고 모두 큰 곤장과 두꺼운 칼을 쓰니, 어찌 사람 목숨을 잘못 해하는 폐가 없겠는가. 중앙과 지방 각 영문(營門)의 형벌기구를 정리해 바로잡아서 널리 배포하라" 하셨다.

유구국(琉球國) 사람이 바람에 표류하여 이르렀는데 왕이 하교하여 이르기를 "유구 사람이 옛적 우리나라에 직(職)을 맡았던 자가 있었으니 특별히 총관(摠管)의 직을 받아 가까이 모시게 하였는데 이는 불과 2백 년 된 일이다. 이제 특별히 불쌍히 여겨 돌보는 의를 보임이 옳다" 하시고 관찰사에게 명하여 술과 밥으로써 먹이시고 몸 덮을 물건을 넉넉히 주셨다.

왕이 중앙과 지방에 단단히 타일러 경계하고 "어린이로서 부모가 없어서 버려진 자와 남녀가 외롭고 가난하여 때가 지나도록 혼인 못한 자를 설에 뽑아 보고하여 어린아이는 매달 쌀과 미역을 주어서 기르고 남녀는 물건을 도와주어 혼인을 이루게 하라" 하셨다.

제22절 본조 22

순조(純祖)께서 내사(內司)와 각 궁방(宮房)과 각사(司)의 노비안(奴婢案)을 걷어서 돈화문(敦化門) 밖에서 불에 태우고 이르기를 "궁사(宮司)의 노비를 없애고자 함은 윗대조[57] 의 뜻이니 내 마땅히 그 뜻을 이을 것이다" 하셨다.[58] 이어 장용영(壯勇營)으로 하여금 그 대신 돈을 주도록 하셨다.

관서(關西) 지방의 도적 홍경래(洪景來)[59]가 모반하여 가산(嘉山) 등 7읍을 함락하자 이요헌(李堯憲)으로 양서순무사(兩西巡撫使)를 삼고 박기풍(朴基豊)으로 중군(中軍)을 삼아 이듬해 무력으로 진압하였다. 왕이 인정전(仁政殿)에서 진하(陳賀)[60]를 받으시고 나라 안팎에 교서를 반포하셨다.

제23절 본조 23

헌종(憲宗)께서 각도에 명하여 "사적으로 집에서 소 잡는 폐와 사적으로 집에서 백성을 학대하는 폐를 엄히 타이르시며 수령 중 그 책임을 견디지 못하는 자는 전최(殿最)[61]를 기다리지 말고 장계하여 파면하라" 하셨다.

---

57 순조의 전대왕인 정조를 의미한다.

58 조선후기 이후 신분제 변동추세에 따라 순조 1년(1801) 6만 6,067명의 공노비가 혁파되었다.

59 조선 순조 11년(1811)에 평안북도 가산군에서 홍경래가 지방 차별과 조정의 부패에 항거하여 일으킨 농민 항쟁으로 이듬해 관군에게 진압되었다.

60 진하(陳賀) : 나라에 경사가 있을 때에 벼슬아치들이 조정에 모여 임금에게 축하를 올리던 일을 말한다.

61 전최(殿最) : 고려 · 조선 시대에 관찰사가 각 고을 수령의 치적을 심사하여 중앙에 보고하던 일을 말한다. 전(殿)은 맨 아래 등급을, 최(最)는 맨 위 등급을 말하는데, 고과 평정의 뜻으로 썼으며, 해마다 음력 유월과 섣달에 시행하였다.

윤상도(尹尙度)와 허성(許晟) 등이 상소를 올렸는데 임금에게 해서는 안될 말이 있어 해도(海島)에 귀양하였다가 다시 잡아다 목 베어 죽였다.

제24절 본조 24

철종(哲宗)께서 명하여 강릉에 있는 공자성상(孔子聖像)을 수원 궐리(闕里) 사당에 전봉(展奉)하라 하셨다.

왕이 정부에 명하여 장시(場市)와 포구(浦口)의 명목이 없는 잡세(雜稅)를 파하고, 제언(堤堰)[62]과 전답(田畓)을 폭력으로 강제로 빼앗는 폐를 금하시며, 토호(土豪)[63]가 강제로 무력을 써서 행하는 버릇을 엄하게 경계하셨다.

제25절 본조 25

수강태황제(壽康太皇帝)께서 왕위에 오른 지 3년(1866)에 프랑스[佛蘭西] 병함이 강화도에 와서 엄습하였다. 순무(巡撫) 천총(千摠) 양헌수(梁憲洙)를 보내서 강계포군(江界砲軍) 5천 명을 거느리고 쳐서 깨뜨리니, 프랑스병 중 죽고 상한 이가 많았으므로 프랑스 장수가 크게 두려워하여 돛대를 날려 달아났다.[64]

---

62 제언(堤堰) : 조선 시대 수리 시설인 둑과 제방을 말한다.

63 토호(土豪) : 어느 한 지방에서 오랫동안 살면서 양반을 떠세할 만큼 세력이 있는 사람을 의미한다.

64 대원군에 의한 가톨릭 탄압으로 고종 3년(1866)에 프랑스 함대가 강화도를 침범한 병인양요이다. 병인박해 때 중국으로 탈출한 리델 신부가 톈진[天津]에 와 있던 로즈 제독에게 진상을 보고함으로써 일어났는데, 프랑스 함대는 약 40일 만에 물러갔다.

미국 병함 5척이 덕진(德津)에 와서 침노하였다. 순무중군(巡撫中軍) 어재연(魚在淵)을 명하여 광성진(廣城津)에 나아가게 하여 진을 치자마자 쳐 크게 깨뜨리고 또 대포로 배 두 척을 쳐부셨다. 미국 장수 로저스[魯籍壽]가 꾀를 베풀 바를 알지 못하였다.[65] 이에 군사를 육지에 가만히 내려 우리 진 뒤로 쫓아 내려서 치니 어재연이 그 동생 어재순(魚在淳)과 더불어 검을 빼서 수십 인을 쳐서 베고 죽으니 미국 장수가 나머지 병사를 거느리고 도망하여 갔다.

일본이 전권대신(全權大臣) 구로다 기오타카[黑田淸雄]와 의관(議官) 이노우에 가오루[井上馨] 등을 보내서 국서(國書)를 가져와 바치고 화친하기를 청하니, 왕이 중추부사 신헌(申櫶)과 부총관(副摠管) 윤자승(尹滋承) 등을 명하여 강화부(江華府)에 회동하여 통상조약(通商條約)을 정하였다.[66] 그 후에 미국, 영국, 프랑스[法國], 독일[德國], 러시아[俄國], 청국, 오스트리아[義國]가 차례로 와서 화친을 맺고 통상조약을 정하였다.

훈련도감[訓營]의 병사들이 반란을 일으켜 일본 교사(教師) 모토[堀本禮造]를 찔러 죽이고, 궁궐 안으로 어지럽게 들어가서 중신(重臣) 김보현(金輔鉉) 등을 죽이고 칼로 기둥을 쳐서 악행을 함부로 행하였는데,[67] 국

65 신미양요(辛未洋擾)를 말하며 고종 8년(1871)에 미국 군함이 강화도 해협에 침입한 사건이다. 대동강에서 불탄 제너럴셔먼호 사건에 대한 문책과 함께 조선과의 통상 조약을 맺고자 하였으나 격퇴되었다.

66 운양호 사건을 계기로 조선 고종 13년(1876)에 조선과 일본 사이에 체결한 강화도조약이다. 군사력을 동원한 일본의 강압에 의하여 맺어진 불평등 조약(12개조)이었으며, 이 조약에 따라 당시 조선은 부산 외에 인천, 원산의 두 항구를 개항하게 되었다.

67 조선 시대에 둔 오군영의 하나인 훈련도감에 소속된 구식군인들이 임오년(1882)에 신식 군대인 별기군과의 차별 대우와 밀린 급료에 불만을 품고 군제 개혁에 반대하며 일으킨 임오군란에 관한 내용이며, 일본과는 7월 17일 임오군란의 뒤처리로 손해배상금을 주 내용으로 하는 제물포 조약 및 조·일수호조규속약(朝日修好條規續約)을 체결함으로써 자주권을 더욱 잃게 되었다.

태공(國太公)이 변을 듣고 달려 들어가서 소란(騷亂)을 진압하셨다.

동학당(東學黨)이 일어나서 반란을 일으키니 사방이 그 뜻을 따라 호응하여 벌같은 형세가 있자, 관군이 4도(道)로 나아가서 여러 달 만에 무력으로 평정하였다.[68]

개국 5백 6년(1897)에 왕이 황제 위호(位號)를 받고 국호를 고쳐 대한(大韓)이라 하시며, 연호를 광무(光武)라 하여 8도를 13도로 나누어 두셨다.[69] 광무 11년(1907)에 황제께서 왕위를 황태자께 전하시니[70] 태자가 황제위에 나아갔다. 원년을 고쳐 융희(隆熙)라 하시고, 상황(上皇)의 위호를 높여 수강태황제라 하시고, 동생 영친왕(英親王)을 봉하여 황태자를 삼으시고 일본국에 보내서 유학하게 하셨다.[71]

초등대한역사 마침

---

68 고종 31년(1894)에 전라도 고부의 동학 접주(接主) 전봉준 등을 지도자로 동학도와 농민들이 합세하여 일으킨 농민 운동인 동학농민운동을 말한다. 고부 군수 조병갑의 횡포와 착취에 대한 항거에서 발단하여 한때는 관군을 무찌르고 삼남 지방을 휩쓸었으나, 결국 청나라와 일본의 개입으로 실패로 끝났다.

69 국왕을 황제로 존칭하여야 한다는 논의는 1884년 갑신정변 당시 개화파 인사들에 의해 처음으로 제기되었는데 청일전쟁, 을미사변, 아관파천 등의 역사적 사건을 겪으며 자주독립의 기치를 높이자는 욕구가 마침내 1897년 8월 1일부터 칭제로 결실을 보았다. 원구단에서 즉위식이 거행되어 국왕이 제위에 오른 것과 국호를 대한제국으로 정하였음을 선포하였고, 14일에는 이러한 사실을 외부를 통하여 각국 공사관 · 영사관에 통보하였다. 이어 헌법인 대한국제(大韓國制)를 선포한 것이다(1899).

70 일본은 1907년 7월 헤이그 밀사사건을 구실로 고종을 강제로 퇴위시키고 순종을 즉위시켰다.

71 1907년 12월 이토 히로부미[伊藤博文] 통감에 의해 유학이라는 명목으로 일본에 인질로 잡혀갔다.

초등본국역사

초등본국역사 해제

강영심

1. 저자

저자인 안종화(安鍾和, 1860~1924)는 본관은 광주(廣州), 자는 사응(士應), 호는 함재(涵齋)로 홍양(洪陽) 출신이다. 고종 31년(1894) 식년문과에 병과로 급제한 후 궁내부 낭관(宮內府郎官)·법부참서(法部參書)·세자시강원 시독(世子侍講院侍讀)을 거쳐 중추원의관 등을 지냈다. 1905년 을사조약이 강제로 체결되자 최익현(崔益鉉)의 상소에 이어 이우면(李愚冕)·박봉주(朴鳳柱)·윤두병(尹斗炳) 등과 함께 조약 폐기와 을사5적의 주살을 주장하는 상소문을 올렸으나 받아들여지지 않자 고향으로 돌아갔다. 그는 역사에 밝았으며 특히 100여 종의 문헌을 이용하여 조선시대 인물의 전기를 약술한 『국조인물지(國朝人物誌)』는 『국조문헌(國朝文獻)』 등과 함께 조선시대 인물 연구에 관한 귀중한 자료로서, 일제시대 총독부 중추원의 『조선인명사서(朝鮮人名辭書)』 편찬에 큰 영향을 끼쳤다.

주요 저서로는 1878년에 완성한 『동사취요(東史聚要)』와 1904년의 『동사절요(東史節要)』가 있다. 이 저서들은 권선징악적인 유교사관을 드러내고 있는데, 안종화가 전통적인 성리학에서는 벗어났지만 동시에 전통적 역사관을 완전히 탈피하지 못한 한계를 드러낸 것이다. 동도서기론적 개화사상을 받아들였던 것으로 짐작되는 안종화가 1900년대에 이르러서 새로운 눈으로 역사를 이해하고 해석하는 변화를 겪는다. 즉 사회진화론에 입각한 힘의 지배논리를 인정한 것이다.

2. 구성

『초등본국역사』는 1909년 안종화가 단군부터 고종 시대까지를 새로운 역사 서술 방법인 신사체(新史體)로 편찬한 교과서이다. 이 책은 유근의 『초등본국역사』와 책명뿐만 아니라 체제, 시대구분, 내용 등에 있어 거의 일치하고 있다. 안종화의 『초등본국역사』는 유근의 책을 저본으로 하여 서술하였으나, 내용을 크게 정치적인 것과 문화적인 것으로 구분하여 서술한 점에 차이를 두었다.

이 책의 서술 체제는 전체적으로 왕조별로 편년적인 방법으로 구성했으나, 1906년 현채가 역술한 『동국사략』의 태고, 상고, 중고, 근세의 시대구분을 따른 유근의 『초등본국역사』와 마찬가지로 다만 태고사를 상고사로, 상고사는 중고사로, 중고사는 근고사로, 근세사는 국조(國朝)로 그 시대 명칭을 달리하고 있다. 이는 상고, 중고, 근세 등의 시대구분법이 시대적 성격에 부합된 일정한 이론적 체계로 아직 확립되지 못하였다는 것을 의미한다.

그 목차 구성을 보면 전체를 4장으로 구분하여 1장 상고는 단군(檀君), 기자(箕子), 위만(衛滿), 삼한(三韓), 부여(扶餘), 상고(上古)의 문화, 2장 중고는 신라(新羅), 고구려(高句麗), 백제(百濟), 가락(駕洛), 발해(渤海), 태봉(泰封), 견훤(甄萱), 중고(中古)의 문화, 3장 근고는 고려(高麗), 근고(近古)의 문화, 4장 국조(國朝)는 본조(本朝), 근세의 문화로 이루어져 있다.

목차 구성의 각 장마다 건국의 기사를 간략하게 서술한 후에 마지막 절에는 각 시대의 문화를 설정한 것이 주목할 만한 특징이다.

3. 내용

안종화의 교과서에서는 부여의 시조 해부루(解夫婁)가 단군의 태자 부루(扶婁)와 같이 단군의 아들이라 규정하여 단군조선과 부여의 위치를 함께 높여 두었다. 조선시대의 설명이 다소 많고, 강화도조약 이후의 부분도 6면 정도에 주요사건을 소개하고 있는 것도 주목할 만하다. 그러나 갑신정변(甲申政變)에 대하여 한마디 언급도 없는 등 결함도 적지 않다.

또한 전통적인 서술 방법을 탈피하여 역사의 주체를 왕조로부터 민족이나 민중으로 전환시키려 시도한 점과, 사회 · 문화의 내용을 독자적으로 분류하여 서술한 것이 이 책의 장점이라 할 수 있다.

그러나 이 책 역시 한일관계에 대해서는 친일적인 경향으로 서술한 것은 1908년 이후 출판되어 통감부의 교과서 검인정규정을 통과한 모든 국사교과서와 그 서술양상이 같다. 즉 1894년 갑오농민전쟁이 일어났을 때 청나라가 파병한 것은 한국을 속국으로 유지하기 위함인데 반해, 일본은 이러한 청의 주장에 반대하여 한국의 독립을 이룩하려고 군대가 출동하였다고 하고 있으며, 일본이 청일전쟁에서 승리하여 조선이 독립하게 되었다고 서술하고 있다. 이는 곧 청일전쟁을 일본이 조선 침략을 위해 청의 세력을 제거하기 위한 전쟁으로 평가하는 왜곡된 역사관이 엿보이는 대목이다. 또한 러시아가 대한제국을 위협하여 일본이 이에 맞서 싸워 물리침으로써 한국의 독립이 보존될 수 있었다고 한 서술이나 일본과 친교가 굳어지고 통감이 시정을 지도하게 된 사실도 다행인 것처럼 왜곡 서술하고 있다.

결국 한일관계에 관한 서술을 살펴보면 일제의 침략 행위는 일체 언급치 않고 청일전쟁이나 러일전쟁을 일본이 한국의 독립을 지켜주기 위한 싸움이었고, 일본의 통감정치는 한국을 위해 필요한 것으로 설명하고 있는 것이다. 이는 한국의 역사 교과서 편찬에 일본의 영향력이 증대하고 있었음을 확연히 보여주는 전형적인 사례가 아니겠는가.

4. 가치

갑오개혁에 기초한 근대적 교육제도의 도입으로 근대적 학교들이 설립되면서 학부의 국사교과서가 편찬되기 시작하였다. 이후 1910년까지 20여 종의 국사교과서가 세상에 나왔다. 이를 크게 3시기로 구분하면, 제1기(1895~1904)에는 모두 학부에서 만든 관찬사서였으며 체제는 1종만 제외하고 5종 모두 편년체로 단군에서 조선까지를 서술하였다. 또한 최초의 국한문 사용과 개국기원 사용, 단군조선의 위치 격상 등을 국사교과서의 방향으로 제시했던 것이다. 제2기(1905~1906)는 사찬교과서가 등장하고 일본의 조선사서술 및 조선사 인식틀인 식민사학이 본격적으로 영향을 미치기 시작하였던 것이다. 즉 '태고-상고-중고-근고'라는 하야시[林泰補]의 신사체적 시대구분을 국사 서술에 적용한 교과서가 출판되었던 단계다. 다만 근대적인 역사 서술의 틀을 도입하면서 그 틀 안에 숨은 식민사학의 역사 인식도 함께 들여오는 우를 범했다고 평가되는 시기다. 제3기(1908~1910)에는 1905년 을사조약이후 통감정치하의 교육통제에 기초한 교과서통제정책 하에서 민족적 의미나 자주성을 띤 내용이 배제된 교과서가 간행되었고, 대다수 사찬이었다. 초등용교과서인 탓에 분량도 적고 간략하게 국한문으로 단군~조선까지 서술하였으며 『동국사략』의 체제를 따른 신사체로 구성되었다. 이 시기의 교과서는 강화도조약 이후의 사실은 거의 다루지 않았다. 이러한 한말의 국사교과서편찬의 흐름 속에서 편찬된 것 중 하나가 『초등본국역사』였다.

안종화는 전통적인 중화사관의 역사관에서 비교적 자유로운 편이었지만, 권선징악적인 유교사관에서 벗어나지 못한 채 19세기 후반과 1900년대를 연결하고 있던 과도기적인 역사가의 특징을 보여주고 있다. 이 책은 이같은 역사 인식을 가진 역사가가 초등용으로 만든 국사교과서이며 또한 1908~1910년경 출간된 유근의 『초등본국역사』, 조종만의 『초등대한력ᄉᆞ』 등과 함께 학부 검인정을 받은 교과서였다. 그러므로 민족적, 자주적인 성격보다는 그 체제가 근대적 역사 서술 형식을 구성했던 국한문교과서였다는 점을 특징이라 지적할 수 있다. 다만 당대사에 대한 서술에서 일본이 주도한 침략적 행위인 청일전쟁이나 러일전쟁, 그리고 식민통치의 첫발인 통감정치에 대한 역사적 진실과 그 해석을 배제해 버렸다는 것은 역사가로서의 사명을 저버렸다는 비난을 피하기 어렵다. 이 책에 대한 연구는 통감부 시기 학부 검인정 교과서 정책 중 역사 교과서에 대한 역사관은 물론 당시의 역사 교육의 일단을 엿볼 수 있다는 데 그 역사적 의의가 있다.

참고문헌

구자혁, 「開化期 國史教育課程의 分析的 考察」, 『춘천교대논문집』 20, 춘천교육대학, 1980.

구자혁, 「開化期 初等學校 國史教育에 對한考察－教科書分析을 中心으로－」, 『민족교육연구』 2, 춘천교대 민족교육연구소, 1981.

김여칠, 「1906년 이후의 국사교과서에 대하여」, 『歷史教育』 36, 역사교육연구회, 1984.

김태현, 「舊韓末國史教科書分析研究－初等用教科書를중심으로－」, 『역사교육논집』 3, 한국역사교육학회, 1982.

김흥수, 「韓末 歷史教育 및 教科書에 관한 研究」, 『歷史教育』 29, 1981.

김흥수, 「韓末의 國史教科書 編纂」, 『歷史教育』 33, 1983.

조동걸, 「한말사서와 그의 계몽주의적 허실(상)」, 『한국독립운동사연구』 제1집, 독립기념관 한국독립운동사연구소, 1987.

조동걸, 「한말사서와 그의 계몽주의적 허실(하)」, 『한국학논총』 10, 국민대학교 한국학연구소, 1988.

문동석, 『초등역사교육 과거와 현재』, 국학자료원, 2005.

초등본국역사 목록(初等本國歷史目錄)

제1장 상고(上古)

단군(檀君) 기자(箕子) 위만(衛滿) 삼한(三韓) 부여(扶餘) 상고(上古)의 문화

제2장 중고(中古)

신라(新羅) 고구려(高句麗) 백제(百濟) 가락(駕洛) 발해(渤海) 태봉(泰封) 견훤(甄萱) 중고(中古)의 문화

제3장 근고(近古)

고려(高麗) 근고(近古)의 문화

제4장 국조(國朝)

본조(本朝) 근세(近世)의 문화

초등본국역사목록 마침

본국역대도(本國歷代圖)

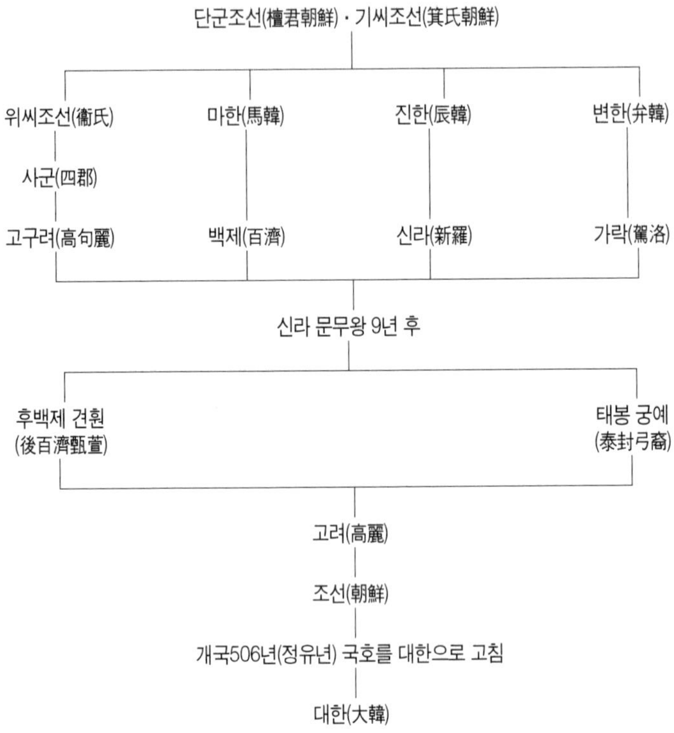
단군조선(檀君朝鮮) · 기씨조선(箕氏朝鮮)
위씨조선(衛氏)
마한(馬韓)
진한(辰韓)
변한(弁韓)
사군(四郡)
고구려(高句麗)
백제(百濟)
신라(新羅)
가락(駕洛)
신라 문무왕 9년 후
후백제 견훤
(後百濟甄萱)
태봉 궁예
(泰封弓裔)
고려(高麗)
조선(朝鮮)
개국506년(정유년) 국호를 대한으로 고침
대한(大韓)

초등본국역사

광릉(廣陵) 안종화 저술
안태영(安泰瑩) 발행

제1장 상고(上古)

제1절 단군(檀君)

전(傳)에 이르기를, 상고(上古)에 민족이 산골짜기에 흩어져 살며 동굴에 거주하고 질그릇에 먹으며 풀로 옷을 해 입고 나무 열매를 먹었다. 신성하신 사람이 태백산 박달나무 아래에 출생하셨는데, 나라 사람이 세워 임금[君]을 삼으니, 이가 단군이 되었다. 원년 무진(戊辰)에 국호를 조선(朝鮮)이라 하고 백성을 가르쳐 편발(編髮)[72]하고 머리를 덮고 음식과 거처의 제도를 정하였다. 태자 부루(扶婁)를 도산(塗山)에 보내 하(夏)지나(支那) 우(禹)씨의 도산회(塗山會)[73]에 참석케 하였다. 처음에는 평양에 도읍하였다가 후에 백악(白岳)지금 문화(文化) 구월산(九月山)으로 도읍을 옮겼다. 단군의 자손이 왕위를 서로 전하기 1200년이라 말하였다.

---

72 관례(冠禮)를 하기 전에 머리를 땋아 늘이던 일, 또는 그 머리를 편발이라 한다.

73 고대 중국에서 있었던 도산의 모임을 가리키는 말이다. 『춘추좌씨전(春秋左氏傳)』에는 "애공(哀公) 7년에 우(禹)가 제후들을 도산에 모았다. 옥백(玉帛)을 담은 것이 만 나라나 되었다"고 하였으며, 그 주(註)에 "도산은 수춘현(壽春縣)에 있다"고 하였고 '우'는 하왕조의 우왕을 가리키며 옥백은 제후가 천자에게 바치는 예물이다. 청일통지(清一統志)에 의하면 도산은 지금의 안후이성[安徽城]에 속한다.

제2절 기자(箕子)

기자는 은(殷)자나 왕 성탕(成湯)의 자손이다. 성은 자(子)요 이름은 서여(胥餘)니, 기의 자작(子爵)을 봉한 까닭에 기자라 칭하였다. 주(周)자나 무왕(武王), 희발(姬發)이 은(殷)을 멸망시키자 기자가 주나라를 피해 5천 명을 이끌고 동쪽으로 왔다. 그때 시(詩), 서(書), 예(禮), 악(樂), 백공(百工)의 기예가 다 따라왔다. 나라 사람이 성스러운 덕을 우러러 받들어 왕을 삼으니, 기자가 이어 평양에 도읍하시고 8조의 교(敎)[74]를 펴서 행하여 어질고 현명한 사람의 교화가 크게 일어났다.

기자의 41세 손기준(箕準)에 이르러 연(燕)자나나라 사람 위만(衛滿)이 그 무리 천여 명을 모으고 상투 틀고 오랑캐 복식을 하고 와서 항복하였다. 기준이 박사(博士)로 삼고 서쪽 번(藩)을 지키게 하였는데, 위만이 병사를 이끌고 평양을 몰래 습격하자 기준이 병사를 피하여 남으로 옮겼다.

제3절 위만(衛滿)

위만이 기준을 쫓아내고 평양에 도읍하여 국호를 조선이라 이어 칭하고, 병권과 재력으로 수천 리 땅을 개척하였다. 그 손자 우거왕(右渠王)에 이르러 교만 방자함이 날로 심해져 한(漢)자나의 사신을 죽이니, 한 무제(武帝) 유철(劉徹)이 노하여 장수를 파견하여 공격해 취(取)하고 그 땅에 4군(四郡)을 두었다. 그 땅은 대개 지금의 청국 만주(滿洲) 홍경

74 8조의 교[八條敎] : 고조선 때에 시행한 여덟 가지의 금법(禁法)을 말한다. 살인자는 죽이고, 남을 다치게 한 자는 곡물로 배상하며, 도둑질을 한 자는 종으로 삼는다는 따위의 세 조항이 전한다. 기자 팔조교 · 범금팔조 · 팔조법 · 팔조법금 · 팔조지금법 등으로도 쓴다.

(興京) 지방으로부터 우리나라 한강(漢江)에 이르기까지였다. 후에 모두 고구려에 병합되었다. 단씨(檀氏) 조선과 기자 조선과 위씨 조선이 국호는 계속 전하나 그 성은 세 번 바뀌었기 때문에 후세의 사람들이 상고 3조선이라 칭하였다.

제4절 삼한(三韓)

한강 이남 반도의 땅은 옛날에 한족(韓族)이 할거하여 셋으로 나누었는데 마한(馬韓), 진한(辰韓), 변한(弁韓)이 이것이다. 이를 삼한이라 하였다.

마한은 서쪽에 있어 지금 전라, 충청4도와 경기, 강남의 부분 54국으로 나누어지니 백제(百濟) 옛이름 백제(伯濟)가 그 하나다. 여러 나라가 서로 통제하는 바가 없었다. 기준이 나라를 잃고 바다에 떠서 남쪽 마한(馬韓)에 들어가 나라를 세우고 백제 금마군(金馬郡) 지금 익산군(益山郡) 스스로 한왕(韓王)이 되었다가 후에 모두 백제에 병합되었다.

진한은 옛날 진국(辰國) 지금 경상남북도의 대부분 이다. 진(秦) 지나 나라 사람이 진시황(秦始皇)의 학정을 피하여 마한에 와서 스스로 복종하였는데, 마한이 동쪽 경계의 땅을 나누어 주고 살게 하였다. 그러므로 혹은 진한(秦韓)이라 칭하였다. 이는 12국으로 나누어지니, 신라 옛날이름 사로(斯盧)가 즉 그 하나다. 후에 진한의 여러 나라를 통일하였다.

변한(弁韓)은 마한과 진한 사이에 있고 경상도의 서부 중앙산맥과 낙동강의 사이 또한 12국으로 나뉘었다. 그 중 6가야(伽倻)가 가장 두드러졌는데, 후에 모두 신라에 병합되었다.

제5절 부여(扶餘)

부여는 한사군의 북쪽 경계지금 청국 성경성(盛京省) 개원(開原)지방의 나라이다. 국왕의 시조 해부루(解夫婁)는 즉 단군의 아들이라 칭하였다. 그 일부가 동남 졸본천변(卒本川邊)성경성 흥경(興京)지방에 나라를 세워 고구려라 칭하였다. 처음에 한나라 진번군(眞番郡)에 속하였으나 후에 흥하여 부여를 병합하고, 드디어 한사군의 땅을 잠식하여 강국을 이루었다. 또한 예맥(濊貊)은 한사군의 동부에 나라를 이루니 (함경북도 북옥저(北沃沮), 함경남도 동옥저(東沃沮), 강원도 춘천부의 맥국(貊國), 강릉부의 예국(濊國)) 모두 부여와 같은 종족이다.

제6절 상고의 문화

기자가 백성을 다스리시니 예의(禮義)를 숭상하고 밭농사와 누에치기를 가르치시며 8조의 금법(禁法)을 두어 제도가 점차 정비되었으나 변경의 종족은 풍속이 다르니 그 문화가 아직 유치하였다. 여러 종족이 다 논밭 갈고 씨 뿌려 가꾸거나 양잠을 잘했다. 고구려 하나만 큰 산 깊은 골짜기가 많아 논밭일이 적으므로 온 힘을 기울여 만들어도 스스로 재물을 취하기 부족하였다. 그러나 부여의 종족은 대체로 성질이 강하고 용맹하여 전투를 잘하는데 그 중에 고구려가 가장 강대하여 드디어 7백여 년의 나라(社稷)를 세웠다. 언어 습속은 대개 예맥, 옥저는 고구려와 비슷하고, 고구려는 부여와 서로 가까우며, 진한은 변한과 서로 비슷하나 모두 마한과 서로 같지 아니하였다.

제2장 중고(中古)

제1절 신라 1[75]

신라는 진한 12국의 하나이다. 처음에 6부(部)로 나누어 서로 호걸을 추대하여 우두머리로 삼고 임금의 호칭이 없었다. 양산부(楊山部)의 박혁거세(朴赫居世)가 신성한 덕이 있으므로 6부의 민인이 세워 임금으로 삼으니, 이때에 나이가 13세였다. 나라 이름을 서라벌(徐那伐)이라 하고 임금의 호칭을 거서간(居西干)이라 하였다. 왕비 알영(閼英) 또한 현숙한 행실이 있어 당시 사람이 두 성인[二聖]이라 불렀다. 나라의 도읍은 지금 경주군이었다.

혁거세의 태자 남해(南解)가 왕위에 있을 때에 그 아들은 유리(儒理)요, 사위는 석탈해(昔脫解)였다. 남해가 병이 위중하여 그 아들과 사위에게 이르기를, "내가 죽은 후에 박, 석, 두 성씨가 나이순으로 왕위를 잇도록 하라" 하였다. 곧 남해가 돌아가시자 유리가 탈해에게 양보하였는데 탈해가 말하여 "성스럽고 지혜로운 사람은 이가 많다"고 하니 떡으로써 시험하자 하였다. 떡을 씹으니 유리의 잇자국이 많았으므로 유리가 왕위에 올라 임금호칭을 니사금(尼師今)이라 하였다. 니사금은 속언(俗言)에 이끔치흔(齒痕)이니 지금 소리가 와전(訛傳)하여 임금 군(君)이라 하였다.

그 후에 유리가 왕위를 탈해에게 전하여 박, 석 두 성이 서로 전하다가 석첨해(昔沾解)에 이르니 첨해가 죽고 후사가 없었다. 나라 사람이 전왕(前王)조분왕(助賁王) 첨해의 형의 사위 김미추(金味鄒)[76]를 세워 왕을 삼으

---

75 원문의 제목이 '신라'로, '일(一)' 자 가 누락되어 바로잡았다.

니 이를 제3신라 왕실이라 하였다. 시조 이하로 서로 전함이 박씨는 10왕이고, 석씨는 8왕이며, 김씨는 38왕으로 모두 56왕이요, 모두 왕업을 이은 세월이 모두 992년이었다.

제2절 신라 2

유리왕 때에 관(官)을 17등으로 정하며 6부(六部)에 성을 내리니 이(李), 최(崔), 손(孫), 정(鄭), 배(裵), 설(薛)이 이것이다.

탈해왕 때에 국호를 계림(鷄林)이라 하였고 지증왕(智證王) 때에 국호를 고쳐 신라라 하였다. 법흥왕(法興王) 때에 연호를 비로소 세워 건원(建元)이라 하고 진흥왕 때에 가락국(駕洛國)을 병합하였다. 태종무열왕(太宗武烈王) 때에 김유신(金庾信)의 계책을 써서 당자나 병과 연합하여 백제를 멸하고, 문무왕(文武王) 때에 김유신이 또 당나라 군대와 함께 고구려를 멸하였다. 양국의 옛 땅에는 한때 당이 안동도호부(安東都護府)를 설치하고 이를 다스렸는데, 얼마 안 지나 문무왕이 당병을 몰아내고 평양 이남의 땅을 취하여 신라통일의 위업을 달성하였다.

제3절 신라 3

진성왕(眞聖王)은 여왕인데 상벌이 공정치 않고 기강이 해이하여 도적이 봉기(蜂起)하니, 김궁예(金弓裔)는 원주에서 병사를 일으키고 견훤(甄萱)은 전주에서 병사를 일으켰다.

---

76 원문에는 '김추미(金鄒味)'로 오기되어 바로잡았다.

경애왕(景哀王) 또한 정치를 잘못하여 포석정(鮑石亭)에 놀러 나갔을 때 견훤이 병사를 이끌고 갑자기 쳐들어오니, 임금과 신하들이 어찌할 바를 알지 못하였다. 견훤이 왕을 시해하고 친척[77]의 아들 김부(金傅)를 세우니 이가 경순왕(敬順王)이다.

경순왕이 나라의 형세가 약하고 외로워졌음을 스스로 알고 고려에 돌아가 복종하고자 하니 왕자가 간하였으나 왕이 받아들이지 않았다. 왕자가 왕에게 통곡하며 사직하고 개골산(皆骨山)지금 금강산에 들어가니 고려 태조가 장녀(長女) 낙랑공주(樂浪公主)로서 왕에게 아내로 삼게 하고, 신라를 취하여 경주부(慶州府)를 두었다.[78]

제4절 고구려 1

고구려왕의 시조 고주몽(高朱蒙)은 부여왕 금와(金蛙)의 서자(庶子)다. 어린 시절에 활쏘기를 잘하였으므로 금와왕의 아들들이 그를 시기하여 죽이고자 하였다. 주몽이 난을 피하여 졸본부여(卒本扶餘)에 이르러 그 왕녀에게 장가들어 드디어 왕위를 이어받아 국호를 고구려라 하니, 이가 동명성왕(東明聖王)이다. 다음 왕 유리(琉璃) 때에 도읍을 국내성(國內城)압록강 상류로 청국 회인현(懷仁縣) 동쪽으로 옮겼다.

태조왕(太祖王)은 동명왕의 증손이니 이름은 궁(宮)이다. 출생할 때에 능히 눈을 뜨고 볼 수 있었고, 7세에 즉위하였는데 자라면서 날래고

77 원문의 '여인(旅人)'은 족인(族人)의 오기이므로 바로잡았다.

78 경순왕은 귀부한 이후 왕건의 딸 낙랑공주를 아내로 맞고 녹(祿) 1,000석을 받고 경주를 식읍(食邑)으로 받아 경주 사심관(事審官)에 임명되었다.

씩씩함이 비할 데 없이 뛰어났다. 강역(疆域)을 널리 개척하여 고구려가 점점 강대하더니 그 후에 더하여 남방의 땅을 개척하여 낙랑(樂浪) 대방(帶方)의 땅압록강부터 한강에 이르는 사이을 공략해 취하였다. 광개토왕(廣開土王)에 이르러 다시 요동(遼東)을 취하니, 그 토지를 널리 개척한 공이 크므로 나라 사람이 비를 세워 그의 덕을 기리니 그 비가 지금까지 그대로 남아 있다.[79]비가 지금 만주 성경성 회인현 동구(洞溝)에 있다.

장수왕(長壽王)은 도읍을 평양으로 옮기고 연(燕)지나 왕 풍홍(馮弘)의 투항을 받았다.

영양왕(嬰陽王) 때에 수(隋)지나 황제 양광(楊廣)이 고구려가 예로 사신을 보내지 않음에 노하여 병사를 크게 일으켜 침략하였다. 상국(相國) 을지문덕(乙支文德)이 수나라 군사 3십여 만을 살수(薩水) 위에서 크게 쳐부수니, 살아 돌아간 자가 겨우 2천 7백 명이었다.

제5절 고구려 2

영류왕(榮留王) 때에 연개금(淵蓋金)또는 천개소문(泉蓋蘇文)이라 부른다이 병사를 일으켜 왕을 시해(弑害)하고 왕의 조카 보장(寶藏)을 세워 왕으로 삼고, 연개금은 스스로 막리지(莫離支)관직명가 되어 국가 권력을 마음대로 휘둘렀다. 이에 앞서 신라가 강성해져 백제와 서로 공략해서 백제가 고구려와 화친하여 함께 신라를 공격하고자 하니, 신라가 당지나에 급히 고하자 당나라 황제 이세민(李世民)이 군사를 거느리고 쳐들어 왔다. 안시성(安市城)[80] 성주 양만춘(楊萬春)이 성을 굳게 지킨 지 60일에 당황제가

79 현재 중화인민공화국 지린 성 지안 현 퉁거우에 있는 고구려 제19대 광개토왕릉의 비를 말한다.

능히 대적치 못함을 알고 포위를 풀고 후퇴하여 돌아갔다. 후에 당이 재차 고구려를 공격하여 평양을 포위하니, 연개금이 굳게 지켜 굴복하지 아니하자 당나라 장수가 포위를 풀고 돌아갔다. 마침내 당이 신라와 군사를 합하여 백제를 멸망시켰다.

연개금이 죽자 아들 남생(男生)과 남건(男建), 남산(男産) 등이 서로 시기하여 싸우고 권력을 다투다가 당나라 장수 이세적(李世勣)이 또 신라와 병력을 합하여 드디어 고구려를 멸하였다. 고구려가 지낸 세대가 28왕으로, 왕업을 누린 햇수가 705년이었다. 그 땅에 9도독부(都督部)[81]를 설치하였는데 후에 남방은 신라의 소유가 되고 북방은 발해국(渤海國)의 소유가 되었다.

제6절 백제

백제왕의 시조 온조(溫祚)는 고구려왕 주몽의 아들이다. 그 가계가 부여에서 나왔으므로 부여로 성을 삼고 그 신하 10명과 더불어 도망 나와 하남(河南)지금 직산(稷山) 위례성(慰禮城)에 이르러 나라를 세우고 이름을 백제라 하였다. 이 나라가 점차 융성하여 드디어 마한의 여러 소국을 병탄하고 신라, 고구려와 더불어 정립하니, 이것이 삼국시대다.

다루왕(多婁王)은 나라 남측의 주군(州郡)에 벼를 심는 논밭을 처음 경작케 하고, 성왕(聖王)[82]은 사비(泗沘)[83]지금 부여(扶餘)로 도읍을 옮겼다.

---

80 원문에 '안성(安城)'으로 오기되어 '안시성'으로 바로잡았다.

81 9도독부(九都督部): 당나라가 고구려를 멸망시킨 후 설치한 9개의 도독부로 신성(新城), 요성(遼城), 가물(哥勿), 위락(衛樂), 사리(舍利), 거소(居素), 월희(越喜), 거조(去朝), 건안(建安)을 이른다.

의자왕(義慈王)이 교만하고 포학하여 옳은 말로 간하는 신하 성충(成忠)을 죽이고, 강직한 신하 홍수(興首)를 귀양 보내고 신라를 침략하였다. 신라 장수 김유신(金庾信)이 당나라 장수 소정방(蘇定方)과 함께 병력을 합하여 도성을 포위하자 왕이 나와 항복하니, 대대로 전함이 30왕이며 왕업을 지낸 세월이 678년이었다. 당이 5도독부(五都督部)[84]를 설치하였는데 후에 신라에게 병합되었다.

제7절 가락(駕洛)

김해군 귀지봉(龜旨峰) 아래에 김수로(金首露) 형제 6인이 출생하였는데, 수로는 나라를 세워 이름을 가락지금 김해(金海)이라고 하였다. 동생 5인은 나누어 대가야(大伽倻)지금 고령(高靈), 소가야(小伽倻)지금 고성(固城), 아라가야(阿羅伽倻)지금 함안(咸安), 고령가야(古寧伽倻)지금 함창(咸昌), 벽진가야(碧珍伽倻)지금 성주(星主)에 군주(君主)가 되어 5가야라 칭하였는데 후에 신라에게 병합되었다.

제8절 발해(渤海)

고구려의 유민[遺種] 대조영(大祚榮)이 요수(遼水)를 건너서 태백산(太白山)지금 백두산에 웅거하고 나라를 세우니, 이가 발해국 고조(高祖)이다. 5

82 원문에는 '성명왕(聖明王)'으로 표기했는데 성왕의 별칭이므로 번역문에서 '성왕'으로 수정했다.

83 사비성의 한문표기는 '泗沘'인데 원문에서는 비를 '차(泚)'로 잘못 표기하여 바로잡았다.

84 당나라가 설치한 5개의 도독부는 웅진(熊津), 마한(馬韓), 동명(東明), 금련(金蓮), 덕안(德安) 등으로 공주에 있었던 웅진도독부 외에는 그 구체적 위치를 알 수 없다.

경(五京)과 15부(十五府)를 설치하고 지방이 5천 리에 이르렀으므로 해동(海東)의 성국(盛國)이라 칭하더니 후에 거란(契丹)에게 멸망당하였다.

제9절 태봉(泰封)

신라 헌강왕(憲康王)[85]의 아들 김궁예(金弓裔)가 아버지에게 쫓겨 나와 승려가 되었다. 진성여왕(眞聖女王) 때에 신라의 정강(政綱)이 문란하고 도적이 봉기하는 것을 틈타 북원(北原)에서 병사를 일으켜 철원(鐵原)에 도읍하고 국호를 태봉이라 하였다. 궁예가 포학하여 무도(無道)하므로 그 나라를 위해 공로를 세운 신하[元勳] 여러 장수가 궁예를 폐하고 왕건(王建)을 추대하여 왕을 삼으니, 이가 고려 태조(太祖)다.

제10절 견훤(甄萱)

견훤은 상주(尙州)사람이다. 지략이 많고 다른 마음[86]을 품더니 궁예와 같이 신라의 쇠함을 틈타서 망명당(亡命黨)을 모아 주군(州郡)을 강제로 위협해서 탈취하고, 완산(完山)지금 전주에 도읍하여 나라 이름을 후백제(後百濟)라 하였다가 고려 태조에게 투항하였다.

---

85 『삼국사기』에 의하면 궁예는 신라 헌안왕(재위 857~861), 혹은 경문왕(861~875)의 아들로 기록되어 있어 헌강왕은 오류이다.(『삼국사기』「열전」 10「궁예편」)

86 배반하려는 마음, 즉 새로운 나라를 세우려는 뜻을 가짐을 의미한다.

제11절 중고(中古)의 문화

삼국시대에 있어서는 각국이 모두 군현(郡縣)으로써 천하를 다스려 백관(百官)의 제도가 대강 정비되었고, 유교(儒教)와 불교(佛教)는 이 시기에 떨쳐 일어났다. 백제가 일본의 청구에 응하여 박사(博士) 왕인(王仁)을 일본에 보내니, 이때에 왕인이 비로소 유학(儒學)을 일본에 전하였고 그 자손은 일본에 거주하여 문학에 종사하였다. 불교는 최초 지나로부터 고구려에 전래하였고, 그리 오래지 않아 백제에도 전하였으며 그 후에 고구려로부터 신라로 들어 갔다. 이후에 백여 년을 경과하여 백제로부터 불상(佛像)과 불경(佛經)을 일본에 보내니 불교가 비로소 일본에 전해졌다.

당시에 유 · 불, 두 교가 모두 우리나라에 행해졌으나 불교가 유교보다 성(盛)하여 이때에 성곽, 불사(佛寺)의 건축이 성하였고 따라서 여러 종류 공예가 크게 발달되었다. 또 농업의 장려는 삼국이 모두 힘써서 게을리하지 않았다.

제3장 근고(近古)

제1절 고려(高麗) 1

고려 태조의 성은 왕(王)이고 이름은 건(建)이다. 나이 20세에 태봉의 장수가 되어 여러 적을 쳐서 평정하므로 위엄과 덕망이 날로 성하여 왕위에 올랐다. 국호를 고려라 하고 연호를 천수(天授)라 하였다. 궁예를 축출하고 견훤을 평정하며 신라가 와서 항복하여 전국을 통합하였으니, 신라가 삼국을 통일한 후 통합 268년 만에 망하였다.

광종(光宗)이 과거법(科擧法)을 처음 행하여 진사(進仕)와 급제(及第)를 뽑아 임용하니 과거의 법이 이로부터 시작하였다. 송악(松岳)지금 개성(開城)을 황도(皇都)라 칭하며 사신[使聘]을 송(宋)지나에 보냈다. 성종(成宗)의 생일을 천춘절(天春節)[87]이라 칭하며 신라 이래의 옛 제도를 없애고 3성(省), 6조(曹), 7사(寺) 등의 관부를 설치하니 제도가 비로소 정비되었다. 서희(徐熙)에게 내사령(內史令)의 벼슬을 주어 거란(契丹)과 화친하였다.

제2절 고려 2

현종(顯宗) 때에 거란이 2십만 병사를 이끌고 쳐들어오니 강감찬(姜邯贊)에게 원수(元帥)의 벼슬을 내려 귀주(龜州)지금 귀성(龜城)에서 크게 쳐부수니, 거란 병사 중 한 필의 말도 돌아가지 못하였다.

현종 이후에 전쟁이 겨우 그쳐 문화와 교육을 미처 행할 여가가 없었는데, 문종(文宗) 때에 문헌공(文憲公) 최충(崔沖)이 학교를 설립하여 생도를 교육하니 학교가 일어남은 대개 최충으로 말미암아 시작한 것이다. 세상 사람이 최충을 해동공자(海東孔子)라 칭하였다. 예종(睿宗) 때에 문숙공(文肅公) 윤관(尹瓘)을 파견하여 여진(女眞)을 쳐서 쫓아내고, 선춘령(先春嶺)에 비석을 세워 경계를 정하였다.

---

87 천춘절(天春節) : 임금의 탄생일을 경축하던 명일로 고려 성종 1년(982)에 정하였다가 다음해에 '천추절(千秋節)'로 고쳤다.

의종(毅宗)은 무도하고 명종(明宗)은 임금답지 않았으며, 신종(神宗)은 암약(闇弱)[88]하여 정중부(鄭仲夫)와 이의민(李義旼)[89]등이 문신을 다 죽이니 이것이 경계난(庚癸亂)[90]이다. 최충헌(崔忠獻)이 이의민[91] 등을 죽이고 국권을 혼자 휘두르며 아들 최우(崔瑀), 손자 최항(崔沆), 증손 최의(崔竩)에 이르기까지 4대에 걸쳐 정권을 잡았다.

제3절 고려 3

고종(高宗) 때에 몽고가 해마다 침략해 오자 태자 전(倎)을 보내서 몽고와 화친하고 태손(太孫) 원(諒)으로 몽고 세조(世祖)의 딸 제국공주(齊國公主)를 아내로 맞아 양국이 장인과 사위의 정의(情誼)를 맺었다.

충렬왕(忠烈王), 충선왕(忠宣王), 충숙왕(忠肅王), 충혜왕(忠惠王), 공민왕(恭愍王)에 이르기까지 여러 세대를 몽고의 공주를 아내로 맞아 머리를 깎고 옷을 바꾸어 몽고의 습속을 많이 따랐다.

그 때에 문성공(文成公) 안유(安裕), 문충공(文忠公) 이제현(李齊賢), 문정공(文正公) 권부(權溥), 문정공(文靖公) 이색(李穡)이 문장과 덕행으로 평생 가르치고 인도함을 자기의 임무로 여겼다.

원종(元宗) 때에 원나라 왕이 일본으로 하여금 조공(朝貢)하게 하려고 자주 사신을 파견하였는데 일본이 거절하고 응하지 아니하였다. 원나

---

88 암약(闇弱) : 어리석고 분개(憤慨)가 흐릿하며 빙충맞다는 의미다.

89 원문의 '이민의(李旼義)'는 오기이므로 바로잡았다.

90 의종 24년(1170)에 일어난 경인(庚寅)의 난과 명종 3년(1173)의 계사(癸巳)의 난을 합쳐 부르는 말이다. 이는 정중부와 김보당(金甫當)이 무인정권에 반대하여 군사를 일으킨 것을 계기로 하여 문인이 크게 화를 당한 것을 가리킨다.

91 원문의 '이민의(李旼義)'는 오기이므로 바로잡았다.

라 왕이 노하여 원나라 장수 홀돈홍차구(忽敦洪茶丘)와 고려 장수 김방경(金方慶) 등으로 하여금 일본을 두 번 공격하게 하였다. 그러나 대풍(大風)이 불어와 선함(船艦)이 뒤집혀 가라앉았으므로 원나라군과 고려군 중 전사한 자가 매우 많아서 원나라 군사가 불리하고 그 목적을 능히 달성치 못하였다.[92]

제4절 고려 4

공민왕 때에 원이 실정(失政)하니 지나 전체가 크게 어지러워 홍건적(紅巾賊)[93]이 강남(江南)에서 일어나 적 수십만 명이 우리나라에 쳐들어와서 송도(松都)를 무너뜨렸다. 왕이 복주(福州)지금 안주(安州)로 도망하여 안우(安祐), 김득배(金得培), 이방실(李芳實)에게 원수(元帥) 벼슬을 주어 홍건적을 무력으로 쳐서 평정하고 수도[京都]를 회복하였다. 김용(金鏞)이 그 공을 시기하여 사람으로 하여금 3원수(元帥)를 암살하였다가, 뒤에 일이 발각되어 용이 형벌을 받아 죽었다[伏誅].

일본 변방 지방의 백성인 유구(流寇)[94]가 해를 이어 침략해 오니 최영(崔瑩)과 정지(鄭地) 등으로 대장을 삼아 방어하였다.

---

92 충렬왕 즉위년(1274) 원이 合浦(경남 마산)에 정동행성(征東行省)을 두고 일본을 쳐들어갈 때, 8,000명의 고려군을 이끌고 여몽(麗蒙)연합군의 중군장(中軍將)으로 출정했다. 쓰시마섬[對馬島]을 친 다음 일본 본토로 향했으나 풍랑으로 패하고 돌아왔다. 1281년 원이 다시 일본을 쳐들어갈 때, 고려군의 도독사(都督師)가 되어 일본의 하카다[博多]에 이르렀으나 태풍을 만난 데다가 적의 기습을 당하여 참패하고 돌아왔다.

93 홍건적(紅巾賊) : 중국 원 말기에 허베이 성[河北省] 영평(永平)에서 한산동(韓山童) · 유복통(劉福通) 등이 중심이 된 한족(漢族) 반란군으로 홍두적(紅頭賊) · 홍적(紅賊)이라고도 하며, 머리에 붉은 수건[紅巾]을 둘러 표를 했다.

94 유구(流寇) : 조선 시대에, 해안으로 침범한 '왜구'를 이르던 말이다.

제5절 고려 5

공민왕 때에 9공신(功臣)이 권세를 부려 정권을 서로 다투자 천명과 인심이 우리 태조(太祖)[95]께로 돌아오니, 시중(侍中)정몽주(鄭夢周)가 선죽교(善竹橋)에서 나라를 위하여 죽었다. 고려가 개국한 지 475년만에 망하였다.

제6절 근고의 문화

고려의 문화는 매우 진보되었고, 전국을 10도(道)로 나누었다가 후에 5도로 고치고, 여러 제도는 대개 당나라 제도를 근거하여 많이 정비하였다. 태조가 깊이 불법(佛法)을 신봉하므로 역대 제왕(帝王)이 모두 이를 장려하여 왕과 왕자도 머리 깎고 승려가 된 자가 적지 않았다. 충숙왕(忠肅王) 때부터 정주(程朱)의 학[96]이 우리나라에 전래하여 이색, 정몽주와 같은 뭇사람의 존경을 받는 이름난 유학자가 나오고, 고려 말에 이르러서 정주학(程朱學)이 더욱 융성하게 되고 불교가 쇠하였다. 농업은 역대가 모두 힘써 장려하고 공예(工藝)도 또한 크게 발달하였다. 요즈음 땅 속에서 가끔씩 발굴하는 기구(器具)를 보아도 가히 알 수 있다. 풍속은 충렬왕(忠烈王) 이후로 한때 원나라를 본떠서 호복변발(胡服辮髮)[97]하였으나 명(明)이 흥한 후에는 또 그 제도를 따랐다.

---

95 조선왕조의 태조 이성계를 지칭한다.

96 중국 송나라 때의 정호(程顥), 정이(程頤)와 주희 계통의 성리학을 이르는 말로 송나라 때에 일어난 신유학(新儒學)이다.

97 호복변발(胡服辮髮) : 몽고식의 복식과 머리모양을 말하며 변발은 아시아 북방 여러 민족 사이에서 유행했던 남자 머리 형태로 후두부(後頭部)만 남겨놓고 주변의 머리털을 깎아 나

제4장 국조(國朝)

제1절 본조(本朝) 1

태조 고황제(高皇帝)께서 도읍을 한양(漢陽)에 정하시고 국호를 조선(朝鮮)이라 하셨다. 현명한 인재를 뽑으시며, 간사하고 아첨 잘하는 신하를 멀리 하시어 참언(讖言)[98]을 끊으시며, 귀신에게 드리는 제사[淫祀]를 금하셨다. 종묘(宗廟)와 사직(社稷)[99]을 세우시며, 수도의 성[京城]을 쌓으며 경복궁(景福宮)과 창덕궁(昌德宮)을 세우셨다.

태조 6년(1397)에 유구국(琉球國)은 사신을 파견하여 신하를 칭하고 진기한 방물(方物)을 공물로 바쳤고 야인(野人)[100]이 귀부(歸附)하였으니 추장은 천호(千戶)와 만호(萬戶)의 직을 제수하였다.

제2절 본조 2

정종(定宗)께서 태조의 선위(禪位)하심을 받아 정전(正殿)에서 모든 신하의 조하(朝賀)를 받으실 때 평양부윤(平壤府尹) 성석린(成石璘)은 의기도(欹器圖)[101]를 바치고, 경기좌도 관찰사(觀察使) 이정보(李廷俌)는 역년도(歷年圖)를 바치고, 우도(右道) 관찰사 최유경(崔有慶)은 무일도(無逸圖)를 진

머지 모발을 땋아서 등 뒤로 늘어뜨린 형태다.

98 참언(讖言) : 거짓으로 꾸며서 남을 헐뜯어 윗사람에게 고하여 바치거나 그런 말을 의미한다.

99 종묘(宗廟)와 사직(社稷) : 종묘는 조선 시대에 역대 임금과 왕비의 위패를 모시던 왕실의 사당이며, 사직은 고대 중국에서 새로 나라를 세울 때 천자나 제후가 제사를 지내던 토지신과 곡식신을 의미하나 조선이 이 제도를 따른 것이다.

100 야인(野人) : 조선 시대에 압록강과 두만강 유역에 거주하던 여진족을 의미한다.

101 원문의 '가기도(歌器圖)'는 오기이므로 바로잡았다.

상하였는데 왕이 즐겨 받으셨다.

왕의 성질이 순수하고 조심성이 많으시고 지행(志行)이 단정(端正)하고 방정(方正)해서 재위한 지 2년에 태종(太宗)에게 왕위를 전하였다.

제3절 본조 3

태종(太宗)께서 뛰어나고 슬기롭기가 세상에 견줄 바가 없으니, 항상 세상을 다스리는 뜻을 가졌으므로 하륜(河崙)이 매번 탄식하며 이르기를, "이 사람은 하늘을 덮는 뛰어난 기상이 있구나" 하였다. 정종의 선위를 받고나서 모든 신하로 하여금 왕의 득실을 직언하라 명하고, 또 간관(諫官)[102]으로 하여금 일에 따라 간(諫)하라 명하셨다.

고려 시중 정몽주를 포증(褒贈)해서 신하의 절개를 장려하시고 민무구(閔无咎) 등을 사사(賜死)[103]하여 외척(外戚)을 징계하였다. 부참서(符讖書)[104]를 불태우고 인심을 혼란하게 만드는 요사스러운 말을 막았다. 주자소(鑄字所)를 설치하고 처음으로 활자를 제작하여 서적을 인쇄하였다. 만년에 상왕위(上王位)에 있을 때에 하늘이 가물었는데, 백성을 위하여 근심하시더니 왕이 돌아가시는 날에 이르러 큰 비가 내린 고로 태종우(太宗雨)5월 10일라 칭하였다.

---

102 원문의 '간궁(諫宮)'은 오기이므로 바로잡았다.

103 사사(賜死) : 극형에 처할 죄인을 대우하는 뜻으로 임금이 독약을 내려 자결하게 하는 제도이다.

104 1417년 태종은 도참서의 유포와 소장을 금지하는 명령을 내리고 도참서를 불태웠다.(도참은 왕의 운명이나 인사(人事)의 미래를 예언한 기록을 의미함)

제4절 본조 4

세종(世宗)께서 어려서부터 공부하기를 좋아하시더니 왕위에 오르자 문학(文學)을 잘 하는 선비를 선발하여 집현전(集賢殿)에 두셨다. 아침 저녁에 강론(講論)하며 고문(顧問)하고 학문을 무예보다 높이 여기는 다스림을 숭상하시니 이웃나라 사람이 동방성인(東方聖人)이라 칭하였다.

설순(偰循)에게 명하여 『효행록(孝行錄)』[105]을 가려서 모으게 하시며, 정초(鄭招)에게 명하여 『농사직설(農事直說)』을 순서에 따라 편집하게 하여 전국에 반포하셨다. 종학박사(宗學博士)를 설치하여 종친을 교수(教授)하시며 박연(朴堧)으로 아악(雅樂)을 만드게 하셨다. 김조(金銚)와 김돈(金墩)으로 간의대(簡儀臺)를 제작케 하시며, 성삼문(成三問) 등으로 『훈민정음(訓民正音)』을 교정(校正)하게 하며, 정인지(鄭麟趾) 등을 명하여 전제(田制)를 개초(改革)[106]케 하고, 김종서(金宗瑞)에게 북쪽 국경의 6진(六鎭)[107]을 개척케 하셨다.

제5절 본조 5

문종(文宗)께서는 성리학(性理學)을 통달하시며 또 필법(筆法)이 정밀하고 묘하시어 짧은 편지나 작은 종이라도 천금(千金)같이 중히 여기셨다.

---

105 『효행록(孝行錄)』: 고려 시대에 권부와 권준이 효자 62명에 대한 전기를 모아 엮은 책으로 후에 권근이 주해와 발문을 달았으며, 조선 세종 10년(1428)에 설순 등이 개정하여 중간(重刊)하였다.

106 '개혁'의 오류인 듯 하다.

107 6진(六鎭) : 함경북도 북변(北邊)을 개척하여 설치한 여섯 진(鎭). 경원 · 경흥 · 부령 · 온성 · 종성 · 회령의 진을 이른다.

유신(儒臣)에게 명하여『동국병감(東國兵鑑)』을 찬(撰)하시고 친히『진법9편(陣法九篇)』을 제작하셨다.

왕이 병이 있어 집현전 여러 신하를 불러 밤중까지 촛불을 켜서 경서(經書)를 강론하실 때 세자를 무릎 아래에 두시고 손으로 그 등을 쓰다듬으며 이르기를 "나는 이 아이를 경(卿) 등에게 부탁하노라" 하시고 의자에서 내려 바닥에 앉으시고 잔을 잡고 술을 내리셨다.

제6절 본조 6

단종(端宗)께서 나이 12세에 왕위에 오르시니 영의정(領議政) 황보인(皇甫仁)과 좌의정(左議政) 남지(南智)와 우의정(右議政) 김종서(金宗瑞) 등은 세종께 고명(顧命)을 받아서 보좌하였다. 집현전학사 성삼문, 박팽년(朴彭年), 하위지(河緯地), 이개(李塏), 유성원(柳誠源) 등은 문종이 전날 한 부탁을 받아서 좌우에 협찬(協贊)하였다.

왕이 문신에게 명하여『고려사(高麗史)』를 간행케 하여 중외에 널리 배포하셨다. 문무백관의 조복(朝服)[108]은 단령(團領)과 흉배(胸背)의 제도를 정하여 품급(品級)의 차례에 따라 입게 하였다.

제7절 본조 7

세조(世祖)께서 근정전(勤政殿)에 나와서 조하(朝賀)를 받으실 때 세자

108 관원이 조정에 나아가 하례할 때에 입던 예복으로 붉은빛의 비단으로 만들며, 소매가 넓고 깃이 곧다.

가 시중을 들었다. 왕이 세자에게 일러 말하길 "네가 입은 목면(木棉)이 비록 얇고 누추하나 이는 밭 갈고 김매고 물들이고 옷감을 짜는 이의 근로와 고생으로써 이룬 것이니, 너는 마땅히 옷을 보거든 부녀자들의 길쌈이 쉽지 아니함을 생각하라. 또한 음식을 보거든 농부가 매우 고생스럽다는 것을 생각하여 아끼면서 스스로 받들고, 혹시라도 부지런하지 않음이 없게 하라" 하셨다.

왕이 신숙주(申叔舟) 등에게 명하여 태조 이하 4대 조의 치법정모(治法政謨)를 모아서 편찬하였는데 『국조보감(國朝寶鑑)』이라 명하고 이후로 역대의 왕조를 이어서 편찬하여 늘 변하지 않는 규칙[常規]으로 삼았다. 환구단(圜丘壇)하늘에 제사하여 비를 비는 곳을 남쪽 교외에 쌓으며 큰 종을 새로 주조하여 거리 위에 걸고 새벽과 저녁을 경계하시며 원각사(圓覺寺)를 성 안에 세우셨다.

제8절 본조 8

예종(睿宗)께서 세조[109]가 양위하신 것을 받들고 정사(政事)에 관하여 신하가 아뢰는 말을 듣고 처리하신 여가에 생각이 치란(治亂)의 행적에 미쳐 친히 『역대세기(歷代世紀)』를 지으셨다.

처음에 세조께서 병을 얻었는데 왕이 직접 찬을 보시며 약을 맛보시고 낮 밤으로 좌우에서 시중하느라 여러 날 동안 잠을 자지 못하였다. 세조가 돌아가시자 왕이 지나치게 슬퍼하여 물 한 모금도 드시지 아니하다가 마침내 병이 나서 돌아가셨다.

109 원문의 '세종'은 오기이므로 바로잡았다.

제9절 본조 9

성종(成宗)께서 즉위하여 예종을 창릉(昌陵)에 안장하실 때 대신이 아뢰어 "근처 땅의 백성 무덤을 모두 파서 없애 버리십시오" 하였다. 왕이 하교(下敎)하여 "산천은 늘어나지 않고 좋은 땅은 한정되어 있는지라 천만년의 세대의 능실(陵室)이 끝이 없어, 후세의 인민이 가히 장사할 산과 농사지을 땅이 없을까 두려우니 지금부터는 법을 세워 금지하는 경계를 확장하지 말라" 하셨다.

왕의 효성과 형제 우애가 천성에서 나오니 왕대비를 정성과 공경으로써 받들어 모시며, 월산대군(月山大君)을 은혜의 예로써 대하시며, 연로하고 덕이 높은 사람[耆老]을 술로써 위로하셨다. 앞 세대의 훌륭한 임금[明君]과 사리에 어둡고 어리석은 임금[暗主]이 행한 선악을 가려서 화공(畵工)으로 하여금 병풍첩에 베껴 쓰게 하여, 앉거나 누워서나 자세히 바라보고서 항상 깨닫고 훈계로 삼으셨다.

제10절 본조 10

연산군(燕山君)은 음탕하고 잔학하며 무도(無道)하여 옳은 말하는 신하와 어진 선비를 죽이고 살육하니, 박원종(朴元宗)과 성희안(成希顔) 등이 연산군을 폐하고 진성대군(晉城大君)을 맞아 왕위에 세우니 이가 중종(中宗)이다.

중종께서 어진 신하 조광조(趙光祖)를 대사헌(大司憲)으로 삼으시니 조광조가 법을 집행함에 있어 공평하여 남녀의 길을 다르게 하며 다스리는 덕화가 크게 행하여졌다. 그러나 조광조는 남곤(南袞)과 심정(沈貞)에게 무고함을 당하여 화(禍)를 만났다.[110]

왕이 대사성(大司成) 유숭조(柳崇祖)와 윤탁(尹倬)으로 하여금 가르치고 인도하는 일을 맡게 하시니 유숭조는 사서삼경을 국문으로 풀어서 밝히고, 윤탁은 공자 묘정(廟庭)에 은행나무를 손수 심었는데 지금까지 전하고 있다.

제11절 본조 11

인종(仁宗)께서 즉위하여 형조(刑曹)에 명하셔서 고문하여 때리는 것을 조심하고 삼가게 하여 억울함이 없게 하라 하셨다. 이어 한탄하여 이르기를 "어찌하면 과인(寡人)의 시대에는 한 사람도 죄과(罪科)를 범하지 않게 할까" 하셨다. 또 하교하여 이르기를 "선(善)을 세상에 드러내고 악(惡)을 벌하는 것은 왕의 다스림에서 먼저 할 바이니, 충효가 남보다 뛰어나게 다르든지 아전이 되어 청렴결백한 자가 있거든 재주에 따라 뽑아 쓰라" 하셨다. 왕의 병이 깊어지니 말씀하길 "조광조 등의 일은 선왕께서 허락하지 아니하신 까닭에 감히 가벼이 고치지 못하였는데 지금에 나의 병이 여기에 이르렀으니 광조의 관작을 되돌려라" 하셨다. 마침내 왕이 돌아가시니 멀거나 가까운 곳에 있는 백성이 양식을 싸가지고 와서 곡하는 자가 도로에 끊이지 아니하며 우는 소리가 서로 전하여 하루 만에 의주(義州)에까지 이르렀다.

110 중종 14년(1519) 11월 남곤 · 심정 · 홍경주(洪景舟) 등의 재상들에 의해 조광조 · 김정(金淨) · 김식(金湜) 등 사림(士林)이 화를 입은 기묘사화를 말한다.

제12절 본조 12

명종(明宗)께서 나이가 어리므로 문정왕후(文定王后)[111]가 발을 드리우고 정사를 들은 지 8년에 정권을 왕에게 돌려주었다. 현명한 신하 이황(李滉)과 이이(李珥) 등을 발탁해서 쓰시며 유일(遺逸)[112]의 선비 성수침(成守琛)과 조식(曹植) 등을 뽑으셨다. 고려 충신 정몽주가 출생하고 자란 곳에 서원(書院)[113]을 건립하고 편액(扁額)을 내리셨다.

제13절 본조 13

선조(宣祖) 임진(1592)에 일본국의 관백(關白) 도요토미 히데요시[豊臣秀吉]가 명을 정벌하려 하여 우리나라에 길 빌려 주기를 청하였는데 조정이 허락하지 않았다. 히데요시가 대병(大兵)을 일으켜서 침략해 올 때[114] 동래(東萊)를 먼저 함락하니 부사(府使) 송상현(宋象賢)이 국난(國難)에 죽고, 이일(李鎰)과 신립(申砬) 등이 차례로 전투에서 패하자 일본병이 수도[京城]로 곧바로 향하였다. 왕이 도성을 떠나 서쪽으로 피란하였는데 일본병이 추격하여 이르러 평양을 의거하였다. 왕이 의주에서 왕의

---

111 파산부원군 정평공 윤지임(坡山府院君 靖平公 尹之任)의 딸로 중종의 제3비였으며, 아들 명종의 즉위 후 약 9년간 수렴청정을 맡았다.

112 유일(遺逸) : 유능한 사람이 등용되지 않아 세상에 나타나지 않는다는 뜻이다.

113 조선 시대에 선비가 모여서 학문을 강론하고 석학이나 충절로 죽은 사람을 제사 지내던 곳인데 경기도 개성에 정몽주를 모신 숭양(崧陽)서원을 건립한 것이다. 임금이 이름을 지어 새긴 편액을 내린 서원을 사액(賜額)서원이라 하는데, 숭양서원은 조선 선조 8년(1575)에 사액(賜額)되었다.

114 선조 25년(1592)부터 31년(1598)까지 2차에 걸쳐서 우리나라를 침입한 일본과의 싸움인 임진왜란을 말한다. 화의가 되었으나 일군(日軍)은 선조 30년(1597) 정유년에 재침략하여 이듬해 물러갔다.

수레를 멈추어 머무르시고 이덕형(李德馨)과 정곤수(鄭崑壽) 등을 명나라에 보내어 원병(援兵)을 청하였다. 요동총병(遼東總兵) 조승훈(祖承訓)과 유격(遊擊) 사유(史儒) 등이 병마 3천으로 와서 군사를 도와 평양을 공격하였는데 사유가 총에 맞아 죽으니 조승훈이 요동으로 도망해 돌아갔다.

각도에 충성과 절의 있는 선비가 의기(義旗)를 들고 병사를 모집하였다. 조헌(趙憲), 고경명(高敬命), 김천일(金千鎰)은 호남에서 의병을 일으키고, 곽재우(郭再祐), 정인홍(鄭仁弘), 김면(金沔), 권응수(權應洙)는 영남에서 의병을 일으키고, 권율(權慄)은 행주에서 크게 승리하고 이정암(李廷馣)은 해서(海西)에서 항전하였다. 이순신(李舜臣)은 한산도(閑山島) 앞 바다에서 크게 승리하여 일본의 수군을 함몰시켰다. 명나라 장수 이여송(李如松)이 재차 대병(大兵)을 거느리고 와서 도우니 즉시 평양을 다시 찾았지만 벽제관(碧蹄館)에서 일본군에게 패하였다. 명나라가 일본에 사신을 파견하여 화친하기를 의논하니 일본군이 수도[京城]에서 철병하여 부산으로 퇴각하였다.

정유(丁酉, 1597)에 화친이 이루어지지 아니하므로 히데요시가 대군을 다시 일으켜 침략해 오자 명나라도 또한 양호(楊鎬) 등으로 장수를 세우고 원병을 보내니, 승패가 서로 비슷해 남한에서 각각 자기의 의견만을 고집하고 양보하지 아니하였다. 이듬해 히데요시가 병으로 죽자 일본군이 흩어져 돌아갔다. 임진 이래로 무릇 7년간의 전쟁[兵禍]이었다. 그 후에 일본은 장군 도쿠가와 이에야스[德川家康]가 히데요시를 대신하여 정권을 잡고 우리나라와 옛 교류를 회복하고자 사신을 보내서 화친을 구하였다. 여우길(呂祐吉) 등을 파견하여 이에 보답하고 그 후에 사빙(使聘)의 왕래가 끊어지지 않았다.

제14절 본조 14

광해군(光海君) 때에 명나라가 청인(淸人)의 난을 당하여 구원병을 청하니 조정이 임진의 공을 생각하여 강홍립(姜弘立), 김응서(金應瑞), 김응하(金應河)로써 병사를 거느리고 심하(深河)에 들어가서 구하게 하였다.

광해군이 정권을 권력과 세력을 가진 간사한 신하에게 위임하여 큰 옥사(獄事)를 여러 번 일으켰다. 영창대군(永昌大君) 의(㼁), 임해군(臨海君) 율(津), 왕의 장인[國舅] 연흥부원군(延興府院君) 김제남(金悌男) 등을 죽이고, 인목대비(仁穆大妃)를 서궁(西宮)에 가두었다. 김류(金瑬), 이귀(李貴), 이괄(李适), 원두표(元斗杓), 최명길(崔鳴吉) 등이 왕[主]를 폐하여 제주로 옮기고 능양군(綾陽君)을 맞아 왕을 세우니, 이가 인조(仁祖)다.

제15절 본조 15

인조께서 즉위하셨는데 이괄이 반정(反正) 때의 공을 믿고 매우 교만하고 방자하므로 조정에서 배척 당하여 평안병사(平安兵使)를 제수 받자 이괄이 마음 속으로 야속하게 여겼다. 그 아들 이전(李栴)이 당론(黨論)에 참여하여 조옥(詔獄)[115]에 체포되니 이괄이 분노하고 병사를 일으켜 수도[京城]로 직접 침범하였다. 왕이 공주로 피난하시자 장만(張晩)과 정충신(鄭忠信) 등이 적을 대파하고 수도[京城]를 다시 찾았다.

정묘(丁卯, 1627)에 청(淸)지나 장수 영아대(英兒岱)속칭 용골대(龍骨大) 등이 의주와 선천(宣川)을 함락하니 부윤 이완(李莞)과 부사 기협(奇協)이 굴복하

115 조옥(詔獄) : 조선 시대에 의금부에 딸려 관인 및 양반 계급의 범죄자를 가두어 두던 감옥이다.

지 않고 죽었다. 안주(安州)로 직접 침범하니 병사(兵使) 남이흥(南以興)과 수사(收使) 김준(金浚)이 적을 막아 싸울 때 김준이 화약 자루에 불을 놓으니 이흥과 청나라 장수가 모두 불타 죽었다.

병자(丙子, 1636)에 청나라 사람이 다시 침략해 와서 수도[京城]를 침범하자 왕이 남한산성(南漢山城)으로 피난하셨다. 마침내 강화성(江華城)이 함락당하자 왕이 최명길(崔鳴吉) 등으로 하여금 화약을 체결하게 하고 수도[京城]로 돌아오시니, 이때부터 우리나라가 청나라에 복속하였다.

제16절 본조 16

효종(孝宗)께서 봉림대군(鳳林大君)으로 세자위에 계실 때 병자(丙子)의 난을 당하여 심양(瀋陽)[116] 청나라 수도 만주 성경성의 풍설(風雪)을 겪었다. 왕위에 오르자 개연히 남한산성의 치욕을 씻고자 하여 송시열(宋時烈)과 대사(大事)를 의논하시고 이완에게 병사(兵事)를 소속시켜 남몰래 일을 위한 계책(計策)을 정하셨으나 마침내 그 공들이 보람을 얻지 못하였다.

왕이 비변사(備邊司)에 하교하여 이르기를 "심양[燕瀋]에서 관개(灌漑)할 때 수차(水車)를 사용하나 우리나라는 이 제도에 전혀 몽매하다. 지척(咫尺)에 비록 곤곤한 물이 있을지라도 땅의 형세가 자못 높으면 어떻게 하지 못하나니 지금 공장(工匠)을 시켜 그것을 모방하는 제도를 만들어서 농사를 장려하는 데 도움이 되게 하라" 하시고 궁궐 안으로부터 수차 하나를 만들었다. 제도가 매우 뛰어나고 교묘하자 담당 관리에게 명하여 10구(具)를 만들어 8도에 나누어 보내라 하셨다.

116 원문의 '번양(藩陽)'으로 오기되어 있으므로 바로잡았다.

제17절 본조 17

현종(顯宗)께서 어려서부터 총명함이 이를 데 없어 보고 듣는 바가 있으면 문득 잊지 아니하셨다. 성장하면서 부모 곁을 떠나지 아니하여 불안하신 모습이 있으면 밤낮으로 곁에서 모시고 비록 물러가라 명하더라도 감히 물러가지 아니하셨다.

왕이 임진병화(壬辰兵禍) 이후에 교서관(校書館)에 활자가 흩어지고 없어져서 목각으로써 서책을 찍어냄이 매우 정교치 못하므로 호조판서 김좌명(金佐明)에게 명하여 구리와 쇠로 활자를 주조하여 공사(公私)의 서적을 널리 인쇄하게 하셨다.

제18절 본조 18

숙종(肅宗)께서 영안위(永安尉)의 아들 홍만회(洪萬恢) 집에 종려(棕櫚)나무가 있음을 들으시고 액례(掖隷)로 하여금 구해 오도록 하셨다. 홍만회가 뜰로 내려와 엎드려서 말하기를, "이마에서 발끝과 머리털까지 국가의 은덕을 입었기에 감히 꽃나무를 아끼겠습니까만 신하가 되어서 완물(玩物)로써 임금에게 사사로이 진상함은 죄입니다" 하고 곧 종려나무를 뽑아 버렸다. 액례가 돌아 와서 그 사실을 아뢰므로, 왕이 훌륭한 일이라고 칭찬하고 후원에 심은 종려나무를 뽑아서 민간의 본 주인에게 돌려보내라 하였다.

왕 4년(1678)에 전(錢)을 처음으로 사용하였다. 처음에 동방에 돈[錢幣]이 있지 않았고 다만 베와 은으로써 화재(貨財)를 교역하였는데, 태종께서 저화(楮貨)[117]를 만드시고 인조께서 상평통보(常平通寶)[118]를 주조하셨지만 통행(通行)치 못하였다. 이에 이르러 의정 허적(許積)의 말을 듣고 동전을 주조하여 행(行)하니 이때부터 동전이 통행되었다.

명종 말년에 동서 붕당(朋黨)이 시작되어 선조(宣祖) 때에 당론(黨論)이 크게 일어났다. 광해 때에 동인(東人)이 변하여 남북당(南北黨)이 되었다. 이때에 이르러서 서인 중에 또 노소론(老小論)이 분당하여 동서남북의 사색(四色)이 각각 서니, 시비하거나 헐뜯는 말로써 간과(干戈)를 대신하여 정당하고 이치에 합당한 의견이나 주장[正論]이 소멸하고 인재를 버렸다.

제19절 본조 19

경종(景宗)께서 왕위에 오르시니 영의정 김창집(金昌集)이 상주하여 말하길 "최규서(崔奎瑞)는 선조(先朝) 때부터 물러나 민간에 있고 정호(鄭澔)와 이재(李縡) 등은 병을 칭하고 물러가니 바라건대 특별한 지시를 내리십시오" 하였다. 왕이 재야에 있는 여러 신하에게 교지를 내려 불러들였다.

왕이 건강이 항상 좋지 않아 오랫동안 조정에서 정사(政事)를 보지 못하고 또 왕세자의 자리가 비어서 국가의 형세가 고립되고 위험하므로 왕대비께서 고하시고 연잉군(延礽君)잉(礽)은 음이 성(成)[119]을 봉하여 왕세제(王世弟)를 삼으셨다.

---

117 저화(楮貨) : 고려 말기 · 조선 전기에 닥나무 껍질로 만들어 쓰던 종이돈을 가리킨다.

118 상평통보(常平通寶) : 조선 시대에 쓰던 엽전의 이름으로 인조 11년(1633)부터 조선 후기까지 주조하여 사용하였다.

119 영조의 어려서 이름은 연잉군이었으므로 원문의 세주에서 잉을 '성'으로 발음한다고 서술한 것은 오류다.

제20절 본조 20

영조(英祖)께서 즉위하여 깊이 붕당(朋黨)의 폐를 걱정하시고 이에 하교하여 이르기를 "붕당의 폐가 요즈음 같이 심한 적이 없었다. 어느 한 편의 사람을 다 역당(逆黨)으로 몰아내니 그 중에 어찌 억울함을 품은 사람이 없겠는가. 저를 공격하고 이를 침에 공평한 말이 끊기고 막히니 조정의 기강이 어느 때에 바르며 공론(公論)을 어느 때에 듣겠는가. 너희 모든 신하는 붕당의 폐습을 버리고 공평을 힘써서 우리나라를 보존하라" 하시고 또 탕평법(蕩平法)[120]을 써서 사당(四黨)을 균등하게 등용하였으니 붕당의 화가 점점 없어졌다.

왕이 친히 임하여 감옥의 죄인을 신문하실 때 담당관리가 압슬(壓膝)[121]을 시행하자 하니 왕이 이르기를 "예전에 한나라 문제(漢文帝)는 육체의 형벌을 없애고, 우리 세종께서는 등을 때리는 형벌을 없이하셨으니 이는 크고 훌륭한 덕이라. 하물며 압슬은 율(律)에 없다. 지금부터는 영원히 없애라" 하셨다.

이인좌(李麟佐) 등이 모반하여 청주(淸州)를 함락하고, 안성(安城) 청룡산(靑龍山) 위에 진치고 홍산(紅傘)을 세우고, 백기(白旗)로써 지휘하니, 오명항(吳命恒)으로 도순무사(都巡撫使)를 삼아 무력으로 평정하였다.

---

120 탕평법(蕩平法) : 조선 영조 때에, 당쟁의 폐단을 없애기 위하여 각 당파에서 고르게 인재를 등용하던 정책이다.

121 압슬(壓膝) : 죄인을 자백시키기 위하여 행하던 고문으로 죄인을 기둥에 묶어 사금파리를 깔아 놓은 자리에 무릎을 꿇게 하고 그 위에 압슬기나 무거운 돌을 얹어서 자백을 강요하였다.

제21절 본조 21

정조(正祖)께서 하교하여 이르기를 "곤장은 크고 작음이 있고 칼[가(枷)]은 두껍고 얇음이 있어 죄의 경중에 따라서 적용하는 것이다. 근래에 옛 법이 점점 느슨해져서 죄의 경중을 논하지 아니하고 모두 큰 곤장과 두꺼운 칼을 사용하니 어찌 인명을 왜곡해서 해하는 폐가 없다 하겠는가. 중앙과 지방의 각 영문(營門)의 형벌기구를 정리해서 바로 잡아서 널리 배포하라" 하셨다.

유구국(琉球國) 사람이 바람에 표류하여 이르렀는데 왕이 하교하여 이르기를, "유구인이 전에 우리나라에서 직(職)에 이바지한 자가 있다 하였는데, 특히 총관(摠管)의 직을 제수하여 가까이에서 모시게 하였으니, 이는 불과 2백 년 전의 일이다. 지금 특별히 불쌍히 여겨서 돌보는 것이 의리에 옳다" 하시고 관찰사에게 명하여 술과 음식으로 먹이시고 몸을 보호할 물품을 넉넉히 공급하셨다. 유구는 후에 일본에 속하였다.

왕이 중앙과 지방에 훈령으로 타일러 "어린이로서 부모가 없어서 버려진 자와 남녀 중 고아로 가난하여 때가 지나도록 미혼인 자를 설에 뽑아 보고하여 어린아이는 매달 쌀과 미역을 주어서 돌보고, 남녀는 구하는 바를 도와서 혼인하게 하라" 하셨다.

제22절 본조 22

순조(純祖)께서 내사(內司)와 각 궁방(宮房)과 각사(各司)의 노비안(奴婢案)을 거두어 돈화문(敦化門) 밖에서 불태우고 이르기를 "궁사(宮司)의 노비를 방면하려 함은 윗대 조[122]의 뜻이니 나는 마땅히 그 뜻을 계승하겠다" 하시고 장용영(壯勇營)으로 하여금 그 대전(代錢)을 주셨다.[123]

관서(關西) 지방의 도적 홍경래(洪景來)가 모반하여 가산(嘉山) 등 7읍을 함락하였다. 이요헌(李堯憲)으로 양서순무사(兩西巡撫使)를 삼고 박기풍(朴基豊)으로 중군(中軍)을 삼아 해를 넘겨서 무력으로 평정하니 왕이 인정전에서 진하(陳賀)[124]를 받으시고 나라 안팎에 교서를 반포하셨다.

제23절 본조 23

헌종(憲宗)께서 각도에 명하여 사적으로 집에서 소 잡는 폐와 사적으로 집에서 백성을 학대하는 폐를 엄히 타일러 경계하며 수령 중 그 소임을 감당치 못하는 자는 전최(殿最)를 기다리지 말고 장계하여 파면하라 하셨다.

윤상도(尹尙度)와 허성(許晟) 등이 상소하여 임금에게 해서는 안될 말을 사용하니, 해도(海島)에 귀양보냈다가 다시 붙잡아 와서 목 베라 하셨다.

제24절 본조 24

철종(哲宗)께서 명하여 강릉(江陵)에 있는 공자성상(孔子聖像)을 수원 궐리사(闕里祠)에 전봉(展奉)하라 하셨다.

---

122 전대왕인 정조를 지칭한다.

123 조선후기 이후 신분제 변동 추세에 따라 순조 1년(1801) 6만 6,067명의 공노비가 혁파되었다.

124 진하(陳賀) : 나라에 경사가 있을 때에 벼슬아치들이 조정에 모여 임금에게 축하를 올리던 일을 말한다.

왕이 정부에 명하여 장시(場市)와 포구(浦口)의 명목이 없는 잡세(雜稅)를 없애고 제언(堤堰)과 전답(田畓)을 위력으로 강제로 빼앗는 폐(弊)를 금하시며 토호(土豪)[125]가 강제로 무력을 써서 행하는 습속을 엄하게 경계하였다.

제25절 본조 25

수강태황제(壽康太皇帝)께서 왕위에 즉위하신 지 3년(1866)에 명령을 내려서 기독교[耶蘇教][126]를 금하시고 선교사(宣教師)[127] 및 신도를 잡아서 죽이니 형법에 따라 죽임을 당한 자가 수천 명이며, 프랑스[法國] 선교사 9명이 또한 형을 받아 죽었다. 이에 프랑스[法國] 군함이 강화도에 쳐들어오니 순무(巡撫) 천총(千摠) 양헌수(梁憲洙)를 파견하여 강계포군(江界砲軍) 5천 명을 거느리고 격파하니 프랑스 군사 중 죽고 상한 사람이 많아 프랑스 장수가 크게 두려워하여 돛을 올리고 달아났다.

프랑스 함선이 쳐들어오던 그 해에 평양 사민(士民)이 미국 상선 한 척을 습격하여 선수(船手)를 죽이고 그 배를 불태웠더니 그 후 6년(1871)이 지나서 미국 병함 5척이 덕진(德津)을 침략해 왔다. 순무중군(巡撫中軍) 어재연(魚在淵)에게 명하여 광성진(廣城津)에 출진케 해 갑자기 공격하여 크게 이기고 또한 대포로 그 두 군함을 격파하였다. 미국 장군 로저스[魯籍壽]가 병사를 육지에 몰래 내리게 하여 우리 군대의 뒤를 공격하니,

125 토호(土豪) : 어느 한 지방에서 오랫동안 살면서 양반을 능가할 만큼 세력이 있는 사람을 말한다.

126 야소교(耶蘇教) : 기독교를 말하며 예수교의 음역이다.

127 원문에 '교사(教師)'로 표기해 '선(宣)' 자를 누락하였으므로 바로잡았다.

어재연이 그 동생 어재순(魚在淳)과 더불어 검을 빼서 수십 명을 쳐서 베어 죽이니 미국 장수가 나머지 병사를 이끌고 달아나 가버렸다.

병자 11년[128]에 일본 군함 한 척이 지나(支那)에 건너갈 때 음료수를 구하고자 우리나라 한강에 와서 정박하니 강화(江華) 수병(水兵)이 이를 포격하였다. 이듬해 일본이 전권대신(全權大臣) 구로다[黑田淸隆]와 의관(議官) 이노우에 가오루[井上馨] 등을 파견하여 군함을 이끌고 와서 지난해 일을 힐난하고 또 수호(修好)를 구하였다. 왕이 중추부사 신헌(申櫶)과 부총관(副摠管)[129] 윤자승(尹滋承) 등을 명하여 강화부에 회동하여 통상조약(通商條約)을 정하니 우리나라가 외국과 조약을 맺음이 이에 비롯한 것이었다. 이 조약에 부산 외에 원산과 인천을 개항하여 외국통상무역(外國通商貿易)[130]을 허락하였다. 그 후에 미국, 영국, 프랑스[法國], 독일[德國], 청국, 러시아[俄國]가 차례로 오니 화친을 맺고 통상조약을 정하였다.

임오(壬午) 19년(1882)에 훈련도감[訓營]의 군사들이 난(亂)을 일으켜 궁궐 안으로 난입하여 중신(重臣) 민겸호(閔謙鎬), 김보현(金輔鉉) 등을 죽이고 검으로 기둥을 부수고 악행을 자행하고 또 일본공사관을 습격하였다. 국태공(國太公)[131]이 변을 듣고 달려 들어와 소란(騷亂)을 진압하고 일본에 배상금을 내서 화친을 회복하였다.

갑오(甲午) 31년(1894)에 동학당이 일어나서 난을 일으키니 사방이 호

---

128 병자년은 고종 13년인 1876년인데 위 기사는 병자조약의 원인이 된 1875년 운양호사건에 대한 기록을 설명하면서 연도표기에서는 고종 12년(1875)을 잘못 표기하고 있어 주의를 요한다.
129 원문에 '총관(總管)'으로 오기되어 있으므로 바로잡았다.
130 원문에 무역의 '역(易)' 자가 누락되어 바로잡았다.
131 국태공(國太公) : 흥선 대원군 이하응을 높여 이르는 말이다.

응하여 봉기의 형세가 있어서 관군이 사도(四道)로 군을 내서 여러 달 만에 무력으로 평정하였다. 이때에 청국은 속방(屬邦)의 난을 구한다 칭하고 대군을 우리나라에 보냈고, 일본은 우리나라가 청국의 속방이 아니라 주장하여 또한 군대를 보내므로 드디어 일청전쟁을 일으켰다. 청군이 바다와 육지에서 모두 패하고 이듬해 3월에 양국이 시모노세키[馬關]에서 강화조약을 맺으니 청국이 처음으로 우리나라의 독립을 공인하였다.

개국(開國) 5백 6년(1897)에 왕이 황제 위호(位號)를 받으시고 국호를 고쳐 대한(大韓)이라 하시며 연호를 광무(光武)라 하시며 8도를 13도로 나누어 설치하였다.

광무 8년(1904)에 러시아가 지난날 북청(北淸)의 변을 틈타서 만주에 출병하여 점령하고 나아가 우리나라를 해하고자 하는 형세가 있었다. 일본이 재차 출병하여 러시아와 전투하니[132] 러시아가 바다와 육지에서 크게 패하여 드디어 일본에 땅을 할애하여 화친을 구하였다. 이로부터 우리나라는 다시 일본과 영원토록 변함없는 친교를 굳게 하고 일본의 통감(統監)이 우리나라 수도[京城]에 와서 취임하여 우리나라의 시정을 지도하였다.[133]

광무 11년(1907)에 황제께서 왕위를 황태자께 전하시니[134] 태자가 황

132 1904년에 한반도와 만주에 대한 지배권을 둘러싸고 러시아와 일본 사이에 일어난 러일전쟁으로 일본이 승리하여 1905년에 미국의 루스벨트 대통령의 중재로 포츠머스에서 강화 조약을 체결하였는데, 그 결과 일본은 우리나라에 대한 지배권을 묵인 받고, 랴오둥 반도[遼東半島]를 차지하여 대륙 침략의 발판을 마련하였다

133 광무 9년(1905)에 일본이 한국의 외교권을 빼앗기 위하여 강제적으로 을사조약을 맺고 이어 조선에 통감부를 설치해 대한 제국을 감독하고, 조선 식민지화를 준비하였다.

134 일본은 1907년 7월 헤이그 밀사사건을 구실로 고종을 강제로 퇴위시키고 순종을 즉위시켰다.

제위에 오르셨다. 원년을 고쳐서 융희(隆熙)라 하고 상황(上皇)의 위호를 높여서 수강태황제라 하셨다. 동생 영친왕(英親王)을 봉하여 황태자를 삼으시고 일본 황실에 맡겨 동경에 유학하게 하시니[135] 양국의 관계가 친밀하게 되었다.

제26절 근세의 문화

본조(本朝)에 이르러 불교가 점차 쇠퇴하고 유교가 크게 성하여 세종 때로부터 매우 크고 성하게 흥기(興起)하였다. 기독교[耶蘇教]는 정조 때에 지나(支那)로부터 우리나라에 들어온 후에 외국 선교사도 역시 와서 포교하니 정부에서 누차 선교사와 신도를 형법에 따라 죽이고 이를 금하였지만 점차 만연하여 번성하더니, 오늘에 이르러 이를 금하지 못하였다. 농업은 역대 제왕이 모두 힘써 권면하시고 지금의 황제폐하께서 즉위하신 초에 조칙을 내려 농상공을 권장하셨다. 3년(1909) 봄에 동적전(東籍田)[136]을 친히 경작하시며 황후폐하께서 친히 잠상(蠶桑)에 종사하여 국민에 솔선하셨다.

초등본국역사 마침.

---

135 1907년 12월 어린 영친왕은 이토 히로부미[伊藤博文] 통감에 의해 유학이라는 명목으로 일본에 인질로 잡혀갔다.

136 적전은 임금이 몸소 농민을 두고 농사를 짓던 논밭이다. 그 소출 곡식으로 신에게 제사를 지냈다.

부록

용어해설

|부록 일러두기|

1. 부록의 용어 설명은 독자의 이해를 돕기 위해 한국문화연구원에서 일괄 정리한 것이다.
2. 시대구분(사망 10년 전을 기준)은 다음과 같이 규정한다.
   –고대 및 나말려초 : 고구려 / 백제 / 신라 / 발해 / 신라 말 · 고려 초 / 신라 말기
   –고려 : 고려 전기(개국~1170) / 고려 후기(1170~1350) / 고려 말기(1350~1392) / 고려 말 · 조선 초(고려, 조선에 걸쳐 있을 경우)
   –조선 : 조선 전기(개국~1592) / 조선 후기(1592~1876) / 개화기(1876~1910) / 일제강점기(1910~)
   –개화기 · 일제강점기 : 양쪽 시대 모두에 걸쳐 있는 경우로 한 왕조의 전 · 후기처럼 연속성이 있는 시기가 아니기 때문에, 개화기와 일제강점기를 모두 제시한다.
3. 중국 왕조의 인물인 경우
   –기본적으로 국명 뒤에 '나라'를 붙였으며, 뒤에 수식어가 붙지 않을 때는 '나라'를 제외한다.
   –원은 1271년 이전은 몽골, 그 이후는 원나라로 표기한다.
   –나라 이름이 2글자 이상(후금, 후당, 동진 등)일 경우는 '나라'를 넣지 않는다.
4. 인명 · 관직명 · 지명 등의 한자 병기는 한 항목 별로 처음에만 병기한다.
   –바로 아래 항목이라도 별개의 항목이면 한자를 다시 병기한다.
5. 관직 중 한자를 병기하지 않은 경우
   –신라의 관등, ㅇㅇ도관찰사('ㅇㅇ道都觀察使'는 한자 병기), ㅇ조판사, 영의정, 우의정, 좌의정, 상대등.
6. 인명 중 한자를 병기하지 않은 경우
   –모든 왕호 : 신라 宣德王(善德王은 '선덕여왕'으로 통일), 고려 定宗 · 靖宗, 모든 추존왕은 제외한다.
   –정몽주, 김부식, 최영, 묘청, 김유신, 송시열, 조광조, 이성계, 왕건, 견훤, 궁예, 최충헌, 이자겸, 이황, 이이, 주몽, 대조영, 이순신, 홍선대원군, 장보고, 김옥균, 박지원, 서희, 연개소문, 정도전, 원효, 최치원, 이완용, 공자, 김춘추, 정약용
7. 사건명 중 한자를 병기하지 않은 경우
   –임진왜란, 병자호란, 정유재란, 갑오개혁, 임오군란, 을미사변, 갑신정변, 을사조약, 청일전쟁, 러일전쟁, 위화도회군, 동학운동, 아관파천
8. 몇 째 아들 표기는 장남, 제2남, 제3남 순으로 한다.
9. 관직명, 지명, 인명을 나열할 때 가운데 방점을 사용한다.
10. 아버지나 할아버지, 아들이 유명한 경우가 아니면, 가계 설명은 삭제한다.
11. 관직명의 띄어쓰기 원칙은 다음과 같이 한다.
    –관청+관직(예 : 이조전랑), 지역+관직(예 : 평주판관) 등의 구조일 때는 모두 붙인다.

인명

가실(嘉悉, 생몰년미상) : 가실왕과 동일인물이다. → 가실왕

가실왕(嘉悉王, 생몰년미상) : 가야 말기의 왕이다. 가보왕(嘉寶王)이라고도 하며, 어느 가야국의 왕이었는지는 확실하지 않다. 시대적으로는 동시대의 음악가 우륵(于勒)과의 관계로 미루어 신라 진흥왕(재위 540~576)과 같은 시기의 인물로 짐작된다. 재위 중 가야금을 만들었으며, 우륵에게 명하여 『하가라도(下加羅都)』·『상가라도』 등을 작곡하게 하였다.

가토 기요마사[加藤清正, 1562~1611] : 일본의 무장으로, 1562년 나카무라[中村]에서 출생하였다. 어렸을 때부터 도요토미 히데요시[豊臣秀吉]의 시동을 지내며 많은 전투에 참가하여 전공을 세웠으며, 임진왜란이 일어나자 함경도 방면으로 출병하여 맹활약하였다. 세키가하라[關ヶ原]전투에서 도쿠가와 이에야스[德川家康] 측에 참전하였고, 정치가로서도 능력을 발휘하였다.

강감찬(姜邯贊, 948~1031) : 고려 전기의 명장이다. 본관은 금주(衿州), 초명은 은천(殷川)이다. 983년(성종 2) 문과에 장원으로 급제하여 예부시랑이 되었다. 거란이 10만 대군을 이끌고 쳐들어왔을 때 서북면행영도통사(西北面行營都統使)로 상원수(上元帥)가 되어 흥화진(興化鎭)에서 적을 무찔렀으며 달아나는 적을 구주(龜州)에서 크게 격파하였다.

강융(姜融, ?~1349) : 고려 후기의 문신이다. 본명은 장(莊)으로, 조부는 진주의 관노(官奴)였고, 누이동생은 숭산신사(崧山神祠)의 무당이었다. 충선왕 때 내부령(內府令)이 되고 충숙왕 때 첨의좌정승(僉議左政丞)이 되어 단성협대공신(端誠協戴功臣)의 칭호를 받고, 벼슬이 찬성사(贊成事)에 올랐으며, 진녕부원군(晋寧府院君)에 봉해졌다.

강종(康宗, 1211~1213) : 고려의 제22대 왕(재위 1211~1213)이다. 자는 대수(大華), 명종의 장남이고, 어머니는 광정태후(光靖太后) 김씨, 비는 원덕태후(元德太后) 유씨이다. 1171년(명종 1) 관례(冠禮)를 올리고, 1173년 왕세자에 책봉되었다. 1197년 최충헌에게 쫓기어 부왕과 함께 강화도로 유배되었다가, 희종을 폐한 최충헌에게 옹립되어 왕위에 올랐다.

강홍립(姜弘立, 1560~1627) : 조선 후기의 무신이다. 본관은 진주, 자는 군신(君信), 호는 내촌(耐村)이다. 1589년(선조 22) 진사가 되고, 1605년 진주사(陳奏使)의 서장관(書狀官)으로 명나라에 다녀왔다. 명나라의 원병으로 5도도원수(五道都元帥)가 되어 후금을 쳤으나 대패하였다. 후에 후금에 투항하였으나 억류생활을 하였다.

게이테쓰 겐소[景轍玄蘇, 1537~1611] : 아즈치모모야마[安土桃山]시대부터 에도[江戶]시대 초기에 살았던 임제종(臨濟宗)의 승려이다. 아버지는 가와즈 다카노리[河津隆業]이고, 이름은 게이테쓰[景轍], 호는 센즈[仙巢]이다. 지쿠젠[筑前]국 출신이며 한국에서는 보통 겐소[玄蘇]라는 이름으로 더 잘 알려져 있다.

견훤(甄萱, 867~936) : 후백제의 제1대 왕(재위 900~935)이다. 전주견씨(全州甄氏)의 시조이고, 본성은 이(李)이며, 아자개(阿慈介)의 아들이다. 관제를 정비하고, 중국과 국교를 맺었으며, 궁예의 후고구려와 충돌하며 세력 확장에 힘썼다. 후에 왕위계승 문제로 장남 신검(神劍)에게 유폐를 당하였으나 탈출해 고려 왕건에게 투항하였다. 왕건에게 신검 토벌을 요청하여 후백제를 멸망시켰다.

경대승(慶大升, 1154~1183) : 고려 후기의 무신으로 본관은 청주이다. 1179년(명종 9) 정중부(鄭仲夫) 등을 제거하고 실권을 장악하였다. 도방(都房)을 설치하고 문관과 무관을 고루 등용하여 무신의 난으로 와해된 조정의 질서를 회복하려 하였으나, 30살의 나이로 병사하였다.

경명왕(景明王, ?~924) : 신라의 제54대 왕(재위 917~924)이다. 성은 박씨, 이름은 승영(昇英)으로 아버지는 신덕왕이다. 후삼국이 정립하여 패권을 다투던 때에 재위, 후당에 구원을 청하였으나 실패하였다. 고려 태조 왕건의 도움으로 견훤의 침공을 격퇴하는 등의 전과도 올렸으나, 국세를 떨치지 못하고 죽었다.

경문왕(景文王, ?~875) : 신라의 제48대 왕(재위 861~875)으로 이름은 응렴(膺廉·凝廉)이다. 신라 쇠퇴기에 빈번히 일어나는 중앙귀족의 모반과 지방 반란 평정에 힘썼다. 당나라에 사신을 파견, 긴밀한 유대를 맺었다. 황룡사탑을 수축하였다. 재위 중 천재지변이 많아 백성이 곤궁하였다.

경순왕(敬順王, ?~978) : 신라의 제56대 왕(재위 927~935)으로, 신라 최후의 왕이다. 성은 김씨이고 이름은 부(傅)이며, 문성왕(文聖王)의 6대손이다. 재위 때 후백제의 침공과 약탈로 국가의 기능이 마비되었다. 고려에 귀부하기로 결정하고, 고려 태조에게 항복하였다. 태조로부터 유화궁(柳花宮)을 하사받았으며, 그의 딸인 낙랑공주(樂浪公主)를 아내로 맞고 정승공(政承公)에 봉해졌다. 경주의 사심관에 임명, 고려시대 사심관제도의 시초가 되었다.

경종(景宗, 1688~1724) : 조선의 제20대 왕(재위 1720~1724)이다. 이름은 윤(昀)이며 자는 휘서(輝瑞)이며, 어머니는 희빈 장씨(禧嬪張氏)로, 소론의 지지를 받아 왕위에 오른다. 이복동생인 세제(영조)가 노론의 지지로 대리청정을 하다가, 소론의 지지로 다시 친정을 하였다. 재위기간 동안에 김창집(金昌集) 등 노론 4대신을 사사(賜死), 노론을 모두 숙청한 신임사화(辛壬士禍)가 있었다.

고경명(高敬命, 1533~1592) : 조선 전기의 문인·의병장이다. 본관은 장흥, 자는 이순(而順), 호는 제봉(霽峰)·태헌(苔軒)이다. 1552년(명종 7) 진사가 되었으며, 1558년 식년문과(式年文科)에 장원급제하였다. 임진왜란이 일어나자 격문을 돌려 6,000여 명의 의병을 담양에 모아 진용을 편성하였다. 금산싸움에서 왜군과 싸우다가 전사하였다. 좌찬성(左贊成)에 추증되었다. 문집에 『제봉집(霽峰集)』, 저서에 『유서석록(遊瑞石錄)』 등이 있다.

고병(高駢, 1350~1413) : 명나라 초기의 시인이다. 시(詩)는 물론 서화(書畵)에도 능하여 삼절(三絶)이라 일컬어졌고, 민중십재자(閩中十才子 : 福建省의 十才士)의 한 사람이다. 당시(唐詩)를 초(初) · 성(盛) · 중(中) · 만(晩)의 4기로 분류한 것으로 유명하다. 저서에 『소대집(嘯臺集)』, 『수천청기집(水天淸氣集)』 등이 있다.

고영희(高永喜, 1849~?) : 개화기 · 일제강점기의 정치가로, 본관은 제주이다. 무관으로 벼슬길에 올라 1866년(고종 3) 부사용(副司勇)이 되고, 1876년 강화도조약 체결 후 수신사(修信使)를 수행하여 일본의 신문물제도를 견학하였다. 갑오개혁에 참여하였고, 독립협회 조직 시 발기인으로 참여하였다. 이완용 내각 탁지부대신(度支部大臣) 때 고종 양위에 강력히 반대하였다. 조선총독부 중추원 고문 등 친일 활동을 하였다.

고왕(高王, ?~719) : 발해의 제1대왕(재위 698~719)으로, 발해를 건국하였다. 이름은 대조영이다. 고구려가 멸망한 뒤 당나라의 고구려 유민 분산정책에 따라 가족과 함께 요하(遼河) 서쪽의 영주(營州) 지방으로 이주하였다. 698년 지금의 길림성(吉林省 : 지린성) 돈화현(敦化縣 : 둔화현) 지역인 동모산(東牟山)에 도읍하여 나라를 세우고 왕이 되어 국호를 진(震 : 振)이라 하였다가 713년에 발해로 국호를 바꾸었다.

고이왕(古爾王, ?~286) : 백제의 제8대 왕(재위 234~286)이다. 국가체제를 정비하고 왕권을 강화하여 국가 기반을 확립하였다. 관제를 마련하였고, 강력한 중앙집권체제로 발전시켰다. 신라의 변방을 침범하여 영토 확장에도 진력하여, 건국 태조와 같은 업적을 남겼다.

고종(高宗, 1852~1919) : 조선의 제26대 왕(재위 1863~1907)이다. 이름은 재황(載晃)이며 아명(兒名)은 명복(命福), 초자(初字)는 명부(明夫)이다. 명성황후(明成皇后)와 대원군의 세력다툼 속에서 일본을 비롯한 열강의 내정 간섭을 겪었다. 개화 · 수구의 양파가 대립하였고, 병자수호조약, 한 · 미수호조약, 한 · 영수호조약 등이 이루어졌다. 1905년(광무 9) 을사조약이 체결되어 외교권을 일본에 빼앗겼으며, 1907년 일본의 협박으로 황태자(순종)에게 양위(讓位)하였다.

고종후(高從厚, 1554~1593) : 조선 중기의 의병장이다. 본관은 장흥, 자는 도충(道冲), 호는 준봉(準峰), 시호는 효열(孝烈)이다. 1570년(선조 3) 진사가 되고, 1577년 별시문과(別試文科)에 급제하여 현령에 이르렀다. 임진왜란 때 아버지 고경명(高敬命)을 따라 의병을 일으키고 금산싸움, 진주성수비전 등에 참전하였다.

고주몽(高朱蒙, BC 58~BC 19) : 고구려 동명성왕과 동일인물이다. → 동명성왕

공민왕(恭愍王, 1330~1374) : 고려의 제31대 왕(재위 1351~1374)이다. 이름은 전(顓)이고 초명은 기(祺)이며, 호는 이재(怡齋) · 익당(益堂)이다. 원 배척운동을 통해 몽골풍, 원 연호 · 관제를 폐지하고, 쌍성총관부(雙城摠管府)를 폐지하여 영토를 회복하였다. 신돈을 등용하여 개혁 정치를 펼쳤다.

공양왕(恭讓王, 1345~1394) : 고려의 제34대 왕(재위 1389~1392)으로, 고려시대 최후의 왕이다. 이름은 요(瑤)이고 신종(神宗)의 7대손이며, 정원부원군(定原府院君) 왕

균(王鈞)의 아들이다. 이성계는 위화도회군 뒤에 창왕을 즉위시켰으나, 음모를 꾀하였다는 이유로 그를 폐위시키고 공양왕을 즉위시켰다. 이성계에게 실권을 빼앗겼으며, 정몽주가 살해된 후 덕이 없고 어리석다는 이유로 폐위당하였다.

곽재우(郭再祐, 1552~1617) : 조선 후기의 의병장이다. 1592년(선조 25) 4월 14일 임진왜란이 일어나 왕이 의주(義州)로 피난하자 같은 달 22일 제일 먼저 의령(宜寧)에서 수십 명의 사람들을 모아 의병을 일으켰다. 또한 성주목사(星州牧使)에 임명되어 악견산성(岳堅山城) 등 성지를 수축하였다.

광개토왕(廣開土王, 374~412) : 고구려의 제19대 왕(재위 391~412)이다. 이름은 담덕(談德)이며, 고국양왕의 아들이다. 소수림왕의 정치적 안정을 기반으로 최대의 영토를 확장한 정복 군주이다. 한국 최초의 연호를 사용하였으며, 동예를 통합하고 동부여를 정벌하였다.

광종(光宗, 925~975) : 고려의 제4대 왕(재위 949~975)이다. 자는 일화(日華), 휘는 소(昭), 시호는 대성(大成)이다. 태조의 제4남이며 정종(定宗)의 친동생이다. 노비안검법과 과거제를 실시하는 등 개혁정책을 통해 많은 치적을 쌓았다.

광해군(光海君, 1575~1641) : 조선의 제15대 왕(재위 1608~1623)이다. 이름은 혼(琿)이다. 임진왜란 기간 동안 국가 안위를 위해 많은 공을 세웠으며, 전쟁이 끝난 후 대북파(大北派)의 지지를 얻어 왕이 되었다. 즉위 후 당쟁의 폐해를 억제하려 하였으나 대북파에게 책동되었으며 인조반정으로 유배되어 죽었다. 서적 편찬, 사고(史庫) 정비, 대동법(大同法)을 실시하였으며 명・후금과 양면외교정책을 행하였다.

구해왕(仇亥王, 생몰년미상) : 구형왕과 동일인물이다. → 구형왕

구형왕(仇衡王, 생몰년미상) : 금관가야의 제10대 왕(재위 521~532)으로, 금관가야의 마지막 왕이다. 구해왕(仇亥王)이라고도 한다. 겸지왕(鉗知王)의 아들이자, 각간(角干) 김무력(金武力)의 아버지이며, 김유신의 증조부(曾祖父)이다. 532년(법흥왕 19) 신라에 항복하여 상등(上等)의 벼슬과 가락국을 식읍(食邑)으로 받았다.

궁예(弓裔, ?~918) : 후고구려의 제1대왕(재위 901~918)이다. 성은 김이고, 몰락한 진골귀족의 후예로, 신라의 제47대 헌안왕 또는 제48대 경문왕의 아들이라고도 한다. 898년(효공왕 2) 양길(梁吉)을 타도하고 송악(松岳)을 근거로 자립하여 고구려의 부흥을 표방하고, 다시 901년에 후고구려를 건국하여 스스로 왕이라 칭하였다. 그러나 전제군주로서 횡포가 심하였고, 신숭겸(申崇謙) 등이 왕건을 추대하자 도망가다 피살되었다.

권상하(權尙夏, 1641~1721) : 조선 후기의 학자이다. 본관은 안동, 자는 치도(致道), 호는 수암(遂菴)・한수재(寒水齋), 시호는 문순(文純)이다. 스승 송시열의 유언에 따라 만동묘(萬東廟)를 청주에 세웠고 숙종의 뜻을 받들어 대보단(大報壇)을 세웠다. 송시열에게 계승된 기호학파(畿湖學派)의 지도자로서, 이이가 주장하는 기발이승일도설(氣發理乘一途說)을 지지하였다.

권순장(權順長, 1607~1637) : 조선 후기의 충신이다. 본관은 안동, 자는 효원(孝元), 시호는 충렬(忠烈)이다. 병자호란 때 강화에서 성을 방어하기 위해 의병을 일으켰다가, 성이 함락되자 좌의정 김상용(金尙容) 등과 함께 스스로 분사(焚死)하였다. 처는 목을 매어 자결하였고, 아우 권순열(權順悅)·권순경(權順慶)은 전사하였다.

권율(權慄, 1537~1599) : 조선 전기의 명장이다. 본관은 안동, 자는 언신(彦愼), 호는 만취당(晩翠堂)·모악(暮嶽)이다. 1582년(선조 15) 식년문과(式年文科)에 병과(丙科)로 급제하였다. 금산군 이치(梨峙)싸움, 수원 독왕산성(禿旺山城)전투, 행주대첩 등에서 승리하였다. 임진왜란 7년 간 군대를 총지휘한 장군으로 전공을 세웠다.

권응수(權應銖, 1546~1608) : 조선 후기의 무신이다. 본관은 안동, 자는 중평(仲平), 호는 백운재(白雲齋)이다. 1583년(선조 16) 별시무과(別試武科)에 급제하여, 훈련원 부봉사(訓練院副奉事)로 북변수비에 종사하였다. 1592년 임진왜란 당시 고향에 돌아가 의병을 모집하여 영천성(永川城)을 탈환하고 병마우후(兵馬虞侯)가 되었다. 경주성 탈환전, 문경 당교(唐橋)싸움 등에 참전하였다.

권중현(權重顯, 1854~1934) : 개화기·일제강점기의 친일파 관리이다. 본관은 안동, 호는 경농(經農), 초명은 재형(在衡)이다. 을사조약 체결에 찬성하여 을사5적(乙巳五賊)의 한 사람으로 규탄받았다. 국권침탈 후 일본 자작이 되고, 조선총독부 중추원(中樞院)과 조선사편수회(朝鮮史編修會)의 고문 등을 역임하였다. 편저에는 『태사권공실기(太師權公實記)』·『국재선생실기(菊齋先生實記)』 등이 있다.

그레이트 하우스(具禮, 1848~1899) : 본명은 C. R. Greathouse로, 미국인이다. 1886년 미국의 클리브랜드 대통령 재임 기간 중 주일요코하마 총사로 재직하였다. 1890년 조선의 내무협판(內務協辦)에 임명되고 우정국총판(郵政局總辦)직을 겸하였다. 갑오기에 일본에 의해 외부고문(外部顧問)에 선임된 후, 1896년에 외부고문 겸 임시 법률고문으로 재직하였다. 양화진 외국인 묘지에 매장되었다.

금성대군(錦城大君, 1426~1457) : 조선 전기의 왕족이다. 세종의 제6남으로 이름은 유(瑜)이며 어머니는 소헌왕후(昭憲王后) 심씨, 단종의 숙부이며 세조의 동생이다. 성삼문(成三問) 등 사육신(死六臣)의 단종복위운동이 실패하자, 이에 연루되어 순흥에 안치, 그곳에서 다시 순흥부사 이보흠(李甫欽)과 함께 단종의 복위를 꾀하다가 기천(基川) 현감의 고변으로 사사되었다.

금와왕(金蛙王, 생몰년미상) : 고구려 동명성왕 신화에 나오는 동부여의 왕이다. BC 1세기에 활동한 것으로 보이며, 그의 행적은 고구려 시조인 동명성왕의 신화를 전하고 있는 『삼국사기』·『삼국유사』, 그리고 이규보(李奎報)의 「동명왕편(東明王篇)」에 전해지고 있다.

기자(箕子, 생몰년미상) : 상(商)나라 말기의 현인이다. 성은 자(子), 이름은 서여(胥余)이며, 상 태정제(太丁帝)의 아들로 주왕(紂王)의 숙부이다. 주왕(紂王)의 폭정(暴政)에 대해 간언을 하다 받아들여지지 않자 미친 척 하여 유폐(幽閉)되었다. 상이 멸망한 뒤 석방되었으나 유민(遺民)들을 이끌고 주나라를 벗어나 북(北)으로 이주하였다. 비간(比干)・미자(微子)와 함께 상 말기의 세 명의 어진 사람[三仁]으로 꼽힌다.

기준(奇遵, 1492~1521) : 조선 전기 문신이다. 본관은 행주, 자는 자경(子敬), 호는 복재(服齋)・덕양(德陽), 시호는 문민(文愍)이다. 1514년(중종 9) 별시문과(別試文科)에 응시하여 병과(丙科)로 급제하였다. 이조판서에 추증되었으며, 기묘명현(己卯名賢)의 한 사람으로 온성(穩城)의 충곡서원(忠谷書院), 아산(牙山)의 아산서원(牙山書院), 종성(鐘城)의 종산서원(鐘山書院), 고양(高陽)의 문봉서원(文峰書院) 등에 각각 배향되었다. 문집에 『복재문집(服齋文集)』, 저서에 『무인기문(戊寅記聞)』・『덕양일기(德陽日記)』 등이 있다.

기준(箕準, 생몰년미상) : 준왕과 동일인물이다. → 준왕

기협(奇協, 1572~1627) : 조선 후기 문신이다. 본관은 행주, 자는 여인(汝寅)이다. 1601년(선조 34) 식년문과(式年文科)에 병과(丙科)로 급제, 검열(檢閱)・부수찬(副修撰)・병조좌랑(兵曹佐郎)・교리(校理) 등을 지냈다. 황해도관찰사가 되었고, 정묘호란이 일어나자 선천(宣川)부사로서 능한산성(陵漢山城)에서 싸우다가 전사하였다.

기훤(箕萱, 생몰년미상) : 신라 말기의 지방 세력가이다. 891년(진성여왕 5) 죽주(竹州)에서 무리를 모아 반란을 일으키고, 막하(幕下)로 궁예 등 뛰어난 인물을 두었으나 성질이 횡포하여 크게 떨치지 못하였다. 기훤에게 푸대접을 받던 궁예는 892년 원회(元會)・신훤(申煊) 등과 함께 기훤을 떠나 양길(梁吉)의 부하가 되었다.

길재(吉再, 1353~1419) : 고려 말・조선 초의 성리학자이다. 본관은 해평(海平), 자는 재보(再父), 호는 야은(冶隱)・금오산인(金烏山人), 시호는 충절(忠節)이다. 1387년(우왕 13) 성균학정(成均學正)이 되었다가, 1388년에 순유박사(諄諭博士)를 거쳐 성균박사(成均博士)를 지냈다. 조선이 건국된 뒤 1400년(정종 2)에 이방원(李芳遠)이 태상박사(太常博士)에 임명하였으나 두 임금을 섬기지 않겠다는 뜻을 말하며 거절하였다.

김경서(金景瑞, 1564~1624) : 조선 후기의 무신이다. 본관은 김해, 자는 성보(聖甫)이다. 무과에 급제하여 1588년(선조 21) 감찰(監察)이 되었으나 파직되었다. 임진왜란 때 다시 기용, 평양 방위전에서 대동강을 건너려는 적을 막고 명나라 이여송(李如松)의 군대와 함께 평양성을 탈환하였다. 명나라가 후금을 치기 위하여 원병요청을 하자 출전하였고, 후금 군대에 항복하여 포로가 되었다가 적의 정세를 기록하여 비밀리에 고국에 보내려다 처형되었다.

김굉필(金宏弼, 1454~1504) : 조선 전기의 성리학자이다. 본관은 서흥(瑞興), 자는 대유(大猷), 호는 사옹(蓑翁)・한훤당(寒暄堂), 시호는 문경(文敬)이다. 『소학』에 심취하여 '소학동자'라 자칭하였다. 1498년 무오사화(戊午士禍)가 일어나자 평안도 희천(熙川)에 유배되었는데, 그곳에서 조광조를 만나 학문을 전수하였다.

김구용(金九容, 1338~1384) : 고려 말기의 학자이다. 본관은 안동, 자는 경지(敬之), 호

는 척약재(惕若齋), 초명은 제민(齊閔)이다. 공민왕 때 16세로 진사에 합격, 그 뒤 문과에 급제하여 덕녕부주부(德寧府主簿)를 거쳐 민부의랑 겸 성균관직강(民部議郞兼成均館直講)이 되었다. 정몽주·박상충(朴尙衷)·이숭인(李崇仁) 등과 성리학을 일으켰고, 척불숭유의 선봉이었다. 사장(詞章)을 잘하였으며, 『동문선』에 8편의 시가 전한다.

김귀주(金龜柱, 1740~1786) : 조선 후기 문신이다. 본관은 경주이고 영조의 계비인 정순왕후(貞純王后)의 오빠이다. 증광문과(增廣文科)에 급제하여 홍문관부교리(弘文館副校理)에 임명되었으며, 강원도관찰사·좌승지(左承旨) 등을 두루 역임하였다. 당시 왕세손이었던 정조의 외조 홍봉한(洪鳳漢)을 모함하여 왕세손의 지위를 위협하였다. 이때부터 시파(時派)·벽파(僻派)의 대립이 싹트기 시작하여 벽파의 영수로서의 지위에 올랐다.

김기수(金綺秀, 1832~?) : 조선 말기의 문신이다. 본관은 연안(延安), 자는 계지(季芝), 호는 창산(蒼山)이다. 1876년 강화도조약 체결 후 수신사(修信使)로 임명되니 근대 대일교섭의 첫 사절이 되었다. 저서에 『일동기유(日東記游)』와 『수신사일기(修信使日記)』가 있다.

김덕령(金德齡, 1567~1596) : 임진왜란 때의 의병장이다. 본관은 광산, 자는 경수(景樹), 시호는 충장(忠壯)이다. 의병을 정돈하고 선전관(宣傳官)이 된 후, 권율(權慄)의 휘하에서 의병장 곽재우(郭再祐)와 협력하여 여러 차례 왜병을 격파하였다. 생애와 도술을 묘사한 작자·연대 미상의 전기 소설 『김덕령전(金德齡傳)』이 있다.

김락(金樂, ?~927) : 고려의 개국공신으로, 시호는 장절(壯節)이다. 918년(태조 1) 고려가 개국되자 2등공신에 책록되고, 927년 7월 원보(元甫) 재충(在忠)과 함께 대량성(大良城 : 합천)을 공략하여 후백제의 장군 추허조(鄒許祖) 등을 사로잡았다. 그해 공산(公山)에서 견훤과 싸우다가 태조가 포위되자, 대장 신숭겸(申崇謙)과 함께 구하고 전사하였다.

김류(金瑬, 1571~1648) : 조선 후기의 문신이다. 본관은 순천, 자는 관옥(冠玉), 호는 북저(北渚), 시호는 문충(文忠)이다. 인조반정 때 정사(靖社)1등공신에 책록되었으며, 이조판서·좌의정·도체찰사(都體察使)·영의정 등을 역임하면서 인조 초·중반의 정국을 주도하였다.

김만기(金萬基, 1633~1687) : 조선 후기의 문신이다. 본관은 광산, 자는 영숙(永淑), 호는 서석(瑞石)·정관재(靜觀齋), 시호는 문충(文忠)이다. 형조참판 김장생(金長生)의 증손이다. 인경왕후(仁敬王后)의 아버지인 작은아버지 김익희(金益熙)에게서 수학하였으며 송시열(宋時烈)의 문인이다. 문집에 『서석집(瑞石集)』이 있다.

김보현(金輔鉉, 1826~1882) : 조선 후기 문신이다. 본관은 광산, 자는 공필(公弼), 호는 난재(蘭齋), 시호는 문충(文忠)이다. 1848년(헌종 14) 증광문과(增廣文科)에 을과(乙科)로 급제, 대교(待敎)가 되었다. 이조참의(吏曹參議)·부제학(副提學)을 거쳐,

규장각직제학(奎章閣直提學)이 되고, 우승지(右承旨)·개성부유수(開城府留守)를 지냈다. 홍선대원군에 의해 추방된 뒤, 곧 척족 민씨일파가 되어 형조·이조의 판서, 선혜청당상(宣惠廳堂上)을 지냈다.

김봉학(金奉學, 1871～1905) : 개화기의 순국열사이다. 명성황후(明成皇后) 시해사건을 계기로 의병에 참가하였고, 대한제국군 평양진위대(平壤鎭衛隊)에서 근무하였다. 이토 히로부미[伊藤博文]의 살해를 계획하던 중 발각되어 자결하였다.

김부식(金富軾, 1075～1151) : 고려 전기의 문신·학자이다. 본관은 경주, 자는 입지(立之), 호는 뇌천(雷川), 시호는 문열(文烈)로, 신라 왕실의 후예이다. 인종의 명령을 받아 『삼국사기』를 편찬하면서 체재(體裁)를 작성하고 사론(史論)을 직접 썼으며, 1145년에 완성하였다. 호부상서 한림학사승지(戶部尙書翰林學士承旨)를 지냈고 묘청 등의 서경천도세력이 난을 일으키자 원수로서 3군(三軍)을 지휘하며 난을 제압하였다.

김부의(金富儀, 1079～1136) : 고려 전기의 문신이다. 본관은 경주, 자는 자유(子由), 초명은 부철(富轍), 시호는 문의(文懿)로, 김부식의 동생이다. 인종이 세자로 있을 때, 첨사부사직(詹事府司直)이 되어 문학(文學)으로 우대를 받았고, 어사중승(御史中丞)으로 특진하였다. 묘청이 난을 일으키자, 평서10책(平西十策)을 올리고 좌군수(左軍帥)·추밀원사(樞密院使)가 되어 출정하였으며, 평정하고 돌아와 금대(金帶)를 하사받았다.

김부일(金富佾, 1071～1132) : 고려 전기의 학자이다. 본관은 경주, 자는 천여(天與), 시호는 문간(文簡)으로, 김부식의 형이다. 숙종 때 습유(拾遺)·지제고(知制誥)를 거쳐 원주·상주의 지방관을 역임하여 선정을 베풀었다. 직학사(直學士)로서 왕과 보문각(寶文閣) 유신들에게 경사(經史)를 강론하였고 수태위 개부의동삼사 비서성사 주국(守太尉開府儀同三司祕書省事柱國) 등을 두루 역임하였다. 문장에 능하였다.

김부철(金富轍, 1079～1136) : 김부의와 동일인물이다. → 김부의

김상로(金尙魯, 1702～?) : 조선 후기의 문신이다. 본관은 청풍(淸風), 자는 경일(景一), 호는 하계(霞溪)·만하(晩霞), 시호는 익헌(翼獻)이다. 3사(三司)의 벼슬을 두루 거쳐 병조판서가 된 뒤, 이조·호조판서를 거쳐 우의정·좌의정·영의정에 이르렀다. 1762년 사도세자(思悼世子)의 처벌에 적극 참여하여, 죽은 후 정조가 관작을 추탈하였다.

김상용(金尙容, 1561～1637) : 조선 후기 문신이다. 본관은 안동, 자는 경택(景擇), 호는 선원(仙源)·풍계(楓溪), 시호는 문충(文忠)이다. 1590년 증광문과(增廣文科)에 급제하여 검열(檢閱)에 등용되었으며, 상신(相臣) 정철(鄭澈), 판서 김찬(金瓚)의 종사관(從事官)으로 있었다. 글씨에 뛰어났는데, 그 서체는 이왕체(二王體 : 王羲之와 王獻之의 글씨체)를 본뜨고 전(篆)은 중체(衆體)를 겸하였다.

김상헌(金尙憲, 1570～1652) : 조선 후기 문신이다. 본관은 안동, 자는 숙도(叔度), 호는

청음(淸陰)·석실산인(石室山人)이다. 정묘호란이 일어났을 때 진주사(陳奏使)로 명나라에 갔다가 구원병을 청하였고, 돌아와서는 후금과의 화의를 끊을 것과 강홍립(姜弘立)의 관직을 복구하지 말 것을 강력히 주장하였다. 대표적인 척화신으로서 추앙받았다.

김석주(金錫胄, 1634~1684) : 조선 후기의 문신이다. 본관은 청풍(淸風), 자는 사백(斯百), 호는 식암(息庵), 시호는 문충(文忠)이다. 1657년(효종 8) 진사가 되고 현종 때 제2차 예송이 일어나자, 남인 허적(許積) 등과 결탁하여 송시열 등의 산당을 숙청하였다. 음험한 수법으로 남인의 타도를 획책하여 같은 서인의 소장파로부터 반감을 사 서인이 노론·소론으로 분열한 원인의 하나가 되었다.

김수로(金首露, 42~199) : 금관가야 수로왕과 동일인물이다. → 수로왕

김수항(金壽恒, 1629~1689) : 조선 후기의 문신이다. 본관은 안동, 자는 구지(久之), 호는 문곡(文谷), 시호는 문충(文忠)이다. 효종·현종 때 여러 관직을 지내고, 제2차 예송이 일어나 남인이 주장한 기년설(朞年說)이 채택되자 벼슬을 내놓았다. 그 후 숙종 때 영의정이 되었으나, 1689년(숙종 15) 기사환국(己巳換局)으로 남인이 재집권하게 되자 진도에 유배되었다가 사사되었다.

김수흥(金壽興, 1626~1690) : 조선 후기의 문신이다. 본관은 안동, 자는 기지(起之), 호는 퇴우당(退憂堂)·동곽산인(東郭散人), 시호는 문익(文翼)이다. 효종·현종 때 여러 관직을 지냈다. 1674년(숙종 즉위년) 영의정으로 자의대비(慈懿大妃) 복상문제를 정할 때, 남인의 기년설(朞年說)에 대해 대공설(大功說)을 주장하다가 부처될 뻔 하였다. 1689년 남인이 집권하자 장기(長鬐)에 유배되었다가 죽었다.

김시습(金時習 1435~1493) : 조선 전기의 학자이다. 본관은 강릉, 자는 열경(悅卿), 호는 매월당(梅月堂)·동봉(東峰)·청한자(淸寒子)·벽산(碧山), 법호는 설잠(雪岑), 시호는 청간(淸簡)이다. 생육신(生六臣) 중 한 사람이다. 유불(儒佛) 정신을 아울러 포섭한 사상과 탁월한 문장으로 일세를 풍미하였다. 금오산실(金鰲山室)에서 한국 최초의 한문소설『금오신화(金鰲新話)』를 지었다.

김옥균(金玉均, 1851~1894) : 조선 후기의 문신이다. 본관은 안동, 자는 백온(伯溫), 호는 고균(古筠)·고우(古愚)이다. 1872년(고종 9) 알성문과(謁聖文科)에 장원급제하고, 1874년 교리(校理)·정언(正言)을 지냈다. 개화통상론자 박규수(朴珪壽)의 영향으로 개화사상을 받아들여 박영효(朴泳孝)·서광범(徐光範)·홍영식(洪英植) 등과 개화사상을 발전시켰다. 1882년 3차례의 일본 방문으로 메이지[明治]유신을 목도하고 귀국한 뒤 승정원우부승지(承政院右副承旨)·참의교섭통상사무(參議交涉通商事務)에 이어 이조참의(吏曹參議)·호조참판(戶曹參判)·외아문협판(外衙門協辦) 등의 요직을 거쳤다. 1884년 근대 부르주아혁명을 지향하였던 개화파의 지도자로 갑신정변을 주도하였으나 실패하여 일본으로 망명하였다. 1894년 중국 상하이에서 자객 홍종우(洪鍾宇)에게 살해되었다. 저서에『기화근사(箕和近事)』·『치도

약론(治道略論)』·『갑신일록(甲申日錄)』 등이 있다.

김유신(金庾信, 595~673) : 신라의 장군이다. 본관은 김해이며, 가야국의 시조 김수로왕(金首露王)의 12대손이다. 소정방(蘇定方)이 이끈 당나라군과 연합하여 백제를 멸망시켰다. 당나라군과 함께 고구려 정벌에 나서 여러 번 실패하였으나 결국 성공하였다. 이후, 당나라 군사를 축출하는 데 힘써 한강 이북의 고구려 땅을 수복해 삼국통일의 기반을 다져 놓았다.

김응하(金應河 1580~1619) : 조선 후기의 무신이다. 본관은 안동, 자는 경의(景義), 시호 충무(忠武)이다. 명나라가 건주위(建州衛)를 치기 위해 원병요청을 하자 참전하였다. 명나라 유정(劉綎)이 패하여 자결하자 수만 명의 후금군을 맞아 싸우다가 중과부적으로 패해 전사하였다.

김인준(金仁俊, ?~1268) : 김준과 동일인물이다. → 김준

김일손(金馹孫, 1464~1498) : 조선 전기의 학자·문신이다. 본관은 김해, 자는 계운(季雲), 호는 탁영(濯纓), 시호는 문민(文愍)이다. 1486년(성종 17)에 생원이 되고, 같은 해 식년문과(式年文科)에 급제하였다. 1498년(연산군 4) 무오사화(戊午士禍)로 사형에 처해졌으며, 이로 인해 새로 등장한 신진 사림은 집권층인 훈구파에 의해 거세되었다. 중종반정 후 신원되고, 도승지(都承旨)로 추증되었다.

김장생(金長生, 1548~1631) : 조선 후기의 문신·예학(禮學) 사상가이다. 본관은 광산, 자는 희원(希元), 호는 사계(沙溪), 시호는 문원(文元)이다. 임진왜란 이후 주로 지방관을 역임하였으며, 인목대비(仁穆大妃) 폐모논의가 일어나고 북인이 득세하자 낙향하여 예학 연구와 후진 양성에 몰두하였다. 그의 제자는 송시열 외에 서인과 노론계의 대표적 인물들이 많다.

김제남(金悌男, 1562~1613) : 조선 후기의 문신이다. 본관은 연안(延安), 자는 공언(恭彦), 시호는 의민(懿愍)이다. 선조의 장인으로 1585년(선조 18) 사마시(司馬試)에 합격, 1594년 의금부도사(義禁府都事)·공조좌랑(工曹佐郎)을 거쳐 연천현감을 역임하였다. 1602년 딸이 선조의 계비인 인목왕후(仁穆王后)가 되자 연흥부원군(延興府院君)으로 봉해졌다. 1613년 인목왕후의 소생 영창대군(永昌大君)을 추대하려 한다는 이이첨(李爾瞻) 등의 무고를 받고 사사되었다.

김종서(金宗瑞, 1383~1453) : 조선 전기의 문신이다. 본관은 순천, 자는 국경(國卿), 호는 절재(節齋), 시호는 충익(忠翼)이다. 1433년 야인들의 침입을 격퇴하고 6진(六鎭)을 설치하여 두만강을 경계로 국경선을 확정하였다. 수양대군(首陽大君)에 의하여 1453년 두 아들과 함께 집에서 격살되고 대역모반죄라는 누명까지 쓰고 효시됨으로써 계유정난(癸酉靖難)의 첫 번째 희생자가 되었다. 1746년(영조 22)에 신원되어 복권되었다.

김종직(金宗直, 1431~1492) : 조선 전기의 성리학자·문신이다. 본관은 선산, 자는 계온(季昷)·효관(孝盥), 호는 점필재(佔畢齋), 시호는 문충(文忠)이다. 영남학파의

종조이며, 그가 생전에 지은 「조의제문(弔義帝文)」이 그가 죽은 후인 1498년(연산군 4) 무오사화(戊午士禍)가 일어나는 원인이 되었다. 그는 부관참시(剖棺斬屍)를 당하였으며, 많은 제자가 죽임을 당하였다.

김준(金俊, ?~1268) : 고려 후기의 무신이다. 초명은 인준(仁俊)으로, 최우(崔瑀)의 신임을 얻어 전전승지(殿前承旨)를 거쳐 별장(別將)으로 최항(崔沆)을 섬겼다. 최의(崔竩)를 살해하여 최씨의 무단정치를 타도하고 왕권을 회복시키는 공을 세웠으나, 그의 외교정책이 원종의 미움을 받자 임연(林衍) 일파에게 살해되었다.

김집(金集, 1574~1656) : 조선 후기의 문신·학자이다. 본관은 광산, 자는 사강(士剛), 호는 신독재(愼獨齋), 시호는 문경(文敬)이며 김장생(金長生)의 아들이다. 광해군 때 왕의 문란한 정치를 보고 은퇴하였으며, 인조반정 뒤 등용되어 여러 관직을 역임하였다. 효종과 함께 북벌을 계획하였으나 실패하였다. 아버지 김장생과 더불어 예학의 기본적 체계를 완성하였다.

김창집(金昌集, 1648~1722) : 조선 후기의 문신이다. 본관은 안동, 자는 여성(汝成), 호는 몽와(夢窩), 시호는 충헌(忠獻)이다. 1684년 공조좌랑(工曹佐郎)으로 있을 때 정시문과(庭試文科)에 급제하였다. 기사환국(己巳換局) 때 부친이 사사되자 은거하였다. 후에 영의정까지 올랐으나, 경종 때 왕세제의 대리청정을 주장하다가 소론파의 반대로 대리청정이 취소되자 관직에서 물러났다. 이어 신임사화(辛壬士禍)가 일어나 유배되었다가 사사되었다.

김천일(金千鎰, 1537~1593) : 조선 전기의 문신·의병장이다. 본관은 언양, 자는 사중(士重), 호는 건재(健齋)·극념당(克念堂), 시호는 문열(文烈)이다. 임진왜란 때 나주에 있다가 고경명(高敬命) 등과 함께 의병을 일으켰다. 왜적에게 점령된 수도에 결사대를 잠입시켜 싸우고, 명나라 제독 이여송(李如松)의 군대를 도왔으며, 진주성을 사수하다가 성이 함락되자 남강에 투신 자결하였다.

김춘추(金春秋, 604~661) : 신라 태종무열왕과 동일인물이다. → 태종무열왕

김품석(金品釋, ?~642) : 신라의 무장으로, 김춘추의 사위이다. 642년(선덕여왕 11) 윤충(允充) 거느린 백제군이 대야성(大耶城)을 공격하여 낙성 위기에 처하게 되자, 투항하면 살려준다는 윤충의 약속을 믿었으나 전멸당하였다.

김홍집(金弘集, 1842~1896) : 조선 후기의 문신이다. 본관은 경주이며, 박규수(朴珪壽) 문하에서 수학하였다. 임오군란·갑신정변 등이 일어났을 때 나라의 일을 살폈으며, 청일전쟁 후에 갑오개혁을 단행하였다. 을미사변 후 일본의 압력에 의한 개혁을 실시하다가, 의병들의 규탄을 받고 내각이 붕괴되었으며, 그도 난도들에게 살해되었다.

김효원(金孝元, 1542~1590) : 조선 전기의 학자·문신이다. 본관은 선산(善山), 자는 인백(仁伯), 호는 성암(省庵)으로, 이황과 조식(曺植)의 문인이다. 명종대 말과 선조대 초에 훈구파가 몰락하고 사림파가 크게 진출할 때 소장관인의 대표적인 인물이었다.

남곤(南袞, 1471～1527) : 조선 전기의 문신이다. 본관은 의령, 자는 사화(士華), 호는 지정(止亭)·지족당(知足堂)이다. 호조·병조·이조판서 등을 지냈다. 주청사(奏請使)로 명나라에 다녀왔으며, 기묘사화(己卯士禍)를 꾸며 신진사류(新進士類)를 숙청하였다.

남이(南怡, 1441～1468) : 조선 전기의 무신이다. 본관은 의령, 시호는 충무(忠武)이며 태종의 외증손(外曾孫)이다. 1457년(세조 3) 약관의 나이로 무과에 장원, 세조의 지극한 총애를 받았다. 이시애(李施愛)의 난 때 우대장(右大將)으로 이를 토벌하였고 서북변의 건주위(建州衛)를 정벌하였다. 공신의 대우를 받았고 병조판서에까지 올랐으나, 역모의 의심을 받아 처형되어 젊은 나이에 생을 마쳤다.

남지(南智, 생몰년미상) : 조선 전기의 문신이다. 본관은 의령, 자는 지숙(智叔)으로, 17세 때 음보(蔭補)로 감찰(監察)이 되었다. 1435년(세종 17) 성절사(聖節使)가 되어 명나라에 다녀왔으며, 우의정·좌의정 등을 지냈다. 손자의 상소로 충간(忠簡)이라는 시호가 내려졌다.

남해왕(南解王, ?～24) : 신라의 제2대 왕(재위 4～24)이다. 박혁거세의 장남으로 박혁거세의 뒤를 이어 즉위하였다. 6년에 시조의 능을 조영하였고, 8년에 석탈해(昔脫解)가 뛰어난 인물임을 알고 그를 사위로 삼았으며, 10년에 그를 대보(大輔)에 임명하여 정사를 맡겼다. 사릉원(蛇陵園)에 장사지냈다.

남효온(南孝溫, 1454～1492) : 조선 전기의 문신으로, 생육신(生六臣) 중에 한 사람이다. 단종의 생모인 현덕왕후(顯德王后)의 능을 복위시키려고 상소를 올렸으나 저지당하였으며 그 일로 갑자사화(甲子士禍) 때는 부관참시(剖棺斬屍)를 당하였다. 주요 저서에 『육신전(六臣傳)』·『추강집(秋江集)』 등이 있다.

노적수(魯籍壽, 1812～1882) : 존 로저스(John Rodgers)와 동일인물이다. → 로저스

녹진(祿眞, 생몰년미상) : 신라의 무장·정치가이다. 23세 때 벼슬에 올라, 818년(헌덕왕 10) 집사시랑(執事侍郞)이 되었다. 상대등 김충공(金忠恭)이 인사문제로 고심한 나머지 병으로 은퇴하자, 직언(直言)으로 그를 설득하여 다시 나가게 하였다. 822년 웅천도독(熊川都督) 김헌창(金憲昌)의 반란 때는 관군을 이끌고 출전하여 공을 세웠다.

논개(論介, ?～1593) : 임진왜란 때 진주에서 순절한 의기(義妓)이다. 성은 주씨(朱氏)이고, 본관은 신안(新安 : 중국)으로, 경상우도병마절도사(慶尙右道兵馬節度使) 최경회(崔慶會)의 후처이다. 임진왜란 때 최경회가 전사하자 일본군이 촉석루(矗石樓)에서 벌이는 잔치에 참석하여 일본군 장수 게야무라 로쿠스케[毛谷村六助]를 끌어안고 남강에 투신하였다.

뇌실주일(惱室朱日, 생몰년미상) : 대가야 이진아시왕과 동일인물이다. → 이진아시왕

뇌실청예(惱室靑裔, 42～199) : 금관가야 수로왕과 동일인물이다. → 수로왕

눌지왕(訥祗王, ?～458) : 신라의 제19대 왕(재위 417～458)이다. 성은 김씨로, 눌지마립간이라고도 한다. 아버지는 제17대 내물왕이며, 제18대 실성왕의 딸을 비로 맞았

다. 자신을 해치려는 실성왕을 제거하고 왕위에 올랐다. 우차법(牛車法)을 제정하였으며 백제와 공수동맹(攻守同盟)을 맺어 고구려를 공격하였다.

다루왕(多婁王, ?~77) : 백제의 제2대 왕(재위 28~77)이다. 시조 온조왕의 원자(元子)이다. 38년 흉년이 들자 양조(釀造)를 금지하였고, 여러 차례 침입해 온 북방의 말갈족을 격퇴하였으며, 56년 우곡성(牛谷城)을 쌓아서 말갈족의 침입에 대비하였다. 한편 신라와도 자주 충돌하였으며, 66년 신라의 와산성(蛙山城)을 점령하는 등 영토를 넓혔다

단종(端宗, 1441~1457) : 조선의 제6대 왕(재위 1452~1455)이다. 이름은 홍위(弘暐)이다. 문종의 아들로 어린 나이에 즉위하여 숙부인 수양대군(首陽大君)에게 왕위를 빼앗기고 상왕이 되었다. 이후 단종복위운동을 하던 성삼문(成三問) 등이 죽임을 당하자 서인(庶人)으로 강등되고 결국 죽임을 당하였다.

대조영(大祚榮, ?~719) : 발해 고왕과 동일인물이다. → 고왕

덕니(德尼, 생몰년미상) : 오언 데니(Owen N. Denny)와 동일인물이다. → 데니

데니(茶爾, 생몰년미상) : 본명은 Owen N. Denny로, 조선 후기의 미국인 외교고문이다. 묄렌도르프(Möllendorf : 穆麟德)의 후임으로 청나라에서 파견되어 고종의 고문이 되었다. 1885~1890년까지 한국에 머무르면서 러시아공사 베베르(Veber)와 합작하여 청나라에 대항하는 행동을 취하였다. 이로 말미암아 청국의 리홍장(李鴻章)의 노여움을 사서 청나라로 소환되어 갔다.

도설지왕(道設智王, 생몰년미상) : 대가야의 제16대 왕(재위 6세기 중엽~562)으로, 마지막 왕이다. 아버지는 이뇌왕(異腦王)이며, 어머니는 신라 이찬 비조부(比助夫)의 누이라고 전한다. 가야연맹제국이 차례로 신라에 병합되었지만 대가야만은 홀로 버티다가 결국 562년(진흥왕 23) 사다함(斯多含)이 거느린 5천의 기병을 선봉으로 한 정벌군총사령관 이사부(異斯夫)의 대군에 항복하였다. 이로써 16대 520년의 대가야는 멸망하고 말았다.

도요토미 히데요시[豊臣秀吉, 1536~1598] : 일본의 무장·정치가이다. 오다 노부나가[織田信長] 휘하에서 점차 두각을 나타내어 중용되던 중 오다 노부나가가 죽자, 그의 원수를 갚음과 동시에 일본 통일을 이룩하였다.

동명성왕(東明聖王, BC 58~BC 19) : 고구려의 제1대왕(재위 BC 37~BC 19)이다. 『삼국사기』에 따르면 동부여의 금와왕이 데려 온 하백(河伯)의 딸 유화(柳花)가 낳은 알에서 주몽이 나왔다고 한다. 금와왕의 장자 대소(帶素) 등 일곱 왕자 및 여러 신하들이 시기해 죽이려 하자, 유화 부인의 뜻을 따라 화를 피하여 졸본부여(卒本扶餘)로 남하하여, BC 37년 나라를 세워 국호를 고구려라 하고, 성을 고(高)라 하였다.

로저스[路子周, 1812~1882] : 본명은 John Rodgers로, 미국의 군인이다. 남북전쟁에 참가하였고, 1870년 아시아 함대사령관이 되자 이듬해 한국에 통상을 요구하기 위해 침입하였다. 이 사건이 신미양요(辛未洋擾)이다.

리홍장(李鴻章, 1823~1901) : 청나라 말기의 정치가이다. 자는 소전(少荃)이며, 호는 의수(儀叟)이다. 청 말의 주요 외교문제를 장악하여, 이이제이(以夷制夷)로 열강들을 서로 견제시키면서, 양보・타협정책을 취하였다. 시모노세키[下關]조약에 조인하였고, 청・러밀약, 베이징조약 등에 관여하였다. 근대공업 진흥을 위해 노력하였으며 조선 내정과 외교에 관여하였다.

마건상(馬建常, 생몰년미상) : 청나라 말기의 문관이다. 1882년 정부기구가 개편된 후 리홍장(李鴻章)의 추천을 받아 조선에 와서 내무아문(內務衙門)의 후신인 통리군국사무아문(統理軍國事務衙門)의 참의(參議)가 되었다. 후에 참찬(參贊)에 승진하여 나라의 기무(機務)와 권리를 장악하고 내정을 간섭하였다.

마귀(麻貴, 생몰년미상) : 명나라의 장수이다. 1597년(선조 30) 정유재란 때, 명나라가 파견한 조선 원병의 제독으로 군사를 거느리고 들어왔다. 그해 12월 도산성(島山城)을 포위 공격하였으나 적장 구로다 나가마사[黑田長政]가 이끄는 일본군에게 패하여 후퇴하였다. 1598년(선조 31) 동래(東萊)로 내려가 도산성을 공격하였으나 성과를 올리지 못하고, 일본군의 철수로 귀국하였다.

맹사성(孟思誠, 1360~1438) : 고려 말・조선 초의 재상이다. 본관은 신창(新昌), 자는 자명(自明), 호는 고불(古佛)・동포(東浦), 시호는 문정(文貞)이다. 여러 벼슬을 거쳐 세종 때 이조판서로 예문관대제학(藝文館大提學)을 겸하였고 우의정에 올랐다. 『태종실록』을 감수하였고, 좌의정이 되어 『팔도지리지(八道地理志)』를 찬진하였다. 조선 전기의 문화 창달에 크게 기여하였다.

명종(明宗, 1534~1567) : 조선의 제13대 왕(재위 1545~1567)이다. 이름은 환(峘), 자는 대양(對陽)이다. 중종의 제2 적자(嫡子)이자 인종의 아우로, 어린 나이에 즉위하여 어머니인 문정왕후(文定王后)가 수렴첨정 하였다. 문정왕후의 동생인 윤원형(尹元衡)이 을사사화(乙巳士禍)를 일으켰으며 문정왕후 사후, 선정을 펼치려 노력하였다.

모니노(牟尼奴, 1365~1389) : 고려 우왕과 동일인물이다. → 우왕

목호룡(睦虎龍, 1684~1724) : 조선 후기의 지관(地官)이다. 본관은 사천으로, 신임사화(辛壬士禍)의 빌미를 제공하였다. 1722년(경종 2) 소론에 가담하여, 노론의 김창집(金昌集) 등이 경종 시해를 역모하였다고 고변하였다. 이에 4대신을 비롯한 노론이 숙청되었다.

묄렌도르프[穆麟德, 1848~1901] : 본명은 Paul George von Möllendorff로, 개화기에 민씨 척족세력의 지지를 얻고 활약한 독일인 고문이다. 1869년 청나라의 세관리(稅關吏)로 일하다가, 리홍장(李鴻章)의 추천으로 조선의 통리아문참의(統理衙門參議)・협판(協辦)을 역임하면서 외교와 세관업무를 맡았다. 외교와 재정분야에서 활동하였으나 당오전 발행으로 조선 경제의 어려움을 가중시켰다. 정치적으로 개화파와 대립하였다.

묘청(妙淸, ?~1135) : 고려 전기의 승려이다. 정심(淨心)이라고도 하며 서경 출생이다.

검교소감(檢校少監) 백수한(白壽翰)을 통하여 근신들과 접촉하여, 도참설(圖讖說)을 이용하여 중앙정계에 진출하였다. 서경 천도를 주장하였으나 개경 중신들의 반대로 좌절되었다. 이에 반란을 일으켰으나 부하에게 살해되었고, 반란군은 김부식이 이끄는 관군에게 섬멸되었다.

무쓰 무네미쓰[陸奧宗光, 1844~1897] : 일본의 외교관·정치가이다. 도사[土佐]국 출신이다. 사카모토 료마[坂本龍馬]의 해원대(海援隊)에 가입하여 존왕양이운동(尊王攘夷運動)에 나섰다. 1875년 원로원의관(元老院議官)·원로원간사(元老院幹事)가 되었고, 청일전쟁 후 강화담판에서 일본측 전권대사로서 청나라 측 전권 리훙장(李鴻章)을 상대로 시모노세키[下關]조약을 성립시킨 것으로도 유명하다.

무왕(武王, ?~641) : 백제의 제30대 왕(재위 600~641)이다. 이름은 장(璋)이며 어릴 때는 서동(薯童)이라 불리었다. 법왕의 뒤를 이어 즉위하였는데 신라와 자주 충돌하였고, 고구려 남진을 견제하였다. 수나라에 조공을 바치고, 친당책을 썼으며, 일본에 서적·불교를 전달하였다. 토목공사 등 낭비와 군대 동원으로 국력이 많이 소모되었다.

무왕(武王, ?~BC 1043?) : 주나라를 건국한 왕으로, 성은 희(姬)이고 이름은 발(發)이다. 주 문왕 희창(姬昌)의 제2남이므로 중발(仲發)이라고도 한다. BC 1046년 서쪽 제후들을 규합하여 상나라를 멸망시키고 호경(鎬京)으로 도읍을 옮기고 봉건제도를 실시하였다.

무제(武帝, BC 156~BC 87) : 전한(前漢)의 제7대 황제(재위 BC 141~BC 87)이다. 이름은 유철(劉徹), 자는 통(通)이며, 묘호는 세종(世宗), 시호는 효무황제(孝武皇帝)이다. 유학을 바탕으로 국가를 다스렸으며 해외 원정을 펼쳐 흉노·위만조선 등을 멸망시켜, 당시 중국 역사상 가장 넓은 영토를 만들어 전한의 전성기를 열었다. 한반도에 한사군 또는 한군현을 설치하기도 하였다.

문무왕(文武王, 626~681) : 신라의 제30대 왕(재위 661~681)이다. 성은 김, 이름은 법민(法敏)으로, 태종무열왕의 장남이다. 나당연합군으로 660년에 백제, 668년에 고구려를 멸망시켰다. 676년 당나라 세력을 몰아내고 삼국통일을 완수하였다.

문선왕(文宣王, BC 551~BC 479) : 공자를 가리킨다. 공자는 중국 고대의 사상가로, 유교의 시조이며 최고의 덕(德)을 인(仁)이라고 보았다. 739년에 당 현종이 문선왕이라는 시호를 추증하였다.

문종(文宗, 1414~1452) : 조선의 제5대 왕(재위 1450~1452)이다. 이름은 향(珦), 자는 휘지(輝之)이며, 세종의 장남으로 20년 간 세자로 세종을 보필하였다. 『동국병감(東國兵鑑)』·『고려사』 등이 편찬하였으며, 병제를 정비하여 3군(三軍)의 12사(十二司)를 5사로 줄였고, 병력을 증대시켰다. 일찍부터 학문을 좋아하고 인품이 관후하였으나, 몸이 허약해 재위 2년 4개월 만에 죽었다.

미사흔(未斯欣, ?~433) : 신라의 왕족으로 내물왕의 제3남이다. 402년(실성왕 1) 신라가 일본과 강화를 맺자, 일본에 볼모로 잡혀갔다. 418년(눌지왕 2) 박제상(朴堤上)의 꾀로 일본에서 도망하였고, 이때 왕과의 우의를 찬양한 노래가 「우식곡(憂息曲)」이다. 박제상의 은혜에 보답하기 위해 그의 둘째 딸과 결혼하였다.

민겸호(閔謙鎬, 1838～1882) : 조선 후기의 척신(戚臣)이다. 본관은 여흥(驪興), 자는 윤익(允益), 시호는 충숙(忠肅)이다. 민씨 세도의 일원으로 형조·병조·이조·예조 판서 등을 지냈다. 군무사 경리당상(軍務司經理堂上)으로 신식 군대인 별기군(別技軍)을 창설하였다. 임오군란을 강압적으로 진압시키려다 살해되었다.

민극(閔郤, 생몰년미상) : 후백제에서 고려에 파견되었던 사신이다. 918년 6월 궁예가 몰락하고 왕건이 고려를 건국하자, 견훤은 그해 8월 일길찬 민극을 고려에 보내어 왕건의 즉위를 축하하였다. 이때 고려에서는 광평시랑(廣平侍郎) 한신일(韓信一) 등이 감미현(甘彌縣)에서 민극 일행을 맞이하고 이들을 후하게 대접하여 돌려보냈다고 한다.

민암(閔黯, 1636～1694) : 조선 후기의 문신이다. 본관은 여흥(驪興), 자는 장유(長孺), 호는 차호(叉湖)이다. 1668년(현종 9) 별시문과(別試文科)에 급제하여, 지평(持平)·함경도관찰사를 지냈다. 1691년 우의정이 되었고, 1694년 갑술환국(甲戌換局) 때 대정(大靜)에 유배되었다가 사사되었다.

민영목(閔泳穆, 1826～1884) : 조선 후기의 문신이다. 이조판서·한성부판윤(漢城府判尹) 등을 지냈으며, 1883년 독판교섭통상사무(督辦交涉通商事務)로 조·미수호통상조약과 인천일본조계조약 등을 체결하였다. 박문국당상(博文局堂上)으로『한성순보(漢城旬報)』를 발간하였다. 갑신정변 때 개화당에게 살해되었다.

민영환(閔泳煥, 1861～1905) : 개화기의 문신·순국지사로, 본관은 여흥(驪興)이다. 1877년(고종 14) 5세의 어린 순종을 가르치는 동몽교관(童蒙教官)에 임명되고, 1878년 대과(大科)에 민씨 척족의 후광을 입고 장원급제하여 초고속 승진을 시작하였다. 예조판서·병조판서·형조판서 등을 지냈다. 일본의 내정간섭을 비판하다 이미 대세가 기운 것을 보고 자결하였다. 1962년 대한민국 건국공로훈장중장(건국훈장 대한민국장)이 추서되었다.

민응식(閔應植, 1844～?) : 조선 후기의 척신(戚臣)이다. 임오군란 때 자택을 명성황후(明成皇后)의 피신처로 제공하였다. 민태호 등과 함께 수구파의 중심이 되어, 위안스카이[袁世凱] 세력을 배경으로 개화파 타도에 힘썼다. 김옥균을 살해하려 하였으나 실패하였으며, 갑오개혁 때 유배되었다.

민정중(閔鼎重, 1628～1692) : 조선 후기의 문신으로 서인 계열이다. 본관은 여흥(驪興), 자는 대수(大受), 호는 노봉(老峯), 시호는 문충(文忠)이다. 이조·공조·호조·형조판서를 역임하였다. 1675년 남인이 득세하자 장흥부(長興府)에 유배되었다가 후에 좌의정이 되었다. 기사환국(己巳換局)으로 유배되어 죽었다.

민진원(閔鎭遠, 1664～1736) : 조선 후기의 문신으로, 인현왕후(仁顯王后)의 오빠이다.

전라도관찰사 때 서원이 난립되자 이를 막았다. 『숙종실록』·『경종실록』 등의 편찬에 참여하였다. 좌의정·영중추부사(領中樞府事)에 이르렀고, 노론의 영수로서 활약하였다. 문장과 글씨에 능하였다. 『단암주의(丹巖奏議)』 등 저서가 있다.

민태호(閔台鎬, 1834~1884) : 조선 후기의 척신(戚臣)이다. 본관은 여흥(驪興), 자는 경평(景平), 호는 표정(杓庭), 시호는 충문(忠文)이다. 어영대장(御營大將)·무위도통사(武衛都統使)·대제학(大提學) 등을 지냈다. 왕가의 외척으로 수구세력의 대표적 인물로서 활약하였다. 갑신정변 때 민영목(閔泳穆)·조영하(趙寧夏) 등과 함께 살해되었다. 글씨에 능하였다.

민합(閔郃, 생몰년미상) : 민극과 동일인물이다. → 민극

박권(朴權, 1658~1715) : 조선 후기의 문신이다. 본관은 밀양, 자는 형성(衡聖), 호는 귀암(歸菴)이다. 1684년(숙종 10) 사마시(司馬試)에 급제하고 1686년 별시문과(別試文科)에 급제하였다. 정언(正言)·동래부사(東萊府使)·경상도관찰사·평안도관찰사 등을 지냈다. 한성부우윤(漢城府右尹) 때 청나라 사신 목극등(穆克登)의 접반사(接伴使)로 백두산에 정계비(定界碑)를 세웠다. 벼슬이 대사헌(大司憲)·병조판서에 이르렀다.

박상충(朴尙衷, 1332~1375) : 고려 말기의 학자·문신이다. 본관은 반남(潘南), 자는 성부(誠夫), 시호는 문정(文正)이다. 신진유생으로서 친명파에 가담하여 이인임(李仁任) 등 친원파에 대항하였다. 경사(經史)·역학에 밝고 문장이 뛰어났다. 『사전(祀典)』을 썼다.

박성환(朴星煥, 1869~1907) : 개화기의 순국지사로, 박승환(朴昇煥)이라고도 한다. 어려서부터 지혜와 용기가 뛰어나 군대에 복무한 지 10여 년 만에 육군참령(陸軍參領)이 되었다. 1907년 일제가 대한제국군대의 해산을 강행하자 크게 분개하여, 권총으로 자결하였다.

박세채(朴世采, 1631~1695) : 조선 후기의 문신이다. 본관은 반남(潘南), 자는 화숙(和叔), 호는 현석(玄石)·남계(南溪), 시호는 문순(文純)이다. 그의 탕평론은 황극탕평설(皇極蕩平說)로 구체화되었으며, 영조·정조대에 이르러 탕평책을 시행할 수 있는 중요한 기반을 제공하였다. 주요 저서인 『동유사우록(東儒師友錄)』을 통해 조선시대 성리학자의 계보를 정리하였다.

박영효(朴泳孝, 1861~1939) : 개화기·일제강점기의 정치가이다. 본관은 반남(潘南)이고 철종의 부마가 되었으나 3개월 만에 부인인 영혜옹주(永惠翁主)와 사별하였다. 유대치(劉大致)를 중심으로 김옥균·홍영식(洪英植)·서광범(徐光範) 등 개화당 요인들과 결속하여 정치적 혁신을 주창하였다. 일본 세력을 이용하여 청나라의 간섭과 러시아의 침투를 억제하는 데 주력하였으며, 1884년 갑신정변을 주도하였다. 저서에 『사화기략(使和記略)』이 있다.

박원종(朴元宗, 1467~1510) : 조선 전기의 무신이다. 본관은 순천, 자는 백윤(伯胤), 시

호는 무열(武烈)이다. 무술에 뛰어나서 음보(蔭補)로 무관직에 기용되었다. 선전내승(宣傳內乘)・동부승지(同副承旨)・중추부지사(中樞府知事) 등을 지냈다. 중종반정에 주도적 역할을 하여 정국공신(靖國功臣) 1등에 책록되었다.

박의중(朴宜中, 1337~1403) : 고려 말・조선 초의 문신이다. 본관은 원래 밀양(密陽)으로 문의박씨(文義)의 시조이다. 자는 자허(子虛), 호는 정재(貞齋), 초명은 실(實), 시호는 문경(文敬)이다. 우왕 때 명나라 사신으로 철령위 철폐를 교섭하여 이루었다. 공양왕 때 대두한 한양 천도설에 반대하였다. 태조 때 『고려사』 수찬에 참여하였으며, 성리학에 밝았고 문장이 우아하였다. 문집으로 『정재집(貞齋集)』이 있다.

박정양(朴定陽, 1841~1904) : 조선 후기의 대신이다. 본관은 반남(潘南), 자는 치중(致中), 호는 죽천(竹泉), 시호는 문익(文翼)이다. 1866년(고종 3) 별시문과(別試文科)에 급제하였다. 1881년 왕명으로 조사시찰단(朝士視察團)을 조직해 일본의 문물을 시찰하였다. 갑오개혁 때 군국기무처(軍國機務處)의 회의원(會議員)이 되고 김홍집(金弘集) 제2차 내각의 학부대신(學部大臣)을 지냈다. 김홍집 내각 붕괴 후 내각총리대신(內閣總理大臣)으로 을미개혁을 추진하고, 과도내각을 조직하는 등 개혁을 위해 노력하였다.

박제상(朴堤上, 363~419) : 신라 눌지왕 때의 충신이다. 이름이 모말(毛末) 혹은 모마리질지(毛麻利叱智)로 기록되어 있기도 하다. 고구려와 왜에 건너가 볼모로 잡혀 있던 왕제들을 고국으로 탈출시켰으나 왜국 군에게 잡혀 유배되었다 살해당하였다.

박제순(朴齊純, 1858~1916) : 조선 후기의 문신이다. 본관은 반남(潘南), 호는 평재(平齋)이다. 1883년(고종 20) 별시문과(別試文科)에 급제하였다. 조・청통상조약, 조・비수호통상조약, 조・백수호통상조약을 각각 체결하였고 을사조약에 조인, 을사5적신(乙巳五賊臣)의 한 사람으로 규탄 받았다. 국권피탈조약에 서명하여 일본 정부로부터 자작의 작위를 받았다.

박태보(朴泰輔, 1654~1689) : 조선 후기의 문신이다. 본관은 반남(潘南), 자는 사원(士元), 호는 정재(定齋), 시호는 문열(文烈)이다. 예조좌랑(禮曹佐郎)・교리(校理)・이조좌랑(吏曹佐郎)・호남의 암행어사 등을 역임하였다. 기사환국(己巳換局) 때 서인을 대변하여 인현왕후(仁顯王后)의 폐위를 강력히 반대하다 모진 고문을 당한 뒤 유배 도중 죽었다. 문집 『정재집(定齋集)』, 편서 『주서국편(周書國編)』, 글씨 「예조참판박규표비(禮曹參判朴葵表碑)」・「박상충비(朴尙衷碑)」 등이 있다.

박팽년(朴彭年, 1417~1456) : 조선 전기의 문신이다. 본관은 순천, 자는 인수(仁叟), 호는 취금헌(醉琴軒)이며, 시호는 충정(忠正)이다. 사육신(死六臣)의 한 사람이다. 집현전학사(集賢殿學士)로 여러 가지 편찬사업에 종사하였고, 단종 복위를 도모하다 김질(金礩)의 밀고로 탄로나 체포되어 고문으로 옥중에서 죽었다. 문장과 글씨에 뛰어났으며, 글씨에 『취금헌천자문(醉琴軒千字文)』이 있다. 묘는 서울 노량진 사육신묘역(死六臣墓域)에 있다.

박혁거세(朴赫居世, BC 69~AD 4) : 신라의 시조(재위 BC 57~AD 4)이다. 박씨의 시조로 이름은 혁거세, 왕호(王號)는 거서간(居西干)이며 비는 알영부인(閼英夫人)이다. 고조선의 유민이 지금의 경상도 지방 산곡간에 흩어져 살면서 형성한 여섯 마을의 왕으로 국호를 서라벌(徐羅伐)이라 하였다. 6부를 순행하면서 백성에게 농잠을 권면하였다. AD 4년 73세로 죽자 담엄사(曇嚴寺) 북쪽의 사릉(蛇陵)에 장사지냈다.

배극렴(裵克廉, 1325~1392) : 고려 말·조선 초의 무신이다. 본관은 경산, 자는 양가(量可), 호는 필암(筆菴)·주금당(晝錦堂), 시호는 정절(貞節)이다. 고려 때 진주와 상주의 목사(牧使)·합포진첨사(合浦鎭僉使) 등을 지냈다. 이성계 휘하에 들어가 위화도회군을 단행하였고 공양왕을 폐하고 이성계를 추대하여 개국공신(開國功臣) 1등에 책록되었다.

배현경(裵玄慶, ?~936) : 고려 초의 무신으로, 경주배씨의 시조이다. 초명은 백옥삼(白玉衫 : 白玉三), 시호는 무열(武烈)이다. 왕건을 추대하여 궁예를 몰아내고 고려를 세우게 하였다. 후삼국을 통일하는 데 공을 많이 세워 1등공신으로 녹훈되었다.

법흥왕(法興王, ?~540) : 신라의 제23대 왕(재위 514~540)이다. 왕위에 오르자 시법(謚法)을 제정하고, 517년 병부(兵部)를 설치하였다. 520년 율령(律令)을 반포하여 백관(百官)의 공복(公服)을 제정하였으며, 521년 양나라와 국교를 열었다. 군사제도를 정비하였으며 불교를 공인하여 신라가 중앙집권적 국가 체제를 갖추도록 하였다.

보장왕(寶藏王, ?~682) : 고구려의 제28대 왕(재위 642~668)으로, 고구려의 마지막 왕이다. 이름은 장(臧)이며, 영류왕의 아우인 태양왕(太陽王)의 아들이다. 영류왕을 시해한 연개소문의 추대를 받아 왕위에 올랐다. 나당연합군의 침공으로 고구려가 멸망하자 당나라로 압송되었다. 고구려 부흥을 도모하다 사천성(四川省 : 쓰촨성)에 유배되었다.

복지겸(卜智謙, 생몰년미상) : 고려의 개국공신·기병대장이다. 초명은 사괴(砂瑰)·사귀(沙貴), 시호는 무공(武恭)이며, 면천복씨(沔川卜氏)의 시조이다. 태봉의 마군(馬軍) 장수로 있다가 궁예가 횡포해져서 민심을 잃자 배현경(裵玄慶)·신숭겸(申崇謙)·홍유(洪儒) 등과 함께 궁예를 몰아내고 왕건을 추대하여 고려를 세우게 하였다. 그 뒤 장군 환선길(桓宣吉)·임춘길(林春吉)의 역모도 평정하는 등 큰 공을 세웠다.

봉림대군(鳳林大君, 1619~1659) : 조선 효종과 동일인물이다. → 효종

비류(沸流, ?~BC 18?) : 고구려의 건국시조인 주몽의 아들이자 백제의 건국시조인 온조(溫祚)의 형으로 전한다.

서거정(徐居正, 1420~1488) : 조선 전기의 문신·학자이다. 본관은 대구, 자는 강중(剛中), 호는 사가정(四佳亭), 시호는 문충(文忠)이다. 1444년(세종 26) 식년문과(式年文科)에 급제하였다. 45년간 여섯 왕을 섬겼으며, 문장과 글씨에 능하여 『경국대전』·『동국통감』·『동국여지승람』 편찬에 참여하였고, 『향약집성방(鄕藥集成方)』을 국역(國譯)하였다.

서견(徐甄, 생몰년미상) : 고려 말 · 조선 초의 문신이다. 본관은 이천, 호는 여와(麗窩)이며 안향(安珦)의 문인이다. 조준(趙浚) · 정도전을 탄핵하다 정몽주가 살해되자 장류(杖流)되고 조선 개국 후 풀려나 은거하였다. 고려의 망국을 읊은 시조가 전해진다.

서광범(徐光範, 1859~1897) : 개화기의 정치가 · 관료로, 호는 위산(緯山)이다. 고급 관료의 양반 자제로 태어나, 일찍이 일본 · 미국 · 유럽 등 선진 문물을 접하고 근대화사상이 강하였다. 수구정권을 타도하고 근대화된 정부를 세우려고 갑신정변을 일으켰다가 실패하여 망명생활을 하였다. 후에 귀국하여 김홍집(金弘集) 내각에서 활약하였다.

서상우(徐相雨, 1831~?) : 조선 후기의 문신이다. 본관은 달성(達城), 자는 은경(殷卿), 시호는 문헌(文憲)이다. 미 · 영 양국과의 수호통상조약 체결에 종사관(從事官)이 되었고 갑신정변에 따른 문제로 일본과 협상을 벌였다. 한 · 러밀약설에 대한 진상을 해명하기 위해 천진(天津 : 톈진)에 다녀왔으며 영국에 거문도 점령을 항의하고 그 철수를 요구하였다.

서재필(徐載弼, 1864~1951) : 개화기 · 일제강점기의 독립운동가이다. 본관은 대구, 호는 송재(松齋)이다. 박영효(朴泳孝) · 김옥균 · 홍영식(洪英植) · 서광범(徐光範) 등 개화파의 일원으로 갑신정변을 일으켰으나 실패하자 일본을 거쳐 미국으로 망명하여 의사가 되었다. 귀국 후 『독립신문』을 발간하고 독립협회(獨立協會)를 결성하였다.

석조분(昔助賁, ?~247) : 신라 조분왕과 동일인물이다. → 조분왕

석탈해(昔脫解, ?~80) : 신라 탈해왕과 동일인물이다. → 탈해왕

선덕왕(宣德王, ?~785) : 신라의 제37대 왕(재위 780~785)이다. 이름은 양상(良相)으로, 내물왕의 10대손이다. 혜공왕 때 이찬 김지정(金志貞)이 반란을 일으켰는데 이를 진압하였고, 난 중에 왕이 죽자 즉위하였다. 당나라에 조공을 바쳤고 검교태위 계림주자사 영해군사 신라왕(檢校大尉鷄林州刺史寧海軍使新羅王)의 봉작을 받았다.

선조(宣祖, 1552~1607) : 조선의 제14대 왕(재위 1567~1608)이다. 어렸을 때의 이름은 균(鈞)이었으나 후에 연(昖)으로 바꾸었다. 처음에는 많은 인재를 등용하여 국정 쇄신에 노력하였고 여러 전적(典籍)을 간행해 유학을 장려하였다. 후에 정치인들의 분열로 당파가 나타나 당쟁 속에 정치기강이 무너져 혼란을 겪었다. 재위 후반에 임진왜란이 발발하고, 건주야인(建州野人 : 여진족)의 침입도 받았다.

설계두(薛罽頭, ?~645) : 신라에서 태어나 당나라에서 활약한 장군이다. 6두품 가문에서 출생하여 진골출신이 아니면 대신과 장군이 될 수 없는 자신의 처지를 억울하게 생각해서 당나라에 가 출세할 것을 다짐하였다. 621년(진평왕 43) 몰래 배를 타고 당나라에 건너갔으며, 645년 당 태종이 고구려를 치기 위해 출정할 때 좌무위과의(左武衛果毅)가 되었다. 요동 안시성 부근 주필산(駐蹕山) 밑에서 고구려 군대와 격전을 벌이다 전사하였다.

설인귀(薛仁貴, 613~683) : 당나라 태종과 고종 때 활약한 장수이다. 고구려 정벌에 공을 세웠을 뿐 아니라 안동도호부(安東都護府)의 도호(都護)로서 한반도 침략 정책을 총지휘하였다.

설장수(偰長壽, 1341~1399) : 고려 말 · 조선 전기의 문신이다. 원래 위구르 사람으로, 1359년(공민왕 8) 아버지 설손(偰遜)을 따라 귀화하였다. 조선 개국에 참가하여 9공신의 한 사람이 되었는데 정몽주의 일당으로 몰려 귀양갔다. 조선 초 태조에 의해 등용되어 복직되고 전후 8차에 걸쳐 명나라에 사신으로 다녀왔다.

설총(薛聰, 생몰년미상) : 신라의 학자로, 원효의 아들이다. 강수(强首) · 최치원과 함께 신라의 3대 문장가로 꼽힌다. 이두를 집대성하였다.

성덕왕(聖德王, ?~737) : 신라의 제33대 왕(재위 702~737)이다. 초명은 천중(天中), 이름은 융기(隆基) · 흥광(興光)이며, 신문왕의 제2남이고 효소왕의 친동생이다. 당나라와 활발한 외교 관계를 펼쳤으며 정전(丁田)을 실시하였다.

성삼문(成三問, 1418~1456) : 조선 전기의 문신 · 학자이다. 세종 때 『예기대문언두(禮記大文諺讀)』를 편찬하고 한글 창제를 위한 음운 연구를 하여, 정확을 기한 끝에 훈민정음을 반포케 하였다. 세조가 단종을 몰아내고 왕위에 오르자 단종의 복위를 협의하였으나, 김질(金礩)의 밀고로 체포되어 처형되었다. 사육신(死六臣) 중 한 사람이다.

성석린(成石璘, 1338~1423) : 고려 말 · 조선 초의 문신이다. 1357년(공민왕 6) 문과에 급제한 후 학유(學諭) · 전리총랑(典理摠郞)을 지냈다. 신돈과 대립하였고 왜구가 침입하자 적을 격퇴하였다. 이성계 등과 함께 공양왕을 내세웠으나, 조선이 개국하자 이색(李穡) · 우현보(禹玄寶) 일파로 추방되었다.

성수침(成守琛, 1493~1564) : 조선 전기의 학자이다. 본관은 창녕, 자는 중옥(仲玉), 호는 청송(聽松) · 죽우당(竹雨堂), 시호는 문정(文貞)이며, 조광조의 문인이다. 기묘사화(己卯士禍) 때 스승 조광조가 처형되고 많은 선비들이 화를 입자 벼슬길을 포기하고 조화의 근본 탐구에 몰두하였으며 문하에서 많은 석학들을 배출하였다.

성왕(聖王, ?~554) : 백제의 제26대 왕(재위 523~554)이다. 이름은 명농(明穠)으로, 『일본서기(日本書紀)』에는 성명왕(聖明王)이라고도 기록되어 있다. 웅진에서 사비성(泗沘城)으로 천도하고 국호를 남부여(南夫餘)로 변경하였다. 지방통치조직 및 정치체제를 개편하여 왕권을 강화하고 대외적으로는 양나라 및 일본과 우호적인 관계를 유지하였다.

성종(成宗, 1457~1494) : 조선의 제9대 왕(재위 1469~1494)이다. 이름은 혈(娎), 시호는 강정(康靖)이고, 세조(世祖)의 손자, 추존왕(追尊王)인 덕종(德宗)의 아들이다. 세종 · 세조의 치적을 기반으로 문화정책을 폈다. 숭유억불 정책을 철저히 시행하였고 『경국대전』과 이를 보충한 『대전속록(大典續錄)』을 간행하였다. 조선 전기의 문물제도는 성종 때 거의 완성되었다고 할 수 있다.

성충(成忠, 605~656) : 백제의 충신으로, 일명 정충(淨忠)으로도 불리운다. 의자왕 때 좌평(佐平)을 지내면서, 왕이 주색에 빠져 정사를 돌보지 않자 국운을 염려하여 극간(極諫)하다가 왕의 노여움을 사서 투옥되었다. 656년(의자왕 16) 옥중에서 외적의 침입을 예언하며 육로는 탄현(炭峴 : 沈峴)에서, 수로는 기벌포(伎伐浦 : 白江口)에서 적을 막으라는 유서를 남기고 죽었다.

성탕(成湯, 생몰년미상) : 상 탕왕과 동일인물이다. → 탕왕

성혼(成渾, 1535~1598) : 조선 전기의 문신·학자이다. 동서 분당기 때 서인과 정치노선을 함께 하였고, 이이와 함께 서인의 학문적 원류를 형성하였다. 그의 학문은 이황과 이이의 학문을 절충하였다는 평가가 있으며, 소론학파의 사상적 원류가 되었다는 견해도 있다.

성희안(成希顔, 1461~1513) : 조선 전기의 무신이다. 1480년(성종 11) 생원이 되고 1485년 별시문과(別試文科)에 급제하여 정자(正字)를 지냈다. 1504년(연산군 10) 이조참판 겸 부총관(吏曹參判兼副摠官) 때 양화도(楊花渡) 놀이에서 왕의 횡포를 풍자한 시를 지어 바침으로써 미움을 사 무신직(武臣職)에 좌천되었다. 중종반정을 일으켜 연산군을 폐하는 데 공을 세웠다.

세조(世祖, 1417~1468) : 조선의 제7대 왕(재위 1455~1468)이다. 이름은 유(瑈), 자는 수지(粹之), 시호는 혜장(惠莊)이다. 세종의 제2남으로, 1428년(세종 10) 수양대군(首陽大君)에 봉해졌다. 무인세력을 휘하에 두고 야망의 기회를 엿보다가, 1453년(단종 1) 10월 무사들을 이끌고 김종서(金宗瑞)를 살해한 뒤 사후에 왕에게 알렸다. 왕명으로 중신들을 소집하여 영의정 황보인(皇甫仁)·이조판서 조극관(趙克寬)·찬성(贊成) 이양(李穰) 등을 궐문에서 죽이고 좌의정 정분(鄭苯) 등을 유배시켰다.

세종(世宗, 1397~1450) : 조선의 제4대 왕(재위 1418~1450)이다. 태종의 제3남으로, 이름은 도(祹), 자는 원정(元正), 시호는 장헌(莊憲)이다. 조선의 독립적이고 독창적인 문화를 일으키기 위해 노력하여 훈민정음을 창제하고 측우기(測雨器) 등의 과학 기구를 제작하여 백성들의 생활에 실질적으로 도움이 되는 문화를 일으켰다. 4군6진을 개척하여 국토를 확장하고 쓰시마[對馬]섬을 정벌하는 등 정치·경제·문화면에서 훌륭한 치적을 쌓았다.

소손녕(蕭遜寧, 생몰년미상) : 요나라의 장수이다. 이름은 덕(德) 또는 항덕(恒德)이다. 993년 군대를 이끌고 고려를 침공하였으나 서희와의 담판으로 강화(講和)를 한 뒤 철군하였다.

소정방(蘇定方, 592~667) : 당나라의 무장이다. 이름은 열(烈), 자는 정방(定方)이며 하북(河北 : 허베이) 출생이다. 당 태종 때 동·서돌궐을 항복시켜 중앙아시아 여러 나라를 모두 안서도호부(安西都護府)에 예속시켰다. 나당연합군 대총관으로 신라군과 함께 백제를 멸망시키고 고구려 평양성을 공격하였으나, 전세가 불리해지자 철군하였다.

송병준(宋秉畯, 1858~1925) : 개화기・일제강점기의 친일정치가로, 본관은 은진(恩津)이다. 서울에 와서 민영환(閔泳煥)의 식객(食客)으로 있다가 무과에 급제하였다. 헤이그 특사사건 후에는 황제 양위운동을 벌여 친일활동에 앞장섰고, 1907년 이완용 내각이 들어서자 농상공부대신(農商工部大臣)・내부대신(內部大臣)을 역임하고, 국권피탈을 위한 상주문, 청원서를 제출하는 매국행위를 하였다. 그 후 다시 일본에 건너가 국권피탈을 위한 매국외교를 하여 전국민의 지탄을 받았다.

송상현(宋象賢, 1551~1592) : 조선 전기의 문신이다. 1570년(선조 3) 진사에, 1576년 별시문과(別試文科)에 급제하여 경성판관(鏡城判官) 등을 지냈다. 임진왜란이 일어나 왜적이 동래성(東萊城)에 육박하자 항전하였으나 함락되자, 조복(朝服)을 갈아입고 단정히 앉은 채 적병에게 살해되었다. 충절에 탄복한 적장은 시를 지어 제사를 지내 주었다. 이조판서・찬성(贊成)이 추증되고, 동래(東萊)의 안락서원(安樂書院)에 제향되었다.

송시열(宋時烈, 1607~1689) : 조선 후기의 문신・학자이며, 노론의 영수이다. 본관은 은진(恩津), 자는 영보(英甫), 호는 우암(尤庵)・화양동주(華陽洞主), 시호는 문정(文正)이다. 1633년(인조 11) 생원시(生員試)에 장원급제하였다. 주자학의 대가로 이이의 학통을 계승하여 기호학파(畿湖學派)의 주류를 이루었다. 4단7정(四端七情)이 모두 이(理)라 하여 일원론적 사상을 발전시켰고, 예론에도 밝았다. 주요 저서에는『송자대전(宋子大全)』등이 있다.

송준길(宋浚吉, 1606~1672) : 조선 후기 문신・학자이다. 본관은 은진(恩津), 자는 명보(明甫), 호는 동춘당(同春堂), 시호는 문정(文正)이다. 송시열 등과 함께 북벌 계획에 참여하였으며 서인에 속해 분열된 서인 세력을 규합하는 데 힘썼다. 학문적으로는 송시열과 같은 경향의 성리학자로서 특히 예학에 밝고 이이의 학설을 지지하였으며, 문장과 글씨에도 뛰어났다.

수로왕(首露王, 42~199) : 가야의 제1대 왕으로, 김해 김씨의 시조이다. 일명 수릉(首陵)으로 불리기도 한다. 신라의 직제를 따라 각간・아간・급간 등의 계급을 두고, 그 아래 관리들에게 주나라나 한나라의 관제를 따다가 나눠 정하였다. 아유타국(阿踰陀國)의 공주 허황옥(許黃玉)을 비로 삼았다.

숙종(肅宗, 1661~1780) : 조선의 제19대 왕(재위 1674~1720)이다. 자는 명보(明譜), 휘는 순(焞)으로 현종의 아들이고 어머니는 명성왕후(明聖王后) 김씨이다. 대동법(大同法)을 전국에 실시하여 실효를 거두었으며 임진왜란・병자호란 이후 계속된 토지사업을 추진하여 완결을 보았다. 주전(鑄錢)을 본격적으로 실시해 상평통보(常平通寶)를 주조하고 중앙관청 및 지방관청 등에 통용하도록 하였다. 영토 회복 운동을 전개하였고 금위영(禁衛營)을 추가로 설치하여 5영(五營) 체제를 완결하였다.

순종(純宗, 1874~1926) : 조선의 제27대 왕(재위 1907~1910)으로, 대한제국 최후의 황제이다. 이름은 척(坧), 호는 정헌(正軒), 자는 군방(君邦)이다. 한일신협약을 체결함에 따라 일본인의 한국 관리 임용을 허용하여 사실상 국내정치는 일본인의 손으로 넘어갔다. 일본의 압력으로 한국군을 해산하였으며, 경제권·경찰권·군사권 등을 잃고 결국 1910년 8월 29일 국권을 상실하였다.

신검(神劍, ?~936) : 후백제의 제2대 왕(재위 935~936)으로 견훤의 장남이다. 부왕을 금산사(金山寺)에 유폐하고 아우인 금강(金剛)을 죽인 다음 왕위에 올라 대왕이라 칭하였다. 견훤이 탈출하여 왕건에게 귀순하고 함께 공격해오자 일선군(一善郡)에서 맞아 싸웠으나 패배하였다. 왕건은 반역의 이유가 능환(能奐)과 두 아우의 권유 때문이라 하여 신검을 용서하였다.

신돈(辛旽, ?~1371) : 고려 말기의 승려이다. 자는 요공(耀空), 법명은 편조(遍照)이다. 이름 돈(旽)은 집권 후에 정한 속명이며, 법호는 청한거사(淸閑居士)이다. 공민왕의 신임을 받아 정치계에 들어와 관작을 받고 개혁정책을 펼쳤으나, 처첩을 거느리고 주색에 빠져 비난이 높아졌다. 역모를 획책한다는 투서로 인해 수원에 유폐되었다가 1371년(공민왕 20)에 처형되었다.

신립(申砬, 1546~1592) : 조선 전기의 무장이다. 본관은 평산, 자는 입지(立之), 시호는 충장(忠壯)이다. 1567년(선조 즉위년) 무과에 급제하여 선전관(宣傳官)을 거쳐 도총부도사(都摠府都事)·경력(經歷)을 지내고 진주판관(晉州判官)이 되었다. 북변에 침입한 이탕개[尼湯介]를 격퇴하고 두만강을 건너가 야인의 소굴을 소탕하고 개선하였다. 함경북도병마절도사(咸鏡北道兵馬節度使)·우방어사(右防禦使)·중추부동지사(中樞府同知事)·한성부판윤(漢城府判尹)을 지냈고, 임진왜란 때 충주 탄금대(彈琴臺)에 배수진(背水陣)을 치고 적군과 대결하였으나 패하였다.

신문왕(神文王, ?~692) : 신라의 제31대 왕(재위 681~692)으로, 문무왕의 장남이다. 국학(國學)을 창설하여 학문을 장려하였으며, 9주(九州)를 정비하였고 서원소경(西原小京)을 설치하고 봉성사(奉聖寺)·망덕사(望德寺)를 창건하였다. 항복한 고구려 유민에게도 벼슬을 주었으며, 녹읍을 폐지하고 조를 주기로 개정하였다.

신숙주(申叔舟, 1417~1475) : 조선 전기의 문신이다. 본관은 고령, 자는 범옹(泛翁), 호는 희현당(希賢堂)·보한재(保閑齋), 시호는 문충(文忠)이다. 영의정을 지냈으며 4차례 공신의 반열에 올랐던 인물이다. 핵심적인 정치지도자였으며, 세조의 수양대군(首陽大君) 시절부터 관계가 깊어 사육신(死六臣)과 생육신(生六臣)을 추앙하는 정치논리 상황에서 비판의 대상이 되기도 하였다.

신숭겸(申崇謙, ?~927) : 고려 초의 무신으로, 평산신씨(平山申氏)의 시조이다. 궁예를 폐하고 왕건을 추대하여 고려 개국의 대업을 이루었다. 공산에서 견훤의 군대에게 태조가 포위되자 그를 구하고 전사하였다.

신종(神宗, 1144~1204) : 고려의 제20대 왕(재위 1197~1204)이다. 이름은 탁(晫), 초명은 민(旼), 자는 지화(至華), 시호는 정효(靖孝)이다. 인종의 제5남이며 명종의 친동생이다. 1154년(의종 8) 평량후(平凉侯)에 책봉되었다가 1197년(명종 27) 최충헌이

명종을 폐함으로써 뒤를 이어 옹립되었다. 국권은 실제로 최충헌이 전단하여 왕은 실권이 없었으며, 1204년 병이 심하여 태자에게 왕위를 물려주었다.

신헌(申櫶, 1810~1888) : 조선 후기의 무신이며 외교가이다. 본관은 평산, 자는 국빈(國賓), 호는 위당(威堂), 초명은 관호(觀浩), 시호는 장숙(壯肅)이다. 1864년(고종 1) 형조·병조·공조판서를 역임하였으며, 1866년 병인양요(丙寅洋擾) 때에는 총융사(摠戎使)가 되어 강화의 염창(鹽倉)을 수비하였다. 난이 끝난 후 좌참찬 겸 훈련대장(左參贊兼訓練大將)을 지냈고, 수뢰포(水雷砲)를 제작한 공으로 가자되었다.

심덕부(沈德符, 1328~1401) : 고려 말·조선 초의 문신이다. 본관은 청송, 자는 득지(得之), 호는 노당(蘆堂)·허강(虛江), 시호는 정안(定安)이다. 조선의 개국공신이며 세종의 장인인 심온(沈溫)의 아버지이다. 위화도회군 후 삼사판사(三司判事)가 되고, 안사공신(安社功臣)을 거쳐 청성군충의백(靑城君忠義伯), 1392년 조선 개국 후에는 청성백(靑城伯)에 봉해졌다.

심의겸(沈義謙, 1535~1587) : 조선 전기의 문신이다. 본관은 청송, 자는 방숙(方叔), 호는 손암(巽菴)·간암(艮菴)·황재(黃齋)이다. 명종의 비인 인순왕후(仁順王后)의 동생이다. 1580년(선조 13) 예조참판(禮曹參判)이 되었다가 함경도관찰사로 전직하였다. 정인홍(鄭仁弘)의 탄핵을 받았으나 이이의 변호로 무사하였고, 1584년 이이가 죽은 후 동인이 득세하자 파직되었다. 벼슬은 병조판서에 이르렀고, 청양군(靑陽君)에 습봉(襲封)되었다. 나주의 월정서원(月井書院)에 제향되었다.

심정(沈貞, 1471~1531) : 조선 전기의 문신이다. 본관은 풍산, 자는 정지(貞之), 호는 소요정(逍遙亭), 시호는 문정(文靖)이다. 1502년(연산군 8) 별시문과(別試文科)에 급제하였고, 1506년 중종반정에 참여하여 정국공신(靖國功臣) 3등으로 화천군(花川君)에 봉해졌다. 1518년 한성부판윤(漢城府判尹)·형조판서에 올랐다가 조광조 일파의 탄핵으로 파직되었다. 정국공신도 삭탈되자 원한을 품고 남곤(南袞)·홍경주(洪景舟) 등과 기묘사화(己卯士禍)를 일으켜 사류를 모조리 숙청하였다.

쌍기(雙冀, 생몰년미상) : 후주(後周)에서 고려에 귀화한 학자이다. 956년(광종 7) 후주의 시대리평사(試大理評事) 재임 시 사신 설문우(薛文遇)를 따라 고려에 와서 신병 때문에 체류하다 귀화하여 원보 한림학사(元補翰林學士)가 되었다. 958년 당나라 관리임용제도를 따라 과거제도를 창설하게 하고 여러 차례 지공거(知貢擧)가 되었다. 이것이 한국 과거제도의 효시이다.

쌍철(雙哲, 생몰년미상) : 후주(後周)에서 고려에 귀화한 귀화인이다. 후주에서 시어청주수(侍御淸州守)였으며, 고려 광종 때 과거제도의 설치를 건의한 쌍기(雙冀)의 아버지이다.

아직기(阿直岐, 생몰년미상) : 백제의 학자이다. 일본의 사서인 『고사기(古事記)』에는 아지길사(阿知吉師)로, 『일본서기(日本書記)』에는 아직기(阿直岐)로 기록되어 있다. 근초고왕 때 왕명으로 일본에 건너가 일본 왕에게 말 2필을 선사한 후 말 기르는 일을 맡아 보았다. 그 후 일본 왕은 그가 경서(經書)에 능통한 것을 보고 태자의 스승으로 삼았다.

안승(安勝, 생몰년미상) : 고구려의 왕족이다. 연개소문의 동생인 연정토(淵淨土)의 아들, 보장왕의 서자 또는 보장왕의 외손자라는 기록이 있다. 고구려가 멸망하자 서해안의 사야도(史冶島)로 피신하였다. 고구려 부흥운동을 일으킨 검모잠(劍牟岑)에 의해 왕으로 추대되었으나 신라로 망명하여 귀족이 되었다.

안유(安裕, 1243~1306) : 안향과 동일인물이다. → 안향

안향(安珦, 1243~1306) : 고려 후기의 유학자이다. 초명을 유(裕)라고 부르다가 향(珦)으로 개명하였다. 본관은 순흥, 자는 사온(士蘊), 호는 회헌(晦軒)이다. 조선에 들어와 문종과 이름이 동일하자, 이를 피하여 초명인 유로 다시 고쳐 불렀다. 회헌이라는 호는 만년에 송나라의 주자(朱子)를 추모하여 그의 호인 회암(晦庵)을 본따 지은 것이다. 우리나라에 주자성리학을 처음 전한 사람으로 알려져 있다.

알영(閼英, BC 53~?) : 신라 박혁거세의 비이다. 아리영(娥利英)·아이영(娥伊英)·아영(娥英)이라고도 한다. 알영정(閼英井)가에 용(또는 鷄龍)이 나타나 옆구리에서 여자아이를 낳고 가자, 아이의 이름을 우물 이름을 따서 알영이라고 하였다. 용모와 인품이 뛰어나 박혁거세의 비가 되었다.

애신각라홍타시(愛新覺羅弘佗時, 1592~1643) : 청 태종과 동일인물이다. → 태종

양광(楊廣, 569~618) : 수 양제와 동일인물이다. → 양제

양길(梁吉, 생몰년미상) : 신라 말기의 반란자로, 양길(良吉)이라고 쓰기도 한다. 출신에 대해서는 알려진 바가 없다. 전국에서 초적(草賊)이 일어났을 때 북원(北原)에서 봉기 세력을 이끌었고 강원도 일대에 세력을 떨쳤다. 그러나 궁예에게 습격당하여 패하고 휘하세력이 궁예에게 흡수되었다.

양녕대군(讓寧大君, 1394~1462) : 조선 전기의 왕족이다. 이름은 제(禔), 자는 후백(厚伯), 시호는 강정(剛靖)으로, 태종의 장남이며 세종의 형이다. 세자로 책봉되었으나 궁중생활에 잘 적응하지 못하여 폐위되고, 그 뒤 전국을 누비며 풍류를 즐겼다. 시·서에 능하였다.

양만춘(楊萬春, 생몰년미상) : 고구려 보장왕 때 안시성(安市城)의 성주(城主)이다. 정사에는 이름이 전하지 않고, 송준길(宋浚吉)의 『동춘당선생별집(同春堂先生別集)』과 박지원(朴趾源)의 『열하일기(熱河日記)』 등 야사에만 나온다. 연개소문이 정변을 일으켰을 때 끝까지 싸워 성주의 지위를 유지하였으며, 당 태종이 침공하였을 때도 당나라군을 물리쳤다.

양제(煬帝, 569~618) : 수나라의 제2대 황제(재위 604~618)이다. 이름은 양광(楊廣), 연호는 대업(大業)으로, 제2남이다. 만리장성을 수축하고 대운하를 완성하였다. 3차례 고구려를 침입하였으나 대패하였다. 각지에서 민란이 일어나 수나라를 멸망에 이르게 하였다.

양헌수(梁憲洙, 1816~1888) : 조선 후기의 무신이다. 본관은 남원(南原), 자는 경보(敬甫)이다. 이항로(李恒老)의 문인으로 무예를 익혔으며, 1848년(헌종 14) 무과에 급제하여 선전관(宣傳官)이 되었다. 병인양요(丙寅洋擾) 때 프랑스 함대를 대파하였고, 보수적인 척화론자로서 형조와 공조판서를 거쳐 지삼군부사(知三軍府使)가 되었다.

양호(楊鎬, ?~1629?) : 정유재란 때 조선에 온 명나라 말기의 군인이다. 하남성(河南省 : 허난성) 출생이다. 정유재란 때 울산에서 벌어진 도산성 전투에서 패하였는데 이를 승리로 보고하였다 들통이 나 파면되었다. 청나라가 명나라를 침략하자 요동(遼東 : 랴오둥) 등을 경략하였으나 서르후 전투에서 크게 패하였다.

어재연(魚在淵, 1823~1871) : 조선 후기의 무장이다. 본관은 함종(咸從), 자는 성우(性于)이다. 1841년(헌종 7) 무과에 급제하여 1864년(고종 1) 장단부사(長湍府使)를 거쳐 1866년에 공충도병마절도사(公忠道兵馬節度使)가 되었다. 병인양요(丙寅洋擾)와 신미양요(辛未洋擾) 때 강화도 광성진(廣城鎭)을 수비하였다.

연산군(燕山君, 1476~1506) : 조선의 제10대의 왕(재위 1494~1506)이다. 이름은 융(㦕)이고 성종의 장남이다. 많은 신진 사류를 죽이는 무오사화(戊午士禍)를 일으키고 생모 윤씨의 폐비에 찬성하였던 윤필상(尹弼商) 등 수십 명을 살해하였다. 또한 경연(經筵)을 없애고 사간원(司諫院)을 폐지하는 등 비정(秕政)이 극에 달하여 결국 중종반정에 의해 폐왕이 되었다.

영류왕(營留王, ?~642) : 고구려의 제27대 왕(재위 618~642)이다. 이름은 건무(建武)·건성(建成)으로, 평원왕의 차남이며 영양왕의 이복동생이다. 동북쪽의 부여성으로부터 동남쪽 바다에 이르는 천리장성의 축조를 시작하면서 연개소문에게 역사(役事)의 감독을 맡겼으나, 그의 반역으로 살해되었다.

영아대(英兒岱, 생몰년미상) : 용골대와 동일인물이다. → 용골대

영양왕(嬰陽王, ?~618) : 고구려의 제26대 왕(재위 590~618)이다. 이름은 원(元)·대원(大元)으로, 평양왕(平陽王)이라고도 한다. 태학박사(太學博士) 이문진(李文眞)에게 명하여 『신집(新集)』 5권 등을 만들게 하였고, 명장 을지문덕(乙支文德)을 시켜 살수(薩水)에서 수나라군을 섬멸하는 등 수나라의 침공을 막아냈다.

영조(英祖, 1694~1776) : 조선의 제21대 왕(재위 1724~1776)이다. 이름은 금(昑), 자는 광숙(光叔)이며, 숙종이 양성(養性)이라는 헌호(軒號)를 내렸다. 탕평정책을 시행하여 붕당의 대립을 완화하였고 여러 차례 사치풍조 금단의 조치를 내렸다. 『농가집성(農歌集成)』을 보급하고 균역법(均役法)을 시행하였으며 청계천을 준설하고 신문고(申聞鼓)를 설치하는 등 많은 업적을 남겼다.

영창대군(永昌大君, 1606~1614) : 조선의 왕족이다. 이름은 의(㼁)이고, 인목왕후(仁穆王后)의 소생이다. 선조의 14왕자 중 막내이며, 유일한 정궁(正宮)의 자식이다. 광해군이 왕위에 오르자 서인(庶人)으로 강등되고 만 8세의 나이에 강화부사(江華府使) 정항(鄭沆)의 손에 죽임을 당하였다.

예종(睿宗, 1079~1122) : 고려의 제16대 왕(재위1105~1122)이다. 이름은 우(俁), 자는 세민(世民), 시호는 문효(文孝)로, 숙종의 태자이며 명의왕후(明懿王后)의 소생이다. 윤관(尹瓘)에게 여진을 경략하게 하여 9성을 쌓았다. 학교를 세우고 국학(國學)에 양현고(養賢庫)를 설치하는 등 학문을 진흥시켰다.

오간(烏干, 생몰년미상) : 비류(沸流)·온조(溫祚) 형제가 고구려를 떠나 남하할 때 마려(馬黎) 등 열 신하가 함께 수행하였는데, 그 가운데 한 사람이다. 온조가 백제를 세우는 데 공헌을 하였다.

오도일(吳道一, 1645~1703) : 조선 후기의 문신이다. 본관은 해주, 자는 관지(貫之), 호는 서파(西坡)이다. 1673년(현종 14) 정시문과(庭試文科)에 급제하고 1680년(숙종 6) 지평(持平)·부수찬(副修撰), 1683년 지제교(知製敎), 1687년 승지(承旨)가 되어 자파(自派)를 옹호하다가 파직되었다. 숙종 때, 부제학(副提學)·도승지(都承旨)·대사헌(大司憲)을 거쳐 이조참판(吏曹參判)·공조참판(工曹參判)·대제학(大提學)·병조판서 등을 역임하였다.

오두인(吳斗寅, 1624~1689) : 조선 후기의 문신이다. 본관은 해주, 자는 원징(元徵), 호는 양곡(陽谷), 시호는 충정(忠貞)이다. 숙종 때, 경기도관찰사·공조판서·형조판서 등을 지냈다. 인현왕후(仁顯王后) 민씨 폐위에 반대하는 상소를 올려 유배 도중 죽었다.

오명항(吳命恒, 1673~1728) : 조선 후기의 문신이다. 본관은 해주, 자는 사상(士常), 호는 모암(慕菴)·영모당(永慕堂), 시호는 충효(忠孝)이다. 이조좌랑(吏曹佐郎)·승지(承旨)·관찰사 등을 역임한 후 사직하였다가 정미환국(丁未換局)으로 소론이 등용되자 이조와 병조의 판서를 지냈다. 이인좌(李麟佐)의 난 때 공을 세웠고 우찬성(右贊成)에 이어 우의정에 올랐다.

오윤겸(吳允謙, 1559~1636) : 조선 후기의 문신이다. 본관은 해주, 자는 여익(汝益), 호는 추탄(楸灘)·토당(土塘), 시호는 충정(忠貞)이다. 광해군 때 호조참의(戶曹參議)·우부승지(右副承旨) 등을 역임하고 선현들의 문묘종사와 폐모론(廢母論)에 반대하여 탄핵을 받았다. 중추부동지사(中樞府同知事)로서 명나라에 다녀왔으며 인조 때 형조와 예조판서·우의정 등을 거쳐 영의정에 올랐다.

오토리 게이스케[大鳥圭介, 1833~1911] : 일본의 군인·관료·외교관이다. 1893년에 조선공사(朝鮮公使)에 임명되어, 다음해 조선에 부임하였다. 내정개혁안 5개조를 제출하였는데, 이것이 갑오개혁의 시작이었다.

온조왕(溫祚王, ?~28) : 백제의 제1대왕(재위 BC 18~AD 28)으로, 고구려 시조 동명성왕의 제3남이다. 하남의 위례성(慰禮城)에 도읍을 정하고 국호를 십제(十濟)라 하였다. 얼마 뒤 동복형인 비류(沸流)가 죽고 그 백성들이 위례성에 모여들자 국호를 백제로 고치고, 동명왕묘(東明王廟)를 세워 제사를 지냈다.

왕건(王建, 877~943) : 고려 태조와 동일인물이다. → 태조

왕인(王仁, 생몰년미상) : 일본에서 활동한 백제의 학자이다. 경서(經書)에 통달하였으며 왕과 신하들에게 유교경전과 역사를 가르쳤고, 그의 자손들은 대대로 가와치[河內] 지역에 살면서 관청에서 기록하거나 문서를 다루는 일을 맡았다고 전한다.

용골대(龍骨大, 생몰년미상) : 청나라의 장군으로, 본명은 영고이대(英固爾岱)이다. 1636년(인조 14)에 사신으로 와서, 청 황제의 존호를 쓰고 군신의 의를 맺을 것을 요구하였다. 거절당하자 그해 12월에 10만 대군을 거느리고 쳐들어와 병자호란을 일으켰다.

우거왕(右渠王, ?~BC 108) : 고조선의 마지막 왕으로, 위만(衛滿)의 손자이다. 철기문화를 바탕으로 한 강력한 군사력으로 주변국과 한나라의 중계무역을 독점하였다. 이에 위협을 느낀 한 무제가 수륙군을 이끌고 침입하자 싸움을 벌였으나, 주화파(主和派)인 이계상(尼谿相) 삼(參)이 보낸 자객에게 살해되었다.

우군칙(禹君則, 1776~1812) : 조선 후기 홍경래(洪景來)의 난 때 반군의 모사로 활약한 인물이다. 평안도 태천현(泰川縣)에서 태어나 가산군(嘉山郡)에 거주하며 지관(地官)·점술가 등으로 활약하였다. 홍경래와 함께 현실에 불만을 품은 양반·상인·노동자 세력을 모아 난을 일으켰으나 실패로 돌아가 처형되었다.

우성전(禹性傳, 1542~1593) : 조선 전기의 문신·의병장이다. 본관은 단양, 자는 경선(景善), 호는 추연(秋淵)·연암(淵庵), 시호는 문강(文康)으로, 이황의 문하생이다. 임진왜란이 일어나자 경기도에서 수천 의병을 모집하여 추의군(秋義軍)이라 하고, 강화에 들어가 김천일(金千鎰) 등과 함께 도처에서 전공을 세우고 퇴각하는 왜군을 의령까지 추격하였다.

우왕(禑王, 1365~1389) : 고려의 제32대 왕(재위 1374~1388)이다. 아명은 모니노(牟尼奴)이고 신돈의 시녀였던 반야(般若)의 소생이다. 처음에는 경연(經筵)을 열어 학문을 닦기에 힘쓰고 몸가짐을 바로 하여 기대를 모았으나, 후에 사냥 · 음주가무 · 여색 등 방탕에 빠져 백성들의 신망을 잃었다. 이인임(李仁任)의 유배로 정치적 지지기반을 잃자 강릉에 유배된 후, 아들 창왕과 함께 이성계에 의해 살해되었다.

원두표(元斗杓, 1593~1664) : 조선 후기의 문신이다. 본관은 원주, 자는 자건(子建), 시호는 충익(忠翼)이며 박지계(朴知誡)의 문하생이다. 인조반정 때 세운 공으로 정사공신(定社功臣) 2등에 책록되어 원평부원군(原平府院君)이 되었고, 형조참판(刑曹參判)·호조판서·좌참찬(左參贊) 등을 지냈다. 병조판서 때 대동법(大同法)에 반대하였고 우의정을 거쳐 좌의정에 이르렀다.

원성왕(元聖王, ?~798) : 신라의 제38대 왕(재위 785~798)으로, 본명은 김경신(金敬信)이다. 유교정치를 지향하여 788년 독서삼품과(讀書三品科)를 두어 인재를 등용하였다. 독서삼품과는 국학(國學) 학생을 대상으로 치러졌던 일종의 졸업시험으로, 유교경전의 해석능력에 따라 학생들의 등급을 나누었으며 이 성적은 곧 관리임용으로 연결되었다. 790년 김제(金堤) 벽골제(碧骨堤)를 증축하여 농사를 장려하였다.

월산대군(月山大君, 1454~1488) : 조선 전기의 왕족이다. 이름은 이정(李婷), 자는 자미(子美), 호는 풍월정(風月亭)으로, 추존왕 덕종(德宗)의 장남이며 성종의 형이다. 권신들의 농간에 의해 현실을 떠나 은둔하며 조용히 여생을 보내야만 하였다. 일찍부터 학문을 좋아하여 경사자집(經史子集)을 두루 섭렵하였다고 한다. 문집에 『풍월정집(風月亭集)』이 있다.

위만(衛滿, 생몰년미상) : 위만조선의 창건자이다. 연나라의 부장으로 있다가, 혼란기에 1천여 명을 이끌고 고조선의 준왕에게 거두어 줄 것을 요청하였다. 그 뒤 세력을 키워 왕위를 빼앗고 도읍을 왕검성(王儉城)에 정하였다.

위징(魏徵, 580~643) : 당나라 초기의 공신·학자이다. 자는 현성(玄成), 시호는 문정공(文貞公), 산동성(山東省) 곡성(曲城) 출생이다. 간의대부(諫議大夫) 등의 요직을 역임하였고 재상을 지냈다. 후주(後周)·수(隋)·오대(五代) 등의 정사편찬과 『유례(類禮)』 등의 편찬에 큰 공헌을 하였다.

유관(柳灌, 1484~1545) : 조선 전기의 문신이다. 본관은 문화(文化), 자는 관지(灌之), 호는 송암(松庵)이다. 1543년 평안도관찰사가 되어 하삼도(下三道) 백성들을 평안도 지방으로 이주시키는 일을 지휘하였다. 어린 명종이 즉위하자 원상(院相)이 되어 서정(庶政)을 총관하였으나, 을사사화(乙巳士禍)로 서천으로 유배되어 가던 도중 과천에서 사사되었다.

유리왕(琉璃王, ?~18) : 고구려의 제2대 왕(재위 BC 19~AD 18)이다. 이름은 유리(類利)·유류(儒留)·주류(朱留)로, 유리명왕(瑠璃明王)이라고도 한다. 부여로부터 아버지 동명성왕을 찾아 고구려에 입국하여 태자로 책립되었고, 동명성왕에 이어 즉위하였다. 계비인 치희(雉姬)를 그리는 『황조가(黃鳥歌)』를 짓기도 하였다. 3년에 도읍을 홀본(忽本)에서 국내성(國內城)으로 옮겼다.

유복립(柳復立, ?~1593) : 임진왜란 때의 의병장이다. 본관은 전주, 자는 군서(君瑞), 호는 묵계(墨溪)이며, 음보(蔭補)로 종부시주부(宗溥寺主簿)가 되었다. 1592년(선조 25) 임진왜란이 발발하자 외숙인 경상도관찰사 김성일(金誠一) 막하에서 진주성을 방어하였다. 1593년 4월 김성일이 병사하자 창의사(倡義使) 김천일(金千鎰) 등과 함께 성을 지키다 왜적에게 함락당하여 모두 자결하였다.

유봉휘(柳鳳輝, 1659~1727) : 조선 후기의 문신이다. 본관은 문화(文化), 자는 계창(季昌), 호는 만암(晩庵)이다. 세제(世弟 : 영조)의 대리청정이 실현되자 이를 철회시키고 노론을 실각시켰다. 영조가 즉위하고 좌의정에까지 제수되었으나 노론의 탄핵으로 유배되어 그곳에서 세상을 떠났다. 소론 강경파로서 노론 집권 후 신원되지 못하였다.

유성룡(柳成龍, 1542~1607) : 조선 후기의 문신·학자이다. 본관은 풍산, 자는 이현(而見), 호는 서애(西厓), 시호는 문충(文忠)으로 이황의 문인이다. 임진왜란 때 도체찰사(都體察使)로서 군무를 총괄하였고, 이순신·권율(權慄) 등 명장을 등용하였다. 화기 제조, 성곽 수축 등 군비 확충에 노력하였으며 군대 양성을 역설하였다.

유성원(柳誠源, ?~1456) : 조선 전기의 문신으로, 사육신(死六臣)의 한 사람이다. 본관은 문화(文化), 자는 태초(太初), 호는 낭간(琅玕)이다. 집현전학사(集賢殿學士)로 세종의 총애를 받았고 문종 때 대교(待敎) 등을 지냈다. 성삼문(成三問) 등과 단종의 복위를 모의하다가 탄로나자 자결하였다.

유순정(柳順汀, 1459~1512) : 조선 전기의 문신이다. 본관은 진주, 자는 지옹(智翁)이다. 1506년(중종 1) 중종반정에 공을 세우고 정국공신(靖國功臣) 1등에, 이과(李顆)의 옥사를 다스려 정난공신(靖難功臣) 1등에 책록되었다. 1509년 좌의정에 오르고 삼포왜란(三浦倭亂)이 일어나자 직접 경상도도원수(慶尙道都元帥)로 출정하여 난을 평정하였다.

유숭조(柳崇祖, 1452~1512) : 조선 전기 문신·학자이다. 본관은 전주, 자는 종효(宗孝), 호는 진일재(眞一齋)·석헌(石軒), 시호는 문목(文穆)이다. 세조 때 진사가 되었고, 1489년(성종 20) 식년문과(式年文科)에 급제하였다. 도학정치의 실현을 시도한 최초의 학자로 성균관에 재직한 18년 동안 성리학에 전념하여, 조광조 등 대학자를 배출하였다. 문집에 『진일재문집(眞一齋文集)』, 저서에 『대학강목잠(大學綱目箴)』 등이 있다.

유연(柳淵, 1328~1376) : 고려 말기의 문신이다. 본관은 진주, 시호는 정정(貞靖)이다. 원나라의 침입에 대비하여 국경지대의 국방태세를 강화하고 동북면도지휘사(東北面都指揮使)·문하평리 겸 대사헌(門下評理兼大司憲)·문하평리 겸 동북면도원수(門下評理兼東北面都元帥) 등을 지냈다. 제주에서 목호(牧胡)의 난이 일어나자 이를 평정하는 데 공을 세웠다.

유응부(兪應孚, ?~1456) : 조선 전기의 문신으로, 사육신(死六臣)의 한 사람이다. 본관은 기계(杞溪), 자는 신지(信之)·선장(善長), 호는 벽량(碧梁)이다. 세조에 반대하여 명나라 사신을 초대하는 연회장소에서 세조를 살해하는 임무를 맡았으나, 김질(金礩)의 배신으로 실패하였다. 후에 세조 반대세력으로 잡혀 고문을 당하고 처형되었다.

유자광(柳子光, 1439~1512) : 조선 전기의 문신이다. 본관은 영광, 자는 우복(于復)이다. 1468년(예종 즉위년) 남이(南怡)가 역모를 꾀한다고 무고하여 남이·강순(康純) 등을 숙청하고 익대공신(翊戴功臣) 1등에 책록되었다. 1498년(연산군 4) 무오사화(戊午士禍)를 일으킴으로써 수많은 충신이 죽거나 축출 유배되었다. 중종반정이 일어나자 의거에 참여하여 이번에는 정국공신(靖國功臣) 1등에 무령부원군(武靈府院君)으로 봉해졌다. 다음해 대간(臺諫)·홍문관(弘文館) 등이 들고 일어나 탄핵하여 훈작이 취소되고 유배되었다.

유재현(柳在賢, ?~1884) : 조선 말기의 환관으로, 유재현(柳在賢)이라고도 한다. 고종과 명성황후의 신임이 두터웠는데, 갑신정변 음모에 가담하였다가 1884년 갑신정변이 일어나자 왕에게 정변을 알리고, 또 일본공사관에 가서 왕궁을 보호해줄 것을 청하였다. 그 뒤 경우궁(景祐宮)에 이어(移御)한 왕비 주위에 잡음이 일어나자, 기밀이 누설될 것을 우려한 개화파에 의해서 거사 다음날 서재필(徐載弼)의 지휘 하에 살해되었다.

유철(劉徹, BC 156~BC 87) : 한 무제와 동일인물이다. → 무제

윤관(尹瓘, ?~1111) : 고려 전기의 명신·명장이다. 본관은 파평(坡平), 자는 동현(同玄)이다. 여진을 정벌하다 실패하자 별무반(別武班)을 창설하여 군대를 양성하고, 여진 정벌군의 원수로 9성을 쌓아 침범하는 여진을 평정하였다. 그 뒤 여진은 9성의 환부와 강화를 요청하였고 조정은 9성을 지키기 어렵다 하여 여진에게 돌려주었다.

윤선도(尹善道, 1587~1671) : 조선 후기의 문신·시인이다. 본관은 해남, 자는 약이(約而)이다. 치열한 당쟁으로 일생을 거의 벽지의 유배지에서 보냈으나, 경사(經史)에 해박하고 의약·복서·음양·지리에도 통하였으며, 특히 시조에 뛰어나 정철(鄭徹)의 가사와 더불어 조선시가에서 쌍벽을 이루고 있다. 문집에 『고산유고(孤山遺稿)』가 있다.

윤인(尹訒, 1555~1623) : 조선 후기의 문신이다. 본관은 파평(坡平), 자는 인지(訒之)이다. 이이첨(李爾瞻) 등의 사주를 받아 영창대군(永昌大君)의 생모 인목왕후(仁穆王后)의 유폐를 주장하였으며, 1618년(광해군 10) 이각(李覺)과 함께 다시 폐모론을 내세워 서인(庶人)으로 만들고, 서궁(西宮)에 유폐시켰다. 1623년 인조반정 때 이이첨(李爾瞻) 등과 함께 주살되었다.

윤자승(尹滋承, 1815~?) : 조선 후기의 문신이다. 본관은 파평(坡平), 자는 중무(仲茂)이다. 1876년 한일수호조규 때 접견대신(接見大臣) 신헌(申櫶)의 부관으로, 일본과 국교를 맺고 조선이 개항하게 되는 조약 교섭의 실무진으로 활약하였다. 그 후 예문관(藝文館)과 홍문관(弘文館)의 제학(提學)을 맡아보았고, 병조판서의 일을 잠시 담당하기도 하였다.

윤집(尹集, 1606~1637) : 조선 후기의 문신이다. 본관은 남원, 자는 성백(成伯), 호는 임계(林溪)·고산(高山)이다. 병자호란 때 화의를 적극 반대한 척화론자로 오달제(吳達濟)·홍익한(洪翼漢)과 함께 청나라에 잡혀가서 고문을 받았으나 끝내 굴하지 않고 심양(瀋陽 : 선양) 서문 밖에서 사형되었다.

윤충(允忠, 생몰년미상) : 백제의 장군이다. 642년(의자왕 2) 군사 1만명을 이끌고 신라의 대야성(大耶城)을 공격하였다. 김춘추의 사위인 성주 김품석(金品釋)에게 항복을 권유하였고, 김품석이 죽죽(竹竹)의 반대에도 불구하고 처자와 함께 성문을 열고 나와 항복을 하자 성을 함락시켰다.

윤태준(尹泰駿, 1839~1884) : 조선 후기의 문신이다. 본관은 파평(坡平), 자는 치명(稚命), 호는 석정(石渟)이다. 임오군란 때 명성황후(明成皇后)를 보호하여, 여주를 거쳐 충주로 피난하였다. 1884년 갑신정변이 일어나자 개화파 윤경순(尹景純)에게 살해되었다.

윤휴(尹鑴, 1617~1680) : 조선 후기의 학자·문신이다. 본관은 남원, 자는 희중(希仲)이다. 오가작통사목(五家作統事目)·지패법(紙牌法)을 실시하고 세법(稅法)의 개혁을 시도하였으나 실패하였고, 문란한 군정을 바로잡기 위해 상평창(常平倉)·호포법(戶布法)을 실시하도록 하였다. 또 비변사(備邊司)를 폐지하고 체부(體府)를 신설하여 북벌에 대비하게 하였으나 결과가 나빠 모두 폐지되었다.

을지문덕(乙支文德, 생몰년미상) : 고구려의 명장이다. 612년(영양왕 23) 수나라의 우중문(于仲文)·우문술(宇文述)이 113만여 명의 수륙양군(水陸兩軍)으로 고구려를 침범하자, 후퇴작전을 이용하여 적군을 지치게 만든 다음, 거짓 항복을 하여 후퇴하는 수나라 군을 살수(薩水)에서 공격하였다.

의자왕(義慈王, ?~660) : 백제의 제31대 왕(재위 641~660)이다. 의자(義慈)는 그의 이름으로, 왕의 시호가 없다. 재위 초기에는 친히 신라를 공격하여 신라에 큰 타격을 주고 국위의 만회에 힘썼으나, 만년에는 사치와 향락에 빠져 나당연합군의 침공을 맞았으며, 끝내 항복하였다.

의종(毅宗, 1127~1173) : 고려의 제18대 왕(재위 1146~1170)이다. 이름은 현(晛), 초명은 철(徹), 자는 일승(日升), 시호는 장효(莊孝)이며, 인종의 장남이다. 1170년 정중부(鄭仲夫)·이의방(李義方) 등이 난을 일으켜 폐위되었으며, 거제도로 쫓겨났다. 1173년(명종 3) 김보당(金甫當)의 복위운동이 실패하자 계림에 유폐되었다가 살해되었다.

이개(李塏, 1417~1456) : 조선 전기의 문신으로, 사육신(死六臣)의 한 사람이다. 본관은 한산(韓山)이며 자는 청보(淸甫)·백고(伯高)이다. 1441년(세종 23) 저작랑(著作郎)으로 『명황계감(明皇戒鑑)』의 편찬에 참여하였고, 훈민정음의 창제에도 참여하였다. 1456년(세조 2) 성삼문(成三問)·박팽년(朴彭年) 등과 단종의 복위를 꾀하다가 발각되어 처형되었다.

이건명(李健命, 1663~1722) : 조선 후기의 문신이다. 본관은 전주, 자는 중강(仲剛), 호는 한포재(寒圃齋)·제월재(霽月齋)이다. 숙종 때 여러 관직을 지냈으나 신임사화(辛壬士禍)로 나로도(羅老島)에 유배되었다가 참수당하였다. 1724년(영조 즉위)에 신원되었다.

이경석(李景奭, 1595~1671) : 조선 중기의 문신이다. 본관은 전주, 자는 상보(尙輔), 호는 백헌(白軒)이다. 청나라의 침략으로 인한 위기에서 국가를 구하는 데 큰 공을 세웠으나, 송시열 등 명분을 앞세우는 인물들에 의해 삼전도비문(三田渡碑文) 작성과 같은 현실적인 자세가 비판받기도 하였다. 그의 이념과 정책은 숙종대의 소론으로 연결된다.

이경여(李敬輿, 1585~1657) : 조선 중기의 문신이다. 본관은 전주, 자는 직부(直夫), 호는 백강(白江)·봉암(鳳巖)이다. 1623년 인조반정으로 부교리(副校理)에 오르고 1636년(인조 14) 병자호란이 일어나자 왕을 남한산성에 호종하였다. 1642년 배청파(排清派)로 청나라 연호를 쓰지 않았다는 밀고를 당하여 심양(瀋陽 : 선양)에 끌려가 억류되었다가, 이듬해 우의정이 되기도 하였다.

이경직(李景稷, 1577~1640) : 조선 중기의 문신이다. 본관은 전주, 자는 상고(尙古), 호는 석문(石門)이다. 1622년(광해군 14) 가도에 주둔한 명나라 장수 모문룡(毛文龍)을 상대하는 임무를 수행하였으며, 병자호란 때에도 초기에 최명길(崔鳴吉)을 따라 청군의 부대로 찾아가 진격을 늦춤으로써 국왕을 피신시키는 등 주로 청나라 장수를 상대하는 일을 맡았다.

이고(李高, ?~1171) : 고려 전기의 무신이다. 정중부(鄭仲夫)·이의방(李義方) 등과 함께 무신의 난을 주모하였다. 1171년(명종 1) 1월에 정권을 독차지하기 위해 거짓으로 제서(制書)를 꾸미고, 태자의 관례(冠禮)를 계기로 이의방을 제거하려다가 죽임을 당하였다.

이괄(李适, 1587~1624) : 조선 후기의 무신이다. 본관은 고성, 자는 백규(白圭)이다. 인조반정을 성공하게 하였고 후금과의 국경 분쟁이 잦자 성책을 쌓고 국경을 경비하였다. 아들 이전(李旃)이 공신들의 횡포로 인한 시정의 문란을 개탄한 것이 과장되어 반역의 무고를 받자, 공신들에 대한 적개심이 폭발하여 난을 일으켰다. 서울 입성 이틀 뒤 관군에 참패하여 평정되었다.

이광좌(李光佐, 1674~1740) : 조선 후기의 문신이다. 본관은 경주, 자는 상보(尙輔), 호는 운곡(雲谷)이다. 1727년(영조 3) 실록청총재관(實錄廳總裁官)이 되어 『경종실록』·『숙종실록』「보유편」의 편찬을 맡았으며, 영조에게 탕평을 상소하여 당쟁의 폐습을 막고자 하였다.

이귀(李貴, 1557~1633) : 조선 후기의 문신이다. 본관은 연안(延安), 자는 옥여(玉汝), 호는 묵재(默齋)이다. 1623년 김류(金瑬)와 함께 광해군을 폐하고 선조의 손자 능양군(綾陽君 : 인조)을 추대하였다. 병조판서·이조판서 등을 지냈으며, 정묘호란 때 왕을 강화도에 호종하였다. 사후 영의정에 추증되었다.

이극돈(李克墩, 1435~1503) : 조선 전기의 문신이다. 본관은 광주(廣州), 자는 사고(士高), 호는 사봉(四峯)이다. 좌리공신(佐理功臣) 4등으로 광원군(廣原君)에 봉해졌다. 성절사(聖節使)·주청사(奏請使)로 명나라에 다녀왔으며 무오사화(戊午士禍)를 일으켰다. 이후 병조판서가 되었다.

이근택(李根澤, 1865~1919) : 개화기·일제강점기의 대신이다. 본관은 전주, 1884년(고종 21) 무과에 급제하였다. 을사5적(乙巳五賊) 중의 한 사람이다. 국권침탈에 협조한 공으로 일본으로부터 자작 작위를 받았고, 조선총독부 중추원고문(中樞院顧問)이 되었다.

이기(李芑, 1476~1552) : 조선 전기의 문신이다. 본관은 덕수(德水), 자는 문중(文仲), 호는 경재(敬齋)이다. 을사사화(乙巳士禍) 때 대윤(大尹) 윤임(尹任)의 세력을 꺾어 보익공신(保翼功臣) 1등으로 풍성부원군(豊城府院君)에 봉해졌다. 윤원형(尹元衡)과 함께 을사사화의 원흉(元兇)이다.

이덕형(李德馨, 1561~1613) : 조선 후기의 문신이다. 본관은 광주(廣州), 자는 명보(明甫), 호는 한음(漢陰)이다. 남북인의 중간 노선을 지키다가 뒤에 남인에 가담하였다. 이항복(李恒福)과 절친한 사이로 기발한 장난을 잘하여 많은 일화를 남겼다. 문집에 『한음문고(漢陰文稿)』가 있다.

이두란(李豆蘭, 생몰년미상) : 13710년(공민왕 2)에 고려에 귀화한 여진의 천호(千戶)로, 이성계의 휘하에서 장수로 활약하였다. 왜구 소탕과 위화도회군 등에 공로를 세워 밀직사(密直司) 등을 역임하였다.

이몽학(李夢鶴, ?~1596) : 임진왜란 때의 반란자이다. 본관은 전주로, 왕족의 서얼 출신이다. 1596년(선조 29) 홍산현(鴻山縣)을 습격하여 함락시키고, 이어 임천군(林川郡)·정산(定山)·청양(靑陽)·대흥(大興)을 함락한 뒤 그 여세를 몰아 홍주성(洪州城)에 돌입하였다. 그러나 반란군의 전세가 불리해지자 그의 부하 김경창(金慶昌)·임억명(林億命)·태근(太斤) 3인에 의하여 피살되었다.

이발(李潑, 1544~1589) : 조선 전기의 문신이다. 본관은 광산(光山), 자는 경함(景涵), 호는 동암(東巖)·북산(北山)이다. 동인과 서인이 분기할 때 이조정랑(吏曹正郞)에 임명되어 동인의 지도자로 활동하였다. 1589년(선조 22)에 가까이 지내던 정여립(鄭汝立)이 모반하자 유배되었다가, 다시 압송되어 심문받던 중에 죽었다.

이방의(李芳毅, ?~1404) : 조선 태조의 제3남이다. 시호는 안양(安襄)으로 신의왕후(神懿王后) 한씨 소생이다. 1398년(태조 7) 제1차 왕자의 난과 1400년(정종 2) 제2차 왕자의 난에 아우 이방원(李芳遠)을 보좌해 정사공신(定社功臣) 1등과 좌명공신(佐命功臣) 2등에 각각 책록되고, 정1품 대광보국숭록대부(大匡輔國崇祿大夫)에 올랐다. 정종의 묘정(廟庭)에 배향되고, 마한공(馬韓公)에 추봉되었다.

이상설(李相卨, 1870~1917) : 개화기·일제강점기의 독립운동가이다. 본관은 경주, 호는 부재(溥齋), 본명은 순오(舜五)이다. 대한협동회(大韓協同會) 회장 등을 지냈다. 일찍이 신학문에 뜻을 두고 영어·러시아어·법률 등을 공부하면서도 1894년 식년문과(式年文科)에 급제하였다. 고종의 밀지(密旨)를 받아 이준(李儁)·이위종(李瑋鍾)과 함께 헤이그 만국평화회의에 특사로 참석하려 하였으나 일본에 의해 거부당하였다. 1962년 건국훈장 대통령장이 추서되었다.

이상철(李相哲, 1876~1905) : 개화기의 항일우국지사이다. 대한제국 학부주사(學部主事)로 을사조약 체결 후 반대운동을 전개하였다. 그러나 반대운동이 실효를 거두지 못하고, 민영환(閔泳煥)·조병세(趙秉世) 등이 자결하자, 역시 자결로써 을사조약에 항의하였다. 이는 『대한매일신보』에 보도되어 국민들에게 영향을 주었다.

이색(李穡, 1328~1396) : 고려 말기의 문신·학자로, 삼은(三隱) 가운데 한 사람이다. 본관은 한산(韓山), 자는 영숙(穎叔), 호는 목은(牧隱)이다. 정방(政房)을 폐지하고, 3년상을 제도화하였으며, 성리학 발전에 공헌하였다. 우왕의 사부였다. 위화도회군 후 창왕을 즉위시켜 이성계를 억제하려 하였다. 조선 태조가 한산백(韓山伯)에 책봉하였으나 사양하였다.

이서(李曙, 1580~1637) : 조선 후기의 무신이다. 본관은 전주, 자는 인숙(寅叔), 호는 월봉(月峰)이다. 인조반정 때 광해군을 내쫓고 인조를 세웠으며, 수어사(守禦使)로서 남한산성을 수축하였다. 병자호란 때 남한산성에서 적군을 막다가 진중(陣中)에서 병사하였다. 산수(算數)에 밝았고 독서를 즐겼으며 효심도 지극하였다.

이성계(李成桂, 1335~1408) : 조선 태조와 동일인물이다. → 태조

이세민(李世民, 599~649) : 당 태종과 동일인물이다. → 태종

이세화(李世華, 1630~1701) : 조선 후기의 문신이다. 본관은 부평(富平), 자는 군실(君實), 호는 쌍백당(雙栢堂)·칠정(七井)이다. 인현왕후(仁顯王后)의 폐위 때 상소를 올린 것이 문제가 되어 유배되었다. 갑술환국(甲戌換局)으로 다시 등용되어 인현왕후 복위의 실무를 담당하였다.

이순신(李舜臣, 1545~1598) : 조선 후기의 무신이다. 본관은 덕수(德水), 자는 여해(汝諧), 시호는 충무(忠武)이다. 임진왜란 때 일본군을 물리치는데 큰 공을 세운 명장이다. 명량대첩에서 13척의 함선으로 133척을 적군을 물리치는 등 활약을 펼쳤다. 노량해전에서 일본군과 혼전을 벌이다 유탄에 맞아 전사하였다. 무인으로서뿐만 아니라 시문(詩文)에도 능하여 『난중일기』와 시조·한시 등 여러 편의 뛰어난 작품을 남겼다.

이숭인(李崇仁, 1347~1392) : 고려 말기의 학자이다. 본관은 성주, 자는 자안(子安), 호는 도은(陶隱)이다. 삼은(三隱) 가운데 한 사람이다. 밀직제학(密直提學)으로 정몽주와 함께 실록을 편수하였다. 친명·친원 양쪽의 모함을 받아 여러 옥사를 겪었으며, 조선 개국 때 정도전의 원한을 사 살해되었다. 문장에 뛰어났으며 문집에 『도은집(陶隱集)』이 있다

이시애(李施愛, ?~1467) : 조선 전기의 무신으로, 길주 출생이다. 북방민 회유정책으로 중용되었으나 세조가 북방민 등용을 억제하고 중앙집권 체제를 강화하자 반란을 일으켰다. 반란이 실패하자 체포되어 참형에 처하였다.

이언적(李彦迪, 1491~1553) : 조선 전기의 문신이다. 본관은 여주, 호는 회재(晦齋)·자계옹(紫溪翁), 자는 복고(復古)이다. 기(氣)보다 리(理)를 중시하는 주리적(主理的) 성리설을 주장하였다. 이는 이황에게 계승되어 영남학파의 중요한 성리설이 되었으며, 조선 성리학의 한 특징을 이루었다. 「일강십목소(一綱十目疏)」는 그 정치사상을 대표한다.

이여송(李如松, 1549~1598) : 명나라의 장수이다. 자는 자무(子茂), 호는 앙성(仰城)이며 철령(鐵嶺) 출신이다. 조선 출신인 이영(李英)의 후손이며, 임진왜란 당시 명나라의 2차 원병을 이끌고 참전하였다.

이완(李岏, ?~1547) : 조선 전기의 왕족이다. 중종의 서자(庶子)로, 자는 자첨(子瞻), 시

호는 의민공(懿愍公)이다. 중종의 후궁 희빈(熙嬪) 홍씨의 소생이며, 중종 반정공신 홍경주(洪景舟)의 외손자이다. 김명윤(金明胤)의 무고로 계림군(桂林君) 이유(李瑠)와 함께 반역을 꾀한 죄목으로 강원도 평창으로 유배되어 사사되었다.

이완(李浣, 1602～1674) : 조선 후기의 무신이다. 본관은 경주, 자는 징지(澄之), 호는 매죽헌(梅竹軒)이다. 1654년(효종 5) 한성부판윤(漢城府判尹), 1655년 공조판서, 1656년 형조판서·훈련대장(訓練大將)·지중추부사(知中樞府事)를 맡으며 북벌 기회를 엿보았으나 효종의 별세로 북벌계획이 중지되었다. 현종이 즉위하자 1663년(현종 4) 형조판서, 1664년 공조판서·훈련대장(訓練大將)에 재임하면서 병조판서에 올랐으나 사양하고 은퇴하였다.

이완용(李完用, 1858～1926) : 개화기·일제강점기의 문신이다. 본관은 우봉(牛峰)으로, 을사5적(乙巳五賊) 가운데 한 사람이다. 을사조약 체결을 지지하고, 서명을 주도하였다. 의정부(議政府)를 내각으로 고친 후 내각총리대신(內閣總理大臣)이 되었다. 헤이그특사사건 후 고종에게 책임을 추궁하여 양위를 강요하였고, 순종을 즉위시켰다. 그 후 총리대신으로 일본과 한일병합조약을 체결하였던 대표적 친일파다.

이요헌(李堯憲, 1766～1815) : 조선 후기의 문신이다. 본관은 전주, 자는 계술(季述), 호는 소소옹(笑笑翁)이다. 홍경래(洪景來)의 난 때 양서순무사(兩西巡撫使)에 발탁되어 평안도 일대를 석권한 반란군의 기세를 꺾고 반란을 평정한 공으로 원훈의 호가 내려졌으나 사양하였다. 병조판서·한성부판윤(漢城府判尹)·금위대장(禁衛大將) 등을 거쳐 형조판서에 이르렀다.

이원익(李元翼, 1547～1634) : 조선 후기의 문신이다. 본관은 전주, 자는 공려(公勵), 호는 오리(梧里)이다. 우의정·영의정 등을 지냈다. 선조 때 대동법(大同法) 실시를 건의하여 실시하게 하였고, 불합리한 조세제도를 시정하였다. 안주목사(安州牧使) 때 군병방수제도(軍兵防水制度)를 개혁하고 복무를 2개월로 단축하여 법제화시켰다. 문장에 뛰어났고, 남인에 속하였다.

이위종(李瑋鍾, 1887～?) : 개화기·일제강점기의 외교관·독립운동가이다. 본관은 전주로, 주 러시아공사를 지낸 이범진(李範晉)의 제2남이다. 영어·프랑스어·러시아어에 능통하였다. 1907년 고종의 밀령으로, 이준(李儁)·이상설(李相卨)과 헤이그 제2차 만국평화회의에 참석하려 하였으나 좌절되자, 만국기자협회에서 일본의 야만적 침략행위를 세계 여론에 호소하였다. 블라디보스토크에서 항일투쟁을 계속하였다.

이윤경(李潤慶, 1498～1562) : 조선 전기의 문신이다. 본관은 광주(廣州), 자는 중길(重吉), 호는 숭덕재(崇德齋)이다. 아들 이중열(李中悅)이 대윤(大尹) 윤임(尹任)의 일파로 몰려 사사되자 관작이 삭탈되었다. 1555년(명종 10) 을묘왜변(乙卯倭變) 때 완산부윤(完山府尹)으로서 왜구를 섬멸하고, 완산성을 고수한 공으로 전라도관찰사로 특진하였다. 도승지(都承旨)·병조판서 등을 지냈다.

이의민(李義旼, ?~1196) : 고려 후기의 무신이다. 본관은 정선으로, 아버지는 소금장수, 어머니는 옥령사(玉靈寺)의 노비였다. 천민 출신으로 기골이 장대하여 경군(京軍)에 편입되었고, 수박(手搏)을 잘 하여 의종의 총애를 받아 별장(別將)이 되었다. 무신의 난에 가담하였고 의종 복위 음모와 조위총(趙位寵)의 난을 평정하였다. 경대승(慶大升)이 죽은 후 무신 최고 집권자가 되었다. 후에 최충헌에게 살해되었다.

이의방(李義方, ?~1174) : 고려 후기의 무신으로, 본관은 전주이다. 무신의 난을 일으켰고 이고(李高)가 정권을 마음대로 하려 하자 그를 제거하고 정권을 장악하였다. 중방(重房)을 강화하고 지방관에 하급 무신을 임명하여 그들을 회유하는 정책을 실시하였다.

이이(李珥, 1536~1584) : 조선 전기의 학자·정치가이다. 본관은 덕수(德水), 자는 숙헌(叔獻), 호는 율곡(栗谷)·석담(石潭), 시호는 문성(文成)이다. 아버지는 사헌부감찰(司憲府監察)을 지낸 이원수(李元秀)이고, 어머니는 사임당(師任堂) 신씨이다. 호조·이조·형조·병조판서 등을 지냈다. 선조에게 시무6조(時務六條)를 바치고, 십만양병설 등 개혁안을 주장하였다. 동인·서인 간의 갈등 해소에 노력 하였다. 저서에 『성학집요(聖學輯要)』·『격몽요결(擊蒙要訣)』·『기자실기(箕子實記)』 등이 있다.

이이명(李頤命, 1658~1722) : 조선 후기의 문신이다. 본관은 전주, 자는 양숙(養叔), 호는 소재(疏齋), 시호는 문충(文忠)이다. 1680년(숙종 6) 별시문과(別試文科)에 을과(乙科)로 급제하였다. 기사환국(己巳換局) 때 서인으로 귀양갔다. 이조판서·병조판서·우의정·좌의정 등을 지냈다. 경종 때 세제의 대리청정을 주청하였으나 소론의 반대로 철회되고 유배되었다. 성리학에 정통하였고, 실학사상에도 관심이 깊었다.

이이첨(李爾瞻, 1560~1623) : 조선 후기의 문신이다. 본관은 광주(廣州), 자는 득여(得輿), 호는 관송(觀松)·쌍리(雙里)이다. 선조 때 대북의 영수로서 광해군이 세자에 적합하다고 주장하였다고, 광해군 즉위 후 조정에서 소북파를 숙청하였다. 영창대군(永昌大君)을 죽게 하고 김제남(金悌男)을 사사시켰으며, 폐모론을 주장하여 인목대비(仁穆大妃)를 유폐시켰다. 인조반정 뒤 참형되었다.

이인성(李仁成, ?~1196) : 고려 후기의 재상이다. 1194년(명종 24)에 동지추밀원사 어사대부(同知樞密院事御史大夫)에 임명되었으며, 1196년 참지정사(參知政事)에 올랐다. 참지정사로 있을 때 최충헌 형제에게 살해당하였다.

이인좌(李麟佐, ?~1728) : 조선 후기의 무신이다. 본관은 전주, 본명은 현좌(玄佐)이다. 비밀리에 소론파를 규합하여 1728년(영조 4)에 정희량(鄭希亮)과 함께 군사를 일으켜 밀풍군(密豊君) 이탄(李坦)을 추대하고, 청주를 함락하였다. 안성에서 도원수(都元帥) 오명항(吳命恒)에게 대패하여 죽산으로 도피하였다. 결국 한양으로 압송되었고 대역모반죄로 군기시(軍器寺) 앞에서 능지처참되었다.

이일(李鎰, 1538~1601) : 조선 전기의 무신이다. 본관은 용인, 자는 중경(重卿), 시호는 장양(壯襄)이다. 이탕개[尼湯介]가 침입하자 이를 격퇴하였고 임진왜란 때 명나라 원병과 협공하여 평양을 수복하였다. 서울 탈환 후 훈련도감(訓練都監)이 설치되자 좌지사(左知事)로서 군대를 훈련하였다.

이자춘(李子春, 1315~1361) : 조선 태조 이성계의 아버지이다. 함경도 쌍성(雙城) 지방에서 세력을 떨치며 원나라의 천호(千戶)로 있다가 고려 조정에 내알(來謁)하여 소부윤(少府尹)이라는 벼슬을 받고 총관부(摠管府)를 함락시켜 함주(咸州) 이북의 땅을 회복하였다. 함경도지방을 다스리다가 죽었다. 1411년(태종 11) 시호를 연무성환(淵武聖桓)대왕, 묘호를 환조(桓祖)라 하였다. 능은 함흥(咸興)의 정릉(定陵)이다.

이재(李縡, 1680~1746) : 조선 후기의 문신이다. 본관은 우봉, 자는 희경(熙卿), 호는 도암(陶庵)·한천(寒泉), 시호는 문정(文正)이다. 노론 중 준론(峻論)의 대표적 인물로서 대명의리론(大明義理論)·신임의리론(辛壬義理論)을 내세우며 중앙정계와 학계를 배후에서 움직였다. 영조의 탕평정치를 강력히 반대하여 영조가 반탕평론의 선봉으로 지목하여 비난하였다. 인물성동론(人物性同論)을 주장하였다.

이재곤(李載崑, 1859~1943) : 개화기·일제강점기의 왕족·정치인으로, 정미7적(丁未七賊)의 한 사람이다. 아호는 동원(東園)이며, 고종과는 같은 항렬의 왕실 종친이다. 1910년 한일 병합 조약이 체결된 뒤 일본 정부로부터 자작 작위와 은사공채(恩賜公債) 5만원을 받고, 조선총독부 중추원고문(中樞院顧問)에도 임명되었다. 한일 병합 후에는 불교계와 왕실을 중심으로 꾸준한 친일활동을 하였다.

이제현(李齊賢, 1287~1367) : 고려 말기의 문신·학자이다. 본관은 경주, 자는 중사(仲思), 호는 익재(益齋)·역옹(櫟翁)·실재(實齋)이다. 원나라와의 관계에서 부당한 처사를 해결하는 등 활약하였다. 당대의 명문장가이며 정주학(程朱學)의 기초를 확립하였다. 조맹부(趙孟頫) 서체를 도입하여 유행시켰다. 문집에 『익재집(益齋集)』, 저서에 『효행록(孝行錄)』·『역옹패설(櫟翁稗說)』 등이 있다.

이조년(李兆年, 1269~1343) : 고려 후기의 문신이다. 본관은 성주, 자는 원로(元老), 호는 매운당(梅雲堂)·백화헌(百花軒), 시호는 문열(文烈)이다. 1306년(충렬왕 32) 왕유소(王惟紹) 등이 서흥후(瑞興侯) 왕전(王琠)을 충렬왕의 후계로 삼으려 하자 최진(崔晉)과 함께 충렬왕을 보필하였으며, 심양왕(瀋陽王) 왕고(王暠)의 왕위찬탈 음모를 원나라에 상소하였다. 충혜왕 복위 후 정당문학(政堂文學)·예문관대제학(藝文館大提學)이 되어 성산군(星山君)에 봉해졌다. 시문에 뛰어났다.

이조연(李祖淵, 1843~1884) : 조선 후기의 문신이다. 본관은 연안(延安), 자는 경집(景集), 호는 완서(翫西), 시호는 충정(忠貞)이다. 1880년(고종 17) 수신사(修信使)를 수행하여 일본을 시찰하였고, 1882년 사은 겸 진주사(謝恩兼陳奏使) 조영하(趙寧夏)의 종사관으로 청나라에 다녀왔다. 친군영좌감독(親軍營左監督)·참의교섭통상사무(參議交涉通商事務)·예조참판(禮曹參判) 등을 지냈다. 1884년 갑신정변 때 살해되었다.

이존오(李存吾, 1341~1371) : 고려 말기의 문신이다. 본관은 경주, 자는 순경(順卿), 호는 석탄(石灘)·고산(孤山)이다. 1366년(공민왕 15) 우정언(右正言)으로 있을 때 신돈의 횡포를 보고 이를 탄핵하다가 왕의 노여움을 샀다. 신돈의 권력 남용을 풍자한 시 1수를 비롯하여 3수의 시조가 고시조집 『청구영언(靑丘永言)』에 실려 있다. 문집에 『석탄집(石灘集)』이 있다.

이준(李浚, 1441~1479) : 조선의 왕족으로, 구성군이라고도 한다. 세종의 제4남인 임영대군(臨瀛大君)의 제2남이다. 1465년(세조 11) 과거에 급제하고, 1468년 영의정에 임명되었다. 1470년(성종 1) 최세호(崔世豪)가 귀성군이 왕의 재목이라고 한 것을 정인지(鄭麟趾)가 역모로 엮어서, 최세호는 죽임을 당하고, 귀성군은 유배를 가게 된다. 훗날 충무(忠武)의 시호를 받았다.

이준경(李浚慶, 1499~1572) : 조선 전기의 문신이다. 본관은 광주(廣州), 자는 원길(原吉), 호는 동고(東皐)·남당(南堂)·양와(養窩)·홍련거사(紅蓮居士)이다. 우의정·좌의정·영의정 등을 지냈고, 선조 즉위 후 원상(院相)을 지냈다. 사화로 억울한 피해를 당한 사람들을 서용 또는 신원하였다. 죽을 때 붕당이 있을 것을 예언한 내용의 유소를 올려 규탄받았으나, 뒤에 동서분당이 실제 일어나 예언이 적중하였다.

이중하(李重夏 1846~1917) : 개화기·일제강점기의 문신이다. 본관은 전주, 자는 후경(厚卿), 호는 규당(圭堂)·탄재(坦齋)이며, 1882년(고종 19) 증광문과(增廣文科)에 병과(丙科)로 급제하였다. 고종 때 토문감계사(土門勘界使)로 백두산정계비를 답사, 국경분쟁 해소에 노력하였으나 실패하였다. 김홍집(金弘集) 제1차 내각 내무협판(內務協辦)에 이어 규장각제학(奎章閣提學) 등을 지냈다. 국권피탈 후 이재극(李載克) 등과 작잠회사(柞蠶會社)를 설립하였다.

이지란(李之蘭, 1331~1402) : 고려 말·조선 초의 공신이다. 여진인으로 공민왕 때 부하를 이끌고 귀화하였다. 본관은 청해(靑海), 자는 식형(式馨)이며, 본성은 퉁[佟]이고 초명은 몽고식 이름인 쿠란투란티무르[古倫豆蘭帖木兒]이다. 이성계를 도와 조선 건국에 공을 세워 개국공신 1등에 책록되었다. 제1차·제2차 왕자의 난 때도 공을 세웠다.

이지용(李址鎔, 1870~1928) : 개화기·일제강점기의 대신이다. 흥선대원군의 형인 흥인군(興寅君) 이최응(李最應)의 손자로, 을사5적(乙巳五賊) 가운데 한 사람이다. 1904년 외부대신서리(外部大臣署理)로서 한일의정서(韓日議定書)에 조인하였다. 1905년 내부대신(內部大臣)의 자격으로 을사조약에 찬성하고 조인에 서명하여 을사5적이 되었다. 국권피탈 후 백작 칭호를 받고, 중추원고문(中樞院顧問)이 되었다.

이진(李珒, 1574~1609) : 조선 중기의 왕족이다. 선조의 장남이며, 광해군의 형이다. 임진왜란 때 함경도로 피난하였을 때, 왜장 가토 기요마사[加藤清正]에게 포로가 되었다가 풀려났다. 1608년(광해군 즉위년) 일부 대신들과 명나라에서 왕으로 즉위시킬 것을 주장하자 이를 불안해 한 광해군에 의해 영창대군(永昌大君)·김제남(金悌男)과 함께 역모죄로 몰려 진도에 유배되어 사사되었다.

이진아시왕(伊珍阿豉王, 생몰년미상) : 대가야국의 시조이다. 뇌실주일(惱室朱日) 또는 내진주지(內珍朱智)라고도 하며, 금관가야의 시조 수로왕의 형이다. 42년경 경북 고령(高靈)지방을 중심으로 대가야국을 세웠다.

이토 히로부미[伊藤博文, 1841~1909] : 일본의 정치가로, 본명은 하야시 도시스케[林利助]이다. 제국주의에 의한 아시아 진출에 앞장서 조선에 을사조약을 강요하고 헤이그특사사건을 빌미로 고종을 강제로 퇴위시켰다. 일본에서는 근대화를 이끈 인물로 평가되지만 조선 식민지화를 주도한 원흉으로서 1909년 중국 하얼빈에서 안중근(安重根)에게 저격당하여 죽었다.

이항복(李恒福, 1556~1618) : 조선 후기의 무신이다. 본관은 경주, 자는 자상(子常), 호는 백사(白沙)·필운(弼雲)·청화진인(淸化眞人)·동강(東岡)·소운(素雲)이다. 권율(權慄)의 사위로, 1580년(선조 13) 알성문과(謁聖文科)에 병과(丙科)로 급제하였다. 좌의정·영의정을 지냈고, 오성부원군(鰲城府院君)에 진봉되었다. 임진왜란 때 선조의 신임을 받았으며, 전란 후에는 수습책에 힘썼다. 문집에 『백사집(白沙集)』, 저서에 『북천일록(北遷日錄)』·『사례훈몽(四禮訓蒙)』이 있다.

이황(李滉, 1501~1570) : 조선 전기의 학자·문신이다. 본관은 진성(眞城), 호는 퇴계(退溪)·도옹(陶翁)·퇴도(退陶)·청량산인(淸凉山人)이다. 이기호발설(理氣互發說)이 사상의 핵심이다. 영남학파를 이루었고, 이이의 제자들로 이루어진 기호학파와의 대립하는 등 동서 당쟁과도 관련되었다. 도산서원(陶山書院)을 설립하여 후진양성과 학문연구에 힘을 쏟았다.

익비 한씨(益妃 韓氏, 생몰년미상) : 고려 공민왕의 비로, 종실인 덕풍군(德豊君) 왕의(王義)의 딸이다. 뒤를 이을 아들이 없는 것을 걱정하던 공민왕의 강요로 자제위(子弟衛) 소속의 미소년 홍륜(洪倫)과 통하여 임신하였는데, 이는 공민왕이 홍륜 등에게 시해를 당하는 계기가 되었다.

익안대군(益安大君, ?~1404) : 이방의와 동일인물이다. → 이방의

인목태후 김씨(仁穆太后 金氏, 1584~1632) : 조선 선조의 계비이다. 본관은 연안(延安)으로, 연흥부원군(延興府院君) 김제남(金悌男)의 딸이며 영창대군(永昌大君)의 어머니이다. 흔히 인목대비(仁穆大妃)로 불린다. 19세에 왕비가 되었다. 광해군이 즉위하자 아들 영창대군과 부친 김제남이 사사되고 폐서인되었다. 인조반정으로 복권되었다.

임경업(林慶業, 1594~1646) : 조선 후기의 명장이다. 본관은 평택이다. 철저한 친명배청파(親明排淸派) 무장이다. 이괄(李适)의 난을 평정하는 데 공을 세워 진무원종공신(振武原從功臣) 1등이 되었다. 청북방어사 겸 영변부사(淸北防禦使兼寧邊府使)로 백마산성과 의주성을 수축하였으며, 공유덕(孔有德) 등 명나라의 반도(叛徒)를 토벌하여 명나라로부터 총병(總兵) 벼슬을 받기도 하였다.

임선준(任善準, 1860~?) : 개화기·일제강점기의 문신이다. 본관은 풍천(豊川)이며, 1885년(고종 22) 정시문과(庭試文科)에 병과(丙科)로 급제하였다. 탁지부대신(度支

部大臣) 재임 때 일본인의 소유지에 대하여 면세 조치를 해주기 위해 법령을 제정하였다. 1910년 국권피탈 후 일제로부터 자작이 주어졌고, 조선총독부 중추원고문(中樞院顧問)을 지냈으며, 이완용(李完用)과 사돈을 맺었다.

임최수(林最洙, 1853~1895) : 개화기의 항일운동가이다. 본관은 나주, 자는 사원(士元), 호는 동양(桐陽)이다. 1895년(고종 32) 친일파에 아부하는 김홍집(金弘集) 내각을 몰아내고 새로운 내각 구성을 수립하기 위한 계획을 세웠다. 그러나 이진호(李軫鎬)가 밀고를 하는 바람에 계획을 실천에 옮기지 못한 채 체포되었고, 모반율(謀反律)의 죄목으로 교수형에 처해졌다.

임해군(臨海君, 1574~1609) : 이진과 동일인물이다. → 이진

장만(張晩, 1566~1629) : 조선 후기 문신이다. 본관은 인동(仁同), 자는 호고(好古), 호는 낙서(洛西), 시호는 충정(忠定)이다. 1607년(선조 40) 함경도관찰사로 누르하치의 침입을 경고하여 그 방어책을 세우도록 상소하였다. 1610년(광해군 2) 다시 함경도관찰사가 되자 방비대책의 시급성을 역설하였고, 중추부동지사(中樞府同知事)로 호지의 지도를 그려 바쳤다.

장유(張維, 1587~1638) : 조선 중기의 문신이다. 본관은 덕수(德水), 자는 지국(持國), 호는 계곡(谿谷), 시호는 문충(文忠)이다. 양명학을 익혀 기일원론(氣一元論)을 취하였으며, 수양의 방법으로 성리학의 거경(居敬)이 아니라 정일(精一)을 내세웠다. 문장이 뛰어났을 뿐만 아니라 철학적 규범에 대한 문학의 독자성과 순수성을 옹호하는 경향을 보였다.

전봉준(全琫準, 1855~1895) : 조선 후기 발생한 동학농민운동의 지도자이다. 본관은 천안, 초명은 명숙(明叔)이며, 녹두장군(綠豆將軍)이라는 별칭으로 잘 알려져 있다. 전라도 지방에 집강소(執綱所)를 설치하여 동학의 조직강화에 힘썼으며, 부패한 관리를 처단하고 시정개혁을 도모하였다. 일본의 침략에 맞서 싸우다가 체포되어 교수형을 당하였다.

정강왕(定康王, ?~887) : 신라의 제50대 왕(재위 886~887)이다. 이름은 황(晃)이고 경문왕의 제2남이다. 형인 헌강왕이 후사 없이 죽자 그 뒤를 이어 즉위하였다. 887년 황룡사(黃龍寺)에 백고좌(百高座)를 베풀어 청강하였으며, 이찬 김요(金蕘)의 반란을 평정하였다. 887년 7월 재위 2년 만에 죽으면서 누이동생 만(曼 : 진성여왕)에게 전위하였다.

정견모주(正見母主, 생몰년미상) : 대가야 및 금관가야 시조의 어머니라고 전해지는 여신이다. 원래 가야산신(伽倻山神)으로, 천신인 이비가지(夷毗訶之)에게 감응되어 대가야의 왕 뇌실주일(惱室朱日)과 금관가야의 왕 뇌실청예(惱室靑裔)를 낳았는데, 뇌질주일은 이진아시왕의 별칭이요, 뇌질청예는 수로왕의 별칭이다.

정경세(鄭經世, 1563~1633) : 조선 후기의 문신・학자이다. 본관은 진주(晋州), 자는 경임(景任), 호 우복(愚伏)・일묵(一默)・하거(荷渠)이다. 임진왜란이 일어나자 의병

을 일으켜 공을 세워 수찬(修撰)이 되고 정언(正言)·교리(校理)·정랑(正郎)·사간(司諫)에 이어 1598년(선조 31) 경상도관찰사가 되었다. 예론에 밝아서 김장생(金長生) 등과 함께 예학파로 불렸다. 시문과 서예에도 뛰어났다.

정곤수(鄭崑壽, 1538~1602) : 조선 후기의 문신이다. 본관은 청주, 자는 여인(汝仁)이다. 황해도관찰사로 나가 기근을 잘 극복하여 서천군(西川君)에 봉해졌고 이어 병조참판(兵曹參判)·이조참판(吏曹參判)·대사간(大司諫)을 거쳐 임진왜란 때 우승지(右承旨)로서 선조의 서행에 호종하였다. 돈령부지사(敦寧府知事)로서 진주사(陳奏使)가 되어 명나라에 가서 구원병을 요청하고 돌아왔다. 호종의 원훈으로 책록되었다. 문집에 『백곡집(栢谷集)』이 있다.

정광필(鄭光弼, 1462~1538) : 조선 전기 문신이다. 본관은 동래(東萊), 자는 사훈(士勛), 호는 수부(守夫), 시호는 문익(文翼)이다. 1492년(성종 23) 식년문과(式年文科)에 을과(乙科)로 급제하여 홍문관(弘文館)에 등용되었고, 1504년(연산군 10) 갑자사화(甲子士禍) 때 왕에게 극간(極諫)을 하여 유배되었다. 중종반정으로 부제학(副提學)에 복직된 후, 이조참판(吏曹參判)·예조판서·대사헌(大司憲)을 거쳤다. 1510년(중종 5) 삼포왜란(三浦倭亂)을 수습한 뒤 우의정·좌의정을 거쳐 영의정에 올랐다.

정균(鄭筠, ?~1179) : 고려 전기의 무신이다. 본관은 해주로, 정중부(鄭仲夫)의 아들이다. 무신의 난 이후 병부상서(兵部尙書)·서경유수(西京留守)에 오르고, 조위총(趙位寵)의 난을 평정하였다. 이때 함께 출전한 이의방(李義方)을 죽이고 부자가 정권을 마음대로 휘두르다가 경대승(慶大升)에게 살해되었다.

정기용(鄭起龍, 1562~1622) : 조선 후기의 무신이다. 곤양정씨(昆陽鄭氏)의 시조이며, 자는 경운(景雲), 호는 매헌(梅軒), 시호는 충의(忠毅), 초명은 무수(茂壽)이다. 임진왜란 때 거창·금산 싸움에서 전공을 세우고 상주성을 탈환하였으며, 정유재란이 일어나자 고령에서 적장을 생포하고 성주·합천·초계·의령·경주·울산을 수복하였다.

정도전(鄭道傳, 1342~1398) : 고려 말·조선 초의 문신·학자이다. 본관은 봉화, 자는 종지(宗之), 호는 삼봉(三峰)이다. 이성계를 도와 조선을 건국하였으며 나라의 기틀을 다지는 역할을 하였다. 유학(儒學)의 대가로 개국 후 군사·외교·행정·역사·성리학 등 여러 방면에서 활약하였고, 척불숭유(斥佛崇儒)를 국시로 삼게 하여 유학의 발전에 공헌하였다. 제1차 왕자의 난 때 이방원(李芳遠)에게 피살되었다. 문집에 『삼봉집(三峰集)』, 저서에 『경제문감(經濟文鑑)』 등이 있다.

정몽주(鄭夢周, 1337~1392) : 고려 말기의 문신·학자이다. 본관은 연일(延日), 자는 달가(達可), 호는 포은(圃隱), 시호는 문충(文忠)이다. 의창(義倉)을 세워 빈민을 구제하고 유학을 보급하였으며, 성리학에 밝았다. 개성에 5부 학당과 지방에 향교를 세워 교육진흥을 꾀하였으며, 법질서의 확립을 기하고 외교와 군사면에도 깊이 관여하여 국운을 바로잡으려 했으나 이성계 일파의 손에 최후를 맞이하였다. 시문에도 뛰어나 시조 「단심가(丹心歌)」 외에 많은 한시가 전해지며 서화에도 뛰어났다.

정발(鄭撥, 1553~1592) : 조선 전기의 문신이다. 본관은 경주, 자는 자고(子固), 호는 백운(白雲), 시호는 충장(忠壯)이다. 1579년(선조 12) 무과에 급제하여 임진왜란 때는 부산진첨절제사(釜山鎭僉節制使)로서 부산에 상륙한 왜군을 맞아 싸우다 전사하였다. 좌찬성(左贊成)에 추증되고, 동래(東萊)의 안락서원(安樂書院)에 배향되었다.

정병하(鄭秉夏, ?~1896) : 개화기의 문신이다. 을미사변 후 김홍집(金弘集)의 제3차 내각이 수립되자 농상공부대신서리(農商工部大臣署理)가 되고, 이어 대신(大臣)으로 승진하여 친일활동을 하였다. 1896년(건양 1) 아관파천(俄館播遷)으로 친러파 내각이 성립하자 역적으로 몰려 압송 도중 김홍집과 함께 타살되었다.

정순붕(鄭順朋, 1484~1548) : 조선 전기의 문신이다. 본관은 온양(溫陽), 자는 이령(耳齡), 호는 성재(省齋)이다. 명종이 즉위하자 소윤(小尹)으로서 윤원형(尹元衡)·이기(李芑) 등과 함께 윤임(尹任)·유관(柳灌) 등 대윤(大尹)을 제거하는 데 적극 활약하였다. 을사사화(乙巳士禍)의 중심인물이다.

정약용(丁若鏞, 1762~1836) : 조선 후기의 학자·문신이다. 본관은 나주, 자는 미용(美鏞)·송보(頌甫), 호는 다산(茶山)·삼미(三眉)·여유당(與猶堂)·사암(俟菴)·자하도인(紫霞道人) 등이며, 가톨릭 세례명은 안드레아이다. 문장과 경학(經學)에 뛰어난 학자로, 유형원(柳馨遠)과 이익(李瀷) 등의 실학을 계승하여 집대성하였다. 신유박해(辛酉迫害) 때 전라남도 강진으로 유배되었다가 19년 만에 풀려났다. 주요 저서에 『목민심서(牧民心書)』·『경세유표(經世遺表)』 등이 있다.

정여창(丁汝昌, ?~1895) : 청나라 말기의 군인이다. 안휘성(安徽省 : 안후이성) 여강(廬江 : 廬江) 출생이다. 반청 무장집단인 염당군(捻黨軍)을 토벌하고 조선에서 임오군란이 일어났을 때 홍선대원군을 연행하였다. 청일전쟁이 일어나자 황해에서 싸웠으나 패하고 일본군의 양면공격이 치열해지자 항복하였다.

정온(鄭蘊, 1569~1641) : 조선 후기의 문신이다. 본관은 초계(草溪), 자는 휘원(輝遠), 호는 동계(桐溪)·고고자(鼓鼓子), 시호는 문간(文簡)이다. 1614년(광해군 6) 부사직(副司直)으로 영창대군(永昌大君)의 처형이 부당함을 상소하다가 제주도 대정(大靜)에서 10년간 유배생활을 하였다. 그동안 『덕변록(德辨錄)』 등을 지어 애군우국(愛君憂國)의 뜻을 토로하였고, 1623년 인조반정으로 석방되어 헌납(獻納)에 등용되었다. 이어 사간(司諫)·이조참의(吏曹參議)·대사간(大司諫)·경상도관찰사·부제학(副提學) 등을 역임하였다.

정인홍(鄭仁弘, 1535~1623) : 조선 전기 문신이다. 본관은 서산, 자는 덕원(德遠), 호는 내암(來庵)이다. 임진왜란 때 합천에서 의병을 모아 성주에서 왜병을 격퇴하여 영남의병장의 호를 받았다. 대사헌(大司憲)에 승진하였고, 중추부동지사(中樞府同知事)·공조참판(工曹參判)을 역임하였으며 인목대비(仁穆大妃)를 폐위하여 서궁에 유폐시키고 영의정에 올랐다.

정종(定宗, 1357~1419) : 조선의 제2대 왕(재위 1398~1400)이다. 이름은 경(曔), 자는 광원(光遠), 초명은 방과(芳果)이며 태조의 제2남이다. 제1차 왕자의 난이 수습된 뒤 왕위에 올랐으며, 재임 2년 후 보위를 이방원(李芳遠)에게 양위하였고 상왕으로 물러났다.

정중부(鄭仲夫, 1106~1179) : 고려 전기의 무신으로, 본관 해주이다. 무신의 차별에 불만을 품고 왕의 보현원(普賢院) 거둥 때 문신을 죽이고 정권을 장악하였다. 참지정사(參知政事)·중서시랑평장사(中書侍郎平章事), 문하평장사(門下平章事), 서북면판사, 행영병마 겸 중군병마판사 등을 지냈다. 1179년(명종 9) 같은 무신인 경대승(慶大升)에게 일가족이 몰살되었다.

정창군(定昌君, 1345~1394) : 고려 공양왕과 동일인물이다. → 공양왕

정창손(鄭昌孫, 1402~1487) : 조선 전기 문신이다. 본관은 동래(東萊), 자는 효중(孝中), 시호는 충정(忠貞)이다. 『고려사』·『세종실록』·『치평요람(治平要覽)』 편찬에 참여하였다. 1468년(예종 즉위년) 남이(南怡)·강순(康純)의 옥사를 처리하여 익대공신(翊戴功臣) 3등에 책록되었고, 1469년 원상(院相), 1471년(성종 2) 좌리공신(佐理功臣) 2등에 책록되었으며 궤장(几杖)을 하사받았다.

정추(鄭樞, 1333~1382) : 고려 후기의 문신이다. 본관은 청주, 자는 공권(公權), 호는 원재(圓齋)이다. 1353년(공민왕 2) 익재(益齋) 이제현(李齊賢)을 지공거(知貢擧)로 한 과거에 급제한 이후 예문관검열(藝文館檢閱) 및 여러 관직을 거쳐 좌사의대부(左司議大夫)에 올랐다. 이어 성균관대사성(成均館大司成)을 거쳐 정당문학(政堂文學)에 임명되었다가 고려 멸망 10년 전인 1382년(우왕 8)에 병사하였다.

정충신(鄭忠信, 1576~1636) : 조선 후기의 무신이다. 본관은 금성(錦城), 자는 가행(可行), 호는 만운(晩雲)이다. 임진왜란 때 권율(權慄) 휘하에서 종군하였고 만포첨사(滿浦僉使)로 국경을 수비하였다. 이괄(李适)의 난 때 황주·서울 안현(鞍峴)에서 싸워 이겼다. 정묘호란 때 부원수(副元帥)가 되고 조정에서 후금과 단교하려는 데 반대하여 유배되었다.

정태화(鄭太和, 1602~1673) : 조선 후기의 문신이다. 본관은 동래(東萊), 자는 유춘(囿春), 호는 양파(陽坡)이다. 1637년(인조 15) 소현세자(昭顯世子)를 심양(瀋陽 : 선양)에 배종하고 돌아와 호령안찰사(湖嶺按察使)로 있을 때 명나라와의 밀약이 청나라에 탄로나자, 조정에서는 그를 봉황성(鳳凰城)에 보내 청나라의 협박을 막았다. 문집에 『양파유고(陽坡遺稿)』, 저서에 『양파연기(陽坡年紀)』가 있다.

정호(鄭澔, 1648~1736) : 조선 후기 문신이다. 본관은 연일(延日), 자는 중순(仲淳), 호는 장암(丈巖)이다. 『숙종실록』 편찬에 참여하다가 신임사화(辛壬士禍)로 유배되었다. 1725년(영조 1) 풀려나와 우의정이 되고, 사화로 사사된 노론 4대신의 신원을 상소하였으며, 좌의정을 거쳐 영의정이 되었다. 일생을 노론의 선봉으로 활약하였고, 글씨와 시문에 뛰어났다.

정홍익(鄭弘翼, 1571~1626) : 조선 전기 문신이다. 본관은 동래(東萊), 자는 익지(翼之),

호는 휴옹(休翁)·휴헌(休軒)·휴암(休菴)이다. 세자시강원문학(世子侍講院文學)이 되고, 수찬(修撰)·응교(應敎) 등을 거쳐 1612년(광해군 4) 성천부사(成川府使)를 역임하고, 동지사(冬至使)로 명나라에 다녀왔다. 이듬해 폐모론을 반대하여 유배되었다. 문집에 『휴옹집(休翁集)』이 있다.

정후겸(鄭厚謙, 1749~1776) : 조선 후기 문신이다. 본관은 연일(延日), 자는 백익(伯益)이다. 세손(정조)이 대리청정을 하게 되자 홍인한(洪麟漢) 등과 이를 극력 반대하여, 유언을 퍼뜨려 세손의 비행을 조작하는 한편 심상운(沈翔雲)을 시켜 세손을 보호하는 홍국영(洪國榮)을 배척하는 등 세손을 모해하려고 하였다.

정희량(鄭希亮, ?~1728) : 조선 후기 반란자이다. 본관은 초계(草溪), 본명은 준유(遵儒)이다. 소론의 호응을 얻어 밀풍군(密豊君) 이탄(李坦)을 추대하여, 왕통을 바로 세워야 한다는 명목으로 이인좌(李麟佐) 등과 반란을 일으켰다.

조경(趙儆, 1541~1609) : 조선 후기의 무신이다. 본관은 풍양(豊壤), 자는 사척(士惕), 시호는 장의(莊毅)이다. 임진왜란이 일어나자 경상우도방어사(慶尙右道防禦使)가 되어 황간(黃澗)·추풍(秋風)에서 싸웠으나 패배하였다. 그 뒤 금산(金山)에서 왜군을 격퇴시키고 상처를 입었으며, 행주싸움에서 대승하였다.

조광(趙匡, ?~1136) : 고려 전기의 반란자이다. 묘청의 부하로 함께 난을 일으켰으나 세가 불리해지자 묘청을 죽였으며, 토벌군에 의해 서경이 함락되자 분신자살하였다.

조광조(趙光祖, 1482~1519) : 조선 전기의 문신이다. 본관은 한양, 자는 효직(孝直), 호는 정암(靜庵)이다. 조선 중종 때 사림의 지지를 바탕으로 도학정치(道學政治)의 실현을 위해 적극적으로 활동하였다. 천거를 통해 인재를 등용하는 현량과(賢良科)를 주장하여 사림 28명을 선발하였으며 중종을 왕위에 오르게 한 공신들의 공을 삭제하는 위훈(僞勳) 삭제 등 개혁정치를 서둘러 단행하였다. 기묘사화(己卯士禍)가 일어나 능주로 귀양갔으며 한달만에 사사되었다.

조민수(曹敏修 ?~1390) : 고려 말기의 무신이다. 본관은 창녕이다. 요동정벌군 좌군도통사(左軍都統使)로 출정한 뒤 위화도에서 이성계와 회군하여 우왕을 폐하고 창왕을 세우는 데 큰 역할을 하였다.

조병식(趙秉式, 1832~1907) : 조선 후기의 문신이다. 본관은 양주(楊州), 자는 공훈(公訓), 시호는 문정(文靖)이다. 1858년(철종 9) 정시문과(庭試文科)에 병과(丙科)로 급제하였다. 1888년(고종 25) 조선 대표로 러시아 대표 베베르와 한러육로통상장정을 체결하여 열국의 이목을 끌었다. 황국협회(皇國協會)를 선동하여 독립협회(獨立協會) 타도에 나서, 고종에게 무고하여 수많은 개화당 요인을 투옥시켰다.

조분왕(助賁王, ?~247) : 신라의 제11대 왕(재위 230~247)이다. 본래의 칭호는 조분이사금(助賁尼師今)이며, 제귀왕(諸貴王)이라고도 한다. 성은 석(昔)으로, 벌휴왕의 손자, 갈문왕(葛文王) 골정(骨正)의 아들이다. 231년 이찬 우로(于老)를 시켜 감문국(甘文國)을 정복하여 군(郡)으로 만들었고, 233년 왜구가 침입하자 다시 우로를 시켜 격퇴하였으며, 236년 골벌국(骨伐國)의 항복을 받았다.

조석문(曺錫文, 1413~1477) : 조선 전기 문신이다. 본관은 창녕, 초명은 석문(碩門), 자는 순보(順甫), 시호는 공간(恭簡)이다. 1467년(세조 13) 병마부총사(兵馬副摠使)로 이시애(李施愛)의 난을 평정하여 적개공신(敵愾功臣) 1등에 책록되고, 좌의정을 거쳐 영의정에 승진하였다. 1468년 왕명으로 노사신(盧思愼)과 함께 『북정록(北征錄)』을 편찬하였다. 예종 때 남이(南怡)・강순(康純)의 옥사를 처리하여 익대공신(翊戴功臣) 3등에, 1471년(성종 2) 좌리공신 1등에 책록되었다.

조승훈(祖承訓, 생몰년미상) : 명나라 말기의 요동 부총병(副摠兵)이다. 임진왜란 당시 명 우군부총병(右軍副摠兵)으로 3000명의 군사를 데리고 1차 원병 사령관으로 참전하였다. 그러나 제2차 평양 전투에서 일본군의 매복술에 크게 패하였고 이후 겨우 수십 기의 병사만 데리고 요동으로 돌아갔다. 그러다가 제4차 평양 전투에서 부총병으로 참전하여 승리하였다.

조식(曹植, 1501~1572) : 조선 전기의 학자이다. 본관은 창녕, 자는 건중(楗仲 : 健中), 호는 남명(南冥), 시호는 문정(文貞)이다. 철저한 절제로 일관하여 불의와 타협하지 않았으며, 당시의 사회현실과 정치적 모순에 대해서는 적극적인 비판의 자세를 견지하였다. 단계적이고 실천적인 학문방법을 주장한 것으로 알려져 있으며, 제자들에게도 그대로 이어져 경상우도의 특징적인 학풍을 이루었다.

조영규(趙英珪, ?~1395) : 고려 말・조선 초의 무신이다. 수차례에 걸쳐 왜구 토벌전에 참전하고 이성계가 세력을 구축하는 데 신진세력의 무장으로 크게 활약하였다. 이방원(李芳遠)과 모의하여 정몽주를 살해하고 이성계를 추대하여 조선 개국에 공을 세웠다.

조영하(趙寧夏, 1845~1884) : 조선 후기 문신이다. 본관은 풍양(豊壤), 자는 기삼(箕三), 호는 혜인(惠人)이다. 전권대신이 되어 조・미, 조・영, 조・독 수호통상조약을 체결하였다. 임오군란의 주동자 색출과 흥선대원군의 납치를 실현하여 민씨세력이 재집권하도록 하였다.

조인옥(趙仁沃, 1347~1396) : 고려 말・조선 초의 문신이다. 본관은 한양, 자는 군계(君啓), 시호는 충정(忠靖)이다. 이성계를 따라 정명군(征明軍)에 참가한 뒤 위화도에서 회군하였다. 이성계・정도전 등과 우왕을 폐위시키고 창왕을 옹립하였으며, 척불숭유(斥佛崇儒)와 전제개혁(田制改革)을 적극 지지하여 신진세력의 기반을 구축하였다. 정도전 등과 이성계를 추대하여 조선개국에 공을 세웠다.

조중응(趙重應, 1860~1919) : 개화기・일제강점기의 문신・친일파이다. 본관은 양주(楊州), 초명은 중협(重協)이다. 이완용(李完用) 내각의 법부대신(法部大臣)・농상공부대신(農商工部大臣)을 지내면서 매국활동을 하고, 한일합방 때 조약 체결에 찬성하여, 매국7역신(賣國七逆臣)의 한 사람으로 규탄을 받았다. 그 후 일본정부로부터 자작의 작위를 받고, 조선총독부 중추원고문(中樞院顧問)이 되었다.

조지겸(趙持謙, 1639~1685) : 조선 후기의 문신이다. 본관은 풍양(豐壤), 자는 광보(光甫), 호는 우재(迂齋)·구포(鳩浦)이다. 사간(司諫) 때 서인 김익훈(金益勳)이 남인의 모반사건을 허위조작하여, 남인을 해치려 하자 이를 탄핵하여 처단할 것을 주장하였다. 그 때 서인의 송시열이 김익훈을 비호하자, 재차 송시열을 공박하여 노론·소론으로 분당됨으로써 소론의 중심인물이 되었다.

조태구(趙泰耉, 1660~1723) : 조선 후기의 문신이다. 본관은 양주(楊州), 자는 덕수(德叟), 호는 소헌(素軒)·하곡(霞谷)이다. 소론의 영수로서 노론과 대립하던 중, 노론 4대신의 주청으로 세제의 대리청정이 실시되자 이를 반대하여 대리청정을 환수시켰다. 이어 노론 4대신을 역모죄로 몰아 사사하게 한 뒤 영의정에 올랐다.

조태억(趙泰億, 1675~1728) : 조선 후기의 문신이다. 본관은 양주(楊州), 자는 대년(大年), 호는 겸재(謙齋)·태록당(胎祿堂), 시호는 문충(文忠)이다. 호조참판(戶曹參判) 때 세제(영조)의 책봉과 대리청정을 반대하여 철회시켰다. 신임사화(辛壬士禍)를 일으켜 노론을 거세하고 정권을 잡았으며, 영조가 즉위하자 즉위의 반교문(頒教文)을 작성하였고, 벼슬이 좌의정에 이르렀다.

조태채(趙泰采, 1660~1722) : 조선 후기의 문신이다. 본관은 양주(楊州), 자는 유량(幼亮), 호는 이우당(二憂堂), 시호는 충익(忠翼)이다. 공조판서·이조판서를 거쳐 우의정에 올랐다. 노론 4대신의 한 사람으로 세제(영조) 책봉을 건의하여 실현시켰고 대리청정하게 하였으나 소론의 반대로 철회되자 사직하였다. 소론의 사주를 받은 목호룡(睦虎龍)의 고변으로 진도에 귀양간 뒤 사사되었다.

조헌(趙憲, 1544~1592) : 조선 전기의 문신·의병장이다. 본관은 백천(白川), 자는 여식(汝式), 호는 중봉(重峯)·도원(陶原)·후율(後栗), 시호 문열(文烈)이다. 임진왜란이 일어나자 옥천에서 의병을 일으켜 영규(靈圭) 등 승병과 합세하여 청주를 탈환하였다. 이어 전라도로 향하는 왜군을 막기 위해 금산전투에서 분전하다가 의병들과 함께 모두 전사하였다. 뛰어난 학자로, 기발이승일도설(氣發理乘一途說)을 지지하여 이이의 학문을 계승 발전시켰다.

주왕(紂王, ?~BC 1046) : 중국 상(商)나라 마지막 왕으로 이름은 제신(帝辛)·제신수(帝辛受)이다. 신체가 장대하고 외모가 준수하며, 총명하고 힘이 장사였다고 한다. 군사적 재능이 있어 많은 전쟁에서 승리를 거두었다. 그러나 향락을 좋아하고 여색을 밝혔고 급기야 애첩 달기(妲己)에게 빠져 나라를 망하게 하였다. 하(夏)나라의 마지막 왕 걸(桀)과 함께 폭군의 전형이 되었다.

죽죽(竹竹, ?~642) : 신라의 지방관리이다. 대야주(大耶州)사람으로, 선간(撰干) 학열(郝熱)의 아들이다. 642년(선덕여왕 11)에 대야성(大耶城)이 백제군에게 함락될 때 최후까지 싸우다가 죽었다.

준왕(準王, 생몰년미상) : 고조선의 왕이다. 중국의 진(秦) 말·한 초에 걸치는 시대에 재위하였으며, 지금의 요동(遼東 : 랴오둥)지방에서 도망해 온 위만(衛滿)을 받아들여 한씨조선의 서북변(西北邊) 지방을 지키게 하였다.

중종(中宗, 1488~1544) : 조선의 제11대 왕(재위 1506~1544)이다. 연산군 시대의 폐정을 개혁하였으며, 조광조 등의 신진 사류를 중용하여 왕도정치를 시도하였다. 그러나 지나치게 이상적인 개혁방법이 훈구파의 반발을 초래하여 기묘사화(己卯士禍)를 일으켰고, 신진사류를 숙청하였다. 이후 신사무옥(辛巳誣獄)·삼포왜란(三浦倭亂) 등으로 정국은 혼미를 거듭하였다.

지증왕(智證王, 437~514) : 신라의 제22대 왕(재위 500~514)이다. 국호를 신라로 바꾸고 왕호를 개정하였다. 순장법 폐지, 우경법(牛耕法) 시행, 상복 제도 제정, 주군현(州郡縣) 정비 등을 통해 신라가 중앙집권적 국가 체제를 갖추는 데 초석을 마련하였다.

진성대군(晉城大君, 1488~1544) : 조선 중종과 동일인물이다. → 중종

철종(哲宗, 1831~1863) : 조선의 제25대 왕(재위 1849~1863)이다. 1844년(헌종 10) 가족과 함께 강화에 유배되었다가 1849년 궁중에 들어와 헌종의 뒤를 이어 즉위하였다. 1852년부터 친정을 시작하였으나 정치에 어둡고, 외척인 안동김씨 일파의 전횡으로 삼정(三政)의 문란이 극에 달하였다.

최규서(崔奎瑞, 1650~1735) : 조선 후기의 문신이다. 본관은 해주, 자는 문숙(文叔), 호는 간재(艮齋)·소릉(少陵)·파릉(巴陵), 시호는 충정(忠貞)이다. 1689년(숙종 15) 대사간(大司諫)이 되었으며 이듬해 희빈 장씨의 왕비 책봉에 반대하였다. 1721년(경종 1) 소론의 영수로서 우의정이 되었다. 노론4대신들이 건의하여 세제의 대리청정이 실시되자 이를 반대하여 철회시켰다. 1728년(영조 4) 이인좌(李麟佐) 등이 밀풍군(密豊君) 이탄(李坦)을 추대하여 반란을 일으켰다는 정보를 입수해 알림으로써 난을 진압하였다.

최만생(崔萬生, ?~1374) : 고려 말기의 환관이다. 1374년(공민왕 23) 익비(益妃)가 자제위(子弟衛)에 속한 홍륜(洪倫)과 정을 통하여 임신한 사실을 공민왕에게 알렸다. 이에 공민왕은 사건의 누설을 막기 위해 홍륜 등을 죽이려고 하였다. 최만생(崔萬生)은 홍륜·권진(權瑨) 등과 짜고 밤중에 침전에 들어가 왕을 살해하였으나, 이튿날 일당들과 함께 효수되었다.

최명길(崔鳴吉, 1586~1647) : 조선 후기의 문신이다. 본관은 전주, 자는 자겸(子謙), 호는 지천(遲川), 시호는 문충(文忠)이다. 인조반정에 참여한 반정공신이다. 병자호란 때 강화를 주관하여 인조의 신임을 얻었다. 이후 대명·대청 외교를 맡고 개혁을 추진하면서 국정을 주도하였다. 명나라와의 비공식적 외교관계가 발각되어 1643년(인조 21) 청나라에 끌려가 수감되기도 하였다. 그의 사상과 정책은 주화론으로 요약할 수 있으나 양명학에도 큰 호감을 보였다.

최석항(崔錫恒, 1654~1724) : 조선 후기의 문신이다. 본관은 전주, 자는 여구(汝久), 호는 손와(損窩)·돈와(遯窩)이다. 1684년(숙종 10) 정언(正言)으로 이익(李瀷)을 탄핵하다 파직당하였다. 이후 재등용되어 경상도관찰사가 되었는데 정확한 사리판

단으로 관찰사 중 제일이라는 평을 들었다. 1721년(경종 1) 소론으로서 신임사화(辛壬士禍) 때 노론을 실각하게 하고 우의정에 올랐다. 1723년 『숙종실록』 편찬을 주재하고, 이듬해 좌의정이 되었는데, 재직 중에 죽었다.

최영(崔瑩, 1316~1388) : 고려 말기의 명장·충신이다. 1359년(공민왕 8) 홍건적이 서경을 함락하자 이방실(李芳實) 등과 함께 이를 물리쳤다. 1361년에도 홍건적이 창궐하여 개경까지 점령하자 이를 격퇴하여 전리판서(典吏判書)에 올랐다. 이후에도 흥왕사(興王寺)의 변, 제주 목호(牧胡)의 난을 진압하였으며, 1376년(우왕 2) 왜구가 삼남지방을 휩쓸자 홍산에서 적을 대파하였다. 1388년 명나라가 철령위(鐵嶺衛)를 설치하려하자, 요동정벌을 계획하고 출정하였으나 이성계의 위화도회군으로 좌절되었다.

최우(崔瑀, ?~1249) : 고려 후기의 권신이다. 본관은 우봉(牛峰), 시호는 광렬(匡烈)로, 이름을 후에 이(怡)로 개명하였다. 1219년(고종 6) 추밀원부사(樞密院副使)로 아버지 최충헌의 뒤를 이어 집권하였다. 개경의 황라성(隍羅城)을 수축하는 등 몽골의 침입에 대처하였다. 1225년 정방(政房)을 설치하여 인사권을 장악하였고 도방(都房)을 확장하였다. 몽골의 침공 소식에 강화천도를 단행하여 성을 쌓아 대비하였다. 1243년 국자감(國子監)을 수축하였으며 사재를 동원하여 대장경판 재조를 완성케 하였다.

최유경(崔有慶, 1343~1413) : 고려 말·조선 초의 문신이다. 본관은 전주, 자는 경지(慶之), 호는 죽정(竹亭), 시호 평도(平度)이다. 1372년(공민왕 21) 사헌부장령(司憲府掌令)이 되어 방자한 환관 윤충좌(尹忠佐)를 탄핵하였다. 1388년(우왕 14) 요동정벌 때 이성계의 위화도회군을 신속히 보고하고, 최영이 실각하자 밀직부사(密直副使)에 올랐다. 조선 개국 후 개국원종공신(開國原從功臣)에 책록되었다. 1401년(태종 1) 정조사(正朝使)로 명나라에 다녀왔고 1404년 한성부판사(漢城府判事)에 이르러 치사(致仕)하였다.

최윤덕(崔潤德, 1376~1445) : 조선 전기의 무신이다. 본관은 통천(通川), 자는 백수(伯修)·여화(汝和), 호는 임곡(霖谷)이다. 쓰시마[對馬]섬을 정벌하였으며, 압록강 유역 여연(閭延)에 침입한 여진족 이만주(李滿住)를 물리치고 여연·자성(慈城)·무창(茂昌)·우예(虞芮)에 4군을 설치하였다.

최의(崔竩, ?~1258) : 고려 후기의 무신이다. 본관은 우봉(牛峯)이다. 최씨 무신정권의 마지막 집권자로, 최항(崔沆)의 아들이다. 처음에는 민심을 얻기 위해 노력하였으나, 조정대신들의 지지를 얻지 못하고 어지러운 정사를 거듭하다가 김준(金俊)·유경(柳璥) 등에게 살해되었다.

최익현(崔益鉉, 1833~1906) : 개화기의 문신이다. 1868년(고종 5) 경복궁 중건과 당백전(當百錢) 발행에 따르는 재정의 파탄 등을 들어 흥선대원군의 실정(失政)을 상소하여 관직을 삭탈당하였다. 이후 일본과의 통상조약과 단발령에 격렬하게 반대하였다. 1905년 을사조약이 체결되자 항일의병운동의 전개를 촉구하며 의병을 모았다. 그러나 순창에서 패하여 쓰시마[對馬]섬에 유배되었다.

최충(崔沖, 984~1068) : 고려 전기의 문신이다. 본관은 해주, 자는 호연(浩然), 호는 성재(惺齋)·월포(月圃)·방회재(放晦齋), 시호는 문헌(文憲)이다. 문장과 글씨에 능하여 해동공자(海東孔子)로 불렸다. 1013년(현종 4) 국사수찬관(國史修撰官)으로 태조에서 목종까지의 7대(代) 실록 편찬에 참여하였다. 1047년(문종 1) 법률관들에게 율령을 가르쳐 고려 형법의 기틀을 마련하였다. 농번기의 공역 금지 등을 상소하여 시행하였고, 동여진를 경계하여 국방을 강화하였다. 벼슬에서 물러나 송악산 아래 서당을 열고 많은 인재를 배출하였는데 이를 문헌공도(文憲公徒)라 하였다.

최충헌(崔忠獻, 1149~1219) : 고려 후기의 무신이다. 본관은 우봉(牛峰), 초명은 난(鸞), 시호는 경성(景成)이다. 1196년(명종 26) 권신 이의민(李義旼)을 죽이고 정권을 장악하였다. 이어 평량공(平凉公) 왕민(王旼)을 신종으로 앉히고 최씨 무단정권을 확립하였다. 1198년(신종 1) 만적(萬積)의 난을 토벌하고 군사권·인사권을 장악하였다. 이어 신변 보호 차원에서 도방(都房)을 설치하였으며, 교정도감(敎定都監)을 설치해 무신정권의 중앙기관으로서 국정 전반을 감독하게 하였다.

최치원(崔致遠, 857~?) : 신라의 학자이다. 경주최씨(慶州崔氏)의 시조이며, 자는 고운(孤雲)·해운(海雲)이다. 879년 황소(黃巢)의 난 때 고변(高騈)의 종사관(從事官)으로서 「토황소격문(討黃巢檄文)」의 초고를 작성하여 문장가로서 이름을 떨쳤다. 885년(헌강왕 11) 신라로 돌아온 뒤에는 894년(진성여왕 8) 왕에게 시무책(時務策)을 올려 정치 개혁을 추진하였다. 유교·불교·도교에 모두 이해가 깊었고, 유·불·선 통합 사상을 제시하였다. 수많은 시문(詩文)을 남겨 한문학의 발달에도 기여하였다.

최항(崔沆, ?~1257) : 고려 후기의 권신이다. 본관은 우봉(牛峰), 초명은 만전(萬全)이다. 승려 생활을 하다가 환속하여 1249년(고종 36) 아버지 최우(崔瑀)가 죽자 정권을 이어받았다. 시기심이 많아 전 추밀원부사(樞密院副使) 주숙(周肅)·계모 대씨(大氏) 등을 죽이고 많은 이들을 유배보냈다. 집권 초에는 각 지방의 별공(別貢)과 어량(魚梁 : 선박세)을 면제하고 교정도감(敎定都監)을 개혁하는 등 인심을 얻으려고 애썼으나 점차 사치와 향락에 젖어들었다.

충렬왕(忠烈王, 1236~1308) : 고려의 제25대 왕(재위 1274~1308)이다. 원 세조의 강요로 일본 정벌을 위한 동로군(東路軍)을 2차례에 걸쳐 파견하였으나 실패하였다. 원나라의 지나친 간섭과 왕비의 죽음 등으로 정치에 염증을 느껴 왕위를 선위하였으나 7개월 만에 복위해야 하였다. 음주 가무와 사냥으로 소일하며 정사를 돌보지 않다가 재위 34년 만인 1308년 죽었다.

충혜왕(忠惠王, 1315~1344) : 고려의 제 28대 왕(재위 1330~1332, 1339~1344)이다. 이름은 정(禎)으로, 충숙왕의 아들이다. 1330년 왕위에 올랐으나 방탕하고 주색을 일삼아 왕위를 다시 부왕 충숙왕에게 넘긴 뒤, 원나라로 돌아가야 하였다. 1339년 복위하였으나 방탕한 짓을 일삼았다. 이운(李雲) 등이 원에 상소를 올린 끝에 1343년 게양(揭陽)으로 귀양을 떠나 그곳에서 죽었다.

탈해왕(脫解王, ?~80) : 신라의 제4대 왕(재위 57~80)이다. 원래의 칭호는 탈해이사금(脫解尼師今)으로, 성은 석(昔)이다. 시림(始林)을 계림(鷄林)이라 개칭하여 국호로 정하고 주주(州主)·군주(郡主) 등의 관직을 새로 만들었다. 77년 황산진(黃山津)에서 가야와 싸워 크게 이겼다.

탕왕(湯王, 생몰년미상) : 상(商)나라를 창건한 왕이다. 이름은 이(履)·천을(天乙)·태을(太乙)로, 탕은 자이며 성탕(成湯)이라고도 한다. 『사기(史記)』에 의하면 시조 설(契)의 14세에 해당한다. 걸왕(桀王)을 명조(鳴條)에서 격파하여 패사시키고 박(亳)에 도읍하여 국호를 상(商)이라 정하여, 제도와 전례를 정비하고 13년간 재위하였다.

태조(太祖, 1335~1408) : 조선의 제1대 왕(재위 1392~1398)이다. 본관은 전주, 자는 중결(仲潔), 호는 송헌(松軒)이다. 우군도통사(右軍都統使)로서 요동정벌을 위해 북진하다가 위화도에서 회군하여 우왕을 폐하였다. 막강한 권력으로 전제개혁(田制改革)을 단행하였고 신진세력의 경제적 토대를 구축하여 조선을 세우고 도읍을 한양으로 옮겨 초기 국가의 기틀을 다졌다.

태조(太祖, 877~943) : 고려의 제1대 왕(재위 918~943)이다. 본관은 개성, 자는 약천(若天), 이름은 건(建), 시호는 신성(神聖)이다. 궁예의 휘하에서 견훤의 군사를 격파하였고 정벌한 지방의 구휼에도 힘써 백성의 신망을 얻었다. 고려를 세운 후, 수도를 송악(松嶽)으로 옮기고 불교를 호국신앙으로 삼았으며 신라와 후백제를 합병하여 후삼국을 통일하였다.

태종(太宗, 1592~1643) : 청나라의 제2대 황제(재위 1626~1643)이다. 이름은 홍타이지[皇太極]이며 시호는 문황제(文皇帝)로, 태조 누르하치[奴兒哈赤]의 제8남이다. 내몽골을 평정하여 대원전국(大元傳國)의 옥새를 얻고 국호를 대청(大淸)이라 고쳤다. 문관(文館)·육부(六部)의 설치 등 조직정비에 힘썼고, 청나라의 기초 확립에 공적이 컸다.

태종(太宗, 599~649) : 당나라의 제2대 황제(재위 626~649)로, 본명은 이세민(李世民)이다. 당나라를 수립하고 군웅을 평정하여 중국 통일하였다. 공정한 정치로 후세 제왕의 모범이 되었다. 그러나 좋은 후계자를 두지 못하였고, 만년의 고구려 친정 실패 등으로 그가 죽은 뒤에는 정권이 동요하게 되었으며, 마침내 측천무후(則天武后)가 실권을 장악하게 되었다.

태종무열왕(太宗武烈王, 604~661) : 신라의 제29대 왕(재위 654~661)이다. 성은 김씨, 이름은 춘추(春秋)이며, 진지왕의 손자인 이찬 김용춘(金龍春 : 金龍樹)의 아들이다. 김유신 등에게 5만 명의 군사를 주고 당나라 군사와 연합하여 백제를 멸망시켰다. 당의 율령제도를 모방한 관료체계를 정비하고 구서당(九誓幢)이라는 9개 군단(軍團)을 설치하는 등 왕권을 확립하였다.

하륜(河崙, 1347~1416) : 고려 말 · 조선 전기의 문신이다. 본관은 진주, 자는 대림(大臨), 호는 호정(浩亭), 시호는 문충(文忠)이다. 1400년(정종 2) 제2차 왕자의 난에도 이방원(李芳遠)을 도왔다. 이첨(李詹)과 함께 『동국사략(東國史略)』을 편수하였고, 춘추관영사(春秋館領事)로 『태조실록』 편찬을 지휘하였다.

하세가와 요시미치[長谷川好道, 1850~1924] : 일본의 군인이다. 청일전쟁 · 러일전쟁 때 공을 세우고 을사조약을 체결할 때는 조약을 강요하였다. 통감부가 설치되자 조선주차군사령관(朝鮮駐箚軍司令官)으로 잠시 통감대리(統監大臣)를 겸하였다. 제2대 조선총독 재임 시 철저한 무단통치를 하였으며 3 · 1운동 발발로 사임하였다.

하야시 곤스케[林權助, 1860~1939] : 일본의 외교관이다. 1904년 일본 공사로서 군대의 지원을 받으면서 한일의정서(韓日議定書)를 체결하였다.

하위지(河緯地, 1412~1456) : 조선 전기의 문신이다. 본관은 진주(晋州), 자는 천장(天章) · 중장(仲章), 호는 단계(丹溪) · 연풍(延風)으로, 사육신(死六臣)의 가운데 한 사람이다. 집현전직전(集賢殿直殿)에 등용되어 수양대군(首陽大君)을 보좌하여 『진설(陣說)』의 교정과 『역대병요(歷代兵要)』의 편찬에 참여하였다. 침착하고 과묵한 청백리로 성삼문(成三問) 등과 단종 복위를 꾀하다가 실패하여 거열형(車裂刑)에 처해졌다.

한규직(韓圭稷, 1845~1884) : 조선 후기의 무신이다. 명성황후(明成皇后)의 총애를 받고 어영대장(御營大將) · 혜상국총판(惠商局總辦) · 의금부지사(義禁府知事) 등을 지냈다. 내정 개혁을 추진하는 개화파를 탄압하고, 박영효(朴泳孝)가 지휘하던 군병까지 흡수하여 개화파의 제거 대상인물에 올랐다. 갑신정변 때 살해되었다.

한종유(韓宗愈, 1287~1354) : 고려 후기의 문신이다. 본관은 청주, 자는 사고(師古), 호는 복재(復齋), 시호는 문절(文節)이다. 심양왕(瀋陽王)의 무고로 충숙왕이 원 황제에게 국왕인(國王印)을 빼앗기자 원나라에 가서 충숙왕의 환국을 요청하는 글을 올렸다. 그 공으로 좌부대언(左副代言)이 되었다. 조적(曺頔)의 난을 다스려 그 공으로 1등공신에 올라 찬성사(贊成事)가 되었다.

한태동(韓泰東, 1646~1687) : 조선 후기의 문신이다. 본관은 청주, 자는 노첨(魯瞻), 호는 시와(是窩)이다. 교리(校理) 때 서인이 남인을 발본색원하려고 남인 역모설을 조작하자, 같은 서인의 조지겸(趙持謙) 등과 그 간계를 폭로하고 처형을 주장하여 다음해 파직되었다. 연소하였으나 소론의 거두였다.

해부루(解夫婁, 생몰년미상) : 동부여(東扶餘)의 시조이다. 늙도록 아들이 없어 근심하다가 곤연(鯤淵)에서 큰 돌 밑에 있는 아이를 얻어 이름을 금와(金蛙)라 짓고, 그가 성장하자 태자로 삼았다. 그 뒤 재상 아란불(阿蘭弗)의 권고에 따라 해모수(解慕漱)를 피하여 도읍을 동해에 가까운 가섭원(迦葉原)으로 옮기고 국호를 동부여라 하였다. 죽은 후 금와가 왕위를 계승하였다.

허견(許堅, ?~1680) : 조선 후기의 역신(逆臣)이다. 본관은 양천(陽川)이다. 영의정이면서 남인의 영수인 아버지 허적(許積)의 배경을 믿고 황해도에서 수천 그루의 재목을 도별하여 집을 짓고, 유부녀를 욕보이는 등 갖은 비행을 저질렀다. 1680년(숙종 6) 복창군(福昌君)·복선군(福善君)·복평군(福平君) 등과 역모를 꾀한다는 김석주(金錫胄)의 고변으로 주살되었다. 이 삼복(三福)사건으로 남인이 실각하였다.

허적(許積, 1610~1680) : 조선 후기의 문신이다. 본관은 양천(陽川), 자는 여차(汝車), 호는 묵재(默齋)·휴옹(休翁)이다. 호조판서·병조판서를 지냈고, 우의정·좌의정을 거쳐 영의정까지 올랐다. 효종비 인선왕후(仁宣王后)가 죽은 후 자의대비(慈懿大妃)의 제2차 복상문제에서 기년설(朞年說)을 주장하여 채택되고, 송시열의 처벌 문제에서 온건론을 펴 탁남(濁南)의 영수가 되어 집권자가 되었다.

허조(許稠, 1369~1439) : 조선 전기의 문신이다. 본관은 하양(河陽), 자는 중통(仲通), 호는 경암(敬菴)이다. 조선개국 후 태조·정종·태종·세종의 네 임금을 섬기며 법전을 편수하고 예악제도를 정비하는 등 국가의 기틀을 닦는 데 공을 세웠다. 벼슬은 좌의정에 이르렀으며, 청백리로 명망이 있었다.

헌강왕(憲康, ?~886) : 신라의 제49대 왕(재위 875~886)이다. 이름은 김정(金晸)이며 경문왕과 문의왕후(文懿王后)의 제2남이다. 문치에 힘썼으며, 당나라 희종에 의해 신라왕에 책봉되었다. 880년 처용무(處容舞)가 크게 유행하였으며, 서울의 민가는 모두 기와로 덮고 숯으로 밥을 짓는 등 사치와 환락의 시대가 이룩되어 이때부터 신라는 쇠퇴기에 접어들었다.

헌덕왕(憲德王, ?~826) : 신라의 제41대 왕(재위 809~826)이다. 이름은 김언승(金彦昇)으로, 소성왕의 동생이다. 난을 일으켜 조카인 애장왕을 죽이고 즉위하였다. 제방을 수리하여 농사를 장려하였으며 친당(親唐)정책에 힘썼다. 김헌창(金憲昌)의 난을 평정하고, 김헌창의 아들 김범문(金梵文)의 모반을 진압하였다. 패강(浿江)에 장성 약 3백리를 쌓기도 하였다.

헌안왕(憲安, ?~861) : 신라의 제47대 왕(재위 857~860)이다. 이름은 김의정(金誼靖)·김우정(金祐靖)이다. 859년 전국에 흉년이 들자 백성의 구원에 힘썼고, 제방을 쌓아 농사를 장려하였다. 후사가 없어 왕족 김응렴(金膺廉 : 경문왕)을 맏사위로 삼아 그에게 왕위를 물려주었다. 능은 경주 공작지(孔雀趾)이다.

헌종(憲宗, 1827~1849) : 조선의 제24대 왕(재위 1834~1849)이다. 이름은 환(奐), 자는 문응(文應), 호는 원헌(元軒)이다. 8세에 즉위하여 순조의 비 순원왕후(純元王后)가 수렴청정하며 많은 천주교 신자를 학살하였는데, 천주교인의 적발 방법으로 오가작통법(五家作統法)을 적용하였다. 친정(親政) 이후에도 삼정(三政)의 문란과 국정의 혼란으로 민생고가 가중되었다.

현종(顯宗, 1641~1674) : 조선의 제18대 왕(재위 1659~1674)이다. 이름은 연(棩), 자는 경직(景直)으로, 효종의 아들이다. 효종의 상례(喪禮)시 인조의 계비인 자의대비(慈懿大妃)의 복상문제(服喪問題)에 서인의 기년설(朞年說)을 채택하였고, 어머니 인선왕후(仁宣王后)가 죽자 2차 복상문제에서 남인의 기년설을 채택하였다. 재위

중 남인과 서인의 당쟁이 계속되어 국력이 쇠퇴해졌다.

홍가신(洪可臣, 1541~1615) : 조선 후기의 문신이다. 본관은 남양(南陽), 자는 흥도(興道), 호는 만전당(晩全堂)·간옹(艮翁), 시호는 문장(文莊)이다. 제자백가(諸子百家)에 통달하고 시문과 필법(筆法)에 뛰어났다. 안산군수(安山郡守)·수원부사(水原府使)를 지냈고 홍주목사(洪州牧使)가 되어 이몽학(李夢鶴)의 반란을 평정하였다. 형조참판(刑曹參判)·강원도관찰사·한성부우윤 겸 의금부지사(漢城府右尹兼義禁府知事) 등을 거쳐 형조판서를 지냈다.

홍경래(洪景來, 1771~1812) : 조선 후기 평안도에서 일어난 홍경래의 난의 최고 지도자이다. 그가 이끈 군사력과 봉기 이념에 한계는 있었지만, 기층사회에서 성장한 인물로서 대규모의 항쟁을 주도한 점에서 높이 평가된다.

홍계훈(洪啓薰, ?~1895) : 조선 후기의 무신이다. 본관은 남양(南陽), 초명은 재희(在羲), 자는 성남(聖南), 호는 규산(圭珊)이다. 동학농민운동이 일어나자 동학군을 무찌르고 전주를 탈환하여 그 예봉을 꺾고, 유길준(兪吉濬) 등과 협력하여 박영효(朴泳孝) 타도에 나섰으나 이듬해 을미사변 때, 광화문을 지키다가 피살되었다.

홍륜(洪倫, ?~1374) : 고려 후기의 총신(寵臣)이다. 본관은 남양(南陽)이다. 1372년(공민왕 21)에 설치된 자제위(子弟衛)에 소속되어 왕의 좌우에서 보필하였다. 1374년 익비(益妃)와 정을 통하여 임신하자, 공민왕은 사건의 누설을 막기 위해 홍륜 등을 죽이려고 하였다. 이에 최만생(崔萬生) 등과 공모하여 왕을 죽이고, 다음날 주살되었다.

홍만식(洪萬植, 1842~1905) : 개화기의 문신 지사(志士)이다. 본관은 남양(南陽), 자는 백헌(伯憲), 호는 호운(湖雲), 시호는 충정(忠貞)이다. 동생 홍영식(洪英植)이 김옥균 등과 갑신정변을 일으켰다가 실패하자 투옥되었다. 을사조약이 체결되자 국운을 비관하여 음독자결하였다.

홍무적(洪茂績, 1577~1656) : 조선 후기의 문신이다. 본관은 남양(南陽), 자는 면숙(勉叔), 호는 백석(白石), 시호는 충정(忠貞)이다. 이이첨(李爾瞻)이 폐모론을 제기하자 이에 강력히 반대하다가 유배되었다. 인조반정으로 석방되어 사간(司諫)·우승지(右承旨)·병조참판(兵曹參判)을 거쳐 대사헌(大司憲)이 되었다. 청나라에 갔다가 배청파(排淸派)라 하여 억류되었으나 귀국한 뒤 대사헌(大司憲), 병조판서·형조판서를 거쳐 우참찬(右參贊)에 이르렀다.

홍봉한(洪鳳漢, 1713~1778) : 조선 후기의 문신이다. 본관 풍산, 자는 익여(翼汝), 호는 익익재(翼翼齋), 시호는 익정(翼靖)이다. 영조 때 노론의 영수였으며 사도세자(思悼世子)의 장인이다. 사도세자의 죽음으로 몰고간 장본인으로 지목되었다. 영조가 사도세자에게 시호를 내리자 세자의 죽음을 초래하게 한 김구주(金龜柱) 일당을 탄핵하여, 정적인 벽파(僻派) 탄압에 이용하였다. 벽파의 책동으로 세손(정조)을 해하려 할 때 이를 막다가 삭직되기도 하였다.

홍영식(洪英植, 1855~1884) : 조선 후기의 문신이다. 본관은 남양(南陽), 자는 중육(仲

育), 호는 금석(琴石), 시호는 충민(忠愍)이다. 개화파의 중진으로, 신설된 우정국(郵征局)의 총판(總辦)이 되어 그 개국 축하연 때 갑신정변을 일으켜 신정부를 조직하였다. 그러나 청나라의 개입으로 신정부가 무너지자 대역죄로 처형되었다.

홍유(洪儒, ? ~ 936) : 고려 전기의 무신이다. 고려 개국공신 가운데 한 명으로, 초명은 술(術 : 述)이다. 회인홍씨(懷仁洪氏)의 시조이며 태조의 제26비 의성부원부인(義城府院夫人) 홍씨의 아버지이다. 무장 출신임에도 불구하고 언변과 논리가 매우 뛰어났다고 한다. 폭군 궁예를 몰아내기 위한 거사를 일으킬 당시 태조를 설득하여 혁명을 완수하고 그를 임금으로 옹립한 장본인이다.

홍인한(洪麟漢, 1722~1776) : 조선 후기의 문신이다. 본관은 풍산, 자는 정여(定汝)이며, 사도세자(思悼世子)의 장인인 홍봉한(洪鳳漢)의 동생이다. 전라도관찰사·대사헌(大司憲)·우의정·좌의정 등을 지냈다. 벽파(僻派)에 가담하여 정조의 즉위를 반대하였다. 정조가 즉위하자 유배되었고, 위리안치(圍籬安置)되었다가 사사되었다.

홍종영(洪鍾永, 1839~?) : 개화기의 문신이다. 본관은 남양(南陽), 자는 응수(膺受)이다. 1880년(고종 17) 서장관(書狀官)으로서 사은 겸 동지사(謝恩兼冬至使) 임응준(任應準)과 함께 중국에 갔다가 귀국하였다. 1886년(고종 23) 승정원동부승지(承政院同副承旨)에 특별히 벼슬이 내려진 후 내무부총무관(內務部總務官)·이조참의(吏曹參議)·궁내부영선사장(宮內府營繕司長) 등을 역임하였다. 1890년(고종 27) 고부사(告訃使)가 되어 중국에 다녀왔다.

홍주원(洪柱元, 1606~1672) : 조선 후기의 문신이다. 본관은 풍산, 자는 건중(建中), 호는 무하당(無何堂), 시호는 문의(文懿)로, 1623년(인조 1) 선조의 딸 정명공주(貞明公主)에게 장가들어 영안위(永安尉)에 봉하여졌다. 여러 차례 청나라에 사신으로 다녀왔다. 문집에 홍만회(洪萬恢, 1643~1709) : 조선 후기의 문신이다. 본관은 풍산으로, 아버지는 영안위(永安尉) 주원(柱元)이며, 어머니는 선조의 딸 정명공주(貞明公主)이다. 평소 성격이 곧고 직언(直言)을 잘 하였다고 하는데, 1692년(숙종 18) 본가에 있던 종려목(棕櫚木)을 숙종이 강제로 왕궁 후원에 옮겨 심었다가 그의 직언으로 되돌려주었다는 일화가 전해지고 있다.

환조(桓祖, 1315~1361) : 이자춘과 동일인물이다. → 이자춘

황보인(皇甫仁, ?~1453) : 조선 전기의 문신이다. 본관은 영천, 자는 사겸(四兼)·춘경(春卿), 호는 지봉(芝峰), 시호는 충정(忠定)이다. 평안·함길도체찰사(平安咸吉道體察使)가 된 후 10년 동안 절제사(節制使) 김종서(金宗瑞)와 함께 6진(六鎭)을 개척하였다. 영의정이 되어 문종의 고명(顧命)을 받들어 단종을 보좌하다가 계유정난(癸酉靖難)에 김종서와 함께 수양대군(首陽大君)에게 살해되었다.

황섬(黃暹, 1544~1616) : 조선 후기의 문신이다. 본관은 창원, 자는 경명(景明), 호는 식암(息庵)·돈암(遯庵)이다. 임진왜란 때는 선조를 호종하여 평양까지 갔으며, 거기에서 모운사(募運使)로 군량 수송에 공을 세웠다. 광해군이 즉위한 후 낙향하여 양

몽재(養蒙齋)를 짓고 학문과 후진 양성으로 여생을 보냈다.

황소(黃巢, ?~884) : 당나라 말기의 대농민반란의 수령이다. 왕선지(王仙芝)의 반란에 호응하여 군사를 일으킨 후 전국 각지를 전전하면서 가는 곳마다 관군을 격파하였고, 장안에 입성하여 스스로 황제위에 올랐으나 관군의 반격으로 자결하였다.

황옥(黃玉, 33~89) : 가야국 수로왕의 비이다. 이름은 허황옥(許黃玉)이며, 김해허씨(金海許氏)의 시조이다. 본래 인도 아유타국의 공주로, 배를 타고 가야에 와서 왕비가 되었다. 아들 10명을 낳았는데, 2명에게 어머니의 성인 허씨를 주었다고 한다.

황희(黃喜, 1363~1452) : 조선 전기의 문신이다. 본관은 장수(長水), 자는 구부(懼夫), 호는 방촌(厖村), 초명은 수로(壽老), 시호는 익성(翼成)이다. 고려가 망하자 두문동(杜門洞)에 은거하였으나, 이성계의 부름을 받아 다시 벼슬길에 나가 여러 주요 관직을 두루 거쳤다. 인품이 원만하고 청렴하여 백성들로부터 존경을 받은 것으로 알려져 있으며, 시문에도 뛰어나 몇 수의 시조 작품도 전해진다.

효공왕(孝恭王, ?~912) : 신라의 제52대 왕(재위 897~912)이다. 진성여왕이 죽자 즉위하였다. 궁예에게 패서도(浿西道)·한산주(漢山州) 관내의 30여 성을 빼앗기고, 남서쪽의 땅을 견훤에게 빼앗겼으며, 북쪽의 땅을 또 궁예에게 빼앗겨 신라의 영토는 날로 축소되어 감에도 환락의 세월을 보냄으로써 후삼국을 탄생케 하였다.

효종(孝宗, 1619~1659) : 조선의 제17대 왕(재위 1649~1659)이다. 이름은 호(淏), 자는 정연(靜淵), 호는 죽오(竹梧), 시호는 명의(明義)이다. 병자호란으로 청나라에서의 8년간 볼모생활 중 그 설욕에 뜻을 두어, 즉위 후 은밀히 북벌계획을 수립하였다. 그러나 북벌의 기회를 얻지 못하고, 청나라의 강요로 러시아 정벌에 출정하였다. 대동법(大同法)을 실시하였고, 상평통보(常平通寶)를 화폐로 유통시키는 등 경제 시책에 업적을 남겼다.

흥선대원군(興宣大院君, 1820~1898) : 조선 후기의 왕족·정치가이다. 고종의 즉위로 대원군(大院君)에 봉해지고 섭정이 되었다. 당파를 초월한 인재등용, 서원 철폐, 법률제도 확립으로 중앙집권적 정치기강을 수립하였다. 그러나 경복궁 중건으로 백성의 생활고가 가중되고 쇄국정치를 고집함으로써 국제관계가 악화되고 외래문명의 흡수가 늦어졌다는 평가도 받고 있다. 임오군란·갑오개혁 등으로 은퇴와 재집권을 반복하였다.

희발(姬發, ?~BC 1043?) : 주 무왕과 동일인물이다. → 무왕

희종(熙宗, 1181~1237) : 고려의 제21대 왕(재위 1204~1211)이다. 이름은 영(韺)이다. 왕 즉위의 공으로 권신 최충헌을 문하시중(門下侍中)·진강군개국후(晉康郡開國侯)에 봉하였으나 횡포가 심하자 그를 죽이려다 실패하였고, 폐위되어 강화(江華)로 쫓겨났다. 이후 복위 음모가 있다는 무고로 유배되어 죽었다.

|지명|

가락(駕洛) : 가야국(加耶國)을 가리킨다. → 가락국

가락국(駕洛國) : 기원 전후부터 562년까지 낙동강 하류지역에 있던 여러 국가의 총칭 또는 그 지역에 위치한 각 국가들의 명칭이다. 가야는『삼국지(三國志)』동이전(東夷傳)에 나오는 변한(弁韓) 12국에서 발전하였다.『삼국유사』기록은 대략 3세기 중반 이후에 변한지역의 12개국 가운데 일부 국가들이 가야연맹체를 형성하면서 가야라는 명칭을 사용하였음을 반영한 것이다.

강도(江都) : 강화(江華)의 다른 이름이다. 1232년(고종 19)에 몽골의 침입으로 도읍을 이곳으로 옮긴 후, 1270년(원종 11)에 환도(還都)할 때까지 39년 동안 임시 수도로 삼았다 하여 생긴 이름이다. → 강화

강화(江華) : 인천광역시 북서부에 있다. 현재의 지명 강화는 940년(태조 23) 이래의 것으로, 고려시대 몽골 침입과 조선시대 병자호란 때는 임시수도의 역할을 하면서 강도(江都)로 승격되기도 하였다. 조선시대에는 수도 방위상 중요시되어 사진(四鎭)의 하나가 되었으며, 수도의 관문에 위치하기 때문에 근세에 이르러서는 병인양요(丙寅洋擾)·신미양요(辛未洋擾)·운요호[雲揚號]사건 등 역사적 사건의 무대가 되었다.

개경(開京) : 고려의 왕도(王都)였던 개성을 가리킨다. 960년(광종 11)에서 995년(성종 14)까지는 개성의 이름이었고, 그 뒤에는 별칭이 되었다. 태조 때 설치한 서경(西京 : 평양), 성종 때 설치한 동경(東京 : 경주)과 함께 주요한 세 도시라는 뜻의 3경(三京)이라고 불리기도 하였다.

개골산(皆骨山) : 겨울철 금강산(金剛山)을 부르는 이름이다. 금강산은 태백산맥 북부 강원도(북한) 금강군·고성군·통천군에 걸쳐 광범위하게 펼쳐진 산이다.

거란[契丹] : 퉁구스족과 몽골족의 혼혈로 형성된 유목민족이다. 5세기 이래 요하(遼河) 상류인 시라무렌(Siramuren) 유역에서 여러 부족으로 분열되어 거주하였는데, 당나라 말기에 통일의 기운이 일어나면서 916년 야율아보기(耶律阿保機)가 여러 부족을 통합한 다음 황제를 칭하고 거란을 건국하였다.

경성(鏡城) : 함경북도 중앙부 동해안에 있는 군이다. 북쪽으로 청진시 나남구역과 무산군, 서쪽으로 연사군, 남쪽으로 어랑군에 접하고, 동쪽으로 경성만에 면한다.

경주(慶州) : 경상북도 남동단에 위치하고 있다. 신라의 왕도였으며, 935년(태조 18) 신라가 고려에 항복하자 경순왕의 식읍이 되었다. 고려시대 내내 여러 군현을 영속한 큰 읍으로서의 면모를 유지하였으며, 12세기 후반 무신 집권기에서는 신라부흥운동이 일어나기도 하였다.

고봉현(高峯縣) : 경기도 고양시 일대의 통일신라시대 행정구역명이다. 고양현 고봉·덕양(德陽)을 합한 것인데, 고봉은 본래 고구려 때의 달을성현(達乙省縣)으로, 경덕왕 때 고봉현으로 고쳤다. 1413년(태종 13) 행주(幸州)의 별호인 덕양현(德陽縣)과

합쳐 고양현이 되고, 1471년(성종 2) 군으로 승격하였다.

고령가야(古寧伽倻) : 가야연맹체의 한 나라로, 이 이름은 가야인들이 원래부터 사용한 것이 아니다. 『삼국사기』 지리지에 따르면 처음 이 지역을 점령한 신라가 고동람군(古冬攬郡)이라고 하였다가, 경덕왕이 지명을 한자식으로 고칠 때 고령군(古寧郡)으로 바꾸었으며, 고려 때 다시 함녕군(咸寧郡)으로 고쳤다고 한다. 대체로 지금의 경상북도 상주시 함창읍을 중심으로 하고 있다.

공산(公山) : 대구 팔공산(八公山)을 가리킨다. 팔공산은 대구광역시와 영천시 · 군위군 부계면 · 칠곡군 가산면에 걸쳐 있는 산이다. 고려 왕건이 견훤과 전투를 벌인 곳이기도 하다. 원래 산의 명칭은 공산이라고 불렀는데, 견훤을 막다 전사한 신숭겸(申崇謙)을 포함한 고려의 개국공신 8명을 기리기 위해 팔공산이라고 불렀다.

국내성(國內城) : 고구려의 두 번째 수도이다. 고사(古史)에 "주몽이 부여에서 난을 피하여 졸본(卒本)에 이르렀다"고 하였는데, 졸본은 고구려의 첫 번째 수도인 흘승골성(紇升骨城)이다. 3년(유리왕 22)에 수도를 국내성으로 옮겼는데, 그 위치는 대체로 길림성(吉林省 : 지린성) 집안현(輯安縣 : 지안현)에 있는 성터라는 설이 가장 유력하다.

금관가야(金官伽倻) : 6가야 가운데 지금의 경상남도 김해 지역에 있던 가야국이다. 본가야(本伽倻)라고도 한다. 수로왕 이래 491년간 계속되다가, 532년(법흥왕 19) 신라에게 멸망하였다.

금마군(金馬郡) : 전라북도 익산군의 옛 이름이다. 백제의 시조 온조(溫祚)가 마한을 병합하고 이곳을 금마저(金馬渚)라 하였으며, 경덕왕 때 금마군(金馬郡)으로 개칭되어 옥야현(沃野縣)을 영속시켰았다. 1344년(충혜왕 복위 5) 원 순제의 황후 기씨(奇氏)의 외향이라 하여 익주(益州)로 승격되었다.

기자조선(箕子朝鮮) : 상나라 말기에 기자(箕子)가 조선에 와서, BC 1,100년경에 건국하였다고 전하는 나라이다. BC 195년 위만(衛滿)에게 멸망될 때까지 900여 년 간 존속하였던 것으로 이해되어 왔다. 고려와 조선시대에는 기자조선의 실체를 인정하였지만, 최근에는 이를 부정하는 견해가 지배적이다.

김해(金海) : 경상남도 동남부에 있는 시이다. 가야국 500년의 옛 서울이다.

나정(蘿井) : 신라의 시조인 박혁거세가 탄생한 곳으로서 알려져 있는 우물로, 담쟁이덩굴이 우거진 우물 이라는 뜻이다. 신라시대 6촌(六村) 가운데 급량부(及梁部)에 속하였는데, 지금 경주의 남산성(南山城) 밑에 그 유적이 있다.

낙랑(樂浪) : 낙랑군과 동일하다. → 낙랑군

낙랑군(樂浪郡) : 한사군(漢四郡) 가운데 청천강 이남 황해도 자비령(慈悲嶺) 이북 일대에 있던 행정 구역이다. 전한 무제가 BC 108년에 위만조선(衛滿朝鮮)을 멸망시키고 설치한 뒤, 여러 번 변천을 거듭하다가 313년(미천왕 14)에 고구려에 병합되었다.

남옥저(南沃沮) : 오늘날의 함흥 일대를 중심으로 함경남도 중북부 일원에 존재하였던 고대 읍락집단의 총칭이다. 함경북도 북부 및 간도지역의 북옥저와 대비한 명칭으로, 본래는 북옥저와 함께 옥저로 불리던 집단의 일부였다. 남으로 동예(東濊)와 접하고 서로는 낙랑군(樂浪郡)과 잇닿아 동예와 함께 낙랑군의 지배와 간섭을 받았으며 후에 고구려에 복속되었다.

남한산성(南漢山城) : 경기도 광주시 중부면 산성리 남한산에 있는 조선시대의 산성이다. 북한산성(北漢山城)과 더불어 서울을 남북으로 지키는 산성 가운데 하나로, 신라 문무왕 때 쌓은 주장성(晝長城)의 옛터를 활용하여 1624년(인조 2)에 축성하였다.

능주(綾州) : 지금의 전라남도 화순이다. 본래 백제의 이릉부리군(爾陵夫里郡)인데, 죽수부리군(竹樹夫里郡) 또는 인부리군(仁夫里郡)이라고도 하였다. 통일신라의 경덕왕 때 능성현(綾城縣 : 陵城縣)으로 개명하였으며, 고려 초기에 나주(羅州)에 속하게 하였다가, 1632년(인조 10) 능주현으로 개명하였다.

단군조선(檀君朝鮮) : 한민족 최초의 국가로 전해지는 신화적인 나라이다. 일반적으로 고조선의 역사를 왕조 또는 지배자에 따라 구분하여 단군이 다스렸던 첫 번째 시기를 지칭한다. 단군이 나라를 세워 1,000여 년 동안 다스렸다고 전해진다. 조선시대에는 '전조선(前朝鮮)'이라 부르기도 하였다.

당(唐) : 618년 이연(李淵)이 건국하여 907년 애제 때 후량(後梁) 주전충(朱全忠)에게 멸망하기까지 290년간 20대의 황제에 의하여 통치되었다. 중국의 통일제국으로는 한나라에 이어 제2의 전성기를 이루었다. 당에서 발달한 문물 및 정비된 제도는 동아시아 여러 나라에 많은 영향을 끼쳐 그 주변 민족이 정치・문화적으로 성장하는데 크게 기여하였다.

대가야(大伽倻) : 6가야 가운데 지금의 경상북도 고령 지역에 있던 가야국이다. 『삼국사기』 지리지에는 시조 이진아시왕(伊珍阿豉王)으로부터 도설지왕(道設智王)까지 16대 520년간 존속하였다고 하나 확실하지 않다. 한때 6가야의 맹주였으나 562년 신라에 멸망하였다. 정치적으로는 삼국보다 발전하지 못하였지만, 문화적으로는 가야금을 제작하고 음악을 정리하는 등 높은 문화수준을 보유하였다.

대방(帶方) : 중국 한나라가 설치한 군현(郡縣)으로, 지금의 한강 이북 경기도 지방과 자비령(慈悲嶺) 이남의 황해도 지방이었을 것으로 짐작된다. 이 지역은 고조선에 복속된 진번국(眞番國)의 땅이었다. 고조선이 멸망된 뒤 한 무제가 한사군(漢四郡) 중 하나인 진번군을 두었는데, 진번군은 곧 낙랑군에 통합되었다. 그 후 후한(後漢) 헌제 건안년간(建安年間 : 196~220)에 낙랑군 소속의 땅 중 남쪽 일부를 떼어서 대방군을 설치하였다.

대야성(大耶城) : 경상남도 합천군 남부지방에 있던 신라시대의 성이다. 757년(경덕왕 16) 강양군(江陽郡)으로 강등되었다가, 920년(경명왕 4) 후백제의 견훤에게 빼앗긴 것을 되찾았다. 1018년(현종 9) 합주(陜州)로 승격되었고, 1413년(태종 13) 합천군으로 개칭되었다.

덕원(德源) : 함경남도 문천・원산 지역의 옛 지명이다. 본래 고구려의 천정군(泉井郡)

또는 어을매(於乙買)였는데, 문무왕 때 신라에 예속시켰으며, 경덕왕 때 정천군(井泉郡)으로 고치고 탄항관문(炭項關門)을 쌓았다. 고려 초에 용주(湧州)라 칭하였고, 뒤에 의주(宜州)라 개칭하였다. 1413년(태종 13) 의천(宜川)으로, 1437년(세종 19) 덕원군으로 고쳤다.

덕진(德津) : 인천광역시 강화군 불은면 덕성리에 있는 진(鎭)으로, 강화 12진보(十二鎭堡) 가운데 하나이다. 1866년(고종 3) 병인양요(丙寅洋擾) 때는 양헌수(梁憲洙)가 이끄는 부대가 이 진을 통하여 정족산성(鼎足山城)으로 들어가 프랑스군을 격퇴하였다. 1871년 신미양요(辛未洋擾) 때는 치열한 포격전 끝에 미국함대를 격퇴시켰으나, 초지진(草芝鎭)에 상륙한 미국해병대에 의하여 점령당하는 비운을 맞았다.

도산(塗山) : 지금의 울산광역시이다.

동래(東萊) : 신라 경덕왕 이래 부산광역시의 옛 이름이다. 1973년 양산군에 병합되면서 소멸된 행정구역명이다.

동여진(東女眞) : 10C 초 발해국이 거란에게 망한 뒤 거란의 지배에서 벗어난 말갈족을 여진이라고 불렀다. 여진족은 발해시대 이후 점차 남하하기 시작하여 신라 말과 고려 초에는 동북으로 함경도 일대와 서북으로 압록강 남쪽 기슭 일대에 흩어져 살았다. 이후 고려에서는 동북 방면의 여진을 동여진 또는 동번(東蕃), 서북방면의 여진을 서여진 또는 서번(西蕃)이라고 하였다.

두룡(豆龍) : 동여진의 여러 번족(蕃族)들 중 하나로, 고려 문종 27년(1073)에 고려에 복속하였다.

류큐[琉球] : 일본 오키나와[沖繩]현에 속하는 섬의 무리로, 일본 규슈[九州]에서 서남쪽으로 650km 떨어진 지점에 있다. 1429년 통일왕국인 류큐왕국이 등장하여 나하[那覇]의 동부에 있는 슈리[首里]를 도읍으로 삼았다. 동북아시아와 동남아시아를 잇는 해상로에 위치하여 무역으로 발전하였고, 중국은 물론 일본과 우리나라의 영향을 받아 독특한 문화를 이루었다. 1879년에 일본의 침략을 받아 450년간의 왕조를 끝내고 오키나와현이 되었다.

마니산(摩尼山) : 인천광역시 강화군 화도면에 있는 산이다. 마리산(摩利山)・마루산・두악산(頭嶽山)이라고도 한다. 산정에는 단군왕검이 하늘에 제사를 지내기 위해 마련하였다는 참성단(塹城壇)이 있다. 산 정상의 북동쪽 5㎞ 지점에 있는 정족산(鼎足山) 기슭에는 단군의 세 아들이 쌓았다는 삼랑성(三郎城)이 있다.

마한(馬韓) : 한반도 중부 이남 지역에 분포한 삼한 가운데 하나로, 대체로 BC 1C~AD 3C에 경기・충청・전라도 지방에 분포한 54개의 소국(小國)을 가리킨다. 진수(陳壽)의 『삼국지』 위지(魏志) 동이전(東夷傳)에 따르면, 마한 54소국은 큰 나라는 1만여 가(家), 작은 나라는 수천 가로서 모두 합하면 10여 만 호(戶)가 되었다고 한다.

말갈(靺鞨) : 6~7C 경 만주 북동부에서 한반도 북부까지 거주한 퉁구스계 민족이다. 주나라 때에는 숙신(肅愼), 한나라 때에는 읍루(挹婁)라 불렀다. 본래 송화강(松花江 :

쑹화강) 유역의 물길(勿吉)이 지배하였으나 6C 중엽 물길의 세력이 약화되자 각 부족들이 자립하였는데, 이들을 총칭하여 말갈이라 부른다. 후에 아구다[阿骨打]가 부족을 통합하여 세력을 확장하여 금나라를 세우고 만주와 북중국을 지배한 여진족이 되었다.

맥(貊) : 상고시대에 강원도 지방에 있던 나라이다.

묘향산(妙香山) : 평안북도 향산군과 구장군・평안남도 영원군・자강도 희천시 등에 걸쳐 있는 산으로, 높이는 1,909m이다. 묘향산맥의 중부에 있는 산으로 11세기 초부터 산세가 기묘하고 향기를 풍기는 산이라 하여 묘향산이라 불렀다. 고려 중엽 이후에는 묘향산의 바위들이 희고 정갈하다는 뜻에서 태백산(太白山 : 太伯山)이라고도 하였다.

미추(彌鄒) : 미추홀과 동일하다. → 미추홀

미추홀(彌鄒忽) : 지금의 인천광역시 지역이다.

백두산(白頭山) : 함경남도・함경북도와 중국 길림성(吉林省 : 지린성)의 경계에 있는 산이다. 높이는 2,750m로 한반도에서 제일 높다. 백색의 부석(浮石)이 얹혀 있으므로 마치 흰 머리와 같다 하여 백두산이라 부르게 되었다.

변한(弁韓) : 한반도 중부 이남 지역에 분포한 삼한(三韓) 가운데 하나이다. 대체로 기원 전후부터 4세기경까지 지금의 김해・마산 지역에 분포하였다.

부성(富城) : 충청남도 서산 지역의 옛 지명이다. 원래 백제의 기군(基郡)이었는데, 신라 경덕왕 때 부성군으로 고쳤으며, 893년(진성여왕 7) 최치원이 이 군의 태수(太守)가 되었다. 1144년(인종 22) 현령(縣令)을 두었으나, 1182년(명종 12) 호장(戶長)의 역모사건이 있어 현을 폐하였다. 1284년(충렬왕 10) 고을사람 정인경(鄭仁卿)이 왜구를 격퇴시킨 공으로 서산군이라 고치고 승격되었으며 1308년 서주목(瑞州牧)으로 승격되었다.

부여(夫餘) : BC 2세기경부터 494년까지 존속한 예맥족계의 나라이다. 토지가 광활하고 농업을 하기에 적합한 지금의 북만주 농안(農安 : 눙안)・장춘(長春 : 창춘) 일대에서 농업을 주로 하면서 궁실(宮室)・성책(城柵)・창고・감옥 등을 갖추었던 나라이다.

부평부(富平府) : 인천광역시와 기도 부천 역의 옛 지명이다. 본래 고구려의 주부토군(主夫吐郡)이었는데 신라 경덕왕 때에 장제(長堤)로 고쳤고, 고려 초에는 수주(樹州)라 하였다. 그 후 도호부(都護府)가 설치되었고, 1308년(충렬왕 34)에 길주목(吉州牧)으로 승격되었다가 1310년(충선왕 2)에 부평부로 강등되었다.

북부여(北夫餘) : 부여와 같다. → 부여

북원(北原) : 통일신라시대에 둔 5소경(五小京)의 하나이다. 지금의 강원도 원주시에 설치하였던 행정 구역으로, 678년(문무왕 18)에 두었다가 경덕왕 때 북원경으로 고쳤다.

비류국(沸流國) : BC 1C 경 압록강 지류인 동가강(佟佳江 : 퉁자강) 유역에 있던 소국으로 다물국(多勿國)・비류나(沸流那)라고도 한다. 서기 1세기 전후에 고구려 지배

체제 내로 완전히 흡수되었던 것으로 보인다.

살수(薩水) : 청천강의 옛 이름이다.

삼산(三山) : 동여진의 여러 번족(蕃族)들 중 하나로, 고려 문종 27년(1073)에 고려에 복속하였다.

삼한(三韓) : 상고시대에 한반도 남부에 자리잡고 있던 세 부족사회, 즉 마한(馬韓)·진한(辰韓)·변한(弁韓)을 말한다.

서경(西京) : 발해 5경(五京) 가운데 하나이다. 신주(神州)·환주(桓州)·풍주(豊州)·정주(正州)의 4주가 딸려 있었다. 이곳의 압록강구는 당나라로 들어가는 조공도(朝貢道)의 기점을 이루었고, 수도인 상경 용천부(上京龍泉府)를 잇는 교통의 요지였다. 그 중심지는 임강(臨江)·통구(通溝) 등의 설이 있으나 임강일 가능성이 많다.

서여진(西女眞) : → 동여진

선춘령(先春嶺) : 고려 예종 때 윤관(尹瓘) 등이 동북여진(東北女眞)을 축출하고 새로 개척한 지역의 동북쪽 경계에 있었던 영(嶺)으로, 공험진(公嶮鎭) 관할 구역 내에 있었다. 조선 초기 세종 때까지도 함길도 경원도호부(慶源都護府)의 동북쪽 700리에 위치해 경계를 이루었다.

섬라국(暹羅國) : 지금의 태국을 가리킨다.

성경성(盛京省) : 지금의 요녕성(遼寧省 : 랴오닝성)이다. 중국 동북지방 남부의 성으로 약칭하여 요(辽 : 랴오)라고 부른다. 성도(省都)는 심양(沈阳 : 선양)이다. 동쪽으로 압록강을 사이로 북한과 인접하여 있다.

성산가야(星山伽倻) : 6가야 가운데 지금의 경상북도 성주 지역에 있던 가야국이다. 벽진가야(碧珍伽耶)라고도 한다. 성산이라는 지명은 원래 757년(경덕왕 16)에 일리군(一利郡)을 개칭하여 생긴 것이다. 따라서 성산가야라는 명칭은 적어도 경덕왕대 이후의 신라 하대에 쓰인 것이라고 할 수 있다.

수(隋) : 양견(楊堅 : 文帝)이 581년 북주의 정제(靜帝)로부터 양위받아 나라를 개창하고, 589년 남조인 진(陳)나라를 멸망시켜 이룩한 중국의 통일왕조이다. 문제·양제(煬帝)·공제(恭帝)의 3대 38년이라는 단명 왕조였으나, 남북으로 갈라져 있던 중국을 하나의 판도에 넣어 진(秦)·한나라의 고대 통일국가를 재현하였다. 또 뒤를 이은 당나라가 중국의 판도를 더욱 넓혀 대통일을 이룩하는 데 기반이 되었다는 점에서 존립의의가 크다.

소가야(小伽倻) : 6가야 가운데 지금의 지금의 경상남도 고성에 있던 가야국이다. 532년(법흥왕 19) 신라에 병합됨으로써 멸망하였다.

소사평(素沙坪) : 직산(稷山) 북쪽에 있다. 정유재란 때인 1597년(선조 30) 9월에 명의 해생(解生)·양등산(揚登山) 등이 이곳에서 왜장 구로다 나가마사[黑田長政]의 군사와 싸웠다. 이 전투는 평양·행주의 싸움과 더불어 임진왜란 중 육전(陸戰) 삼대첩(三大捷)의 하나이다.

손죽도(損竹島) : 전라남도 고흥군에 있는 섬이다. 16C 왜적 침입하였을 때, 이 섬 해상에서 전투가 있었다.

송악(松城) : → 송악군

송악군(松岳郡) : 오늘날 북한에 위치한 개성의 옛 지명이다. 4C 후반에서 5C 중반까지 백제가 강성할 때 약 1세기 동안은 백제에 속하였다가 555년(진흥왕 16)에 신라가 정복하여 신라 영토가 되었다. 신라시대에 처음 송악군으로 개칭되었으며, 늦어도 7세기부터는 송악(松岳)으로 불렸다. 통일신라 말기에는 궁예가 도읍으로 정하였다.

순흥(順興) : 경상북도 영주 지역의 옛 지명이다. 본래 고구려의 급벌산군(及伐山郡)이었는데 신라 경덕왕이 굉산군(肱山郡)으로 고치어 삭주(朔州)의 영현으로 하였다. 고려 940년(태조 23) 흥주(興州)로 개칭하였고, 조선 1413년(태종 13) 순흥도호부로 승격하였다.

심양(瀋陽 : 선양) : 중국 요녕성(遼寧省 : 랴오닝성)에 있다. 동북지방 최대의 도시로 이 지방의 정치・경제・문화・교통의 중심지이다. 한나라 때에는 요동군(遼東郡)에 속하였고, 뒤에 고구려의 영토에 속해 있다가 다시 당나라의 지배하에 들어가서 심주(瀋州)가 되었다. 그 후 발해에 속하였다. 청나라 때에는 1644년에 베이징으로 수도를 옮기기 전까지, 약 20년 간 수도이기도 하였다.

아라가야(阿羅伽倻) : 6가야 가운데 지금의 경상남도 함안 지역에 있던 가야국이다. 원래 변한 12국의 하나인 안야국(安邪國)이었다. 4세기 말경까지 구야국(狗邪國 : 금관가야)과 함께 전기 가야연맹의 양대 세력을 이루었다.

안시성(安市城) : 삼국시대에 고구려와 당나라의 경계에 있던 산성이다. 당시 인구가 10만 명 정도였던 고구려 영지로, 고구려가 요하(遼河) 유역에 설치하였던 방어성들 가운데 전략적으로 요동성(遼東城) 다음으로 중요한 곳이었다. 668년 고구려 멸망 후에는 검모잠(劍牟岑)을 중심으로 한 고구려부흥운동의 요동 지역 중심지가 되었으나, 671년 7월 당나라 군대에 함락되었다.

연(燕) : 춘추시대의 제후국이자 전국시대의 전국7웅(戰國七雄) 가운데 하나이다. 강역은 동쪽으로 조선에 이르고, 남쪽으로 역수(易水)까지 2천여 리에 달하였다. 군사력은 갑병 수십만과 전차 700승, 말 6천 필을 낼 수 있었으나 기원전 222년 형가(荊軻)의 진시황 암살이 실패한 후 진나라의 공격으로 멸망하였다.

영고탑(寧古塔 : 닝구타) : 중국 흑룡강성(黑龍江省 : 헤이룽장성) 영안현성(닝안현성 : 寧安縣城)의 청나라 때 지명이다. 1653년 영고탑앙방장경(寧古塔昂邦章京)을 두었고, 62년 영고탑장군(將軍)으로 고쳤다. 그 뒤 팔기부도통(八旗副都統)을 두었으나, 청나라 때에는 죄인의 유배지가 되었다. 1910년 영안부(寧安府)로 되었다가, 중화민국 이후 닝안현으로 고쳤다.

영흥(永興) 흑석리(黑石里) : 함경남도에 있으며, 조선 태조 이성계가 태어난 곳이다.

예맥(濊貊) : 한민족의 근간이 되는 민족이다. 초기에 숙신(肅愼)과 동호(東胡) 사이에

끼어 중국의 송화강(松花江 : 쑹화강) 및 흑룡강(黑龍江 : 헤이룽강)과 압록강 · 두만강 유역 및 한반도 북부 지역인 함경도 · 강원도 등지에 걸쳐 살았고 그 갈래가 남부에 백제를 이루며 번창한 대민족이었을 것으로 추정된다.

완산(完山) : 전라북도 전주의 옛 이름이다.

옥저(沃沮) : 지금의 함경남도 해안 지역에서 두만강 유역 일대에 걸쳐 존재하였던 고대의 부족국가이다. 함흥 일대를 중심으로 거주하던 집단을 동옥저라 하고, 두만강 유역의 집단을 북옥저라 하였다. 양자 모두 고구려의 지방제도 아래에 편제되었고, 옥저인은 고구려의 지방민으로 귀속되었다.

왜(倭) : 한국과 중국에서 일본을 가리키던 호칭이다. 대체로 일본인의 체구가 작아 왜인(矮人)이라는 말이 변하여 '倭'가 되었다고 하는데, 일본인들의 주장은 이와 다르다. 이 말이 공식적으로 쓰이지 않게 된 것은 『신당서(新唐書)』 이후이며 한국도 일본과 친교가 있었던 백제 때부터라 여겨진다.

요동성(遼東城) : 만주 요양(遼陽 : 랴오양) 부근에 있었던 고구려시대의 성이다. 요동수(遼東水) 기슭에서 가장 험하고 견고했던 고구려의 요새이다. 612년(영양왕 23)과 613년 수나라의 1 · 2차 고구려침입 때 맹렬히 공격하였으나, 성의 방어가 워낙 튼튼하여 함락할 수 없었다고 한다. 645년(보장왕 4) 당 태종이 고구려를 침입하였을 때 함락되었다.

용암포(龍巖浦) : 평안북도 용천군 부내면 압록강 하구에 있었던 포구이다. 본래는 조그마한 촌락에 불과하였으나 러일전쟁 전에 러시아가 이곳을 점거하여 병영과 창고를 설치하는 등 우리나라를 침략하기 위한 거점으로 삼은 뒤부터 급속히 발전하였다.

원산포(元山浦) : 함경남도 문선 지역에 있던 포구로, 조선시대에는 동북해안의 물자가 이곳으로 모였다. 1882년 외국에 개항하였다.

위례성(慰禮城) : 백제의 초기 왕성이다. 역사 기록에는 위례성과 하남위례성(河南慰禮城)이라는 이름이 함께 나오는데, 흔히 한강 북쪽에 처음 만든 왕성을 위례성 혹은 하북위례성이라 부르고, 한강 남쪽에 새로 지은 왕성은 하남위례성이라 불렀다고 풀이한다. 하북위례성은 북한산 동쪽 기슭으로 비정되는데 확실하지 않고, 하남위례성은 몽촌토성으로 비정된다. 한편, 『삼국유사』에서는 지금의 충청남도 천안시 직산면으로 비정하였다.

위화도(威化島) : 평안북도 신의주시 상단리와 하단리에 딸린 섬이다. 1388년(우왕 14) 5월 요동정벌 때 우군도통사(右軍都統使) 이성계가 이곳에서 회군을 단행함으로써 조선을 여는 역사적 계기를 이룩한 곳이다. 조선시대에 들어와 어적(於赤) · 검동(黔同) 두 섬과 함께 3도(三島)라 하여 농민을 이주시켜 경작하게 하였다.

유구국(流寇國) : → 류큐

임둔(臨屯) : 임둔군과 동일하다. → 임둔군

임둔군(臨屯郡) : 중국 한나라가 위만 조선을 정벌하고 설치한 한사군(漢四郡) 가운데 하나이다. 그 위치에 대하여서는 함경도 부근이라는 설과 요동(遼東 : 랴오둥) · 요서(遼西 : 랴오시) 지방이라는 설 등이 있다. 광개토왕 때에 고구려의 영토가 되었다.

전등사(傳燈寺) : 인천광역시 강화군 길상면 정족산성(鼎足山城) 안에 있는 사찰이다. 381년(소수림왕 11)에 아도(阿道)가 창건하여 진종사(眞宗寺)라 하였다. 전등사라는 이름은 충렬왕의 비 정화궁주(貞和宮主)가 이 절에 옥등(玉燈)을 시주한 데서 비롯되었다.

전등산(傳燈山) : 전등사가 있는 정족산을 말한다. → 정족산

정족산(鼎足山) : 인천광역시 강화군 길상면에 있는 산으로, 마리산 줄기가 서쪽으로 벋어 생긴 산이다. 생김새가 마치 세 발 달린 가마솥과 같다 해서 이름을 정족산이라 하였다.

제물포(濟物浦) : 인천광역시 중구 해안에 있었던 조선 시대의 포구이다. 372년(근초고왕 27)부터 475년(문주왕 1)까지 100여 년간 중국의 동진 · 송 · 북위와 내왕하는 근거지였고, 고려시대에는 서 · 남해안 지역과 개성을 잇는 해상 교통의 요지였다. 1876년(고종 13)의 강화도조약과 1882년의 제물포조약이 체결된 뒤 개항장으로, 일본 · 청을 위시한 각국의 조계가 있었다.

조령(鳥嶺) : 경상북도 문경시 문경읍과 충청북도 괴산군 연풍면 사이에 있는 고개이다. 새재 · 문경새재라고도 한다. 조선시대까지만 해도 서울과 동래(東萊) 사이를 연결하는 교통로였고, 군사적으로도 요충지였다.

졸본부여(卒本夫餘) : 고구려를 달리 이르는 말이다. 부여의 일족이 졸본에 도읍하여 세운 나라라는 의미이다.

주류성(周留城) : 삼국시대 백제의 성으로, 백제가 멸망한 뒤 부흥운동의 본거지가 되었던 곳이다. 660년(의자왕 20) 백제의 의자왕이 나당연합군에게 항복하자 백제 부흥운동이 산발적으로 일어났는데, 점차 흑치상지(黑齒常之) · 복신(福信)이 웅거한 임존성(任存城)과 도침(道琛)이 이끄는 주류성을 중심으로 부흥운동세력이 통합되었다.

죽산(竹山) : 경기도 안성 지역의 옛 지명이다. 본래 백제의 개차산(皆次山)이었는데 고구려의 장수왕이 이곳을 점령하여 개차산군으로 하였고, 신라 때 경덕왕이 개산군(介山郡)으로 고쳤다. 고려 초에는 죽주(竹州)라고 하였다. 차령산맥 북쪽의 군사 · 교통 요지였으며, 이 지역에 위치한 좌찬역(佐贊驛)과 분행역(分行驛)은 삼남지방을 잇는 중요한 역이었다.

죽주(竹州) : 죽산과 동일하다. → 죽산

진번군(眞番郡) : 한나라가 고조선 멸망 후에 설치한 한사군(漢四郡)의 하나이다. 『사기』 조선전 등에 보이는 진번국에서 유래한 명칭이다. 군현 설치 이후 25년 만인 BC 82년에 군을 폐해 낙랑군에 합하여졌다. 위치와 강역에 대해서는 학자 간에 의견이 분분하다.

진한(辰韓) : 한반도 중부 이남 지역에 분포한 삼한 가운데 하나로, 대체로 기원 전후부터 4C 경에 지금의 대구 · 경주 지역에 분포한 12개의 소국을 가리킨다. 진한의 형

성 주체에 관해서는 의견이 분분한데, 『삼국지』에서는 진한을 옛 진국(辰國)이라 하고 『후한서』에서는 진국이 진한뿐만 아니라 삼한 전체를 포괄한다고 하고 있다.

태봉(泰封) : 신라 말기 궁예가 세운 나라이다(901~918). 당시 궁예는 신라에 의해 망한 고구려를 대신하여 복수한다고 호언하며 서북지방의 인심을 모으려 하였다. 904년에는 국호를 마진(摩震)이라 하고, 신라의 관제를 참작하여 관제를 정하고 국가의 체제를 갖추었다. 이듬해 국도를 철원으로 옮기고, 911년에 국호를 태봉이라 고쳤다. 왕건이 왕으로 추대되면서 멸망하였다.

토문(土們 : 투먼) : 백두산정계비(白頭山定界碑)에서 조선과 청의 경계를 구분할 때 동쪽 분수령이 되는 강 이름이다. 이때의 토문강에 대해서는 두만강이라는 설과 백두산 천지에서 발원하여 북으로 흐르는 송화강(松花江 : 쑹화강)의 한 지류라는 설이 있다.

패수(浿水) : 고조선 때, 요동과 경계를 이루던 강으로 지금의 청천강・압록강 또는 요서지방의 대릉하(大凌河)로 보는 설이 있으나 정설은 없다. 삼국시대에 들어와서도 패수라는 명칭은 계속 쓰였는데, 지금의 예성강으로 생각된다. 이 패수는 또한 패하(浿河)・패강(浿江)으로 기록되어 있기도 하다. 한편 735년(성덕왕 34)에 당나라가 정식으로 신라의 영유권을 공인한 이른바 '패강 이남의 땅'의 패강은 지금의 대동강을 가리키는 것 같다.

평산(平山) : 황해도 남동쪽에 있는 군이다. 고구려 때에는 대곡군(大谷郡)이라 하였으며, 748년(경덕왕 7) 대곡성을 수축하였다. 782년(선덕왕 3)에는 패강진(浿江鎭)으로 승격되었고, 이듬해부터 군주(軍主)가 두어져 예성강 이북, 대동강 이남지역을 관할하는 중심지가 되었다. 패강진 관하의 10여 주현이 궁예(弓裔)에게 항복한 904년부터 평주(平州)로 부르게 되었다. 1413년(태종 13)에 평산으로 바꾸고 도호부(都護府)로 승격하였다.

평양성(平壤城) : 평양직할시 중구역과 평천구역에 있는 고구려 후기의 도성이다. 고구려가 국내성(國內城)에서 평양으로 수도를 옮긴 때는 427년(장수왕 15)이다. 이 당시의 왕궁은 평양시 대성산(大城山) 기슭의 안학궁(安鶴宮)이었다.

포석정(鮑石亭) : 경상북도 경주시 배동에 있는 정자 및 연회장소이다. 창설연대는 자세하지 않으나, 통일신라시대에 건립된 것으로 추정되며, 정자는 없어졌으나 포어(鮑魚 : 전복)의 형태를 모방하여 만든 수구가 남아 있다. 계수(溪水)를 받아들여 이것을 점복 모양의 수구(水溝)에 흐르게 하고 그것에 술잔을 띄워 문무백관(文武百官)의 품계에 좇아 열을 지어 앉아서 시를 읊고, 노래를 부르며, 흐르는 술잔을 차례로 마시면서 흥겨워하였다고 한다.

하(夏) : 중국 고대의 왕조로, 순(舜)에게 천하를 물려받은 우(禹)가 건국하였다. 하왕조 이후 이어지는 상(商)・주(周)를 합하여 3대(三代)라고 하며, 옛 중국에서는 이상적 성대(聖代)로 불려왔으나, 명확한 유적・유물이 남아 있어 고고학적 연대를 확인할 수 있는 것은 상나라 이후이다.

한산(漢山) : 백제의 두 번째 도읍지였던, 지금의 경기도 광주(廣州)의 옛 읍과 남한산성(南漢山城)을 말한다. 5년(온조왕 14)에 이곳으로 옮겼다.

한산도(閑山島) : 경상남도 통영시 한산면에 있는 섬이다. 한산면의 본섬으로, 면을 이루는 29개 유인도・무인도 가운데 가장 크다. 통영시 남동쪽에 있으며, 시에서 뱃길로 2㎞ 정도 떨어져 있다. 동쪽에는 비산도(飛山島)・송도(松島)・좌도(佐島)가 있고, 남쪽에는 추봉도(秋峰島)가 있다.

한성군(漢城郡) : 고려시대 서울특별시의 이름이자, 그 지역을 담당하여 관할하는 관청이다.

한수(漢水) : 한강의 다른 이름이다.

한양(漢陽) : 서울특별시의 옛 이름이다.

해인사(海印寺) : 경상남도 합천군 가야면 가야산(伽倻山) 남서쪽에 있는 사찰이다. 신라 애장왕 때의 순응(順應)과 이정(利貞)이 당나라에서 돌아와 우두산(牛頭山 : 가야산)에 초당(草堂)을 지은 데서 비롯된다. 팔만대장경판(八萬大藏經板)을 봉안한 법보사찰(法寶寺刹)이다.

헤이그[海牙府, Hague] : 네덜란드의 서부에 있는 도시이다. 많은 국제회의가 열린 곳으로 1899년(고종 3)과 1907년에는 만국평화회의가 열렸다. 1907년 만국평화회의 때 한국에서는 고종황제의 밀지(密旨)를 받은 이상설(李相卨)・이준(李儁)・이위종(李瑋鍾) 3인이 을사조약의 불법성을 천명하려 하였으나 일본과 영국의 훼방으로 회의에 참석하지 못하고, 그곳에서 이준은 순국하였다.

현도(玄菟) : → 현도군

현도군(玄免郡) : 한 무제가 BC 107년에 세운 한사군(漢四郡) 가운데 하나이다. BC 75년에 토착민들의 저항으로 인해 고구려의 서북쪽으로 옮겨갔으며, 후한 초기(1C)에 다시 고구려의 압박으로 서쪽(무순 지역)으로 이치되었다. 이후 공손씨(公孫氏)의 지배를 받다가 위진남북조 시대에는 모용부(慕容部)의 지배를 받았다. 이 시기 동안 계속해서 고구려의 압박을 받았으며 광개토왕의 공격으로 멸망하였다.

후백제(後百濟) : 900년 견훤이 완산주(完山州)에 세운 나라로, 후삼국의 하나이다.

흑룡강성(黑龍江省 : 헤이룽장성) : 중국 북동단에 있는 성이다. 약칭하여 '흑(黑 : 헤이)'라고도 부르며, 성도(省都)는 합이빈(哈尔濱 : 하얼빈)이다. 중국 북동쪽의 변방에 있으며, 흑룡강(黑龍江 : 헤이룽강)・우수리강을 사이로 러시아와 마주보고 있다. 서주(西周)시대에는 숙신(肅愼)의 영토였으며, 한나라 때는 읍루(挹婁)와 부여의 영토였다.

흥화(興化) : 평안북도 의주군 위원면 지역에 설치되었던 고려 시대의 성보(城堡)이다. 993년(성종 12) 개척되기 시작한 강동6주(江東六州) 가운데 하나로, 995년에 축조되었다. 대중국 관계에서 군사상・교통상의 요충지였으므로 거란의 끈질긴 반환 요구의 대상이 되었으며, 여러 차례에 걸쳐 그들의 침공을 받기도 하였다.

관직명

관찰사(觀察使) : 조선시대 각 도에 파견된 지방 행정의 최고 책임자이다. 고려의 안렴사(按廉使)·안찰사(按察使)의 후신으로, 조선 초기에는 도관찰출척사(道觀察黜陟使)·안렴사 등으로 불렸다. 관찰사로 굳어진 것은 1466년(세조 12)이다. 주된 업무는 임금을 대신하는 지방 장관으로 도내의 군사와 행정을 지휘 통제하는 것이다.

광무국(鑛務局) : 조선 말기 광산에 관한 사무를 관장하던 관청이다. 광산국(광무국의 전신)의 광업과는 광산조사, 광산의 채굴권 허가, 광구·광업보호, 광업기술 담당, 지질과는 지질·지층의 구조조사, 주산식물(主産植物), 토성의 시험, 지형측량, 지질도·토성도·실측지형도의 편제와 설명서 편찬, 유용물료(有用物料)의 분석과 시험을 관장하였다.

국학(國學) : 고려시대 중앙에 있었던 교육기관이다. 992년(성종 11) 당나라의 제도를 본떠서 국자감(國子監)으로 개편되었다가 1275년(충렬왕 1)에 원나라의 간섭으로 국자감을 국학으로 고치면서 관원으로는 대사성(大司成)·전주(典酒)·사예(司藝)를 두었다. 그 뒤 1298년에 성균감(成均監)으로 고쳤다.

군부대신(軍部大臣) : 개화기 군부의 으뜸 대신이다. 군부는 조선 후기 국방에 관한 사무와 그 행정·인사에 관한 사무를 담당한 행정부서로 1895년(고종 32)의 관제개혁에 따라 군무아문을 개칭한 것이다.

기기국(機器局) : 조선 후기에 병기를 만들던 관청이다. 1884년(고종 21)에 군기시(軍器寺)를 고친 것으로, 1894년(고종 31)에 없앴다.

내무협판(內務協辦) : 내무아문(內務衙門)의 차관이다.

내부대신(內部大臣) : 개화기 내무행정을 맡아보던 내부의 으뜸 벼슬이다. 내부는 갑오개혁 이후 1895년(고종 32) 4월 각 아문(衙門)의 명칭을 부(部)로 바꿀 때 내무아문(內務衙門)을 고친 것이다.

농상공부대신(農商工部大臣) : 1895년(고종 32) 을미개혁 때 설치된 농상공부의 장관이다. 농상공부는 조선 후기 농업·상업·공업 및 우체·전신·광산·선박에 관한 사무를 맡은 관청으로, 농상아문(農商衙門)과 공무아문(工務衙門)을 합하여 설치한 것이다.

대리평사(大理評事) : 고려시대 형옥(刑獄) 관련 업무를 담당했던 대리시(大理寺)의 관원이다.

대사성(大司成) : 조선시대 성균관(成均館)의 으뜸 벼슬인 정3품의 당상관(堂上官) 관직이다. 유학과 문묘(文廟)의 관리에 관한 일을 담당하였다.

대사헌(大司憲) : 조선시대 사헌부(司憲府)의 장관이다. 대헌(大憲)이라고도 하며, 종2품이다. 시정(時政)에 대한 탄핵, 백관에 대한 규찰, 풍속 교정, 억울한 누명의 해원(解冤), 참람허위(僭濫虛僞) 금지 등의 임무를 맡았다.

도독(都督) : 주(州)를 담당했던 신라시대의 지방장관으로 왕으로부터 위임받은 행정권, 사법권, 징병권 등을 행사하였다. 이 제도는 중국에서 외지를 점령하면 도독을 두어 다스리게 한 데서 비롯되었으며, 국경 변방 통치를 위해 무관이 맡았다.

도승지(都承旨) : 조선시대 승정원(承政院)의 6승지 중 수석 승지이다. 도령(都令)이라고도 하였다. 정3품 당상관(堂上官)이 맡았으며, 승정원의 6방(六房) 중 이방(吏房)의 사무를 관장하였다.

도항경(都航卿) : 도항사(渡航司)의 세 번째 관직이다. 도항사는 고려시대에 선박 관련 업무를 맡아보던 관청이다.

만호(萬戶) : 고려・조선시대의 무관직이다. 몽골식 명칭으로서 1281년(충렬왕 7) 고려와 원의 연합군에 의한 일본 정벌, 즉 동정(東征)을 할 때 중군(中軍)・좌군(左軍)・우군(右軍)에 3개의 만호를 두었다. 그 후 개경의 순군만호(巡軍萬戶)를 비롯하여 합포・전라・탐라・서경 등에 5개 만호가 증설되었다.

무위소(武衛所) : 개화기에 궁궐 수호를 위해 설치한 관청으로, 1873년(고종 10) 친정에 임한 고종이 창설하였다. 그 장인 무위도통사(武衛都統使)는 실질적인 한성부(漢城府)의 치안 책임자였으며, 1879년 북한산성 관장(管將) 이하 모든 관원까지 소속시킴으로써 방위업무도 담당한 막강한 기구가 되었다. 1881년 무위영(武衛營)으로 개칭되었다.

문하부(門下府) : 1369년(공민왕 18)부터 1401년(태종 1)까지 존속한 고려시대 최고 권부로 국정을 총괄하였다. 1275년(충렬왕 1) 중서문하성(中書門下省)과 상서성(尙書省)이 합쳐져 첨의부(僉議府)로 일원화되었다가, 그 뒤 도첨의사사(都僉議使司)・도첨의부(都僉議府)・중서문하성・도첨의부로 이름이 여러 번 바뀌었으며, 1369년(공민왕 18) 문하부가 되었다.

문하주서(門下注書) : 고려 후기 문하부(門下府)의 종7품 관직으로, 중서주서(中書注書)의 후신이다. 국초의 내의성(內議省)이 내사성(內史省)・중서성(中書省)・도첨의부(都僉議府)・문하부로 개정될 때마다 내사주서・중서주서・도첨의주서・문하주서로 여러 번 바뀌었다. 그 직임은 문하부의 문서 또는 기록을 관장하는 것이었다.

밀직사(密直司) : 고려시대 왕명의 출납, 궁중의 숙위(宿衛)・군기(軍機) 등을 관장한 관청이다. 991년(성종 10) 중추원(中樞院)을 설치하여 숙위를 맡아보게 하다가, 1009년(목종 12) 중추원・은대(銀臺)・남북원(南北院)을 폐하고 중대성(中臺省)으로 개편하였다.

박문국(博文局) : 개화기에 신문・잡지 등의 편찬과 인쇄를 맡아보던 출판기관이다. 1883년(고종 20)에 설치되었으며, 같은 해 10월 『한성순보(漢城旬報)』를 발간하였다. 1888년 통리교섭통상아문(統理交涉通商衙門)에 부속시켰다.

법부대신(法部大臣) : 1895년(고종 32) 설치한 법부의 으뜸 벼슬이다. 법부는 법무행정을 관장하였으며, 법무아문을 개칭한 것이다.

보흥고(寶興庫) : 1340년(충혜왕 복위 1) 충혜왕이 수탈・사리(私利)를 목적으로 사설(私設)한 재정기구이다. 원나라를 오가며 사치・향락에 빠진 충혜왕은 그 비용 마련을 위하여 백성의 땅 등 재산을 빼앗아 여기에 속하게 하였다.

봉상박사(奉常博士) : 고려 후기 봉상시(奉常寺)의 정7품 벼슬이다. 봉상시는 국가의 제사를 주관하며 추증(追贈)과 시호(諡號)를 제정하는 일을 담당한 관청이다. 고려 전기에 설치했던 대상부(大常府)를 1298년 충선왕이 즉위하면서 개칭한 것으로, 1308년(충렬왕 복위10)에 전의시(典儀寺)로 다시 개칭하였다.

비변사(備邊司) : 조선시대 군국기무(軍國機務)를 관장한 문무합의기구(文武合議機構)이다. 1865년(고종 2) 흥선대원군이 집정하면서 의정부(議政府)와 비변사(備邊司)의 한계를 규정하여 국정 의결권을 의정부에 이관하면서 그 기능이 약화되었다. 이후 3군부(三軍府) 제도를 부활시켜 군무를 처리하게 함으로써 폐지되었다.

사지(舍知) : 신라의 17관등(十七官等) 가운데 제13등이다. 소사(小舍)라고도 하였며, 공복(公服)의 빛깔은 황색이었다.

삼남도순찰사(三南都巡察使) : 조선시대에 경상도・전라도・충청도의 3남지방을 관할하는 도순찰사로 지방에서 변란이 일어났을 때 파견하는 임시 군관직이다.

상대등(上大等) : 신라의 최고 관직이다. 상대등은 국사를 관장하고 귀족・백관회의인 화백(和白)을 주재(主宰)하며 귀족연합의 대변자이기도 하였다.

상장군(上將軍) : 고려 때 중앙군 최고 사령관의 관직명으로, 품계는 무반의 최고 품계인 정3품이다. 2군(二軍) 6위(六衛)에 1인씩 8명이 기본 편제이며, 각 군의 대장군(大將軍)과 함께 중방(重房)을 구성하였다.

성균관(成均館) : 고려 말・조선시대 최고의 교육기관이다. 한국 최고의 학부기관으로서 '성균'이라는 명칭이 처음 사용된 것은 고려시대로, 1289년(충렬왕 15)에 국자감(國子監)의 명칭을 '성균'이라는 말로 바꾸면서부터이다. 1308년(충선왕 1)에 성균관으로 개칭되었고, 공민왕 때 국자감으로 명칭이 바뀌었다가, 1362년(공민왕 11)에 다시 성균관이라는 이름을 찾았다.

수신사(修信使) : 개항 이후 일본에 파견한 외교사절이다. 조선시대에 일본에 파견한 사절인 통신사(通信使)를 근대적 의미에서 고쳐 부른 것이다. 통신사가 주는 입장에서의 외교사절이라면 수신사는 받는 입장에서의 외교사절이라고 할 수 있다.

시랑(侍郎) : 신라의 관직이다. 747년(경덕왕 6) 당나라의 제도를 모방하여 집사부(執事部)의 전대등(典大等), 병부(兵部)의 대감(大監), 창부(倉部)의 경(卿)을 이 이름으로 고쳤다. 모두 각 부의 차관이며 관등으로는 제11등인 나마(奈麻)로부터 제6등인 아찬(阿湌)까지 5두품(五頭品)과 6두품(六頭品)의 신분층이 맡을 수 있는 벼슬이었다.

시어사(侍御史) : 고려시대 어사대(御史臺)의 종5품 관직이다. 어사라는 관직명은 중국의 진(秦)나라와 전한(前漢)에서 유래한 것이다. 고려시대에 국초의 사헌대(司憲臺)를 995년(성종 14) 어사대로 개편하여 백관을 감찰하는 일을 맡게 하였다.

아찬(阿飡) : 신라의 17관등(十七官等) 가운데 제6등으로, 6두품(六頭品) 신분층이 오를 수 있는 한계 관계이다. 아척간(阿尺干)이라고도 한다. 세분화하여 아찬부터 중아찬(重阿飡)・3중아찬・4중아찬으로 올라가는데, 6두품 신분층은 중아찬으로 승급이 끝난다.

양현고(養賢庫) : 고려시대의 장학재단이다. 1119년(예종 14) 사학(私學)의 융성으로 위축된 관학(官學)의 진흥을 위하여 설치하였다. 예종은 이전의 국자감(國子監)을 국학으로 고치면서 일대 개혁을 단행하였다. 많은 학생을 수용할 수 있는 학사(學舍)를 신축함과 동시에 학생의 교육 및 국학의 재정적 뒷받침을 위하여 국학 안에 양현고를 설치하여, 당시의 유학생 60명과 무학생(武學生) 17명의 뒷바라지를 하게 하였다.

영부사(領府事) : 영중추부사(領中樞府事)를 가리킨다. 조선시대 중추부(中樞府)의 으뜸 벼슬로 정1품 무관에게 내려졌다.

영의정(領議政) : 조선시대 최고의 중앙 관직이다. 백관을 통솔하고 서정(庶政)을 총리한 최고행정기관인 의정부를 이끈 3의정(三議政)의 하나이다.

예빈시(禮賓寺) : 고려・조선시대 빈객(賓客)의 연회와 재신(宰臣)의 음식 준비를 관장한 관청이다. 921년(태조 4) 처음 설치할 때는 예빈성(禮賓省)으로 하였으며, 1298년(충렬왕 24)에는 전객시(典客寺)로 하였다가 곧 예빈시로 개칭하였다. 1403년(태종 3) 의순고(義順庫), 1460년(세조 6)에는 복흥고(復興庫)를 병합하였고, 세종 때에는 궁중에서 쓰이는 우유도 조달하였는데 1894년(고종 31) 갑오개혁 때 폐지되었다.

왕검(王儉) : 고조선의 기록에서 보이는 정치적 지배자인 단군의 칭호이다.

외무협판(外務協辦) : 외무아문(外務衙門)의 차관이다. 외무아문은 조선 말기 외국과의 교섭과 통상 등의 사무를 총괄하던 중앙행정부서이다. 1894년(고종 31) 갑오개혁이 추진되면서 중앙관제가 개편되면서 설치된 행정부서로서, 오늘날의 외교통상부에 해당한다. 통리교섭통상사무아문(統理交涉通商事務阿門)의 후신으로 설치되었다가 1895년 외부(外部)로 개편되었다.

외부대신(外部大臣) : 개화기 외부(外部)의 으뜸 벼슬로, 외교에 관한 사무를 통할하였다.

우시중(右侍中) : 고려시대 백관의 서무와 간쟁을 관장하던 도첨의사사(都僉議使司)・도첨의부(都僉議府)・문하부(門下府)의 종1품 벼슬이다. 도첨의부와 문하부는 도첨의사사의 후신이다.

우의정(右議政) : 조선시대 정1품 관직으로 우상(右相)・우정승(右政丞)・우대(右臺)・우합(右閤)・우규(右揆)・단규(端揆) 등이라고도 한다. 백관을 통솔하고 서정(庶政)을 총리한 최고행정기관인 의정부(議政府)를 이끈 3의정(議政)의 하나이다.

우정국(郵征局) : 한국 최초의 우편행정관서이다. 1884년(고종 21) 종래 역참제(驛站制)에서 탈피하여 근대적 통신제도를 도입하고 그 운영을 위해 설치하였다. 그해 12월 4일 우정국 청사의 개업축하연에서 벌어진 갑신정변으로 12월 9일 폐쇄되었다. 1895년 우체사(郵遞司)가 설치될 때까지 10년 동안은 다시 구제(舊制)인 역참에 의

한 통신방법이 계속되었다.

우정언(右正言) : → 정언

우찬성(右贊成) : 조선시대 의정부(議政府)에 속해 있던 종1품 벼슬이다. 태종 초 의정부 찬성사(議政府贊成事)의 약칭이자 조선시대 의정부 차관인 좌·우찬성의 통칭이기도 하다. 이상(貳相) 또는 이재(二宰)라고도 하였으며, 참찬(參贊)과 함께 의정(議政)을 보필하면서 의정부사와 대소 국정 논의에 참여하였다.

원윤(元尹) : 936년(태조 19)에 제정된 고려시대의 관계(官階)로, 왕건이 태봉의 위계를 본떠서 정한 것이다. 광종 때 중국식 문산계(文散階)가 들어와 관계와 같이 사용되다가 995년(성종 14)에 중앙관인의 관계가 전적으로 문산계를 사용하면서 기존의 관계는 향직(鄕職) 체제로 존속하였다.

유격장군(遊擊將軍) : 고려시대 무산계(武散階)의 제13등급에 속하는 위계이다. 종5품 하(下) 무관의 품계로 995년(성종 14)에 정하였다.

육군부장(陸軍副將) : 개화기 제2위의 무관직으로, 1894년(고종 31) 갑오개혁의 군제(軍制) 개혁에 따라 둔 것이다. 대장의 아래, 참장(參將)의 위이며 지금의 중장(中將)에 해당된다.

육영공원(育英公院) : 개화기 한국 최초의 근대식 공립교육기관이다. 근대적 신교육으로 발전하는 교량적 역할을 하였으나, 영어교육을 지나치게 강조하고 고급 양반 자제만을 대상으로 삼는 등 국민 대중 교육에는 한계가 있었다.

의정부(議政府) : 조선시대 최고의 행정기관으로, 백관을 통솔하고 서정(庶政)을 총리하였다. 도당(都堂)·황각(黃閣)이라고도 한다. 국초에는 고려의 제도를 그대로 계승하여 국가최고 회의기관이었다.

장령(掌令) : 고려와 조선시대에 감찰(監察) 업무를 담당하던 관직이다. 고려시대에는 시정(時政)의 득실을 논하고 백관을 규찰(糾察)하며, 사회풍속을 바로잡는 일을 맡아보던 사헌부(司憲府)와 이를 개칭한 감찰사(監察司)의 종4품 벼슬로, 충렬왕 때 처음 두었다.

장용영(壯勇營) : 조선 후기 국왕의 호위를 맡아보던 숙위소(宿衛所)를 폐지하고 새로운 금위체제(禁衛體制)에 따라 조직·개편한 국왕 호위군대이다. 1785년(정조 9) 홍복영(洪福榮)의 역모사건이 일어나자 왕의 호위를 강화하기 위해 설치하고 약 500명의 인원을 5대(五隊)로 나누어 편제하였다.

전보국(電報局) : 1855년(고종 22) 처음으로 서울과 인천 간에 전신이 개통된 것을 계기로 서울에 한성총국(漢城總局), 인천에 분국(分局)을 설치하였으며, 곧이어 평양·의주에도 분국을 두었다. 1897년에는 전보사(電報司)로 개칭되어 서울에 총사(總司)를 두고 지방에는 그 크기에 따라 1등 전보사, 2등 전보사를 두었으며, 1905년 이를 통신원(通信院)에 이관하였다.

전환국(典圜局) : 1883년(고종 20) 당면한 재정위기를 보완하고 문란해진 통화정책을 정비할 목적에서 설치된 조폐(造幣)기관이다. 조선사회에 근대적 화폐제도를 도입하는데 선구적 역할을 하였지만, 1904년 일본인 재정고문 메가타 다네타로[目賀田種太郎]에 의해 폐지되었다.

정당문학(政堂文學) : 고려・조선시대 국가 행정을 총괄하던 관직이다. 고려시대에는 내사문하성(內史門下省)과 이를 개칭한 중서문하성(中書門下省)의 종2품 문관 벼슬이다. 1275년(충렬왕 1) 중서문하성이 첨의부(僉議府)로 개편되면서 참문학사(參文學事)로 개칭되었으나 1290년에 다시 정당문학으로 고쳤다. 충선왕 때 잠시 폐지했다가 뒤에 중서문하성・문하부(門下府)에 이 관직을 두어 조선에 계승되었다.

정언(正言) : 고려・조선시대 봉박(封駁)과 간쟁을 담당한 관직이다. 고려시대에는 국가 행정을 총관하는 중서문하성(中書門下省)에서 조칙(詔勅)을 심의하고 왕에게 간하여 잘못을 바로잡게 하는 간쟁을 맡아보던 낭사(郎舍)로, 1116년(예종 11) 종6품의 좌습유(左拾遺)・우습유(右拾遺)를 좌정언(左正言)・우정언(右正言)으로 개칭하고 각 1명씩을 두었다.

제중원(濟衆院) : 조선시대에 세워진 최초의 근대식 국립 병원이다. 광혜원(廣惠院)을 고친 것으로, 1894년(고종 31)에 폐지되었다. 환자수와 업무량이 많아지자, 선교의(宣教醫) 헤론(J. H. Heron)이 가세하여 의료 활동이 보다 활성화되었다. 1886년 여의사 앨러스(A. J. Elless)가 오면서 부인부(婦人部)가 설치되었다. 고종은 제중원의 의료활동을 높이 평가하여 알렌과 앨러스에게 당상관(堂上官) 품계의 벼슬을 내렸다.

좌의정(左議政) : 조선시대 영의정(領議政)・우의정(右議政)과 더불어 최고 관부인 의정부(議政府) 3정승(三政丞)의 하나이다. 영의정의 아래, 우의정의 위로, 백관을 통솔하고 일반 정무(政務)와 외교관계 등의 일을 처리 운영하였다.

주부(主簿) : 조선시대 관서의 장부와 문서를 주관하던 종6품 관직이다.

중단경(中壇卿) : 960년(광종 11)에 관리들의 공복을 제정할 때 단삼(丹衫)을 입는 하한으로서 그 존재가 확인될 뿐이다. 그런데 이 규정에 나열되어 있는 원윤(元尹)・중단경・도항경(都航卿)・소주부(小主簿) 중 원윤은 관직이 아니라 관등임이 분명하므로, 중단경 등도 관등으로 볼 수 있겠으나 현재로서는 불확실하다.

중서령(中書令) : 고려시대의 관직이다. 서무(庶務)를 총괄하고, 간쟁을 담당한 중서문하성(中書門下省)의 으뜸벼슬로, 종1품관이었다.

중추부지사(中樞府知事) : 중추부의 지사를 가리킨다.

집사시랑(執事侍郎) : 신라시대 최고 행정관서로 위로는 왕명을 받들고, 아래로는 여러 행정기관을 거느렸던 집사부(執事部)의 차관이다. 집사부의 장관인 중시 아래에는 전대등(典大等) 2인이 있었는데, 전대등은 565년(진흥왕 26)에 처음 임명되었으며 747년(경덕왕 6)에 시랑(侍郎)으로 개칭되었다. 제11등 나마(奈麻)부터 제6등 아찬(阿飡)까지 전대등에 취임할 수 있었다.

집현전(集賢殿) : 고려・조선 전기에 궁중에 설치한 학문 연구기관이다. 1392년(태조 1)

7월에 제정된 관제에 따르면 고려의 제도를 도습하여 보문각(寶文閣)·수문전(修文殿)·집현전(集賢殿)이 그대로 존치되어 있었으나, 세종이 즉위하자 집현전을 확대하여 실제의 연구 기관으로 개편하였다.

집현전학사(集賢殿學士) : 집현전의 학사를 가리킨다. 학사는 문신 중에서 뽑힌 뛰어난 학자들로, 왕의 측근에서 제찬(制撰)·사명(詞命)의 일에 종사하거나 왕에게 경서(經書)를 강론하는 일을 맡아보았다.

찬성사(贊成事) : 고려 후기 문하부(門下府)의 정2품 관직이다. 시랑찬성사(侍郎贊成事)와 찬성사의 상하 구분이 있으나 둘을 합하여 찬성사라 부르는 것이 보통이다.

참찬(參贊) : 조선시대 의정부(議政府) 소속의 정2품 관직이다. 1415년(태종 15) 의정부 기능을 약화시키기 위해 관제 개편한 종2품의 의정부찬성사(議政府贊成事)가 좌·우참찬으로 분리되었고, 그 가운데 우참찬을 참찬으로 개칭한 것이다.

천호(千戶) : 고려 후기에 몽골의 영향을 받아 설치한 관직이다. 1258년(고종 45)에 동북면 지역에서 조휘(趙暉)와 탁청(卓靑)이 몽골에 항복하자 몽골이 탁청에게 처음 임명하였다.

첨사(僉使) : 조선시대 각 진영(鎭營)에 속한 종3품의 무관으로, 첨절제사(僉節制使)와 동첨절제사(同僉節制使)의 약칭이다. 첨절제사는 조선시대 일선 진영을 관장하던 종3품 무관직으로 절도사(節度使) 아래의 벼슬이다. 동첨절제사는 종4품으로 절도사·첨절제사 다음이며, 군수(郡守) 등의 수령이 겸직하였다.

탁지부대신(度支部大臣) : 국가재정 전반을 담당하던 탁지부의 장관이다. 탁지부는 1895년(고종 32) 탁지아문(度支衙門)을 개칭한 것이다.

태사(太師) : 고려시대에 왕의 고문을 맡은 정1품 벼슬로, 원로대신에게 주는 명예직이었다. 태부(太傅)·태보(太保)와 함께 3사(三師)라 불렸는데, 이 가운데 가장 높은 벼슬이었다.

태사국(太史局) : 고려시대 천문·역법·기후·시간 측정 등에 관한 일을 관장한 관청이다.

통감(統監) : 대한제국 때 일제가 설치한 통감부(統監府)의 장관이다. 통감부는 1906년 2월부터 1910년 8월까지 일제가 한국을 완전 병탄할 목적으로 설치한 감독기관으로, 이를 통해 일제는 한국병탄의 예비작업을 수행하였다.

통리교섭아문(統理交涉衙門) : 통리교섭통상사무아문(統理交涉通商事務衙門)을 말한다. 조선 말기 외교와 통상사무를 관장한 관청으로, 1882년(고종 19) 청나라 제도를 모방하여 설치한 통리아문(統理衙門)을 확충 개편한 것이다. 1884년 갑신정변으로 많은 관원이 살해당하고 청나라 세력이 제거되자, 1885년 그 기능이 의정부(議政府)로 이관되었다.

통제사(統制使) : 수군통제사(水軍統制使)·3도통제사(三道統制使)·3도수군통제사(三道水軍統制使)라고도 한다. 임진왜란 중에 설치된 종2품 외관직(外官職)의 무관으로,

경상 · 전라 · 충청도 등 3도의 수군을 지휘 통솔한 3남지방의 수군 총사령관이다.

평양부윤(平壤府尹) : 고려시대 평양부의 으뜸벼슬이다. 평양은 충선왕 이전에는 서경이라 하고 그 장관으로 평양유수(平壤留守)를 두었는데, 충선왕 이후 평양부로 고치고 장관으로 종2품의 윤을 두었다.

학부대신(學部大臣) : 개화기 교육행정을 관장한 학부의 장관이다. 학부는 1895년(고종 32) 학무아문(學務衙門)을 개칭한 것이다.

한림학사(翰林學士) : 고려시대 학사원(學士院) · 한림원(翰林院)에 속한 정4품 벼슬로, 임금의 조서를 짓는 일을 맡아보았다.

해방영(海防營) : 조선시대 친군영(親軍營)의 하나이다. 경기 · 황해 · 충청 3도의 수군을 통할하던 군영으로, 1884년(고종 21)에 설치하였으며 뒤에 후영(後營) · 우영(右營)과 합하여 통위영(統衛營)으로 고쳤다.

홍문관(弘文館) : 조선시대에 궁중의 경서(經書) · 사적(史籍)의 관리, 문한(文翰)의 처리 및 왕의 자문에 응하는 일을 맡아보던 관청이다. 옥당(玉堂) · 옥서(玉署) · 영각(瀛閣)이라고도 하며, 사헌부(司憲府) · 사간원(司諫院)과 더불어 이른바 언론3사(言論三司)라고 한다.

훈련도감(訓鍊都監) : 조선시대에 수도의 수비를 맡아보던 군영으로, 훈국(訓局)이라고도 한다. 명나라 군대 절강병(浙江兵)의 훈련법을 습득하기 위해 조직되었다. 처음에는 낙상지(駱尙志)의 지휘 아래 절강병으로부터 창 · 검 · 낭선(筤筅) 등의 기술을 배우게 하다가 뒤에 훈련도감을 설치하였다.

영인

초등대한역사

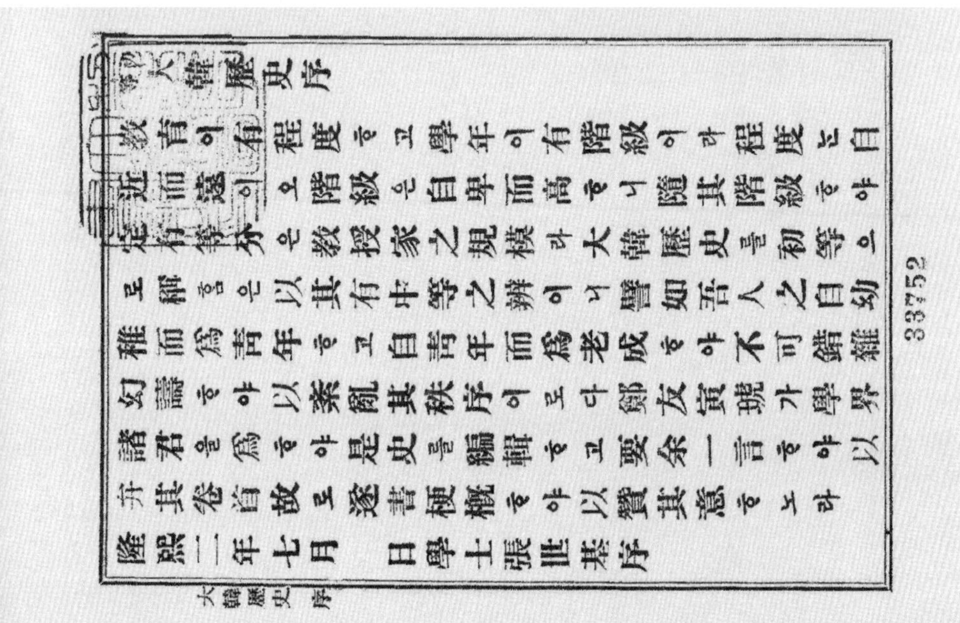

大韓歷史序

敎育이有程度ᄒᆞ고學年이有階級이라程度ᄂᆞᆫ自
近而遠이오階級은自卑而高ᄒᆞ니隨其階級ᄒᆞ야
定有等分은敎授家之規模라大韓歷史ᄅᆞᆯ初等으
로解ᄒᆞᆷ은以其有中等之辨이니譬如吾人之自幼
稚而爲靑年ᄒᆞ고自靑年而爲老成ᄒᆞ야不可錯雜
幻嘗ᄒᆞ야以紊亂其秩序이로다鄭友寅琥가學界
諸君을爲ᄒᆞ야是史ᄅᆞᆯ編輯ᄒᆞ고要余一言ᄒᆞ야以
弁其卷首故로遂書梗概ᄒᆞ야以贊其意ᄒᆞ노라
隆熙二年七月 日學士張志淵序

大韓歷史序

初等

大韓歷史目錄

第一篇 上古

檀君

箕子

衛滿

三韓 附古朝鮮及三國圖

三韓結論

第二篇 中古

新羅

高句麗

百濟

駕洛國
伽倻國
渤海國
泰封
後百濟
第三篇 近古
高麗
第四篇 現世
本朝

學部 大韓歷史目錄終

學部 大韓歷史

東萊鄭寅琥 纂輯

第一篇 上古

第一章 檀君朝鮮

第一節 檀君誕生

東方이初에君長이無ᄒᆞ야人民이草ᄅᆞᆯ衣ᄒᆞ고木
實을食ᄒᆞ며夏에ᄂᆞᆫ巢ᄒᆞ고冬에ᄂᆞᆫ穴ᄒᆞ더니桓因
이라ᄒᆞᄂᆞᆫ者ㅣ有ᄒᆞ야子雄을生ᄒᆞ니雄이太白山
(今妙香山)邊檀木下에室을築ᄒᆞ고王儉을誕生ᄒᆞ다

第二節 檀君開國

王儉이聖德이有ᄒᆞ거ᄂᆞᆯ國人이尊ᄒᆞ야君을삼으

東國을創立ᄒᆞ신檀君의像

니是가檀君이되시니라國號를朝鮮(先受日光鮮、故謂之朝鮮、)이라ᄒᆞ니元年은唐(支那)堯二十五年이오隆熙元年前四千二百四十年이라비로소民을敎ᄒᆞ야髮을編ᄒᆞ고首를盖ᄒᆞ며君臣과男女의飲食과居處의制를始備ᄒᆞ다

第三節 檀君、定都

太子扶婁를塗山에遣ᄒᆞ야夏(支那)禹氏의萬國會에參ᄒᆞ고王子、三人을江華、傳燈山에遣ᄒᆞ야三郞城

을築ᄒᆞ다初에平壤에都ᄒᆞ얏다가後에白岳(今、文化、九月山)으로徙ᄒᆞ니라彭吳를命ᄒᆞ야國內山川을奠ᄒᆞ실새東은大海(今、太西洋)를限ᄒᆞ고西ᄂᆞᆫ遼河(今、臨支那、盛京省)를連ᄒᆞ고南은鳥嶺(今在聞慶郡)에至ᄒᆞ고北은黑龍江(在支那、黑龍江省北)에接ᄒᆞ다

第四節 讓于箕子

檀君의後孫이君位를相傳ᄒᆞᆫ지千二百十二年에位를箕子에게讓ᄒᆞ고北扶餘로遷ᄒᆞ얏다가後에高句麗에併ᄒᆞ니라(扶餘、今支那、吉林、寧古塔等地)

第二章 箕子、朝鮮

第一節 箕子、在殷

箕子의姓은子오名은胥餘ㅣ니子爵으로箕에封ᄒᆞᆫ故로箕子라稱ᄒᆞ니殷(支那)王成湯의後孫이오紂의諸父라紂의太師가되시니라

第二節 箕子東來

敎化를倡興ᄒᆞ신箕子의像

紂의無道ᄒᆞᆷ을見ᄒᆞ시고披髮佯狂ᄒᆞ야奴가되신디紂가囚ᄒᆞ얏더니周(支那)武王姬發이紂를滅ᄒᆞᆷ애囚를釋ᄒᆞ고道를訪ᄒᆞ거ᄂᆞᆯ箕子ㅣ洪範九疇를陳ᄒᆞ시고男女五千人을率

ᄒᆞ고周를避ᄒᆞ야朝鮮에入ᄒᆞ시니라

第三節 箕子設敎

箕子ㅣ詩書와禮樂과田蠶과織作으로써民을敎ᄒᆞ신디國人이聖德을慕ᄒᆞ야王을삼으니平壤에仍都ᄒᆞ사八條의敎를設ᄒᆞ시니仁賢의化가著ᄒᆞ니라

第四節 箕準南避

箕子의四十一世孫準에게至ᄒᆞ야燕(支那)人衛滿이衆을率ᄒᆞ고椎髻와蠻夷의服으로來降ᄒᆞ거ᄂᆞᆯ博士를拜ᄒᆞ야西藩을守케ᄒᆞ얏더니滿이兵을引ᄒᆞ야平壤을襲ᄒᆞ거ᄂᆞᆯ準이兵을避ᄒᆞ야南으로金馬

郡(今益山郡)에至ᄒᆞ야馬韓이라稱ᄒᆞ니라

椎髻蠻服ᄒᆞᆫ燕衆의圖

第五節 衛滿朝鮮

衛滿이平壤에都ᄒᆞ고國號ᄅᆞᆯ朝鮮이라稱ᄒᆞ고兵權과財力으로數千里ᄅᆞᆯ開拓ᄒᆞ얏더니其孫右渠에게至ᄒᆞ야漢(支郡)의使臣을殺ᄒᆞ니漢武帝劉徹이

樓船將軍楊僕과左將軍荀彘와公孫遂ᄅᆞᆯ遣ᄒᆞ야攻破ᄒᆞ고四郡을置ᄒᆞ다(四郡에一은樂浪이니平壤府와밋春川이오一은臨屯이니京畿西郊와밋黃海東道오一은玄菟이니咸興府오一은眞蕃이니遼東이라)

第三章 三韓

第一節 馬韓

馬韓王箕準이金馬郡에處ᄒᆞ야韓王이라稱ᄒᆞ니其民이種植을務ᄒᆞ며蠶桑을喜ᄒᆞ고金銀을輕視ᄒᆞ고珠玉으로써髮을飾ᄒᆞ며男子ᄂᆞᆫ帛袍ᄅᆞᆯ衣ᄒᆞ고性이勇悍ᄒᆞ야弓楯과矛櫓ᄅᆞᆯ善用ᄒᆞ더라

第二節 馬韓爲百濟所倂

箕準의後孫이馬韓에總王으로世世自守ᄒᆞ다가百濟王高溫祚에게滅ᄒᆞᆫ바ㅣ되니箕子元年으로부터此에至ᄒᆞ야歷年이共一千一百三十一年이러라

古朝鮮과三韓의圖

第三節 辰韓

辰韓은馬韓東方에在ᄒᆞ니北은穢貊을接ᄒᆞ고南은弁韓을隣ᄒᆞ니其始ᄂᆞᆫ秦人이라秦의苛政을避

ᄒᆞ야馬韓에入ᄒᆞ거ᄂᆞᆯ馬韓이東界를割ᄒᆞ야處케ᄒᆞ얏더니後에新羅에倂ᄒᆞ니라

第四節 弁韓 (又稱弁辰)

弁韓은辰韓南方에在ᄒᆞ니辰韓과雜居ᄒᆞ야馬韓으로더부러三韓이라幷稱ᄒᆞ더니後에駕洛國의始祖金首露의幷ᄒᆞᆫ바ㅣ되니라

第五節 三韓結論

韓이라稱ᄒᆞᆷ은漢江南에一大陸이有ᄒᆞᆫ故로方言에一이라大라ᄒᆞᄂᆞᆫ義를譯ᄒᆞᆷ이라三韓이鼎足과如히峙ᄒᆞ야馬韓이統治ᄒᆞ니馬韓이五十四國이오辰韓과弁韓은各히十二國의屬國이有ᄒᆞ니大

者ᄂᆞᆫ萬餘家오小者ᄂᆞᆫ千餘家ㅣ라折風巾갓과長袖衫져고리과大口袴바지와烏革履검은신은其遺俗이尙傳ᄒᆞ니라

第二篇 中古 三國

第一章 新羅

三國鼎立圖

第一節 朴赫居世

新羅의始祖朴赫居世ᄂᆞᆫ辰韓人이라爲人이英特夙成ᄒᆞ거ᄂᆞᆯ六部의人民이立ᄒᆞ야君을삼으니時에年이十三

新羅始祖朴赫居世와閼英二聖의像

이라國號를徐羅伐後改新羅이라ᄒᆞ고在位五年에閼英을納ᄒᆞ야妃를삼으니妃가賢行이有ᄒᆞ야內輔ᄒᆞᄂᆞᆫ지라時人이二聖이라稱ᄒᆞ다時에倭國今日本이邊境을侵ᄒᆞ다가王이神德이有ᄒᆞ심을聞ᄒᆞ고退還ᄒᆞ니라

第二節 朴、昔、金三姓

赫居世의子南解가王位에在ᄒᆞᆯ時에子儒理와婿昔脫解에게遺言ᄒᆞ되我가死ᄒᆞᆫ後에朴昔兩姓이年長으로써嗣ᄒᆞ라ᄒᆞᆫ故로其後에儒理가位ᄅᆞᆯ脫解에게傳ᄒᆞ얏다가昔助賁에게至ᄒᆞ야其婿金味鄒에게傳ᄒᆞ니라

第三節 始建年號

脫解王時에國號ᄅᆞᆯ鷄林이라ᄒᆞ고智證王時에新羅라ᄒᆞ고法興王時에年號ᄅᆞᆯ始建ᄒᆞ야建元이라ᄒᆞ니라

第四節 朴堤上入日本

訥祗王元年에王이日本에爲質ᄒᆞᆫ弟未斯欣을思

ᄒᆞ야朴堤上을日本에遣ᄒᆞ니堤上이詐히叛者가되야日本에入ᄒᆞ야未斯欣을潛還케ᄒᆞ니未斯欣이曰엇지君을捨ᄒᆞ고獨還ᄒᆞ리오堤上이曰王의情을慰安코자ᄒᆞᆯ진ᄃᆡ我ㅣ엇지一命을愛ᄒᆞ리오ᄒᆞ다

第五節 鷄林臣

旣而오日本이未斯欣의亡歸ᄒᆞᆷ을知ᄒᆞ고堤上을鞫問ᄒᆞ니堤上이曰我ᄂᆞᆫ鷄林臣이라吾君의志ᄅᆞᆯ成코자ᄒᆞᆷ이니何必多問고ᄒᆞᆫᄃᆡ日主가怒曰汝가我臣이되얏거ᄂᆞᆯ엇지鷄林의臣이라ᄒᆞ나뇨汝ㅣ日本의臣이되면重祿을賞賜ᄒᆞ리라

第六節　迻葭、立熱

堤上이日吾ㅣ鷄林의犬豕가寧爲언정日本의臣子는不爲ᄒᆞ며鷄林의箠楚를寧受언정日本의爵祿은不受ㅣ라ᄒᆞ니日

迻葭立熱ᄒᆞᆫ朴堤上의像

主가益怒ᄒᆞ야堤上의脚을剝ᄒᆞ고蒹葭를刈ᄒᆞ야其上에迻ᄒᆞ라ᄒᆞ고ᄯᅩ熱鐵上에扶立ᄒᆞ고問호ᄃᆡ鷄林의臣이라ᄒᆞ니日、主가不屈을知ᄒᆞ고燒殺ᄒᆞ다

第七節　竹竹、節死

善德王、時에百濟兵이新羅를攻陷ᄒᆞ거늘幢下舍知竹竹이自誓호ᄃᆡ吾父가我를竹竹이라名ᄒᆞᆷ은我로ᄒᆞ야곰歲寒이라도不凋ᄒᆞ라ᄒᆞᆷ이니엇지畏ᄒᆞ야生降ᄒᆞ리오ᄒᆞ고力戰ᄒᆞ야死ᄒᆞ니라

第八節　金庾信、攻百濟

眞德王、時에百濟가西鄙를攻陷ᄒᆞ고玉門谷에至ᄒᆞ거늘王이金庾信을遣ᄒᆞ야百濟를伐ᄒᆞ야二十二城을屠ᄒᆞ고斬首ᄒᆞᆫ者ㅣ二萬餘、級이오捕虜ᄒᆞᆫ者ㅣ九千餘、人이더라

第九節　蘇定方、謝罪

金庾信軍前에唐將蘇定方의謝罪圖

其時에王이唐(支那)國에救兵을請ᄒᆞ니唐帝가將軍蘇定方을命ᄒᆞ야二十萬軍을率ᄒᆞ고百濟를共伐ᄒᆞᆯ서蘇定方이兵力을恃ᄒᆞ고金庾信에게無禮ᄒᆞ거ᄂᆞᆯ庾信이怒ᄒᆞ야槍을仗ᄒᆞ고軍門에出立ᄒᆞ니怒髮이上

三國을一統ᄒᆞ신新羅文武王의像

指ᄒᆞ고腰劒이自動ᄒᆞ야定方을擊코자ᄒᆞ거ᄂᆞᆯ定方이大驚ᄒᆞ야庾信의前에跪ᄒᆞ야謝罪ᄒᆞ니庾信이定方으로더부러百濟를平ᄒᆞ고高句麗를滅ᄒᆞ야功業이天下에第一이되다後에追封ᄒᆞ야興武大王이라ᄒᆞ다

第十節 新羅統一

文武王이卽位八年에高句麗王의外孫安勝을冊封ᄒᆞ야高句麗王을삼고其地를取ᄒᆞ며十年에百濟의土地를取ᄒᆞ야三國

을統一ᄒᆞ고十五年에王이唐將薛仁貴로더부러二十餘戰에다勝捷ᄒᆞ고四十餘級을斬ᄒᆞ니自此로唐兵이復至치못ᄒᆞ더라王이其祖廟에獻俘ᄒᆞ며功臣을爵賞ᄒᆞ며國內에大赦ᄒᆞ니라

大教育家至聖文宣王

孔子의像

第十一節 立學、奉像

神文王元年에國學을立ᄒᆞ야禮部에屬ᄒᆞ다聖德王十五年秋九月에王子守忠이唐으로부터回ᄒᆞ야文宣王十哲、七十二弟子、의畵像을上ᄒᆞᆫ디命ᄒᆞ야太學에奉ᄒᆞ

다

第十二節 薛聽、異聞

神文王、十一年에王이燕居ᄒᆞᆯ시薛聽을引ᄒᆞ야謂曰今日에宿雨가初歇ᄒᆞ고薰風이微凉ᄒᆞ니談謔으로舒鬱ᄒᆞᆷ이可ᄒᆞ니子는我를爲ᄒᆞ야異聞을陳ᄒᆞ라

第十三節 花王、當春

聽이對曰臣은聞ᄒᆞ니花王이三春을當ᄒᆞ야發艷ᄒᆞᆷ이百花를凌ᄒᆞ야獨出ᄒᆞ거ᄂᆞᆯ艶艶의靈과夭夭의英이奔走、上謁ᄒᆞᆯ새一、佳人이有ᄒᆞ니名曰薔薇라朱顏、鮮糚으로伶俜히來ᄒᆞ며綽約히前ᄒᆞ야曰

姿이雪白의沙汀을履ᄒᆞ며鏡淸의江海를對ᄒᆞ며니王의令德을聞ᄒᆞ고香帷에薦키를願ᄒᆞ노이다

九經을解釋ᄒᆞᆫ薛聰의像

第十四節 白頭翁

一丈夫가有ᄒᆞ니名曰白頭翁이라布衣韋帶로龍鍾히步하며傴僂히來ᄒᆞ야曰蒼茫ᄒᆞᆫ野景을臨ᄒᆞ고嵯峨ᄒᆞᆫ山色을倚ᄒᆞ더니竊謂ᄒᆞᄃᆡ左右의供給은膏粱이足ᄒᆞ나巾衍의貯藏은良藥이須有ᄒᆞ니

王은有意ᄒᆞ시니잇가

第十五節 親近老成

花王이曰大丈夫의言이有理ᄒᆞ나佳人을得키難ᄒᆞ도다丈夫曰自古로人君이老成을親近ᄒᆞ야興ᄒᆞ고夭艶을昵比ᄒᆞ야亡ᄒᆞᄂᆞ니吾其奈何오花王이謝曰吾가過誤로다ᄒᆞ얏나이다ᄒᆞᆫᄃᆡ王이愀然曰子의寓言이深切ᄒᆞ다ᄒᆞ고聰을擢하야高秩官을삼다聰의字ᄂᆞᆫ聰智니明銳ᄒᆞ고博學하야方言으로서九經을解釋ᄒᆞ고俚語로吏讀를製ᄒᆞ니라

第十六節 始定出身科

元聖王三年春에讀書出身科를始定ᄒᆞ다先是에

射로써人을選하더니至是ᄒᆞ야五經과三史等으
로써選ᄒᆞ다

第十七節　祿眞醫病

憲德王十三年春에王이無嗣ᄒᆞ야母弟秀宗으로太弟를삼다時에上大等忠恭이內外官을擬注ᄒᆞᆯ새請托이遝至ᄒᆞ거ᄂᆞᆯ忠恭이憂疑感疾ᄒᆞ얏더니執事侍郞祿眞이請見曰公의病은砭石을不須ᄒᆞ고오작一言으로써醫病코자ᄒᆞ노라

第十八節　杜路絕托

大抵貨賂의門을杜ᄒᆞ고請托의路를絕ᄒᆞ야黜陟과予奪을愛憎으로써아니ᄒᆞ면開閤ᄒᆞ고談笑ᄒᆞ

야도可ᄒᆞ거ᄂᆞᆯ엇지區區히藥餌를服ᄒᆞ리오忠恭이悅ᄒᆞ야王께入陳ᄒᆞᆫ대太弟聞ᄒᆞ고入賀ᄒᆞ야曰君明ᄒᆞ면臣直ᄒᆞ나니此ᄂᆞᆫ國家의美事로소이다ᄒᆞ더라

第十九節　膺廉見三善

憲安王三年秋에王이群臣으로宴ᄒᆞᆯ새王族膺廉의年이十五라王이問曰汝가遊學ᄒᆞᆷ의善人을得見ᄒᆞ얏ᄂᆞ야對曰臣이三人을見ᄒᆞ니一은勳閥의子弟로ᄃᆡ人에게讓ᄒᆞ야自下ᄒᆞ고一은家富ᄒᆞᄃᆡ被服이不侈ᄒᆞ고一은勢榮ᄒᆞᄃᆡ驕氣가不形ᄒᆞ며이다王이王后다려語ᄒᆞ야曰朕이閱人이多ᄒᆞᄃᆡ

膺廉과如ᄒᆞᆫ者ㅣ無ᄒᆞ다ᄒᆞ더니後에景文王이되니라

第二十節 崔致遠、遊學

憲康王、時에崔致遠이年十二에海船을隨ᄒᆞ야唐에遊學ᄒᆞ다가十八에登第ᄒᆞ야侍御史가되얏더니時에黃巢가叛ᄒᆞ거ᄂᆞᆯ高駢의從事가되야巢를討ᄒᆞᄂᆞᆫ檄文을作ᄒᆞ니曰不惟天下之人이皆思顯戮이라抑亦、地中之

遊學傳檄ᄒᆞ야名振天下ᄒᆞᆫ崔致遠의像

鬼가已議陰誅라ᄒᆞ니라

第二十一節 見檄、下床

巢가檄文을見ᄒᆞ고床에下ᄒᆞᆷ을不覺ᄒᆞ니自此로其名이天下에振ᄒᆞᆫ지라至是에還ᄒᆞ니年이二十八이라王이侍讀兼翰林學士를삼으니致遠이所蘊을展코자ᄒᆞ되衰季에疑忌가多ᄒᆞᆷ으로出ᄒᆞ야太山、富城等郡、太守가되니라

第二十二節 山水終老

定康王、七年에致遠이時務策、十餘條를進ᄒᆞᆫ대王이嘉納ᄒᆞ고阿飡을삼으니致遠이亂世를自傷ᄒᆞ야山水間에放浪ᄒᆞ니라孝恭王時에致遠이王建

의作興ᄒᆞᆷ을聞ᄒᆞ고書를致ᄒᆞ고家를挈ᄒᆞ야伽倻山、海印寺에隱ᄒᆞ야終老ᄒᆞᆯ새四六集과桂苑筆耕等書를著有ᄒᆞ니라

第二十三節　新羅孤危

眞聖王四年에梁吉은北原(今、原州)에셔叛ᄒᆞ고弓裔(憲安王庶子)ᄂᆞᆫ叛ᄒᆞ야梁吉에게附ᄒᆞ고箕萱은竹州(今竹山)에셔叛ᄒᆞ고五年에甄萱은叛ᄒᆞ야完山에據ᄒᆞ다

第二十四節　松嶽、築城

孝恭王元年에弓裔가松嶽城을修築ᄒᆞ고王建으로精騎大將軍을삼다八年에甌城(今、甌山)에赤衣、黃

衣賊等이弓裔에게降ᄒᆞ다十四年에弓裔가國號를泰封이라ᄒᆞ다景明王元年에泰封의諸將이弓裔의暴虐無道ᄒᆞᆷ을見ᄒᆞ고王建을立ᄒᆞ야高麗王을삼으니弓裔가走ᄒᆞ야死ᄒᆞ니라敬順王八年冬十月에王이國勢의孤弱ᄒᆞᆷ을見ᄒᆞ고曰孤危ᄒᆞᆷ이如此ᄒᆞ니吾ᄂᆞᆫ無辜ᄒᆞᆫ民으로ᄒᆞ야금肝腦、塗地ᄒᆞᆷ을不忍ᄒᆞ노라ᄒᆞ고高麗에降ᄒᆞ니라

第二十五節　存亡、天命

王子(失名)ㅣ諫ᄒᆞ야日國의存亡은天命이自有ᄒᆞ니맛당이忠臣과義士로더브러以死自守ᄒᆞ다가力盡ᄒᆞᆫ後에已ᄒᆞ짓거늘엇지一千年、社稷으로써一

朝에輕히與人ᄒᆞ리오王이不聽ᄒᆞ니王子ㅣ痛哭ᄒᆞ야王ᄭᅴ永辭ᄒᆞ고金剛山에入ᄒᆞ야巖을倚ᄒᆞ야屋을搆ᄒᆞ고麻衣草食으로ᄡᅥ其身을終ᄒᆞ니라

第二十六節 新羅、歷年

高麗王이王을封ᄒᆞ야樂浪王、政丞을삼으니新羅가遂亡ᄒᆞ다新羅가五十六世를傳ᄒᆞ니朴氏十王이오昔氏八王이오金氏三十七王이며三國이鼎立ᄒᆞᆯ時에二十九王이繼承ᄒᆞ고三國을統一ᄒᆞᆫ後에二十七王이繼統ᄒᆞ야共歷年이九百九十二年이더라

第二章 高句麗

高句麗始祖東明王高朱蒙의像

第一節 東明王

高句麗、始祖高朱蒙은北扶餘의王、解夫婁의孫이오金蛙의子ㅣ니곳檀君의遺種이라骨表가英偉ᄒᆞ고年이七歲에弓矢를自作ᄒᆞ야百發百中ᄒᆞ니兄弟、七人이其能을忌ᄒᆞ야殺코자ᄒᆞᄂᆞᆫ지라

第二節 高朱蒙嗣位扶餘

朱蒙이難을逃ᄒᆞ야卒本、扶餘(今鴨綠北)에至ᄒᆞ니時年

이二十이라扶餘王이無子ᄒᆞ야朱蒙을見ᄒᆞ고女로써妻ᄒᆞ얏다가扶餘王이薨ᄒᆞᆷ애朱蒙이嗣位ᄒᆞ니是가東明王이라

第三節 琉璃王、始稱高句麗

王의子琉璃王時에漢의高句麗縣을襲取ᄒᆞ야國號ᄅᆞᆯ高句麗라ᄒᆞ고因ᄒᆞ야高로써姓ᄒᆞ고國境을廣拓ᄒᆞ니北은扶餘와眞蕃과玄菟오南으로貝南과漢北을占踞ᄒᆞ고後에平壤에移都ᄒᆞ야揖讓의禮가有ᄒᆞ며衣冠은白色을崇尙ᄒᆞ더라

第四節 廣開土王

廣開土王五年에燕을伐ᄒᆞ야遼東城을取ᄒᆞ고十一年에將을遣ᄒᆞ야燕을攻ᄒᆞ야遼東과玄菟의地ᄅᆞᆯ盡有ᄒᆞ니東西가數千里러라

第五節 乙支文德

大破隋兵ᄒᆞᆫ乙支文德의像

嬰陽王時에隋、(支那)帝楊廣이大兵을率ᄒᆞ고來攻ᄒᆞ거ᄂᆞᆯ王이乙支文德을遣ᄒᆞ야迎擊、大破ᄒᆞ니隋帝가天下兵、一百二十萬을發ᄒᆞ야九道로出ᄒᆞ야平壤에總集ᄏᆞ자ᄒᆞᆯ새旌旗ᄂᆞᆫ九百六十里에亘ᄒᆞ고鼓角、喊聲이相聞ᄒᆞ더라

第六節 半渡尾擊

乙支文德이隋兵을疲케ᄒᆞ고자ᄒᆞ야每交戰에문득退走ᄒᆞ니隋兵이一日에驟勝ᄒᆞ야東으로薩水를濟ᄒᆞ야平壤으로去ᄒᆞᆯ새軍이半渡에文德이尾擊大破ᄒᆞ니將卒이戰死潰散ᄒᆞ야一日一夜에鴨綠江에至ᄒᆞ니里數가四百五十里라隋軍이來時에一百二十萬이라ᄒᆞ더니生還ᄒᆞᆫ者ㅣ 一千七百人이더라

第七節 唐圍安市城

寶藏王時에唐帝李世民이三十萬軍을率ᄒᆞ고高句麗安市城(在遼東)을攻ᄒᆞᆯ새定州에至ᄒᆞ야侍臣다

려謂ᄒᆞ되隋氏가四次를高句麗에出師ᄒᆞ며다大敗ᄒᆞ얏ᄂᆞ니朕이今에其讐를報雪ᄒᆞ리라ᄒᆞ고弓矢를親히佩ᄒᆞ고雨衣를鞍後에結ᄒᆞ고遼水에歸橋를斷ᄒᆞ야必死ᄒᆞᆯ心을示ᄒᆞ고安市城을攻圍ᄒᆞ다

安市城에서李世民이中矢傷目ᄒᆞᆫ圖

第八節 楊萬春射李世民

安市城主楊萬春이城門을堅閉ᄒᆞ고弓箭手로ᄒᆞ야

금世民의目을射ᄒᆞ야中ᄒᆞ니世民이傷目ᄒᆞ고臥床回軍ᄒᆞᆯ새嘆曰魏徵이若在ᄒᆞ면吾ㅣ엇지此行이有ᄒᆞ리오ᄒᆞ더라

第九節　用人骨品、失罽頭

新羅人薛罽頭가常曰我國의用人ᄒᆞᆷ이骨品을論ᄒᆞ야其族이아니면비록鴻才、傑功이有ᄒᆞ야도能히振發치못ᄒᆞ니我ㅣ他國에遊ᄒᆞ야不世의雄略을奮ᄒᆞ고非常ᄒᆞᆫ功業을立ᄒᆞ리라ᄒᆞ더니世民에게自薦ᄒᆞ야臨陣先鬪ᄒᆞ다

第十節　用人門地、失仁貴

薛仁貴ᄂᆞᆫ遼東人이라驍勇으로써世上에聞ᄒᆞ더

니멋麗人이門地로써用人ᄒᆞᆷ애見用치못ᄒᆞᆷ을忿歎ᄒᆞ야唐에入ᄒᆞ야世民에게信任ᄒᆞᆫ바ㅣ되야畢竟에麗軍을破ᄒᆞ니라

第十一節　高句麗王、被執

寶藏王、二十六年、秋九月에新羅王이唐兵을合ᄒᆞ야平壤城을攻拔ᄒᆞ고王이唐將에게被執ᄒᆞ니高句麗가遂亡ᄒᆞᆫ지라二十八世를傳ᄒᆞ고七百五年을歷ᄒᆞ니라

第三章　百濟

第一節　溫祚王

百濟始祖、高溫祚ㅣ立ᄒᆞ니是가溫祚王이라高句

麗始祖東明王이卒本扶餘로逃難ᄒᆞ야扶餘主의第二女를娶ᄒᆞ고其王位를繼ᄒᆞ야二子를生ᄒᆞ니長은沸流오次ᄂᆞᆫ溫祚ㅣ라

第二節 沸流、兄弟、南逃

先是에東明王이東扶餘에在ᄒᆞᆯ時에禮氏를娶ᄒᆞ야類利를生ᄒᆞ얏더니後에類利가卒本에至ᄒᆞᆫ디王이大喜ᄒᆞ야太子를삼으니沸流、兄弟가太子에게不容ᄒᆞᆯ가恐ᄒᆞ야烏干、等十人을다리고南遁ᄒᆞ야沸流ᄂᆞᆫ彌鄒(今仁川)에居ᄒᆞ고溫祚ᄂᆞᆫ慰禮城(今稷山)에定都ᄒᆞ다

第三節 十濟、改稱、百濟

溫祚가十臣으로ᄡᅥ國을輔ᄒᆞ야國號를十濟라ᄒᆞ더니沸流가彌鄒의土濕水鹹ᄒᆞᆷ으로安居치못ᄒᆞ

百濟始祖溫祚王의像

고慰禮에來ᄒᆞ야都邑과人民의安定ᄒᆞᆷ을見ᄒᆞ고恚忿ᄒᆞ야死ᄒᆞ니其臣民이慰禮城으로皆歸ᄒᆞ거ᄂᆞᆯ國號를百濟라改稱ᄒᆞ고其、系가高句麗로더부러扶餘에서同出ᄒᆞᆫ故로扶餘氏라稱ᄒᆞ니라

第四節 襲取馬韓

溫祚王二十六年、秋에王이諸將과議論ᄒᆞ야曰、馬韓이漸漸疲弱ᄒᆞ야上下、離心ᄒᆞ니만일他人의併呑ᄒᆞᆫ바ㅣ되면唇亡、齒寒이라後悔、莫及ᄒᆞ리니我先取ᄒᆞᆷ이可ᄒᆞ다ᄒᆞ고冬十月에出獵ᄒᆞᆫ다稱ᄒᆞ고潛師掩襲ᄒᆞ야其國을遂、併ᄒᆞ다

第五節 王仁、傳學、日本

古爾王時에王仁이論語와千字文을齎ᄒᆞ고日本에往ᄒᆞ니日本主가喜ᄒᆞ야太子師를삼다先是에王子、阿直岐가經傳을能通ᄒᆞ더니日本에往ᄒᆞᆷ애日本、主가其子、稚郞으로學케ᄒᆞ고因問曰子、國에博士가子에셔賢ᄒᆞᆫ者가又有ᄒᆞᆫ가對曰、王仁이有

日本에學傳ᄒᆞᆫ王仁의像

ᄒᆞ야一國에秀라ᄒᆞᆫᄃᆡ日主가王仁을請ᄒᆞᆷ으로往ᄒᆞ니日本에文字가始有ᄒᆞ다

第五節 佛經、與藝學、送日本

聖王이金銅佛과佛經을日本에送ᄒᆞ고其後에僧尼와寺、工과天文、書와曆、法과樂、人과陶、匠과瓦匠과鞍、工과釀酒、人과醫博士、等을日本에送ᄒᆞ니日

本이諸法을倣行ᄒᆞ야其國의學術과技藝가自此發達ᄒᆞ니라

第六節 攻新羅取四十城

義慈王元年에新羅西方을攻ᄒᆞ야四十城을取ᄒᆞ고將軍允忠이大耶城(今陜川)을攻陷ᄒᆞ고新羅都督金品釋이戰死ᄒᆞ니新羅臣金春秋가金庾信으로더부러百濟를滅ᄒᆞᆯ志를行ᄒᆞ더라

第七節 聯合攻新羅

義慈王三十四年에王이高句麗와相應ᄒᆞ야靺鞨로더부러連兵ᄒᆞ야新羅北境三十三城을取ᄒᆞ니羅王이唐에遣使ᄒᆞ야救援을請ᄒᆞ니라

第八節 義慈降唐

義慈王이諫臣成忠을殺ᄒᆞ고淫酗耽樂ᄒᆞ더니羅唐兵이都城을拔ᄒᆞ거ᄂᆞᆯ王이嘆曰吾가成忠의言을不聽ᄒᆞ야至此라ᄒᆞ고出降ᄒᆞ다宗室豊이立ᄒᆞ니是爲後王이라羅王이金庾信으로더부러唐將을合ᄒᆞ야周留城을圍ᄒᆞ니王이脫身逃走ᄒᆞᆷ애百濟遂亡ᄒᆞ다百濟가三十一世를傳ᄒᆞ얏스니歷年은六百八十一年이더라

第四章 五國

第一節 金首露駕洛建國

駕洛國始祖ᄂᆞᆫ首露王이니初에駕洛의部落이九

가有ᄒᆞ야各其酋長을立ᄒᆞ야山野에居ᄒᆞ고君臣位號가無ᄒᆞ더니伽倻山(今高靈)의正見母主가二子를生ᄒᆞ니曰惱室朱日과曰惱室青裔라青裔가特히英傑ᄒᆞ야身長이九尺이오龍顏重瞳이라衆이推ᄒᆞ야君을삼으니是가首露王이라國號를駕洛이라ᄒᆞ고王이自稱金天氏의後라ᄒᆞ야金으로姓ᄒᆞ고朱日은大伽倻國主가되다

龍顏重瞳의金首露王의像

第二節 納妃、生子

王이許氏를納ᄒᆞ야妃를삼으니是는普照太后라名은、黃玉이오九子를生ᄒᆞ니二子는母姓을從ᄒᆞ다王이薨ᄒᆞ니壽가一百五十八歲러라王의世에黎民이大化ᄒᆞᆷ애四方이則ᄒᆞ야淳厖의治라ᄒᆞ더니밋薨ᄒᆞᆷ애國人이悲慟ᄒᆞ더라

第三節 率妻子降新羅

仇亥王에至ᄒᆞ야王妃와三子를率ᄒᆞ고國帑寶物로써新羅에降ᄒᆞ니凡十五王을傳ᄒᆞ고四百九十一年을歷ᄒᆞ다金庾信은곳仇亥王의曾孫이니라

第四節 惱室朱日、伽倻建國

伊珍阿豉、王、惱室朱日이大伽倻에建國ᄒᆞ다後王嘉室이十二絃琴을製ᄒᆞ야十二月을象ᄒᆞ고名을伽倻琴이라ᄒᆞ다後王、道設智에게至ᄒᆞ야新羅에降ᄒᆞ니十六世를傳ᄒᆞ고歷年은五百七十二年이더라

第五節 大祚榮、渤海、建國

高句麗의遺種、大祚榮이遼水를渡ᄒᆞ야太白山(今、白頭山)을據ᄒᆞ고國을建ᄒᆞ니是는渤海國、高祖라五京과十六府를置ᄒᆞ고地方이五千里에至ᄒᆞ야海東에盛國이라稱ᄒᆞ더니後에契丹에게滅ᄒᆞᆫ바ㅣ되니라

第六節 金弓裔、建國、泰封

新羅、憲安王의子、金弓裔가父에게被出ᄒᆞ야僧이되얏더니新羅의政綱이紊亂ᄒᆞ고盜賊이蜂起ᄒᆞᆷ을乘ᄒᆞ야北原에서兵을起ᄒᆞ야鐵原에都ᄒᆞ고國號를泰封이라ᄒᆞ더니暴虐ᄒᆞ야道가無ᄒᆞᆷ으로其元勳、諸將이弓裔를廢ᄒᆞ고王建을推戴ᄒᆞ야王을삼으니是ㅣ高麗太祖시니라

第七節 甄萱、建國、後百濟

甄萱은尙州人이라智略이多ᄒᆞ고異志를懷ᄒᆞ더니新羅의衰ᄒᆞᆷ을乘ᄒᆞ야亡命黨을聚ᄒᆞ야州郡을刼掠ᄒᆞ고完山에都ᄒᆞ야國號를後百濟라ᄒᆞ고新

羅에猝入ᄒᆞ야王을弑ᄒᆞ고子女珍寶를盡取ᄒᆞ야歸ᄒᆞ니라

第八節 貌類代王

高麗太祖가親히精騎五千을率ᄒᆞ고甄萱을公山(今公州)에서邀擊ᄒᆞ다가萱兵에게被圍ᄒᆞᆷ이甚急ᄒᆞ거ᄂᆞᆯ大將、申崇謙이貌가太祖와類ᄒᆞᆫ지라太祖를林藪中에匿ᄒᆞ고其車를代乘ᄒᆞ고將軍、金樂으로더부러力戰ᄒᆞ다가死ᄒᆞ니太祖가此時를乘ᄒᆞ야得脫ᄒᆞ다

第九節 逼迫、歸降

後에萱이其子神劒의逼迫ᄒᆞᆫ바ㅣ되야高麗에降

ᄒᆞ다萱은本、農家、子로셔一時에崛起ᄒᆞ야勢氣가天下에第一이라ᄒᆞ니라

第三篇 近古

第一章 高麗

第一節 推戴、即位

高麗、太祖의姓은王이오名은建이오松岳郡、人이니金城太守、隆의子ㅣ라年이二十에泰封弓裔、의將이되야諸賊을討平ᄒᆞᆷ으로威德이日盛ᄒᆞᆷ애泰封將、洪儒、裴玄慶、申崇謙、卜智謙、의等이推戴ᄒᆞ야大位에即ᄒᆞ다

第二節 統一、移都

國號를高麗(山高水麗ᄒᆞᆫ義를取ᄒᆞ다)라ᄒᆞ고年號를天授ㅣ라ᄒᆞ며弓裔를逐ᄒᆞ고甄萱을平ᄒᆞ고新羅가來附ᄒᆞ니全國을統一ᄒᆞ야松岳郡에移都ᄒᆞ고郡을陞ᄒᆞ야開州라ᄒᆞ고宮闕、市廛、坊里、五部六衛의制度를定ᄒᆞ다

統合三韓ᄒᆞ신高麗太祖의像

第三節 科擧、試士

光宗九年에後周(支那)大理評事、雙冀가周使를從ᄒᆞ

야來ᄒᆞ거ᄂᆞᆯ王이其才를愛ᄒᆞ야翰林學士를拜ᄒᆞ야文任을專委ᄒᆞ야詩賦頌과時務策으로써士子를試取ᄒᆞ니文風이大振ᄒᆞ니라

第四節 定、公服

十一年에百官에公服을定ᄒᆞᆯ새元尹以上은紫衫이오中壇卿以上은丹衫이오都航卿以上은緋衫이오主簿以上은綠衫이러라是年에開京으로皇都를삼고西京으로西都를삼다

第五節 姜邯贊、設伏

顯宗二年九月에契丹의大將、蕭遜寧이來侵ᄒᆞ거ᄂᆞᆯ姜邯贊으로上元帥를拜ᄒᆞ야軍士二十萬八千

人을率ᄒᆞ고興化(今義州)에至ᄒᆞ야山中에設伏ᄒᆞ고
또大繩으로써牛皮를貫ᄒᆞ야大川을塞ᄒᆞ다

第六節 大破遼寧

旣而오敵이至ᄒᆞ거ᄂᆞᆯ塞을決ᄒᆞ고伏兵을發ᄒᆞ야
遼寧을大破ᄒᆞ니遼寧이敢히迎戰치못ᄒᆞ고回軍
ᄒᆞ야龜川에至ᄒᆞ거ᄂᆞᆯ邯贊等이또邀戰ᄒᆞᆯ새風雨
의勢를乘ᄒᆞ야奮擊、大破ᄒᆞ니殭尸、遍野ᄒᆞ고人口
와馬、駝와兵仗을俘獲ᄒᆞᆷ이不可勝計오遼寧의軍
이生還ᄒᆞᆫ者ㅣ僅히數千人이러라

第七節 頭上揷花

邯贊이凱歌를唱ᄒᆞ고還ᄒᆞ니王이郊迎、賜宴ᄒᆞᆯ새

金花、八枝로써邯贊의頭上에揷ᄒᆞ고右手로執觴
ᄒᆞ고左手로邯贊의手를執ᄒᆞ고慰勞ᄒᆞ시다

顯宗이郊迎姜邯贊ᄒᆞ고頭揷金花圖

第八節 正色、立朝

邯贊은衿川、(今始興)人이라性이淸儉ᄒᆞ야産業을不營
ᄒᆞ고好學、不倦ᄒᆞ며奇略이多ᄒᆞ고形體、矮陋ᄒᆞ며衣

裳이垢弊ᄒᆞ고外貌가不揚ᄒᆞ나正色立朝ᄒᆞ야大事와大策을決ᄒᆞᆯ時에ᄂᆞᆫ屹然이邦家柱石이라또京都에城郭을築ᄒᆞ니라

第九節　歷事五朝

文宗二十一年에中書令崔冲이夙姿가奇偉ᄒᆞ고操性이堅貞ᄒᆞ야學을好ᄒᆞ고屬文을善ᄒᆞ더니五朝를歷事ᄒᆞ야時望이甚重ᄒᆞ나顯宗以後에干戈가纔息ᄒᆞ야文敎를未遑ᄒᆞ니라

第十節　敎誨不倦

冲이後學을收召ᄒᆞ야敎誨를不倦ᄒᆞ니學徒가雲集ᄒᆞ야街巷에塡溢ᄒᆞᄂᆞᆫ지라드ᄃᆡ여九齋에分ᄒᆞ

海東孔子崔冲의像

야敎授ᄒᆞ니時人이謂호ᄃᆡ侍中崔公의弟子ᄂᆞᆫ分列과進退에儀節이有ᄒᆞ다ᄒᆞ더라東方에學校를興홈이ᄃᆡ기冲을由ᄒᆞ야始ᄒᆞ니世上에서海東孔子라稱ᄒᆞ니라

第十一節　蕃國來附

時에東女眞의十五州酋長이衆을率ᄒᆞ고來附ᄒᆞ

야郡縣됨을請ᄒᆞ고西女眞의諸酋長이東藩으로써來附ᄒᆞ며其後에三山과大蘭과大齊와豆龍의數十種落이連續來投ᄒᆞ다

第十二節 鑄錢告廟

肅宗二年에王이尹瓘의言을用ᄒᆞ야錢貨를鑄造ᄒᆞ야宗廟에告ᄒᆞ고ᄯᅩ本國地形을像ᄒᆞᆫ銀瓶을用ᄒᆞ고名을闊口라ᄒᆞ다瓘이睿宗時에東女眞을擊破ᄒᆞ고四城을築ᄒᆞ고ᄯᅩ五城을築ᄒᆞ고南界에六萬餘戶를徙ᄒᆞ야實ᄒᆞ고先春嶺에碑를立ᄒᆞ야界를定ᄒᆞ다

第十三節 文風稍振

睿宗十三年에養賢庫를國學에立ᄒᆞ고王이儒術에銳意ᄒᆞ야學員을增置ᄒᆞ고名儒를選ᄒᆞ야學官을삼아써敎道ᄒᆞ니文風이稍振ᄒᆞ고仁宗五年에諸州에다立學ᄒᆞ다

第十四節 四兄弟文學

仁宗時에金富佾이弟富軾과富儀로더부러文學을尙ᄒᆞ더니富軾은僧妙淸의叛ᄒᆞᆷ을勦平ᄒᆞ고趙匡等이西京을據ᄒᆞ야叛ᄒᆞ거ᄂᆞᆯ討平ᄒᆞ고新羅와百濟와高句麗三國史를撰進ᄒᆞ다宋使가高麗圖經을著ᄒᆞ야其家世를載ᄒᆞ고形을圖ᄒᆞ야歸ᄒᆞ니名振天下ᄒᆞ고富儀ᄂᆞᆫ詩文이豪邁ᄒᆞ야人口에膾

灸ᄒᆞ고富轍도文名이有ᄒᆞ야登科ᄒᆞ니라

第十五節 孝子斫虎

孝子崔婁伯의荷斧斫虎圖

毅宗九年에起居舍人崔婁伯을召ᄒᆞ야時政得失을論ᄒᆞ다婁伯은水原吏尙翥의子라年이十五에父가虎의囕ᄒᆞᆫ바ㅣ되거늘婁伯이斧ᄅᆞᆯ荷ᄒᆞ고追斫ᄒᆞ야父骸ᄅᆞᆯ取ᄒᆞ야安葬ᄒᆞ고虎肉을埋置ᄒᆞ얏다가服闋에盡食ᄒᆞ다

第十六節 大殺文臣

二十四年에武臣李義方과李高와鄭仲父와李義旼等이作亂ᄒᆞ야文臣을大殺ᄒᆞ야積屍如山ᄒᆞ다明宗元年에上將軍鄭筠이李義方을斬ᄒᆞ고六年에將軍慶大升이鄭仲父ᄅᆞᆯ斬ᄒᆞ고二十四年에崔忠獻이李義旼을斬ᄒᆞ야三族을夷ᄒᆞ고宮中에闌入ᄒᆞ야李仁成等三十六人을殺ᄒᆞ고王을廢ᄒᆞ고王의弟旼을立ᄒᆞ니라

第十七節 四世專權

毅宗二十年後로부터崔忠獻과其子瑀와瑀의子沆과沆의子竩가繼承作亂ᄒᆞ야神宗의位ᄅᆞᆯ太子

悳에게傳케ᄒᆞ고熙宗을江華에遷ᄒᆞ고康宗의位를太子㬵에게傳케ᄒᆞ고王을喬桐에遷ᄒᆞ야四世를專擅ᄒᆞ다가高宗四十五年에忠獻의奴別將金仁俊이流에게厚ᄒᆞ더니流의子竩가疎待홈으로密謀ᄒᆞ야竩와其黨을誅殺ᄒᆞ다

第十八節 禁白衣

忠烈王元年에太史局이言ᄒᆞ되東方은木에屬ᄒᆞ니色을尙靑홈이맛당ᄒᆞ거ᄂᆞᆯ國俗이尙白ᄒᆞ니此ᄂᆞᆫ木이金에制ᄒᆞᄂᆞᆫ象이라請禁白衣ᄒᆞᆫ딕王이從ᄒᆞ다四年에服章을改定ᄒᆞ야宰樞以上은玉帶오六品以下ᄂᆞᆫ犀帶오七品以下ᄂᆞᆫ黑帶로ᄒᆞ다同年에百官으로ᄒᆞ야곰頭髮을剃ᄒᆞ고元、支邦의衣冠을着ᄒᆞ다

第十九節 銀、布、助校

忠烈王三十年에贊成事安裕가學校의圮毁홈과養賢庫의殫竭홈으로兩府에議ᄒᆞ야六品以上은銀一斤을各出ᄒᆞ고七品以下ᄂᆞᆫ布를出ᄒᆞ야養賢庫에歸ᄒᆞ야存本取息ᄒᆞ자ᄒᆞ니王이聞ᄒᆞ고內庫의錢穀을出助ᄒᆞ다

第二十節 殿成謁聖

裕가國學을葺治ᄒᆞ고餘貨를江南、支邦에送ᄒᆞ야先聖과七十子의像을畫ᄒᆞ고祭器와祭樂과六經과

諸子、史를 購求ᄒᆞ야 一經에 兩教授를 置ᄒᆞ야 諸生으로 聽習케ᄒᆞ고 大成殿이 成ᄒᆞ니 王이 先聖씌 謁ᄒᆞ다

第二十一節 指斥不諱

忠惠王 四年에 政堂文學 李兆年이 力學立朝ᄒᆞ야 堅確敢言ᄒᆞᆷ으로써 見憚ᄒᆞ야 每入見에 王이 履聲을 聞ᄒᆞ면 必曰 兆年이 來라ᄒᆞ고 左右를 屛ᄒᆞ야 整容ᄒᆞ고 俟ᄒᆞ더니 至是ᄒᆞ야 王이 淫縱이 滋甚ᄒᆞᆷ에 臺諫이 敢諫ᄒᆞᄂᆞᆫ 者ㅣ 無ᄒᆞ되 홀로 兆年이 指斥不諱ᄒᆞ니 王이 不悛ᄒᆞ거ᄂᆞᆯ 匹馬로 遂歸ᄒᆞ다

第二十二節 子孫服習

平壤人 黃逐가 三弟와 二娣妹로 더부러 甘旨를 具ᄒᆞ야 七十餘歲된 父母에게 先奉ᄒᆞᆷ을 日三ᄒᆞ고 退ᄒᆞ야 共食ᄒᆞᆫ지 二十餘年에 子孫이 服習ᄒᆞ야 少怠ᄒᆞᆷ이 無ᄒᆞ거ᄂᆞᆯ 贊成事 姜螎아 具狀ᄒᆞ야 上聞ᄒᆞ다

第二十三節 革罷弊政

李齊賢이 建議ᄒᆞ야 先朝弊政을 革罷ᄒᆞᆯ새 內乘鷹坊과 寶興、德寧 二庫에 屬ᄒᆞᆫ 田土、奴婢를 査核ᄒᆞ야 本主에게 還ᄒᆞ다 韓宗愈等 四十八人을 四番에 分ᄒᆞ야 書筵에 更日 侍讀ᄒᆞᆯ새 王이 李、杜詩를 觀코자 ᄒᆞ거ᄂᆞᆯ 抽黃、對白이 治道에 無益ᄒᆞ다ᄒᆞ고 進치아니ᄒᆞ다

第二十四節　疏斥、妖僧

恭愍王、十五年에妖僧、遍照가髮을長ᄒᆞ야頭陀가

李存吾와鄭樞가大旽妖僧ᄒᆞ고極諫ᄒᆞ는圖

되야名을辛旽이라ᄒᆞ다旽이王의寵을怙ᄒᆞ고肆虐ᄒᆞ야世家大族을誅殺ᄒᆞ되敢言ᄒᆞ는者ㅣ無ᄒᆞ지라右正言李存吾가旽의罪를極言ᄒᆞᆯ새獨히鄭樞가從ᄒᆞ야上疏ᄒᆞ니

第二十五節　惶駭下床

疏에曰旽을必敬、必用ᄒᆞ여야灾害가無ᄒᆞ고國家ㅣ平康ᄒᆞᆯ진딘其頭를髡ᄒᆞ며服을緇ᄒᆞ고官을創ᄒᆞ며權을抑ᄒᆞ야寺院애置ᄒᆞᆫ然後에야民志가定ᄒᆞ고國難이紓ᄒᆞ리이다疏、上에王이大怒ᄒᆞ야面責ᄒᆞᆯ새旽이王으로더부러床을對ᄒᆞ얏거늘存吾가大叱ᄒᆞ니旽이惶駭ᄒᆞ야床에下ᄒᆞᆷ을不覺ᄒᆞ니라

第二十六節　理學、始興

十七年에大司成李穡이博士鄭夢周로더부러金九容과朴尙忠과朴宜中과李崇仁의等을擇ᄒᆞ야

教官과教授를兼ᄒᆞ니性理의學이始興ᄒᆞ니라

第二十七節 京師梟首

二十年七月에辛旽이伏誅ᄒᆞ다時에旽이威福을恣行ᄒᆞ니王도ᄯᅩᄒᆞᆫ自安치못ᄒᆞ더라王의性이猜忌ᄒᆞ야비록腹心、大臣이라도밋權勢가重ᄒᆞ면반다시誅ᄒᆞ니旽이見誅ᄒᆞᆯ가恐ᄒᆞ야不軌를謀ᄒᆞᆯ새其客、侍郞、李勸이王ᄭᅴ告ᄒᆞᆫᄃᆡ王이旽을水原에流ᄒᆞ얏다가誅ᄒᆞ야京師에梟首ᄒᆞ고其、二歲兒를幷殺ᄒᆞ다

第二十八節 召入、牟利奴

先是에辛旽이流ᄒᆞᆯ새王이侍臣ᄃᆞ려謂曰予가일

즉辛旽家에셔一婢를幸ᄒᆞ야子를生ᄒᆞ야名은牟利奴라善히保護ᄒᆞ라ᄒᆞ더니이옥고太后、殿에召入ᄒᆞ야禑라改名ᄒᆞ고江陵府院大君을삼다

第二十九節 冀子被弑

王이洪倫等으로宮禁을汚穢ᄒᆞ야有子ᄒᆞᆷ을冀ᄒᆞ더니宦者、崔萬生이益妃의有身ᄒᆞᆷ이倫의合ᄒᆞᆫ바ㅣ라ᄒᆞᆫᄃᆡ王이倫을殺ᄒᆞ야滅口코자ᄒᆞ니萬生이自己도不免ᄒᆞᆯ가ᄒᆞ야倫으로더부러王을弑ᄒᆞ거늘王妃가萬生、等을誅ᄒᆞ고禑를立ᄒᆞ다

第三十節 射面、殺賊

僞主禑六年에倭寇가雲峯縣을焚ᄒᆞ고北上ᄒᆞᆫ다

聲言ᄒᆞ니中外大震ᄒᆞᄂᆞᆫ지라禑가我 太祖高皇帝로써三南都巡察使를拜ᄒᆞ야往勦ᄒᆞᆯ새險徑에入ᄒᆞ사五十餘人의面을射殺ᄒᆞ시고三戰皆捷ᄒᆞ시니賊이據險自固ᄒᆞᄂᆞᆫ지라

第三十一節 將士感勵

太祖ᄭᅴ셔諸軍을麾ᄒᆞ야仰攻ᄒᆞ실새流矢에左脚을中ᄒᆞ시되矢를抽ᄒᆞ시며意氣益壯ᄒᆞ시니將士가感勵死戰ᄒᆞ더라賊中에阿只拔都라ᄒᆞᄂᆞᆫ者ㅣ年纔十五六이라驍勇이無比ᄒᆞ야所向披靡ᄒᆞ니其堅甲과銅面에射ᄒᆞᆯ隙이無ᄒᆞ더라

第三十二節 射兜殺賊

太祖ᄭᅴ셔見ᄒᆞ시고偏將李豆蘭과約束을定ᄒᆞ시고馬를躍ᄒᆞ야阿只拔都의兜를射ᄒᆞ시니頂子가落ᄒᆞᄂᆞᆫ지라豆蘭이곳射殺ᄒᆞ니賊이氣挫ᄒᆞ거ᄂᆞᆯ因ᄒᆞ야奮擊大破ᄒᆞ시니殭屍遍野ᄒᆞ고川流盡赤ᄒᆞ며餘賊은奔去ᄒᆞ다

堅甲銅面ᄒᆞᆫ阿只拔都를射殺ᄒᆞᄂᆞᆫ圖

第三十三節 再造三韓

太祖씌셔凱還ᄒᆞ시니崔瑩이百官을率ᄒᆞ고天壽
寺前에셔迎接ᄒᆞᆯ셔 太祖더로부러再拜ᄒᆞ고執
手、流涕曰、三韓의再造홈이在此一擧라ᄒᆞ더라自
此로倭人이 太祖를畏ᄒᆞ야敢히近치못ᄒᆞ고미
양我人을擄ᄒᆞ면반다시問曰李萬戶가今에何在
오ᄒᆞ니라

第三十四節 紗帽、團領

十三年에偰長壽가明、(支那)으로부터還ᄒᆞᆯ새紗帽와
團領으로써來ᄒᆞ거ᄂᆞᆯ鄭夢周와河崙等이請ᄒᆞ야
胡服을革ᄒᆞ고明服을襲ᄒᆞ니一品以下가다紗帽
와團領을着ᄒᆞ고品帶만有差ᄒᆞ되惟、禑와밋宦者

와近幸이不服ᄒᆞ니라

第三十五節 出師、四不可

十四年夏四月에禑가我 太祖와崔瑩을召ᄒᆞ야
曰今에遼陽(明)을欲攻ᄒᆞ노라 太祖曰出師가四
不可가有ᄒᆞ니以小攻大가一、不可오夏月、發兵이
二、不可오擧國、遠征ᄒᆞ면倭人이我、虛를乘ᄒᆞ리니
三、不可오今에暑雨를當ᄒᆞ야弓弩가膠解ᄒᆞ고大
軍이疾疫ᄒᆞ리니四、不可ㅣ니이다禑ㅣ不聽ᄒᆞ다

第三十六節 極言、利害

太祖씌셔退ᄒᆞ샤流涕曰、生民의禍가自此로始ᄒᆞ
짓다ᄒᆞ시고威化島(鴨綠江西)에進屯ᄒᆞ시고禑에게上

言ᄒᆞ시고또崔瑩에게貽書ᄒᆞ야攻遼의不便홈과利害ᄅᆞᆯ極言ᄒᆞ시되皆不聽ᄒᆞᄂᆞᆫ지라

第三十七節 親陳禍福

太祖ᄭᅴ셔드ᄃᆡ여諸將을諭ᄒᆞ사曰今에만일遼東을攻ᄒᆞ면生民의禍가立至ᄒᆞᆯ지거ᄂᆞᆯ王이不省ᄒᆞ고瑩도또老耋ᄒᆞ야存亡을不恤ᄒᆞ니今에公等과갓치上을入見ᄒᆞ고禍福을親陳ᄒᆞ고君側의惡을除ᄒᆞ야生靈을奠安케홈이何如오ᄒᆞ신ᄃᆡ諸將이皆從ᄒᆞ거ᄂᆞᆯ

第三十八節 回軍、渡江

이에回軍ᄒᆞ야鴨綠江을渡ᄒᆞᆯ새 太祖ᄭᅴ셔先渡

ᄒᆞ사白馬에白羽箭과彤弓을執ᄒᆞ시고岸上에立ᄒᆞ사軍士의畢渡ᄅᆞᆯ待ᄒᆞ실새軍中이望見ᄒᆞ고相謂曰、古往今來에如此ᄒᆞᆫ人이安有ᄒᆞ리오ᄒᆞ더라

第三十九節 對泣、流、瑩

京에至ᄒᆞ사瑩의手ᄅᆞᆯ執ᄒᆞ시고曰如此事變은我의本心이아니라然이나攻遼ᄒᆞᄂᆞᆫ事ᄂᆞᆫ國家興亡이係ᄒᆞᆫ고로不得已홈이니好去好去ᄒᆞ라、ᄒᆞ시며相對泣下ᄒᆞ시고드ᄃᆡ여瑩을高峯縣(今、高陽)에流ᄒᆞ니時에明이擧兵코자ᄒᆞ다가還軍홈을聞ᄒᆞ고乃止ᄒᆞ니라

第四十節 放禑、立昌

太祖ᄭᅴ셔王氏의後ᄅᆞᆯ擇立코자ᄒᆞ시니曹敏修가不聽ᄒᆞ고禑ᄅᆞᆯ江華에放ᄒᆞ고禑의子昌을立ᄒᆞ다時에趙仁沃이交章ᄒᆞ야瑩의罪ᄅᆞᆯ請正ᄒᆞᆫ대昌이從ᄒᆞ야瑩을斬ᄒᆞ다

第四十一節　議立、恭讓

太祖ᄭᅴ셔沈德符와鄭道傳等으로더부러議ᄒᆞ야禑와昌이王氏가아니니宗社ᄅᆞᆯ奉ᄒᆞᆷ이不可ᄒᆞ다ᄒᆞ고禑ᄅᆞᆯ江陵에遷ᄒᆞ고昌을江華에放ᄒᆞ고定昌君瑤ᄅᆞᆯ立ᄒᆞ니是가恭讓王이니라

第四十二節　臺論、右祖

恭讓王元年에臺陳이李穡과曹敏修와李崇仁等

이禑昌을右祖ᄒᆞᆫ罪ᄅᆞᆯ論ᄒᆞ야敏修ᄂᆞᆫ廢ᄒᆞ야庶人을삼고穡과崇仁을流ᄒᆞ며使ᄅᆞᆯ遣ᄒᆞ야禑昌父子ᄅᆞᆯ誅ᄒᆞ다

第四十三節　母老、辭歸

門下注書吉再ᄂᆞᆫ海平人이라少時에理學을治ᄒᆞ야鄭夢周ᄅᆞᆯ師ᄒᆞ고廢王禑時에登第ᄒᆞ야注書가되얏더니至是ᄒᆞ야國家ㅣ將亡ᄒᆞᆷ을知ᄒᆞ고母의老ᄒᆞᆷ으로辭ᄒᆞ고善山으로歸ᄒᆞ다

第四十四節　忠孝、大節

四年夏四月에趙英珪가侍中、鄭夢周ᄅᆞᆯ殺ᄒᆞ다夢周의爲人이豪邁絶倫ᄒᆞ고忠孝、大節이有ᄒᆞ며自

忠孝大節圃隱鄭夢周의像

少로好學ᄒᆞ야性命의奧를深、得ᄒᆞ고大事를處ᄒᆞ며大疑를決ᄒᆞᆷ이聲色을不動ᄒᆞ야王佐의才라稱ᄒᆞ더라

第四十五節　竹橋、血痕

內로五部의學堂을세우고外로鄕校에儒術을興起ᄒᆞ며、恒常나라의衰ᄒᆞᆷ을見ᄒᆞ고淚를흘니더니

至是ᄒᆞ야英珪에게被殺ᄒᆞ니그被害ᄒᆞᆫ善竹橋돌우에血痕이至今ᄭᆞ지잇나니라　我朝에서諡를文忠이라ᄒᆞ고文廟에從祀ᄒᆞ니라

第四十六節　天命、有屬

我　太祖의威德이日盛ᄒᆞ야衆心이推戴ᄒᆞ야揚言曰天命、人心의所屬이有ᄒᆞ거ᄂᆞᆯ何、不勸進ᄒᆞᄂᆞ뇨ᄒᆞ고右侍中、裵克廉、等이王大妃ᄭᅴ白ᄒᆞ고妃의敎로ᄡᅥ王을廢ᄒᆞ야恭讓君을封ᄒᆞ야原州에放ᄒᆞ얏더니後、三年에薨ᄒᆞ거ᄂᆞᆯ　太祖ᄭᅴ셔即位ᄒᆞ신後에王을追封ᄒᆞ시다高麗、太祖、開國ᄒᆞᆷ으로부터王에게至ᄒᆞ기ᄭᆞ지凡三十四王이오歷年이四百

七十五年이러라

第四篇 現世

第一章 本朝

第一節 太祖建國

太祖高皇帝(諱旦初諱成桂字君晉號松軒)系出全州하시니新羅司空翰의後오 桓祖大王의子ㅣ시니永興私邸에서誕降하사高麗에仕하샤門下侍中이되셧다가 隆熙元年前五百十六年壬申秋七月十六日에松京에서即位하샤國號를朝鮮이라하시고四代를追尊하야爲王(穆祖와翼祖와度祖와桓祖라)하시다

第二節 立宗社築城闕

開國功臣益安大君芳毅의等三十九人을策하시

太祖高皇帝陛下

다三年에漢陽에移都ᄒᆞ실새宗廟와社稷을立ᄒᆞ시며京城을築ᄒᆞ시고景福宮과昌德宮을建ᄒᆞ시고虎符를造ᄒᆞ야動兵ᄒᆞᆯ時에用케ᄒᆞ시다

第三節 入耆社、賜宴

上이耆社에入ᄒᆞ시고文臣、爵二品에年七十以上을命ᄒᆞ사耆老宴에參與케ᄒᆞ시다賢才를擧ᄒᆞ시며佞臣을遠ᄒᆞ시며讒言을杜ᄒᆞ시며淫祀를禁ᄒᆞ

시다

第四節 諸國、歸附

女眞國을招安ᄒᆞᆫ李之蘭의像

六年에青海君李之蘭(女眞人本姓佟豆蘭賜姓今名)을命ᄒᆞ야女眞을招安ᄒᆞ다之蘭이高麗末에太祖를從ᄒᆞ야倭將、阿只拔都를射殺ᄒᆞ고屢有戰功ᄒᆞ더니至是ᄒᆞ야女眞을招安ᄒᆞ니女眞이革面、歸化ᄒᆞ야服役、納賦를編戶와同ᄒᆞ다琉球國은使를遣ᄒᆞ야稱臣ᄒᆞ고遲

羅國은方物을來貢ᄒᆞ고野人의來附ᄒᆞᄂᆞᆫ酋長은千戶와萬戶의職을授ᄒᆞ시다

第五節 冊儲傳位

七年에永安君을冊ᄒᆞ야世子로삼으샤位를傳ᄒᆞ시고上王位에在ᄒᆞ시다가 太宗八年에崩ᄒᆞ시다(在位七年在上王位十年壽七十四歲) 太皇帝光武三年에追尊ᄒᆞ야 高皇帝라ᄒᆞ고 圜丘壇에配祀ᄒᆞ시다

第六節 朝賀進圖

定宗(諱曔初諱芳果字光遠)께셔 太祖의傳位ᄒᆞ심을受ᄒᆞ샤正殿에셔羣臣의朝賀를受ᄒᆞ실새平壤府尹成石璘은歙器圖를進ᄒᆞ고京畿左道觀察使李廷俌ᄂᆞᆫ歷

年圖를進ᄒᆞ고右道觀察使崔有慶은無逸圖를進ᄒᆞᆫ대 上이嘉納ᄒᆞ시다是年에松京으로還都ᄒᆞ시다

第七節 嘉義優禮

二年에高麗注書吉再를召ᄒᆞ야奉常博士를授ᄒᆞ신대再가上疏ᄒᆞ야曰臣은聞ᄒᆞ니女無二夫오臣無二君이라ᄒᆞ오니乞ᄒᆞᆫ건대不事二姓ᄒᆞᄂᆞᆫ志를遂케ᄒᆞ소셔 上이其節義를嘉ᄒᆞ샤優禮로遣ᄒᆞ시고其家를復ᄒᆞ시다

第八節 禪位世弟

上의性質이純謹ᄒᆞ시고志行이端方ᄒᆞ샤位에在

ᄒᆞ신지二年에弟靖安君으로世弟를삼으샤位를禪ᄒᆞ시고 世宗元年에昇遐ᄒᆞ시다 在位二年在上王位十九年壽六十三

第九節　直言得失

太宗諱芳遠字遺德ᄭᅴ셔英睿ᄒᆞ심이絕倫ᄒᆞ샤恒常世를濟ᄒᆞ실志가有ᄒᆞ신지라河崙이每數曰斯人은天을盖ᄒᆞᆯ英氣라ᄒᆞ더니밋位에卽ᄒᆞ심이群臣으로ᄒᆞ야금上의得失을直言ᄒᆞ라ᄒᆞ시고又諫官으로ᄒᆞ야금事를隨ᄒᆞ야諫ᄒᆞ라ᄒᆞ시다

第十節　奬臣節懲外戚

元年에高麗侍中鄭夢周를褒贈ᄒᆞ샤臣節을奬勵

ᄒᆞ시며閔无咎等을賜死ᄒᆞ샤外戚을懲戒ᄒᆞ시며符讖의書를燒ᄒᆞ샤妖言을防ᄒᆞ시며申聞鼓를設ᄒᆞ야有寃者로ᄒᆞ야금擊皷登聞ᄒᆞ야ᄡᅥ下情을通케ᄒᆞ시다

第十一節　王氏居住

十二年에臺諫이高麗掌令徐甄을鞫問ᄒᆞ기를請ᄒᆞᆫᄃᆡ上이曰高麗의臣이我家에北面치아니ᄒᆞᆷ은ᄯᅩᄒᆞᆫ伯夷의流ㅣ라엇지可히罪ᄒᆞ리오ᄒᆞ시다

十三年에王氏의後裔가民間에在ᄒᆞᆫ者를從便居住케ᄒᆞ라ᄒᆞ시다

第十二節　易儲以賢

十八年에世子禔를廢ᄒᆞ야讓寧大君을삼으시고忠寧大君으로世子를삼아位를傳ᄒᆞ시고經筵을始開ᄒᆞ시다晩年에上王位에在ᄒᆞ샤天이旱ᄒᆞ거늘民을爲ᄒᆞ야憂ᄒᆞ시더니 王이昇遐ᄒᆞ시는日(五月十日)에至ᄒᆞ야大雨가下ᄒᆞᆫ故로 太宗雨라稱ᄒᆞ니라 世宗四年에昇遐ᄒᆞ시다(在位十八年在上王位四年壽五十六)

第十三節 東方聖人

世宗(諱祹字元正)元年에年壯ᄒᆞᆫ宮人을出ᄒᆞ야歸家케ᄒᆞ다二年에集賢殿을置ᄒᆞ시고 文學의士成三問과申叔舟의等을選ᄒᆞ야써顧問을備ᄒᆞ시니得人ᄒᆞᆷ이於斯에爲盛ᄒᆞ야隣國이東方聖人이라稱ᄒᆞ니라

第十四節 世子入學

三年에上日八歲에入學은古制라今世子年이八歲니맛당이入學ᄒᆞ라ᄒᆞ시니世子ㅣ成均館에至ᄒᆞ야儒服으로束脩禮를行ᄒᆞ시다諸道丁夫三十餘萬을發ᄒᆞ야都城을修築ᄒᆞ다 太宗五年에漢陽에還都ᄒᆞ엿더니至是ᄒᆞ야重修ᄒᆞ시다

第十五節 除刑定樂

十一年에農家集說을編次ᄒᆞ야中外에頒布ᄒᆞ시고宗學博士를置ᄒᆞ야宗親을敎授ᄒᆞ시며十二年

에笞背ᄒᆞᄂᆞᆫ法을除ᄒᆞ시고十五年에雅樂을始定ᄒᆞ시며養老宴을設ᄒᆞ시다

第十六節　責私備飮食

私備飮食을責ᄒᆞᆫ黃喜의像

時에相臣黃喜와許稠와孟思誠과崔潤德은皆名臣이라盡忠輔國ᄒᆞ야國泰民安ᄒᆞ다黃喜가諸大臣과政府에셔國事를議ᄒᆞᆯ새工曹判書金宗瑞가飮食을가초아들이거ᄂᆞᆯ喜가怒ᄒᆞ야宗瑞를前에

立ᄒᆞ고正色曰國家에禮賓寺를設ᄒᆞᆷ은大臣이飮食을먹고자ᄒᆞ면禮賓寺에셔等待ᄒᆞ거ᄂᆞᆯ엇지私備ᄒᆞ리오ᄒᆞ고大責ᄒᆞ다

第十七節　薦宗瑞代相

宗瑞가惶恐ᄒᆞ야敢히對答지못ᄒᆞ더니喜가大臣을免ᄒᆞᆯ時에宗瑞를薦ᄒᆞ야代ᄒᆞ니後에宗瑞가謹愼ᄒᆞ야相業이一世에振動ᄒᆞ니라

第十八節　三綱行實頒行

十六年에儒臣을命ᄒᆞ샤三綱行實을編輯ᄒᆞᆯ새古今에忠臣과孝子와烈女의卓然히可法ᄒᆞᆯ者를隨事紀載ᄒᆞ야中外에頒行ᄒᆞ시고十七年에年九十

以上者를賜爵ᄒᆞ시다

第十九節　簡儀、玉漏、設鎭、定貢

二十年에簡儀臺를造ᄒᆞ고簡儀、渾儀와定時圭表와禁漏等器를置ᄒᆞ니其精巧、極備ᄒᆞ며又、小簡을建ᄒᆞ고玉漏機輪을設ᄒᆞ야鼓人、鐘人과司晨玉女를作ᄒᆞ니凡百機關이不由人力ᄒᆞ고自擊、自行ᄒᆞᆷ이若神ᄒᆞ야天日의度와晷漏의刻이毫釐不差ᄒᆞ더라金宗瑞를遣ᄒᆞ야北疆을恢復ᄒᆞ고六鎭을設ᄒᆞ다貢法을行ᄒᆞ야地를六等으로分ᄒᆞ고年을九等에分ᄒᆞ야稅를定ᄒᆞ다

第二十節　撰定國文

二十八年에　上이外國에皆國文이有ᄒᆞ되惟我國에無ᄒᆞ다ᄒᆞ샤篆籀를倣ᄒᆞ야二十八字母를製ᄒᆞ야諸字를演作ᄒᆞ야成三問과申叔舟와鄭昌孫의等으로ᄒᆞ야곰撰定ᄒᆞ야訓民正音이라ᄒᆞ다三十二年에　上이昇遐(壽五十四)ᄒᆞ시니世子ㅣ卽位ᄒᆞ시다

第二十一節　紙重千金

文宗(諱珦字輝之)씌셔性理의學을通ᄒᆞ시며또筆法이精妙ᄒᆞ샤寸簡、尺紙라도千金갓치重히녀이시고儒臣을命ᄒᆞ샤東國、兵鑑을撰ᄒᆞ시고親히陣法九篇을製ᄒᆞ시다

第二十二節 賜酒、託孤

二年에 上이疾이有ᄒᆞ샤集賢殿、諸臣을召ᄒᆞ샤夜分토록經義를講論ᄒᆞ실새世子를膝下에置ᄒᆞ시고其背를撫ᄒᆞ샤曰予ㅣ此兒로써卿等에게付ᄒᆞ노라ᄒᆞ시고榻에降ᄒᆞ사平坐ᄒᆞ시고爵을執ᄒᆞ야賜酒ᄒᆞ시다五月에昇遐(壽三十九)ᄒᆞ시니世子ㅣ卽位ᄒᆞ시다

第二十三節 輔佐、協贊

端宗(諱弘暐)의셔卽位ᄒᆞ시니年이十二라領相、皇甫仁과左相、南智와右相、金宗瑞는顧命을受ᄒᆞ야輔佐ᄒᆞ고集賢、學士、成三問과朴彭年과河緯地와李瑎와柳誠源等은前日付托을受ᄒᆞ야左右協贊ᄒᆞ니라

第二十四節 團領胷背

上이文臣을命ᄒᆞ샤高麗史를刊印ᄒᆞ야中外에廣布ᄒᆞ시며文武官의朝服을團領과胷背의制로定ᄒᆞ야品級의次序로着케ᄒᆞ시다三年에 上이位를叔父、首陽、大君씌禪ᄒᆞ시고 世祖二年에昇遐(壽十七)ᄒᆞ시다

第二十五節 撰成寶鑑

世祖(諱瑈 字粹之)元年에成三問、兪應孚、等六人이被誅ᄒᆞ고二年에錦城大君、瑜는順興에安置ᄒᆞ고南中

士人의干連死者ㅣ甚多ᄒᆞ다 上王이寧越에遜ᄒᆞ시니降ᄒᆞ야魯山君이라ᄒᆞ고十月에魯山君이卒ᄒᆞ다申叔舟의等이國朝寶鑑을纂成ᄒᆞ다

第二十六節 戒世子勤儉

上이朝賀를受ᄒᆞ실새世子ᄃᆞ려謂ᄒᆞ샤曰汝의衣ᄒᆞᆫ바木綿이비록薄陋ᄒᆞ나然ᄒᆞ나此ᄂᆞᆫ耕耘과採織의勤苦로써成ᄒᆞᆷ이니汝ᄂᆞᆫ맛당히衣를見ᄒᆞ거던女工의易치못ᄒᆞᆷ을思ᄒᆞ고飯을見ᄒᆞ거던農夫의甚히艱難ᄒᆞᆷ을思ᄒᆞ야儉으로써自奉ᄒᆞ고或도不勤ᄒᆞᆷ이毋ᄒᆞ라ᄒᆞ시니다

第二十七節 築壇懸鐘

上이右贊成徐居正(四佳)等을命ᄒᆞ사東國通鑑을撰ᄒᆞ시며圜丘壇을南郊에築ᄒᆞ시며大鍾을新鑄ᄒᆞ야街上에懸ᄒᆞ샤晨昏을警ᄒᆞ시며圓覺寺를城中에建ᄒᆞ시다

第二十八節 佯狂放浪

金時習(梅月堂)이三歲에能히綴文ᄒᆞ니神童이라稱ᄒᆞ고五歲에 世宗이召見ᄒᆞ시고大奇히녁이시더니밋 端宗이遜位ᄒᆞ심의佯狂被緇ᄒᆞ고山水間에放浪ᄒᆞ거ᄂᆞᆯ至是ᄒᆞ야 上이召ᄒᆞ시니終不應ᄒᆞ니라

第二十九節 討平叛賊

十二年에李施愛가叛ᄒᆞ거ᄂᆞᆯ南怡와曹錫文의等을命ᄒᆞ샤討平ᄒᆞ다南怡ᄂᆞᆫ一代名將이나後에柳子光이誣陷ᄒᆞ야殺ᄒᆞ다十三年九月에 上이昇遐ᄒᆞ시니(壽五十二) 世子ㅣ即位ᄒᆞ시다

第三十節 德宗追崇

德宗(諱暲字原明初諱崇)大王은 世祖의長子ㅣ시니世子時에昇遐ᄒᆞ시고 成宗二年에追崇ᄒᆞ시다

三十一節 留意治亂

睿宗(諱晄字明照)ᄭᅴ셔即位ᄒᆞ심의聽政ᄒᆞ신餘暇에治亂의迹에留意ᄒᆞ샤親히歷代世紀ᄅᆞᆯ撰ᄒᆞ시고또文臣을命ᄒᆞ샤國朝武定寶鑑을撰ᄒᆞ시다

第三十二節 視膳嘗藥

初에 世祖ᄭᅴ셔疾을遘ᄒᆞ션ᄃᆡ 上이膳을視ᄒᆞ시며藥을嘗ᄒᆞ샤日夜로左右에侍ᄒᆞ야睫을交치못ᄒᆞ신지屢月에 世祖ㅣ昇遐ᄒᆞ시니 上이過哀ᄒᆞ샤勺水ᄅᆞᆯ不進ᄒᆞ시다가仍히病을成ᄒᆞ야昇遐ᄒᆞ시다(壽二十) 上이無嗣ᄒᆞ시니 王大妃命으로 德宗第二子者乙山君을奉ᄒᆞ야即位ᄒᆞ시다

第三十三節 吉地有限

成宗(諱娎)ᄭᅴ셔即位ᄒᆞ샤 睿宗을昌陵에葬ᄒᆞ실ᄉᆡ大臣이近地에民塚을盡毀ᄒᆞ랴ᄒᆞ거ᄂᆞᆯ 上이下教曰山川은不增ᄒᆞ고吉地ᄂᆞᆫ有限ᄒᆞ니千萬世의

陵室이無窮ᄒᆞ야後世人民이可葬ᄒᆞᆯ山과可耕ᄒᆞᆯ地가無ᄒᆞᆯ가恐ᄒᆞ노니自今으로立法ᄒᆞ야禁限을勿廣ᄒᆞ라ᄒᆞ시다

第三十四節　善惡寫屛

上이孝友가天性에出ᄒᆞ사　王大妃를誠敬으로奉養ᄒᆞ시며月山大君을恩禮로待ᄒᆞ시며耆民을酒로써勞ᄒᆞ시며前世의明君과暗主의行ᄒᆞᆫ바善惡을採ᄒᆞ사畵工으로ᄒᆞ야곰屛帖에摹寫ᄒᆞ야坐臥에觀省ᄒᆞ사恒常箴戒ᄒᆞ시니라

第三十五節　更日侍講

上이政事에明ᄒᆞ사集賢殿을改ᄒᆞ야弘文館이라

ᄒᆞ시고金宗直(佔畢齋)等을選ᄒᆞ야更日直宿ᄒᆞ야經史를侍講ᄒᆞ다二年에經國大典과輿地勝覽等書를作ᄒᆞ시고學校法을製ᄒᆞ시다

第三十六節　太學賜結

十五年에太學에田四百結을賜ᄒᆞ시다十六年에命ᄒᆞ사改嫁女의子孫은東西班에勿敍케ᄒᆞ시고大典續錄을頒ᄒᆞ시다二十五年에　上이昇遐(壽三十一)ᄒᆞ시니世子㦕이立ᄒᆞ다

第三十七節　名賢誅竄

燕山君四年에柳子光과李克墩이史獄을起ᄒᆞ니金宗直과南孝溫(秋江)은追罪ᄒᆞ고金馹孫(濯纓)과金宏

弼(寒暄堂)은 被殺ᄒᆞ고 鄭汝昌(一蠹)은 謫卒ᄒᆞ니 一時名賢이 誅竄殆盡ᄒᆞ다 娼妓와 宮女와 巫覡으로 淫戲를 事ᄒᆞ다

第三十八節 宗社將危

十一年에 諸生을 逐ᄒᆞ야 成均館으로 遊戲場을 作ᄒᆞ고 都城百里안에 人家를 壞撤ᄒᆞ야 遊獵場을 삼고 淫虐이 甚ᄒᆞ야 宗社ㅣ 將危ᄒᆞᆫ지라 朴元宗과 成希顏과 柳順汀等이 王大妃命으로 晋成大君(成宗第二子)을 奉ᄒᆞ야 即位ᄒᆞ고 王을 廢ᄒᆞ야 燕山君을 封ᄒᆞ야 喬桐에 放ᄒᆞ다

第三十九節 宥怨黜奸

中宗(諱懌 字樂天)씌셔 位에 即ᄒᆞ사 燕山時에 被竄ᄒᆞᆫ 諸人을 宥ᄒᆞ시고 金宏弼等의 爵을 追贈ᄒᆞ시고 柳子光의 職을 削ᄒᆞ야 黜外ᄒᆞ얏더니 尋死ᄒᆞ다

第四十節 治化大行

十四年에 賢臣趙光祖(靜庵)로 大司憲을 삼으시니 法을 執ᄒᆞᆷ이 公平ᄒᆞᆷ의 男女가 異路ᄒᆞ야 治化大行ᄒᆞ더니 南袞과 沈貞이 誣陷ᄒᆞ야 北門의 禍가 叵測ᄒᆞᆷ이 相臣鄭光弼(文翼公)이 力救ᄒᆞ야 綾州에 竄ᄒᆞ얏다가 賜死(時年三十八)ᄒᆞ다 大司成柳崇祖로 教導를 掌캐ᄒᆞ시니 崇祖가 七書를 國文으로 義를 解ᄒᆞ다 三十九年에 上이 昇遐(壽五十七)ᄒᆞ시니 世子ㅣ 即位ᄒᆞ시

다

第四十一節 隨才擢用

仁宗(諱皓)ᄭᅴ셔卽位ᄒᆞ샤刑曹에命ᄒᆞ사拷掠을審愼ᄒᆞ야寃枉이無케ᄒᆞ라ᄒᆞ시고仍히歎ᄒᆞ사曰엇지ᄒᆞ면我의世에ᄂᆞᆫ一民도罪科에犯ᄒᆞᆷ이無케ᄒᆞᆯ고ᄒᆞ시며또下敎ᄒᆞ사曰彰善과罰惡ᄒᆞᆷ이王政의先이니忠孝가卓異ᄒᆞ거나吏가되야淸白ᄒᆞ거든隨才ᄒᆞ야擢用ᄒᆞ라ᄒᆞ시다

第四十二節 哭聲相傳

趙光祖의爵을復ᄒᆞ시다 上이卽位ᄒᆞ신지八月에昇遐(壽三十一)ᄒᆞ시니遠近百姓이糧을裹ᄒᆞ고來哭ᄒᆞᄂᆞᆫ者ㅣ道路에不絶ᄒᆞ며哭聲이相傳ᄒᆞ야一日에義州ᄭᆞ지達ᄒᆞ니라 王이無嗣ᄒᆞ샤遺命으로弟慶源大君이位를嗣ᄒᆞ시다

第四十三節 垂簾聽政

明宗(諱峘 字對陽)ᄭᅴ셔幼沖ᄒᆞ심애 文定王后ᄭᅴ셔簾을垂ᄒᆞ고聽政ᄒᆞ신지八年에政을 上ᄭᅴ歸ᄒᆞ시니賢臣李滉(退溪)과李珥(栗谷)等을擢用ᄒᆞ시고成守琛(聽松)과曹植(南冥)等을選擧ᄒᆞ시다鄭順朋과李芑等이柳灌等을誣陷ᄒᆞ야士禍를大起ᄒᆞ다贊成李彦迪(晦齋)이謫所에서卒ᄒᆞ다備邊司를置ᄒᆞ니日本을防禦코자ᄒᆞᆷ이러라

第四十四節　射股、放火

日本、兵船、七十餘艘가全羅道、損竹島를寇ᄒᆞ거ᄂᆞᆯ全州、府尹、李潤慶이日將의左股를射ᄒᆞ고乘風、放火ᄒᆞ며縱兵、追殺ᄒᆞ니日兵이大潰、遁去ᄒᆞ다二十二年에 上이昇遐(壽四十三)ᄒᆞ시고無嗣ᄒᆞ시니相臣李浚慶이遺命으로河城君(中宗의孫이오德興大院君의第三子라)를奉ᄒᆞ야位를嗣ᄒᆞ시다

第四十五節　黨派、始分

宣祖(諱昖初諱鈞)ᄭᅴ셔卽位ᄒᆞ심애前贊成、李滉은聖學十圖를撰進ᄒᆞ니 上이屛에寫ᄒᆞ야朝、夕에觀省ᄒᆞ시고前贊成、李珥ᄂᆞᆫ聖學輯要를撰進ᄒᆞ니上이嘉納ᄒᆞ시다八年에沈義謙과金孝元이東、西黨을分ᄒᆞ며禹性傳과李潑이南、北、黨을分ᄒᆞ니偏黨의論이自此始ᄒᆞ니라

第四十六節　日本、來寇

二十四年에日本、關伯、平秀吉이玄蘇等을遣ᄒᆞ야致書ᄒᆞ야明國을伐코자ᄒᆞ니途를假ᄒᆞ라請ᄒᆞ거ᄂᆞᆯ 上이大義로ᄡᅥ斥ᄒᆞ시다翌年、壬辰에秀吉이無端히淸正의等을遣ᄒᆞ야大兵을擧ᄒᆞ야來侵ᄒᆞᆯ새東萊를先陷ᄒᆞ니府使、宋象賢과僉使、鄭撥等이國難에死ᄒᆞ다

第四十七節　大駕播遷

李鎰과申砬이忠州에셔戰敗ᄒᆞᆷ이日兵이京城으로直向ᄒᆞ거ᄂᆞᆯ 上이西으로播遷ᄒᆞ실새夜ᄒᆞ臨津을渡ᄒᆞ사諸宰를召ᄒᆞ야策을問ᄒᆞ신ᄃᆡ都承旨李恒福(白沙)이首言되되我國兵力이足히써禦치못ᄒᆞᆯ지니西으로赴ᄒᆞ야明國에請援ᄒᆞ소셔

第四十八節 遣使請援

車駕를平壤에進駐ᄒᆞ시고李德馨(漢陰)을明에遣ᄒᆞ야請援ᄒᆞ니明이副總兵祖承訓과遊擊史儒等을遣ᄒᆞ야來救ᄒᆞ다時에提督官趙憲(重峯)이義兵을起ᄒᆞ야錦山에셔戰死ᄒᆞ고各道에忠義의士가兵을募ᄒᆞ야義를擧ᄒᆞᆯ새高敬命이又戰死ᄒᆞ다

第四十九節 駐蹕義州

金千鎰과郭再祐(紅衣將軍)와鄭仁弘과權應洙의等이處處에셔擧義ᄒᆞ다日兵이平壤을陷ᄒᆞ니 上이義州에駐蹕ᄒᆞ시고鄭崑壽를ᄯᅩ明에遣ᄒᆞ야求救ᄒᆞ니明이提督李如松과劉綎等으로二十萬軍을將ᄒᆞ야來救ᄒᆞ다

第五十節 收復三京

二十六年에李如松이平壤을擊破ᄒᆞ고三京을復ᄒᆞ니 上이還都ᄒᆞ시다都元帥權慄이幸州에셔大捷ᄒᆞ고統制使李舜臣은閑山島에셔日本水軍을陷沒ᄒᆞ니清正等이兵을거두어遁去ᄒᆞ니라

第五十一節 訓鍊都監

上이明國人戚繼光의浙兵制度ᄅᆞᆯ嘉ᄒᆞ샤訓鍊都監을設ᄒᆞ시고相臣柳成龍(西崖)으로ᄒᆞ야금壯丁을招集ᄒᆞ야其法으로써教ᄒᆞ다時에妖賊李夢鶴이作亂ᄒᆞ거ᄂᆞᆯ洪州牧使洪可信이執誅ᄒᆞ다

第五十二節 創造龜船

三十年에淸正等이再擧ᄒᆞ야來侵ᄒᆞ거ᄂᆞᆯ明將楊鎬와麻貴와邢玠等이素沙坪(稷山)에셔日兵을大破ᄒᆞ다李舜臣이龜船을創造ᄒᆞ야舟師ᄅᆞᆯ率ᄒᆞ고日兵을擊破ᄒᆞ야屢捷ᄒᆞ니日船이不敢西向ᄒᆞ니라그龜船을鐵로써裹ᄒᆞ얏시니곳世界各國鐵甲船

創造龜船ᄒᆞᆫ李舜臣의像

의始祖가되다

第五十三節　鏖戰中丸

三十一年에李舜臣이日兵을露梁에서遇ᄒᆞ야鏖戰ᄒᆞ다가流丸을中ᄒᆞ야卒ᄒᆞ니諡를忠武라ᄒᆞ다時에秀吉이死ᄒᆞ니日本이遂撤兵ᄒᆞ야還ᄒᆞ다

第五十四節　見像大驚

金德齡은千古勇士ㅣ라無等山에入ᄒᆞ야三尺長劒을鑄ᄒᆞ니夜에青白氣가一洞에彌滿ᄒᆞ고山이五六日을鳴ᄒᆞ고又龍馬를得ᄒᆞ야壯士五千人을率ᄒᆞ고義旗를建ᄒᆞ고日兵을討ᄒᆞ니清正이畵師를潛遣ᄒᆞ야像을圖ᄒᆞ야見ᄒᆞ고大驚ᄒᆞ야曰眞將

軍이라ᄒᆞ고敢히犯치못ᄒᆞ다

第五十五節　聞死相賀

千古勇士金德齡의像

時에朝廷이和親코자ᄒᆞ야德齡으로ᄒᆞ야곰交戰치못ᄒᆞ게ᄒᆞ고奸臣이誣陷ᄒᆞ야李夢鶴과갓치反ᄒᆞ다ᄒᆞ야執ᄒᆞ야獄中에서撲殺ᄒᆞ니日人이聞ᄒᆞ고서로慶賀ᄒᆞ며國民은痛哭ᄒᆞ니라

第五十六節　負日將墜水

晉州陷城홀時에義兵將,高從厚(敬命子)와金千鎰과柳復立과黃進等이戰死ᄒᆞ다日本將이晉州에入ᄒᆞ야矗石樓에셔妓樂을불너遊讌홀새邑妓論介가日將의醉홈을乘ᄒᆞ야背에負ᄒᆞ고水에墜ᄒᆞ니日將이躍出코자ᄒᆞᄂᆞ妓의手가固結不解ᄒᆞ야江中으로引入ᄒᆞ야溺斃ᄒᆞ니後人이樓下의巖을義娘巖이라

愛國義娘論介의墮水圖

ᄒᆞ고巖上에義娘祠를建ᄒᆞ야祭ᄒᆞ다

第五十七節 單騎逐賊

鄭起龍의單騎逐賊圖

鄭起龍이居昌에셔十餘騎로더부러日人의先鋒百餘人을殺ᄒᆞ고日將을生擒ᄒᆞ야大小六十餘戰에ᄒᆞᆫ번도敗홈이無ᄒᆞ니可謂第一勇將이니라

第五十八節 日本請和

時에 上이 成渾(牛溪)으로 叅贊을 拜ᄒᆞ야 特命으로
入侍ᄒᆞ야 進講케ᄒᆞ시고 關王廟를 建ᄒᆞ다 三十九
年에 日本이 使를 遣ᄒᆞ야 求和ᄒᆞ거ᄂᆞᆯ 呂祐吉等을
遣ᄒᆞ야 報ᄒᆞ다 四十一年에 上이 昇遐(壽五十七)ᄒᆞ시
니 世子琿이 立ᄒᆞ다

第五十九節 深河赴援

光海君이 元年에 兄臨海君、津을 殺ᄒᆞ다 時에 明이
清、(支那)人의 亂을 當ᄒᆞ야 援兵을 請ᄒᆞ거ᄂᆞᆯ 朝廷이 壬
辰의 恩을 思ᄒᆞ야 姜弘立과 金景瑞와 金應河(遼東伯)
로써 兵을 率ᄒᆞ고 深河에 入ᄒᆞ야 戰ᄒᆞᆯ새 弘立은 清
에 附ᄒᆞ고 金應河가 ᄒᆞᆯ로 戰ᄒᆞ다가 矢가 盡ᄒᆞ야 死

ᄒᆞ다

第六十節 憂憤而卒

光海君이 李爾瞻等의 嗾를 受ᄒᆞ야 永昌大君、璣와
延興府院君、金悌男을 殺ᄒᆞ니 相臣、李德馨이 禍가
王大妃ᄭᅴ 及ᄒᆞᆯ 줄 知ᄒᆞ고 憂憤ᄒᆞ야 卒ᄒᆞ다 禁兵을
別置ᄒᆞ야 王大妃宮門을 錮ᄒᆞ다

第六十一節 諸賢竄謫

鄭造와 尹認等이 爾瞻의 指使를 承ᄒᆞ야 廢母의 論
을 首發ᄒᆞ거ᄂᆞᆯ 相臣、李元翼(梧里)과 前弼善、鄭蘊(桐溪)과
儒生、洪茂績等이 上疏ᄒᆞ니 言이 甚히 切直ᄒᆞᆫ지라
光海가 怒ᄒᆞ야 李元翼을 洪州에 配ᄒᆞ고 鄭蘊을 大

靜에安置ᄒᆞ고儒生等을竄謫ᄒᆞ다

第六十二節 子無讐母

光海가廢母ᄒᆞᆯ事로百官에게收議ᄒᆞᆯ새領府事、李恒福이春秋에子가母를讐ᄒᆞᄂᆞᆫ義가無ᄒᆞᆷ으로陳ᄒᆞ니光海가怒ᄒᆞ야北青에配ᄒᆞ얏더니尋卒ᄒᆞ고鄭弘翼等이亦諫ᄒᆞ다가被竄ᄒᆞ다 王大妃를西宮에幽ᄒᆞ고大將으로領兵圍守ᄒᆞ다

第六十三節 擧義反正

倫氣가杜絕ᄒᆞ고荒亂이滋甚ᄒᆞ야宗祀ㅣ幾危ᄒᆞᆫ지라十五年에金瑬(昇平)와李貴(延平)와元斗杓(原平)와崔鳴吉(完城)과張維(新豐)와李曙(完豐)等이 王大妃命으로

王을廢ᄒᆞ야光海君을封ᄒᆞ야濟州에遷ᄒᆞ고綾陽君(元宗長子)을奉ᄒᆞ야即位ᄒᆞ시다

第六十四節 元宗追崇

元宗(諱琈)大王은 宣祖의第五子定遠君이시니仁祖十年에追崇ᄒᆞ시다

第六十五節 誅滅亂臣

仁祖(諱倧字和伯號松窓)씌셔即位ᄒᆞ신後에昏朝亂臣、李爾瞻等을誅ᄒᆞ시고 先朝舊臣、李元翼으로領相을삼으시고鄭蘊과洪茂績과鄭弘翼等을召還ᄒᆞ시고吳允謙(楸灘)과李延龜(月沙)와鄭經世(愚伏)等을收用ᄒᆞ시고金長生(沙溪)을擢用ᄒᆞ시다

第六十六節 別舊君誠新主

上이李元翼을召ᄒᆞ시니元翼이곳進謁치아니ᄒᆞ고光海君에게先往ᄒᆞᆫ디 上과諸臣이皆驚怯ᄒᆞ

別舊君誠新主ᄒᆞᆫ李元翼의像

니此ᄂᆞᆫ時에元翼의名望이一國에震動ᄒᆞᆷ이라元翼이光海君을보고泣ᄒᆞ야曰上監의廢ᄒᆞᆷ은臣의罪라然이나上監이人心을大失ᄒᆞ얏스니此ᄂᆞᆫ自取라天命

을順受ᄒᆞ소서ᄒᆞ고轎ᄅᆞᆯ旋ᄒᆞ야 上씌來謁ᄒᆞ고進誠ᄒᆞ야曰人君되기最難ᄒᆞ니極히操心ᄒᆞ샤前君의行實을效치말으소서ᄒᆞᆫ디 上이恭敬ᄒᆞ야드르시고人心이鎭定ᄒᆞ니라

第六十七節 恃功反逆

二年에李适이反正ᄒᆞᆫ功을恃ᄒᆞ고驕恣ᄒᆞᆷ이甚ᄒᆞᆷ으로朝廷에見斥ᄒᆞ야安州兵使ᄅᆞᆯ除授ᄒᆞᆷ이适이怏怏ᄒᆞ야兵을擧ᄒᆞ야京城에直犯ᄒᆞ거ᄂᆞᆯ 上이公州로播遷ᄒᆞ시니都元帥張晚玉城과副元帥鄭忠信錦南君等이鞍峴에서大破ᄒᆞ고适을斬ᄒᆞ니 上이還都ᄒᆞ시다

第六十八節 淸兵、來侵

五年에淸將英兒岱(俗稱龍骨大)等이大擧ᄒᆞ야義州를陷ᄒᆞ니府尹、李莞이戰死ᄒᆞ고府使、奇協은屈치안코死ᄒᆞᆷ애安州를直犯ᄒᆞ는지라兵使、南以興이戰死ᄒᆞ니淸兵이平山에至ᄒᆞ거ᄂᆞᆯ 上이江都에播遷ᄒᆞ셧더니淸人이請和ᄒᆞ고歸ᄒᆞᆷ애 上에還都ᄒᆞ시다

第六十九節 和約、乃結

十四年丙子에淸國이兵을大擧ᄒᆞ야京城에直犯ᄒᆞ거ᄂᆞᆯ 上이南漢山城(廣州)으로播遷ᄒᆞ시고鳳林大君이廟社主를奉ᄒᆞ야江都에入ᄒᆞ얏더니江都

가陷城ᄒᆞᆫ이領敦寧、金尙容(仙源)이權順長으로더부러自焚ᄒᆞ야卒ᄒᆞ다南漢이甚히危殆ᄒᆞᆷ이崔鳴吉이和를主ᄒᆞ니 上이宗祀를爲ᄒᆞ야和約을結ᄒᆞ고還都ᄒᆞ시다

第七十節 斥和遇害

時에淸人이世子와鳳林大君을瀋陽에質ᄒᆞ고又洪翼漢과吳濟達와尹集、等、三學士를執歸ᄒᆞ야斥和ᄒᆞᆫ事로遇害ᄒᆞ고前、判書、金尙憲(淸陰)을瀋陽에四ᄒᆞ얏다가六年만에放歸ᄒᆞ다

第七十一節 果然長驅

先是에鄭忠信이李适의亂을平定ᄒᆞ야社稷을再

安케ᄒᆞ고恒常清人을慮ᄒᆞ야防備ᄒᆞᆯ策을獻ᄒᆞᄂᆞ
朝廷에서遠慮가無ᄒᆞ야遽然히清에使ᄅᆞᆯ遣ᄒᆞ야
絶和ᄒᆞ니時에忠信이病臥ᄒᆞ얏다가此言을聞ᄒᆞ
고蹶然히起ᄒᆞ야長歎曰國家에存亡이今年에在
ᄒᆞ다ᄒᆞ더니果然此年十二月에清人이長驅大進
ᄒᆞ니라

第七十二節　悲憤逃明

林慶業은兒時부터天下ᄅᆞᆯ平靖ᄒᆞᆯ意가有ᄒᆞ더니
清人이入寇코자ᄒᆞᆷ을慮ᄒᆞ야防備ᄒᆞᆯ計策을屢次
陳獻ᄒᆞᄂᆞ朝廷이聽치안터니至是ᄒᆞ야도 혀清
人을爲ᄒᆞ야清國으로押送ᄒᆞᄂᆞᆫ지라慶業이크게

悲憤ᄒᆞ야明으로逃亡ᄒᆞ니此ᄂᆞᆫ明과合力ᄒᆞ야清
人을滅ᄒᆞ야丙子의羞恥ᄅᆞᆯ雪ᄒᆞ고明의壬辰恩惠
ᄅᆞᆯ報코자ᄒᆞᆷ이나明國도政治가紊亂ᄒᆞ야衰亡ᄒᆞᆫ
故로堂堂ᄒᆞᆫ大義ᄅᆞᆯ未叙ᄒᆞ얏스니此ᄂᆞᆫ千古의遺
恨이라

第七十三節　取帽還送

慶業이義州府尹으로在ᄒᆞᆯ時에清帝愛新覺羅弘
佗時가間諜을遣ᄒᆞ야慶業의矢一枝ᄅᆞᆯ竊取ᄒᆞ야
가니此ᄂᆞᆫ其謀略을著示ᄒᆞ라ᄒᆞᆷ이라慶業이清帝
의所爲인줄知ᄒᆞ고伶俐ᄒᆞᆫ人을瀋陽에送ᄒᆞ야清
帝의每日着ᄒᆞᄂᆞᆫ紅帽子ᄅᆞᆯ取ᄒᆞ야다가藏ᄒᆞ얏더

大義未敍ᄒᆞᆫ林慶業의像

니後에清帝가使를遣ᄒᆞ야矢를還送ᄒᆞ얏거ᄂᆞᆯ慶業이帽子를取ᄒᆞ야清使의前에投ᄒᆞ야曰汝의人君의帽子를還送ᄒᆞ노라ᄒᆞ니使者가驚歸ᄒᆞ고清帝가忌憚ᄒᆞ야丙子의軍士를滑原、碧潼으로돌녀京師를犯ᄒᆞ다二十年에慶業이明으로부터歸ᄒᆞᆷ애金自點이委官으로私憾을挾ᄒᆞ야殺ᄒᆞ니後에諡를賜ᄒᆞ야忠愍이라ᄒᆞ다

第七十四節 召用舊臣

二十三年에世子와鳳林大君이瀋陽으로부터還ᄒᆞ얏다가世子ㅣ卒ᄒᆞ니鳳林大君을册ᄒᆞ야世子를삼다侍講院에贊善과諮議等官을置ᄒᆞ야金集(愼獨齋)과宋時烈(尤菴)等을擢用ᄒᆞ시다二十七年에上이昇遐(壽五十五)ᄒᆞ시니世子ㅣ即位ᄒᆞ사舊臣、金尙憲과李敬輿(白江)와宋浚吉(同春)等을召用ᄒᆞ시다

第七十五節 行、大同、法

孝宗(諱昊字靜淵號竹梧)元年에清使가來ᄒᆞ야相臣、李景奭(白軒)과大提學、趙絅(龍洲)等을竄ᄒᆞ다二年에常平通寶錢을用ᄒᆞ고大同法을行ᄒᆞ다六年에命ᄒᆞ사水車

를制ᄒᆞ야外方에傳布ᄒᆞ야금勸農에一助가되게ᄒᆞ시다

第七十六節　召議北伐

九年에大臣鄭太和 陽坡 와大將李浣을召ᄒᆞ샤淸을伐ᄒᆞ기로謀ᄒᆞ실새一夜에浣을臥內로召ᄒᆞ샤問ᄒᆞ샤日國에急ᄒᆞᆷ이有ᄒᆞ면卿이予를從ᄒᆞ야江都에入ᄒᆞᆯ지니만일軍이盡渡치못ᄒᆞ야敵兵이後에在ᄒᆞ면將、奈何오浣이對曰臣이二十斗의土를盛ᄒᆞᆯ만ᄒᆞᆫ大帒를造ᄒᆞᆷ이數千이라人으로各々一帒를持ᄒᆞ야行ᄒᆞᆫ즉帶ᄒᆞ고住ᄒᆞᆫ즉土를掘ᄒᆞ야帒에盛ᄒᆞ야城을成ᄒᆞ면高가一丈이오廣이可히自衛ᄒᆞᆯ만ᄒᆞ오니此ㅣ原野에賊을禦ᄒᆞᄂᆞᆫ長策이니이다　上이稱善ᄒᆞ시다十年에　上이昇遐 十壽 一四 ᄒᆞ시니世子ㅣ即位ᄒᆞ시다

第七十七節　不離親側

顯宗 諱棩字景直 씌셔幼時로부터聰明이絶倫ᄒᆞ샤見聞ᄒᆞ신바ㅣ有ᄒᆞ면忘치아니ᄒᆞ시더니及長에親側에離치아니ᄒᆞ시고不安ᄒᆞ신節이有ᄒᆞ신즉日夜로扶持ᄒᆞ샤비록退ᄒᆞ라命ᄒᆞ실지라도敢히退치아니ᄒᆞ시다元年에宋時烈이國政을秉ᄒᆞᆷ의尹鑴가尹善道를嗾ᄒᆞ야上疏ᄒᆞ야　大妃의服制를三年으로定ᄒᆞᆷ이當然ᄒᆞ거ᄂᆞᆯ期制로定ᄒᆞ니是ᄂᆞᆫ

主를卑ᄒᆞ며宗을異홈이라ᄒᆞᆫ대 上이其疏를焚ᄒᆞ시고善道를北邊에竄ᄒᆞ시다

第七十八節 禁同姓昏

二年에宋時烈을擢ᄒᆞ야相을拜ᄒᆞ시고故忠臣宋象賢과李舜臣과趙憲의墓에賜祭ᄒᆞ시고同姓의昏姻을禁ᄒᆞ시다 十五年에 仁宣大妃ᄭᅴ셔昇遐ᄒᆞ심이相臣金壽興이服制得失을論ᄒᆞ다가被竄ᄒᆞ다八月에 上이昇遐ᄒᆞ시니世子ㅣ卽位ᄒᆞ시다

第七十九節 禮說是非

肅宗(諱焞 字明普)元年에許積과尹鑴等이禮說로ᄡᅥ是非를趣ᄒᆞ야相臣宋時烈과金壽恒(文谷)等을竄ᄒᆞ얏더니六年에積과積의庶子堅이伏誅홈이宋時烈等을宥ᄒᆞ고金壽恒을復相ᄒᆞ고閔鼎重(老峰)을擢用ᄒᆞ야爲相ᄒᆞ다

第八十節 拔棄棕櫚

永安尉洪柱元의子萬恢의家에棕櫚木이有홈을 上이聞ᄒᆞ시고掖隷로ᄒᆞ야곰求ᄒᆞ신대萬恢가庭下에伏ᄒᆞ야日頂踵과毛髮이皆國恩이라엇지卉木을惜ᄒᆞ리오만은臣이되야엇지玩物로君ᄭᅴ私進ᄒᆞ리오ᄒᆞ고棕櫚를拔棄ᄒᆞ니掖隷가還告ᄒᆞᆫ대 上이稱善ᄒᆞ시고後苑에種ᄒᆞᆫ棕櫚를拔ᄒᆞ야民間

本主에게還送ᄒᆞ시다

第八十一節 老少又分

九年에儒臣朴世采(玄石)를召ᄒᆞ시다庚申以後로西人中에서老少가角立ᄒᆞ야先進에金錫胄와金萬基와金壽恒과閔鼎重等은老論이되야宋時烈로爲主ᄒᆞ고少年에趙持謙(迂齋)과吳道一(西坡)과朴泰輔(定齋)와韓泰東(是窩)等은少論이되야朴世采로爲主ᄒᆞ다가後에尹拯(明齋)으로爲主ᄒᆞ니라

第八十二節 疏論寵遇

十年에儒臣尹拯을貶ᄒᆞ다十四年에朴世采를徵ᄒᆞ야吏曹判書를삼으시니世采가宗室杭의寵遇가過ᄒᆞᆷ을論ᄒᆞ야旨를忤ᄒᆞ야卽歸ᄒᆞ니相臣南九萬(藥泉)이世采를救ᄒᆞ다가北邊에竄ᄒᆞ다十五年에睦來善과閔黯等이大進ᄒᆞ야舊臣을竄誅ᄒᆞ다王妃閔氏ㅣ私邸에遜位ᄒᆞ시고張氏를冊封ᄒᆞ시니吳斗寅(暘谷)과李世華(雙栢堂)와朴泰輔等이諫ᄒᆞ다가斗寅과泰輔ᄂᆞᆫ死ᄒᆞ고世華ᄂᆞᆫ竄ᄒᆞ다

第八十三節 端宗復位

二十二年에王妃閔氏를復位ᄒᆞ시고張氏를降ᄒᆞ야嬪을삼고朴世采를擢ᄒᆞ야爲相ᄒᆞ다二十四年에 端宗大王과王后宋氏位號를復ᄒᆞ시고成三問과朴彭年과柳誠源과河緯地와李塏와兪應

等六臣의官을復ᄒ시다

第八十四節 東、西、南、北

明宗末年에東、西黨이始ᄒ야 宣祖時에黨論이大起ᄒ고光海時에東人이變ᄒ야南北黨이分ᄒ얏더니是時에至ᄒ야西人中에老、少가又分ᄒ야東、西、南、北의四色이各立門戶ᄒ야口舌로써干戈를代ᄒ니正論이消滅ᄒ고人才가遺棄ᄒ니라

第八十五節 築城定界

三十七年에北漢山城을築ᄒ고三十八年에朴權으로써定界使를삼아清差穆克登으로더부러白頭山에界를定ᄒ다四十三年에世子로써代理를

命ᄒ시고四十五年에 上이耆社에入ᄒ시고四十六年에 上이昇遐(壽六十)ᄒ시니世子ㅣ即位ᄒ시다

第八十六節 別論舊臣

景宗(諱昀字輝瑞)元年에領議政金昌集(夢窩)이奏曰崔奎瑞(艮齋)는先朝時부터退野ᄒ고鄭澔(丈巖)와李縡(陶菴)는病을稱ᄒ고斂退ᄒ니願컨디別論를下ᄒ소서 上이在外諸臣을敦召ᄒ시다前左相權尙夏(遂菴)는累徵不起ᄒ더니至是ᄒ야卒ᄒ다

第八十七節 世弟冊封

上이儲位가空虛ᄒ고國勢가孤危홈으로 王大

妃의告ᄒᆞ시고延礽君으로世弟를冊ᄒᆞ시다二年에睦虎龍이告變ᄒᆞ니大獄이起ᄒᆞ야相臣、金昌集과李頤命과李健命과趙泰采를賜死ᄒᆞ다四年에 上이昇遐ᄒᆞ시니(壽三十七)世弟ㅣ卽位ᄒᆞ시다

第八十八節 親訊獄囚

英祖(諱昑字光叔)元年에罪籍을釋ᄒᆞ시고舊臣、鄭澔와閔鎭遠(丹岩)等을進用ᄒᆞ시고相臣、李光佐와崔錫恆과趙泰耉와柳鳳輝等을竄ᄒᆞ시다三年에 上이諸臣의懲討홈을激怒ᄒᆞ사前案을翻覆ᄒᆞ야四大臣以下를罪籍에還置ᄒᆞ고李光佐와趙泰億을復相ᄒᆞ시고 上이親히獄囚를訊ᄒᆞ실ᄉᆡ歷膝刑을

除ᄒᆞ시다

第八十九節 保我邦家

上이下敎ᄒᆞ사曰朋黨의弊가近日에셔甚홈이無ᄒᆞ도다一邊에人을皆逆黨으로驅ᄒᆞ니其中에엇지寃을抱ᄒᆞᆫ人이無ᄒᆞ리오彼를攻ᄒᆞ고此를擊홈이公言이杜塞ᄒᆞ니朝綱이何時에正ᄒᆞ며公言을何時에聞ᄒᆞ리오爾羣工은黨習을祛ᄒᆞ고公平을務ᄒᆞ야我邦家를保ᄒᆞ라ᄒᆞ시다

第九十節 舊相、上變

四年에李麟佐는忠淸道에셔叛ᄒᆞ고鄭希亮은慶尙道에셔叛ᄒᆞ야安城、山上에陣ᄒᆞ거ᄂᆞᆯ前領相、崔

奎瑞가變을上ᄒᆞᆫ딕兵曹判書、吳命恆으로都巡撫使를삼아討平ᄒᆞ니 上이御筆로一絲扶鼎四字를書ᄒᆞ야崔奎瑞를賜ᄒᆞ시다五年에李健命과趙泰采의官을復ᄒᆞ시고十六年에金昌集과李頤命의官을復ᄒᆞ시다十一月에世子ㅣ卒ᄒᆞ시니謚를孝章이라ᄒᆞ다

第九十一節 奪官、復官

二十年에 上이耆社에入ᄒᆞ시다柳鳳輝와趙泰耉等의官을追奪ᄒᆞ다二十三年에生員과進士의襴彩幞頭를着ᄒᆞ는制를定ᄒᆞ다 端宗時相臣皇甫仁과金宗瑞等의官을復ᄒᆞ시고安平大君瑢의

寃을伸ᄒᆞ시다二十五年에世子로써代理를命ᄒᆞ시다三十八年에世子ㅣ卒ᄒᆞ시니謚를思悼ㅣ라ᄒᆞ다四十七年에戚臣洪鳳漢과金龜柱가分黨相攻ᄒᆞ니鄭厚謙이因ᄒᆞ야權柄을竊ᄒᆞ다

第九十二節 眞宗、追崇

五十一年에世孫을命ᄒᆞ야代理ᄒᆞ시다五十二年에 上이昇遐(壽八十三)ᄒᆞ시니世孫이卽位ᄒᆞ시다 太皇帝二十七年에廟號를追上ᄒᆞ야英祖라ᄒᆞ시다世孫이 英祖의命으로써孝章、世子의嗣를承ᄒᆞ야卽位ᄒᆞ심애孝章、世子를追崇ᄒᆞ야 眞宗이라ᄒᆞ시고思悼、世子의謚를追上ᄒᆞ야莊獻이라ᄒᆞ

고廟號를景慕宮이라ᄒᆞ시다金尙魯를逆律로追施ᄒᆞ고洪麟漢과鄭厚謙을賜死ᄒᆞ시다奎章閣을內苑에建ᄒᆞ

第九十三節 賜號承統

眞宗昭皇帝(諱緈字聖敬)는 英祖의第一子ㅣ시니 景宗ᄭᅴ셔敬義君을封ᄒᆞ시고 英祖ᄭᅴ셔世子를冊ᄒᆞ셧다가昇遐(壽十)ᄒᆞ심이號를承統世子라ᄒᆞ시고 正祖ᄭᅴ셔 英祖遺敎를承ᄒᆞ야追崇ᄒᆞ야爲王ᄒᆞ시고 大皇帝隆熙二年에追尊ᄒᆞ야 眞宗昭皇帝라ᄒᆞ시다

第九十四節 莊祖追崇

莊祖懿皇帝(諱愃字允寬號毅齋)는 英祖의第二子ㅣ시니世子를冊ᄒᆞ야代理를ᄒᆞ시더니昇遐(壽二十八)ᄒᆞ심이正祖ᄭᅴ셔諡號를追上ᄒᆞ야莊獻이라ᄒᆞ시고 太皇帝光武三年에追崇ᄒᆞ야爲王ᄒᆞ시고同年에追尊ᄒᆞ야 莊祖懿皇帝라ᄒᆞ시다

第九十五節 刑具釐正

正祖(諱祘字亨運號弘齋)ᄭᅴ셔元年에下敎ᄒᆞ샤曰杖은大小가有ᄒᆞ고枷는厚薄이有ᄒᆞᆷ은罪의輕重을隨ᄒᆞ야用ᄒᆞ거ᄂᆞᆯ近來에古法이漸弛ᄒᆞ야罪의輕重을勿論ᄒᆞ고皆大棍과厚枷를用ᄒᆞ니엇지人命을枉害치아니ᄒᆞ리오京外와各營門의刑具를釐正ᄒᆞ야

頒行ᄒᆞ라ᄒᆞ시다

第九十六節　恤孤、助婚

四年에月覲門을內苑의東에建ᄒᆞ시니此는景慕宮에往謁ᄒᆞ시기에便코자ᄒᆞ심이니帝王의孝誠이古今에第一이오六年에太學에詣ᄒᆞ샤先聖씌酌獻禮를行ᄒᆞ시고明倫堂에셔儒生으로設食ᄒᆞ시니곳國朝에初有ᄒᆞᆫ盛事ㅣ러라十年에京外에飭ᄒᆞ샤幼稚의父母가無ᄒᆞ야遺棄ᄒᆞᆫ者와男女가孤貧ᄒᆞ야過時토록未婚ᄒᆞᆫ者를歲時에抄啓ᄒᆞ야幼稚는月로米藿을給ᄒᆞ고男女는婚需를助ᄒᆞ라ᄒᆞ시다

第九十七節　守禦南漢

老職의加資와及大小科回榜人의加資ᄒᆞ는式을定ᄒᆞ고十五年에京外에飭ᄒᆞ샤飢民의糊口와庇身의需를另給ᄒᆞ라ᄒᆞ시고壯勇營을設ᄒᆞ시고十九年에守禦使를南漢에出鎭ᄒᆞ야廣州留守를삼고武經七書와奎章全韻을編校ᄒᆞ고忠武公李舜臣의全書를刊頒ᄒᆞ다

第九十八節　琉球人漂到

琉球國人이風에漂ᄒᆞ야到ᄒᆞ얏거ᄂᆞᆯ　上이下教ᄒᆞ샤曰琉球國人이昔에我國에總管의職을供ᄒᆞ던者ㅣ有ᄒᆞ니此ㅣ二百年에不過ᄒᆞᆫ事ㅣ라今에

顧恤홈을示홈이비ᄒᆞ다ᄒᆞ시고道臣을命ᄒᆞ샤酒食으로써饋ᄒᆞ고庇身의物을優히給ᄒᆞ라ᄒᆞ시다

第九十九節 却獻白雉

二十一年에咸興儒生이白雉를獻ᄒᆞ거ᄂᆞᆯ 上이却之ᄒᆞ시다御定ᄒᆞ신五經百編과大學類義가成ᄒᆞ다二十四年에 上이昇遐(壽四十九)ᄒᆞ시니世子ㅣ 正即位ᄒᆞ시다 太皇帝光武三年에追尊ᄒᆞ야 正祖宣皇帝라ᄒᆞ시다

第一百節 燒奴婢案

純祖(諱玜字公寶號純齋)셔셔即位ᄒᆞ시고命ᄒᆞ샤內司와各宮과各司의奴婢案을收ᄒᆞ야敦化門外에셔燒火ᄒᆞ시고日宮司의奴婢를罷홈은先朝의遺意시니予가맛당히繼述ᄒᆞ리라ᄒᆞ시고壯勇營으로其代錢을給ᄒᆞ시다二年에仁政殿을重建ᄒᆞ시고四年에壯勇營을罷ᄒᆞ시다

第一經濟家丁若鏞의像

第一百一節 海上書贊

丁若鏞(茶山)이諸子百家書를精通ᄒᆞ고事理를貫徹ᄒᆞ야我東方第一經濟家이라然이나時勢가不利

ᄒᆞ야大才를未展ᄒᆞ고또西教、連坐로康津、地에定配ᄒᆞ니自此로世念이頓絕ᄒᆞ야惟、國民을開導코자ᄒᆞ야三百餘、卷의書를著述ᄒᆞ니皆切實히有用ᄒᆞ고邊邑、絕地에在ᄒᆞᄂᆡ四方學者ㅣ來集ᄒᆞ야受業ᄒᆞᄂᆞᆫ者ㅣ數百人이라海上、茅屋에讀書聲이不絕ᄒᆞ며月出山에茶木을得ᄒᆞ야茶葉을嘗ᄒᆞ고天下에第二라ᄒᆞ니라

第一百二節 討平土寇

十二年에關西、土寇、洪景來、禹君則、等이聚黨ᄒᆞ야嘉山、等七郡을陷ᄒᆞ거ᄂᆞᆯ李堯憲으로巡撫使를삼아討平ᄒᆞ다二十七年에世子를命ᄒᆞ야代理ᄒᆞ시

더니三十年에世子ㅣ薨ᄒᆞ시고三十四年에 上이昇遐(壽四十五)ᄒᆞ시니世孫이即位ᄒᆞ시다 太皇帝光武三年에追尊ᄒᆞ야 純祖肅皇帝라ᄒᆞ시다

第一百三節 文祖、追崇

文祖翼皇帝(諱旲字德寅號敬軒)ᄭᅴ셔世子로在ᄒᆞ실時에代理ᄒᆞ시다가昇遐(壽二十二)ᄒᆞ시니世孫이即位ᄒᆞ심이追崇ᄒᆞ야 翼宗이라ᄒᆞ시고 太皇帝、光武三年에追尊ᄒᆞ야 文祖翼皇帝라ᄒᆞ시다

第一百四節 禁弊、刊曆

憲宗(諱奐字文應號元軒)元年에命ᄒᆞ사諸道에稅納의濫捧ᄒᆞᄂᆞᆫ弊를飭ᄒᆞ시고守宰의堪任치못ᄒᆞᄂᆞᆫ者ᄂᆞᆫ殿

最를待치말고啓罷ᄒᆞ라ᄒᆞ시고私家에셔屠牛ᄒᆞᄂᆞᆫ事와虐民ᄒᆞᄂᆞᆫ弊를嚴飭ᄒᆞ시다八年에千歲曆을刊行ᄒᆞ고九年에文獻備考를刊行ᄒᆞ고十三年에總衛營을設ᄒᆞ다十五年에 上이昇遐(壽二十三)ᄒᆞ시니嗣가無ᄒᆞ시다 大皇帝、隆熙二年에追尊ᄒᆞ야 憲宗成皇帝라ᄒᆞ시다

第一百五節 聖像展奉

哲宗(諱昪字道升號大勇齋)은 莊祖의孫、全溪大院君의第三子、德完君이시니 純元肅皇后의命을奉ᄒᆞ야 純祖肅皇帝의大統을承ᄒᆞ야即位ᄒᆞ시다二年에江陵에在ᄒᆞᆫ孔子、聖像을水原闕里祠에展奉ᄒᆞ라

ᄒᆞ시다十年에五倫行實을刊行ᄒᆞ다

第一百六節 嚴禁、土豪

上이政府에命ᄒᆞ샤場市와浦口의名目이無ᄒᆞᆫ雜稅를罷ᄒᆞ시며堤堰과田畓을勒奪ᄒᆞᄂᆞᆫ弊를嚴禁ᄒᆞ시며土豪의武斷ᄒᆞᄂᆞᆫ弊를嚴飭ᄒᆞ시다十三年에 上이昇遐(壽三十三)ᄒᆞ시니嗣가無ᄒᆞ시다 大皇帝、隆熙二年에追尊ᄒᆞ야 哲宗章皇帝라ᄒᆞ시다

第一百七節 佛艦、來侵

壽康太皇帝(諱㷩字聖臨初諱載晃字明夫號珠淵)ᄂᆞᆫ 莊祖의曾孫興宣大院王의第二子、翼成君이시니 神貞翼皇后의命을奉ᄒᆞ야 文祖의嗣를承ᄒᆞ야即位ᄒᆞ시

다二年에景福宮을重建ᄒᆞ시다三年에佛蘭西國兵艦이江華、島를來侵ᄒᆞ거ᄂᆞᆯ巡撫中軍、梁憲洙를遣ᄒᆞ야江界、砲軍、五千名을率ᄒᆞ고擊破ᄒᆞ니佛兵의死傷이多ᄒᆞᆫ지라佛將이懼ᄒᆞ야走ᄒᆞ다當百、大錢을鑄ᄒᆞ고小錢(淸國錢)을通用ᄒᆞ고景福宮에移御ᄒᆞ시다

第一百八節　美艦來侵

八年에美國、兵艦、五隻이江華德津을來侵ᄒᆞ거ᄂᆞᆯ巡撫中軍、魚在淵을命ᄒᆞ야逆擊大破ᄒᆞ고又、大礮으로二艦을破ᄒᆞ니美將、魯籍壽가兵을陸地로潛下ᄒᆞ야我陣의後를從ᄒᆞ야襲擊ᄒᆞ거ᄂᆞᆯ在淵이其

弟、在淳으로더부러劒을拔ᄒᆞ야數十人을斬ᄒᆞ고死ᄒᆞᆷ이美將이衆을率ᄒᆞ고遁去ᄒᆞ니魚在淵을兵曹判書를贈ᄒᆞ시다

第一百九節　講修、舊好

十三年에日本과舊好를講ᄒᆞ고金綺秀로修信使를삼아日本에前往ᄒᆞ야辦事ᄒᆞ다十六年에日本이全權大臣、黑田淸隆과議官、井上馨等을遣ᄒᆞ야國書를來納ᄒᆞ니　上이中樞府知事、申櫶과副總管尹滋承等으로江華府에會同ᄒᆞ야通商條約을定ᄒᆞᆫ後에日本、外務大丞、花房義質이館所에來留ᄒᆞ다十九年에趙寧夏와金弘集으로써全權大臣

을삼아德國使臣으로事宜를商辦ᄒᆞ다

第一百十節　訓局兵作亂

訓局兵이作亂ᄒᆞ야日本教師掘本禮造를殺ᄒᆞ고闕內에闌入ᄒᆞ야重臣閔謙鎬와金輔鉉等을殺ᄒᆞ고拔劒肆惡ᄒᆞᆷ이極ᄒᆞ거ᄂᆞᆯ大院君이變을聞ᄒᆞ고馳入ᄒᆞ야鎭壓ᄒᆞ고武衛所를革罷ᄒᆞ다中宮殿이避禍ᄒᆞ야翊贊閔應植의忠州鄕第에御ᄒᆞ셧다가八月에還御ᄒᆞ시고訓鍊都監을革罷ᄒᆞ다

第一百十一節　兩浦開港

美國으로더부러交好通商ᄒᆞ고德國人穆麟德으로外務協辦을삼고統理交涉衙門을設ᄒᆞ고德源

元山浦에開港ᄒᆞ다二十年에當五錢을鑄ᄒᆞ고仁川濟物浦에開港ᄒᆞ고機器局과典圜局과博文局을設ᄒᆞ다淸國人王錫鬯으로軍國衙門叅議를삼고馬建常으로贊議를삼다

第一百十二節　淸將內援

二十一年에郵征局을設ᄒᆞ고海防營을富平府에設ᄒᆞ다金玉均과洪英植과朴泳孝와徐光範과徐載弼等이日兵을召入ᄒᆞᆷ애 上이景祐宮에移御ᄒᆞ시니閔台鎬와趙寧夏와閔泳穆과李祖淵과尹泰駿과韓圭稷과柳載賢이皆遇害ᄒᆞ다淸將元世凱가兵을率ᄒᆞ고入救ᄒᆞ니金玉均等이日本으로

逃去ᄒᆞ다 上이 清將、吳兆有외 營房에 移次ᄒᆞ시고 各殿、宮은 蘆原에 離次ᄒᆞ얏다가 還御ᄒᆞ시다

第一百十三節 貢賦、轉運

英國과 德國으로 더부러 交好通商ᄒᆞ다 濟衆院을 設ᄒᆞ고 統理軍國衙門을 罷ᄒᆞ야 議政府에 合ᄒᆞ고 徐相雨와 穆麟德으로 全權大臣을 特差ᄒᆞ야 日本에 前往ᄒᆞ야 事宜를 辦理ᄒᆞ다 二十二年에 俄國으로 더부러 交好通商ᄒᆞ다 二十三年에 美國人、德尼로 內務協辦을 삼고 義國으로 더부러 交好通商ᄒᆞ고 育英公院과 鑛務局을 設ᄒᆞ다 洪鍾永으로 總務官을 삼아 三南、貢賦를 輪船으로 轉運ᄒᆞ다

第一百十四節 土們、定界

二十四年에 電報局을 設ᄒᆞ고 法國으로 더부러 交好通商ᄒᆞ고 朴定陽으로 專權大臣을 特差ᄒᆞ야 美國에 前往ᄒᆞ야 使事를 妥辦ᄒᆞ다 二十五年에 安邊府使、李重夏로 土們、勘界使를 삼아 清國、使와 事宜를 妥辦ᄒᆞ다 二十七年에 美國人、具禮와 李善得으로 內務協辦을 삼고 二十八年에 銀、銅、貨幣를 製造ᄒᆞ야 葉錢과 當五錢을 便케ᄒᆞ야 通用、無碍케ᄒᆞ고 二十九年에 奧國으로 더부러 交好通商ᄒᆞ다

第一百十五節 日、清、戰爭

三十年에 兩湖에 東學、黨이 嘯聚ᄒᆞ야 作亂ᄒᆞ니 四

方이響應ᄒᆞ야處處에蜂起ᄒᆞ거ᄂᆞᆯ官軍이四道로出ᄒᆞ야勦討ᄒᆞ다三十一年에全羅道에東學餘黨全琫準이作亂ᄒᆞ거ᄂᆞᆯ洪啓勳으로招討ᄒᆞ고淸國에請兵ᄒᆞ니淸將葉志超等이牙山에到ᄒᆞ고日使大鳥圭介ᄂᆞᆫ京城에入ᄒᆞ얏더니日淸兩國이我國의獨立ᄒᆞᄂᆞᆫ事로爭辨ᄒᆞ다가畢竟兩國이大戰ᄒᆞ니라

第一百十六節 自主獨立誓告廟社

開國五百三年(年三甲十午一)六月二十八日에國內外의公事文牒에開國紀年을書ᄒᆞ다 上이位號를大君主라ᄒᆞ시고十二月十二日에十四條洪範으로

宗廟와社稷에誓告ᄒᆞ시고詔勅을臣民에게頒布ᄒᆞ시니大槪淸國에依附ᄒᆞᄂᆞᆫ慮念을割斷ᄒᆞ고自主獨立의基礎를確建ᄒᆞ며王室典範을制定ᄒᆞ야써大位의繼承과밋宗戚의分義를昭케ᄒᆞ며大君主ᄭᅴ셔正殿에御ᄒᆞ사政務를視事ᄒᆞ실ᄉᆡ各大臣에게親詢ᄒᆞ야裁決ᄒᆞ심과各衙門의職務、權限에制定ᄒᆞᆷ과地方、官制의改定ᄒᆞᆷ과租稅의課徵ᄒᆞᆷ과經費의豫算、支出ᄒᆞᆷ과聰俊、子弟를廣行、派遣ᄒᆞ야外國의學術、技藝를傳習케ᄒᆞᆷ과將官을敎育ᄒᆞ고軍制를確定ᄒᆞᆷ과民法、刑法을嚴明ᄒᆞ야生命財産을保全ᄒᆞᆷ과用人ᄒᆞᆷ에門地를不拘ᄒᆞ고朝野

에遍求ᄒᆞ야써人才의登庸홈을廣ᄒᆞᆯ事이라

第一百十七節 馬關、日、淸、條約

五百四年(三十二年乙未)四月十七日에淸國、全權大臣李鴻章、李經芳과日本、全權大臣、伊藤博文、陸奧宗光等이日本、馬關에會同ᄒᆞ야日、淸、戰爭後에講和、條約을議定ᄒᆞᆯ새第一欵에朝鮮이確然히完全無缺ᄒᆞᆫ獨立、自主國이됨을認明ᄒᆞ다五月二十七日에八道ᄅᆞᆯ分ᄒᆞ야二十三府로定ᄒᆞ다

第一百十八節 改正朔、建年號

八月二十日에萬古의所無ᄒᆞᆫ變亂이宮中에有ᄒᆞ야皇后陛下ᄭᅴ셔遇害ᄒᆞ야崩ᄒᆞ시고宮內大臣

李耕稙과將官、洪啓勳이被害ᄒᆞ다九月九日에詔曰三統의互用홈이時ᄅᆞᆯ因ᄒᆞ야宜ᄅᆞᆯ制홈이니正朔을改ᄒᆞ야太陽曆을用ᄒᆞ되開國五百四年十一月十七日로써五百五年一月一日을삼으라ᄒᆞ시다十月十二日에林最洙等이義ᄅᆞᆯ擧ᄒᆞ야內閣을犯코자ᄒᆞ다가死ᄒᆞ다十一月十五日에 詔曰正朔을旣改ᄒᆞ야太陽曆을用ᄒᆞᆯ지니開國五百五年으로始ᄒᆞ야年號ᄅᆞᆯ建ᄒᆞ되一世、一元으로制定ᄒᆞ야萬世子孫이恪守케ᄒᆞ라ᄒᆞ시니年號ᄅᆞᆯ建ᄒᆞ야建陽이라ᄒᆞ다內部大臣兪吉濬이削髮ᄒᆞ는令을發홈이各地方에義兵이蜂起ᄒᆞ야官長을殺害

흠이多ᄒ다

第一百十九節　卽　皇帝位

建陽元年(丙申)二月에　上이太子로더부러俄國公館에暫時移御ᄒ시니都下百姓이激動ᄒ야總理

壽康太皇帝陛下

大臣、金弘集과農商大臣、鄭秉夏를殺ᄒ다創髮ᄒᄂ令을從便ᄒ라ᄒ다　上이慶運宮으로還御ᄒ시다二年八月에二十三府를十三道로改定ᄒ다九月十

七日에文武臣庶가大號를勸進ᄒ거늘　大君主陛下ᄭᅴ셔天地ᄭᅴ告ᄒ시고皇帝位에卽ᄒ샤國號를大韓이라ᄒ시고建陽二年을光武元年이라ᄒ고曆名을明時라ᄒ다

第一百二十節　銀行券及議定書

光武元年부터東西洋의通商ᄒᄂ各國에親王과大使와公領事가互相往來ᄒ야友邦의敦睦ᄒ和氣가有ᄒ야國光이地球上에永遠히顯揚ᄒ기를期望ᄒ더니後에外部大臣(趙秉式)은日本株式會社銀行券을全國에通用홈을認許ᄒ고內部大臣(李址鎔)은議定書(日俄戰爭初에軍略上의緊要ᄒ地ᄂ隨宜取用ᄒ라ᄂ議書라)를成

給ᄒᆞ다

第一百二十一節 新條約成

光武七年에日俄가大戰ᄒᆞ다 俄國이清國滿洲를占領ᄒᆞ야旅順口에軍港을大開ᄒᆞ고我國鴨綠江沿岸에森林을取코자ᄒᆞ야龍巖浦를占領ᄒᆞ니日本이我國의獨立을爲ᄒᆞ고滿洲를清國에還付ᄒᆞ기爲ᄒᆞ야宣戰書를各國에公佈ᄒᆞ고數十萬陸海軍이俄兵과開戰ᄒᆞ야俄兵을擊退ᄒᆞ니美國大統領이仲裁公議를締ᄒᆞ야日俄兩國의全權委員이美國에會同ᄒᆞ야媾和를成ᄒᆞ니라

九年十一月十七日에韓日新條約이成ᄒᆞ다 日本大使伊藤博文과全權公使林權助와大將長谷川好道와我國外大朴齊純과內大李址鎔과軍大李根澤과學大李完用과農大權重顯으로더부러闕內에入ᄒᆞ야五條約을定ᄒᆞ니大槪日本政府와及韓國政府는兩帝國을結合ᄒᆞ는利害共通의主義를鞏固케ᄒᆞᆷ을欲圖ᄒᆞ야韓國의富强의實을認ᄒᆞᆷ時에至ᄒᆞ기ᄭᆞ지此目的으로ᄡᅥ左開條件을約定ᄒᆞᆷ 第一條 日本政府는在東京外務省을

由ᄒᆞ야今後에韓國이外國에對ᄒᆞᄂᆞᆫ關係及事務를監理指揮ᄒᆞᆷ이可ᄒᆞ고日本國의外交代表者及領事ᄂᆞᆫ外國에在ᄒᆞᄂᆞᆫ韓國의臣民及利益을保護ᄒᆞᆷ이可ᄒᆞᆷ 第二條 日本國政府ᄂᆞᆫ韓國과他國間에現存ᄒᆞᄂᆞᆫ條約의實行을完全히ᄒᆞᄂᆞᆫ任에當ᄒᆞ고韓國政府ᄂᆞᆫ今後에日本國政府에仲介에由치아니ᄒᆞ고國際的性質을有ᄒᆞᄂᆞᆫ何等條約이나又約束을아니ᄒᆞᆷ을約ᄒᆞᆷ 第三條 日本國政府ᄂᆞᆫ其代表者로ᄒᆞ야韓國 皇帝陛下의闕下에一名의統監을置ᄒᆞ되統監은專혀外交에關ᄒᆞᄂᆞᆫ事項을管理ᄒᆞᆷ을爲ᄒᆞ야京城에駐在ᄒᆞ고韓國 皇帝陛下ᄭᅴ內謁ᄒᆞᄂᆞᆫ權利를有ᄒᆞᆷ日本國政府ᄂᆞᆫ又韓國의各開港場及其他日本國政府가必要로認ᄒᆞᄂᆞᆫ地에理事官을置ᄒᆞᄂᆞᆫ權利를有ᄒᆞ되理事官은統監의指揮之下에從來在韓國日本領事에게屬ᄒᆞ든一切職權을執行ᄒᆞ고幷ᄒᆞ야本協約의條款을完全히實行ᄒᆞᆷ을爲ᄒᆞ야必要로ᄒᆞᄂᆞᆫ一切事務를掌理ᄒᆞᆷ이可ᄒᆞᆷ 第四條 日本國과韓國間에現存ᄒᆞᄂᆞᆫ條約及約束은本協約條件에抵觸ᄒᆞᄂᆞᆫ者를除ᄒᆞᆫ外에總히其效力을繼續ᄒᆞᄂᆞᆫ者로ᄒᆞᆷ 第五條 日本國政府ᄂᆞᆫ韓國 皇帝의安寧과尊嚴을維持ᄒᆞᆷ을保證ᄒᆞᆷ 右證據로ᄒᆞ야下名은各本國政府에서相當ᄒᆞᆫ

委任을受하야本協約에記名調印함 條約이成하야國權이墜落함이陸軍副將閔泳煥은白刃으로自裁하고元老大臣趙秉世는飮藥自靖하고學部主事李相哲과徵上上等兵金奉學이亦爲飮藥自處하고前參判洪萬植과山林宋秉璿은鄕第에서仰藥自裁하니 上이忠魂을慰하샤幷히門閭를旌하시고贈職賜諡하시다前贊政崔益鉉은對馬島에서死하다統監府를設置함애外交權이다統監府에歸한지라各國에派遣한公使를召還하고我國에駐在한各國公使도皆撤還하고各其總領事가來駐하고日本은領事를理事라하야京城과各港口와必要地에置하다

第一百二十二節 警告同胞

陸軍副將閔泳煥이百官으로더부러伏闕上疏하야大勢를挽回코자하다가時勢가可爲치못할지라이에自刎하야死할새遺書로써韓國人民에게警告하니其書에曰國恥民辱이此에至하니我人民이將且生存競爭中에서殄滅할지라大抵苟且히生을要하는者는死하고死를期하는者는도로혀生하느니諸公은엇지此를不諒하느뇨泳煥은一死로 皇恩을仰報하고幷히我二千萬同胞兄弟에게謝하노이다泳煥이비록死하야도死치아

니ᄒᆞ고諸君을九泉下에서陰助ᄒᆞ리니我同胞는千萬奮勵ᄒᆞ야志氣를堅確ᄒᆞ며學問을益勉ᄒᆞ고結心戮力ᄒᆞ야我의自由獨立을回復ᄒᆞ면死者ㅣ冥冥中에서喜笑ᄒᆞ리어다ᄒᆞ고또各國公館에致書ᄒᆞ다前議政大臣趙秉世가또上疏ᄒᆞ며人民에게遺書로訣告ᄒᆞ고各國公館에致書ᄒᆞ다前贊政崔益鉉이對馬島에서死ᄒᆞᆯ時에遺疏를上ᄒᆞ니라

第一百二十三節　靑靑血竹

光武十年에忠正公閔泳煥의几筵을設ᄒᆞᆫ正寢後夾房廳事에血痕이有ᄒᆞᆫ遺衣를置ᄒᆞ고其戶를閉鎖ᄒᆞᆫ지二百五十日이라一日에家人이啓視ᄒᆞᆷ이

閔忠正公泳煥의血竹圖

靑靑ᄒᆞᆫ四苞의新竹이軒隙에서生ᄒᆞ얏스니凡九枝에四十一葉이라內外國人이聞而嗟歎ᄒᆞ며爭相往觀ᄒᆞ고街巷에塡咽ᄒᆞ야咸曰閔公의血竹이二千萬同胞를喚醒ᄒᆞ야獨立精神을化生ᄒᆞ얏다

ᄒᆞ니라

十一年丁未六月에荷蘭海牙府의萬國平和會議에李相卨과李儁과李瑋鍾이韓國委員이라ᄒᆞ고往叅ᄒᆞ야李瑋鍾은國際協會에서公開演說ᄒᆞ고李儁은忠憤을不勝ᄒᆞ야自決ᄒᆞ고萬國使臣前에熱血을灑ᄒᆞ야萬國이驚動케ᄒᆞ니라

第一百二十四節 禪位

七月十八日에 詔曰朕이列祖의丕基를嗣守ᄒᆞᆫ지于今四十有四載라倦勤傳禪은自有歷代已行之例ᄒᆞ니今玆軍國大事를令皇太子로代理ᄒᆞ노라ᄒᆞ시다二十二日에總理大臣李完用이各部大

臣을率ᄒᆞ고皇太子ᄭᅴ謹奏ᄒᆞ되 太皇帝陛下의詔旨를奉ᄒᆞ사我 陛下ᄭᅴ셔代理軍國庶政ᄒᆞ사既稱朕稱詔ᄒᆞ시고 太皇帝尊奉儀節을今已磨鍊矣라大德은必得其名ᄒᆞ시ᄂᆞ니從今으로詔勅與奏御文字에代理稱號를 皇帝大號로進稱ᄒᆞ심이允合天意民情이옵기臣等이合辭仰籲ᄒᆞ야謹上奏ᄒᆞ옵ᄂᆞ니다 皇太子ᄭᅴ셔既承 大朝處分ᄒᆞ얏스니勉從ᄒᆞ노라ᄒᆞ시다

第一百二十五節 協約又成

七月二十四日에韓日協約이成ᄒᆞ다 日本統監伊藤博文과總理大臣李完用과內大任善準과度大高永喜와學大李載崐과軍大李秉武와法大趙重應과農大宋

乘陵으로더부러協約을新成ᄒᆞ니大槪日本政府는速히韓國의富强을圖ᄒᆞ고韓國民의幸福을增進ᄒᆞ고자ᄒᆞ는目的으로左開條款을約定ᄒᆞᆷ 第一條韓國政府는施政改善에關ᄒᆞ야統監의指導를受ᄒᆞᆯ事 第二條韓國政府의法令의制定及重要ᄒᆞᆫ行政上의處分은豫히統監의承認을經ᄒᆞᆯ事 第三條韓國政府의司法事務는普通行政事務와此를區別ᄒᆞᆯ事 第四條韓國高等官吏의任免은統監의同意로써此를行ᄒᆞᆯ事 第五條韓國政府는統監의推薦ᄒᆞᆫ日本人을韓國官吏에任命ᄒᆞᆯ事 第六條韓國政府는統監의同意업시外國人을雇傭아니ᄒᆞᆷ事 第七條明治三十七年八月二十二日調印ᄒᆞᆫ日韓協約第一項을廢止ᄒᆞᆯ事 右爲證據ᄒᆞᆷ으로下名은各國本政府에서相當ᄒᆞᆫ委任을受ᄒᆞ야本協約에記名調印ᄒᆞᆷ이라 時에都下人民이亂動ᄒᆞ야鍾路에會集演說ᄒᆞ며總理大臣李完用家에放火ᄒᆞ고軍隊가又動ᄒᆞ야西小門內營門에서日兵과砲丸을亂放ᄒᆞᆷ이叅領朴星煥이死ᄒᆞ다八月一日에各營軍隊

大皇帝陛下　皇后陛下

를一時에解散ᄒᆞ라신詔勅을頒布ᄒᆞ다

第一百二十六節 受禪即位

大皇帝陛下 諱坧字君邦 씌셔 八月二十七日에慶運宮即祚堂에서受禪即位ᄒᆞ시고光武十一年을隆熙元年이라ᄒᆞ시고太皇帝를尊奉ᄒᆞ실새壽康太皇帝라ᄒᆞ시고宮

號를德壽라ᄒᆞ시고府號ᄅᆞᆯ承寧이라ᄒᆞ시고弟英親王、垠을冊ᄒᆞ야皇太子를封ᄒᆞ시고罪囚를大赦ᄒᆞ샤ᄃᆡ學兵、犯闕、外에ᄂᆞᆫ皆赦ᄒᆞ시고開國、以來에名、在罪籍、者를幷爲、蕩滌ᄒᆞ시다

第一百二十七節 兩陛下同車

上이昌德宮으로移御ᄒᆞ실ᄉᆡ馬車를御ᄒᆞ샤 皇后陛下와同乘ᄒᆞ시고車上에裝屋을不設ᄒᆞ야兩陛下ᄭᅴ서天顔을露ᄒᆞ시고出宮ᄒᆞ실ᄉᆡ侍臣이皆馬車를乘ᄒᆞ야陪從ᄒᆞ며官、公、私立、學校의學生과人民이大路左右에排立ᄒᆞ야相告ᄒᆞ야曰 皇后陛下ᄭᅴ서大路上에露面ᄒᆞ샤臣民家婦女의表準

을作ᄒᆞ시니我輩의婦女들은從今으로乘轎와覆面ᄒᆞᄂᆞᆫ舊習을廢止ᄒᆞᄂᆞᆫ것이可ᄒᆞ다ᄒᆞ더라

第一百二十八節 皇儲遊學

皇太子殿下

皇太子를日本에送ᄒᆞ샤遊學케ᄒᆞ실ᄉᆡ伊藤博文으로太師를삼아陪往ᄒᆞ다 皇太子ᄭᅴ서時年이十一이라本國에서도夙就英敏ᄒᆞ신聲譽가藉藉ᄒᆞ더니及、沖年에遊學ᄒᆞ심이 太皇帝、陛下를離ᄒᆞ시나難色이少無ᄒᆞ시

고日本에到着ᄒᆞ샤皇室에交接ᄒᆞ시고各處에遊覽ᄒᆞ실ᄉᆡ儀容이整肅ᄒᆞ고言辭가切當ᄒᆞ심애外國人도稱頌ᄒᆞ다ᄂᆞᆫ譽言을我國、一般、臣民이新聞上에種種承聞ᄒᆞ고我國의幸福을希望ᄒᆞ더라

初等大韓歷史 終

隆熙二年七月 日印刷
隆熙二年七月 日發行

不許 所有板權

（定價金七十錢）（郵稅二錢）

校閱 張世基
編輯 鄭寅琥
發行者 鄭寅琥
洪淳珏
印刷所 校洞右文館

總發行所 京城南部銅峴大四街里三十五統五戶、玉虎書林
發賣所 京鄉有名各冊肆

영인

초등대한력ᄉᆞ

초등대한력ᄉ
全

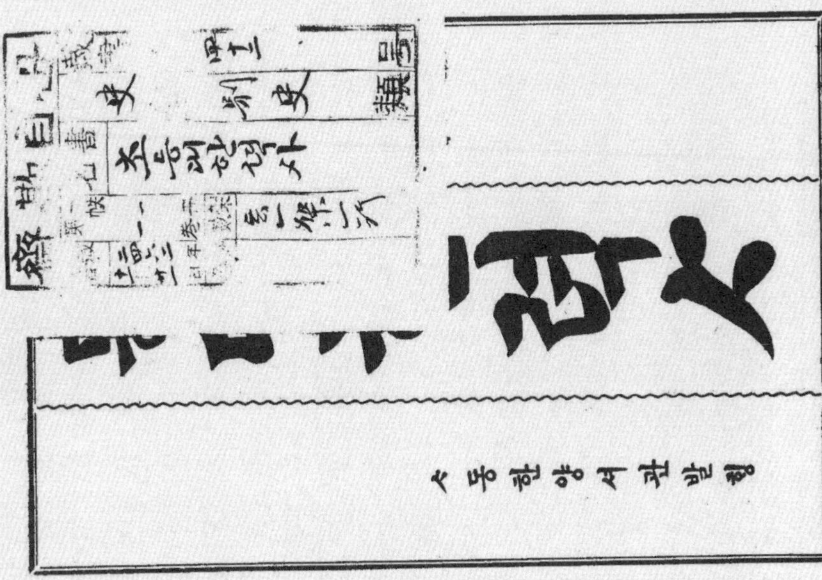
초등대한력ᄉ
ᄉ동한양서관발행

초등대한력ᄉᆞ셔

오호라, 력ᄉᆞ는 국가와 인민간에 졍치득실과, 풍쇽졀약을, 긔술(記述)ᄒᆞ야 력대ᄉᆞ긔의 일부(一部)를 편(編)셩홈이니, 그 의(義)가, 크도다. 우리나라 션현(先賢)이 동국통감과, 력ᄉᆞ 등을, 져작(著作)ᄒᆞᆫ 적, 만호나, 다만, 한(漢)문으로, 편찬(纂)ᄒᆞ얏는 고로, 샹듕 등 사회는, 효희(曉解)홈이, 쉬으려니와, 녀ᄌᆞ와 하등인은, 독습(讀習)키 어려온즉, 지식발달과, 보통미명홈은, 가론치, 못

홀지라, 텬하의, 문명국민은, ᄌᆞ국문ᄌᆞ로, 독립긔본을, 삼아, ᄌᆞ쥬의 국이라, ᄌᆞ유의 민이라 ᄒᆞ야, 세계에, 샹등국민을, 표시(表示)ᄒᆞᄂᆞ니, 오ᄌᆞ분국은 단군(檀君)ᄉᆞ쳔년 신셩(神聖)ᄒᆞᆫ 나라오 본죠오빅년 도덕의, 교화에, 훈목(薰沐)ᄒᆞᆫ, 민족(族)으로, 침륜(浸淪)홀지경에 이르니, 이는 지ᄉᆞ(志士)의, 장틔식(長太息)홀 비라, 오홉다 세종죠씌셔, 훈민졍음(訓民正音)을, 챵죠(倡造)ᄒᆞ샤, 빅세문명을, 계(啓)발ᄒᆞᆫ 신지, 누빅년에, 오히려, 발젼(展)치 못

흠으로、일반인민이、본국ᄉᆞ긔를、망茫미昧ᄒᆞ야、국
민의、ᄌᆞ격을、포暴기棄ᄒᆞ얏시니、엇지국톄體와、민명命
을、유維지持ᄒᆞ리오、이에、본국의、국문으로、력ᄉᆞ를、
간簡요要히편즙ᄒᆞ야、국ᄂᆡ에、발힝권勸려勵ᄒᆞ노니、원
컨ᄃᆡ、이쳔만형뎨ᄌᆞ미는、열심관觀람覽ᄒᆞ야、만억
년국민긔초를、독립공鞏고固홈의、목뎍에、달홀지
어다、오호라

융희이년칠월한양셔관쥬인셔

초등ᄃᆡ한력ᄉᆞ셔　三

ᄃᆡ大한韓력歷ᄃᆡ代젼傳슈授도圖

단檀군君조朝션鮮 ㅣ 긔箕시氏조션

위衛시氏조션 — ᄉᆞ四군郡 — 이二부府 — 고高구句려麗

마馬한韓 — 빅百졔濟

진辰한 — 신新라羅

변弁한 — 가駕낙洛

신新라羅 문文무武왕王구년후後

후後빅百졔濟진甄헌萱

ᄐᆡ泰봉封궁弓예裔

고高려麗 — 조朝션鮮

기국오빅륙
년졍유기
국호ᄃᆡ한

ᄃᆡ한만만세

초등ᄃᆡ한(大韓)력ᄉᆞ(歷史)목록

졔일쟝 샹고(上古)

단군(檀君) 긔ᄌᆞ(箕子) 위만(衛滿) ᄉᆞᆷ한(三韓) 봉건(封建)시(時)ᄃᆡ(代)

졔이쟝 듕고(中古)

신라(新羅) 고구려(高句麗) ᄇᆡᆨ(百)졔(濟) 가(駕)낙(洛) 발(渤)ᄒᆡ(海)

ᄐᆡ(泰)봉(封) 진(甄)훤(萱)

졔ᄉᆞᆷ쟝 근고(近古)

고려(高麗)

졔ᄉᆞ쟝 국(國)조(朝)

본(本)조(朝)

초등ᄃᆡ한력ᄉᆞ목록 종

초등대한력ᄉ

뎨일장 샹고(上古)

뎨일졀(節) 단군(檀君)

대한 륭희(隆熙) 원년(元年) 뎡미(丁未) 붓허, ᄉ쳔이빅ᄉ십년젼(前)에, 신셩(神聖)ᄒ신, ᄉ름이, 태빅산(太白山) 단목(檀木) 아래에 나리신대, 나라ᄉ름이, 세워, 인군을, 삼으니, 이ㅣ 단(檀)군(君)이, 되시니라, 원년 무진(戊辰)에, 나라일홈을, 조션(朝鮮)이라ᄒ고, 빅셩을, 가라쳐, 터럭을, 역고, 머리를,

덥ᄒ며, 음식과, 거처의, 졔도(制度)를 뎡(定)ᄒ다, 태ᄌ(太子) 부(扶)루(婁)를, 도산(塗山)에, 보내야, 지나(支那) 하우(夏禹)시(氏) 만국회(萬國會)에, 참예ᄒ다, 처음에는, 평양(平壤)에, 도읍ᄒ얏다가, 후에, 빅악(白岳) 월문 산화 구 으로, 도읍을, 옴기니라

단군의, ᄌ손이, 인군의, 위(位)를, 셔로 젼(傳)ᄒ지, 일쳔이빅여년에, 나라를, 북부여(北扶餘)로, 옴겻다가, 고구(高句)려(麗)에게 아오른바ㅣ 되니라

뎨이졀 긔ᄌ(箕子)

긔ᄌᆞ는、지나(支那)은왕(殷王)셩탕(成湯)의、ᄌᆞ손이라、셩(姓)은ᄌᆞ(子)오、
명(名)은、셔여(胥餘)ㅣ니、긔(箕)에、ᄌᆞ작(子爵)을、봉(封)ᄒᆞ고로、긔ᄌᆞ라、
일ᄏᆞᄅᆞ니라
쥬(周)나지무왕(武王)희발(姬發)이、은(殷)나라를、멸ᄒᆞᆷ의、긔ᄌᆞㅣ、쥬(周)
를、피ᄒᆞ야、오쳔ᄉᆞ름을、거ᄂᆞ리고、동으로、오실
셔、시(詩)셔(書)례(禮)악(樂)과、빅공(百工)의기예(技藝)가、다조친지라、나
라ᄉᆞ름이、긔ᄌᆞ의、셩덕(聖德)을、ᄉᆞ모ᄒᆞ야、왕(王)을、삼으
니、긔ᄌᆞ가、평양(平壤)에、인ᄒᆞ야、도읍ᄒᆞ시고、팔조(八條)의、

교(敎)를、셜힝(設行)ᄒᆞ야、인현(仁賢)의、화(化)가、크게힝ᄒᆞ니라
긔ᄌᆞ의、ᄉᆞ십일세손、긔쥰(箕準)에、이ᄅᆞ러、연(燕)나지나라
ᄉᆞ롬、위만(衛滿)이、그、당(黨)쳔여인을、모호고、퇴(椎)훈계(髻)와、
만이(蠻夷)의、복(服)으로、리항(來降)ᄒᆞ거놀、쥰(準)이、박ᄉᆞ(博士)를、빅(拜)ᄒᆞ
야、셔번(西藩)을、직희게ᄒᆞ얏더니、만(滿)이、병(兵)을、쓸고、평
양을、감안이、음습ᄒᆞ니、쥰(準)이、피ᄒᆞ야、남으로、옴
기니라

뎨ᄉᆞᆷ졀 위만(衛滿)

위만이、긔쥰을、쪼ㅅ고、평양에、도읍ᄒᆞ야、나라
일홈을、조션이라、잉(仍)칭(稱)ᄒᆞ고、병(兵)권(權)과、직(財)력(力)으로、
슈쳔리ᄯᅡ롤、ᄀᆡ(開)쳑(拓)ᄒᆞ얏더니、손(孫)우(右)거(渠)왕(王)에、이르
러、교만ᄒᆞ여、거만홈이、날마다、심ᄒᆞ야、한(漢)나지의、
사(使)ᄌᆞ(者)롤 죽이니、한무(武)뎨(帝)류(劉)쳘(徹)이、노(怒)ᄒᆞ야、쟝(將)을、보
ᄂᆡ야、쳐셔、취(取)ᄒᆞ고、그ᄯᅡ에、ᄉᆞ(四)군(郡)을、두엇더니、고
구려에게、아오른바ㅣ되니라、단군조션과、긔
ᄌᆞ조션과위시조션이、나라일홈을、잉칭ᄒᆞ고、

그셩(姓)이、세번밧귀인고로、후세에、ᄉᆞ룸이、샹고(上古)
삼(三)조(朝)션(鮮)이라、일ᄏᆞᄅᆞ니라

뎨ᄉᆞ졀 삼(三)한(韓)

한(韓)이라、칭(稱)홈은、한(漢)강남편에、ᄒᆞᆫᄃᆡ(大)륙(陸)이、잇ᄂᆞᆫ고
로、방(方)언(言)에、일(一)나ᄒᆞ이라、ᄃᆡ(大)한라ᄒᆞᄂᆞᆫ뜻을、번(飜)역(譯)홈
이라
긔쥰이、나라롤、일코、바다에、셔셔、남으로、금(金)마(馬)
군(郡)산의에이르러、나라롤、세우고、마(馬)한(韓)이라、칭ᄒᆞ

야, 변(弁)한과, 진(辰)한을, 통치(統治)ᄒᆞ니, 이를 ᄉᆞᆷ한이라, 일
으ᄂᆞ니라
변한은, 김해군(金海郡)에, 잇시니, 혹 변(卞)한이라, 칭ᄒᆞ더
니, 후에, 가락국(駕洛國)왕, 김슈로(金首露)에게, 아오른바ㅣ되
니라
진한은, 녯 진(辰)국의, ᄯᅡ이니, 진(秦)나지 나라ᄉᆞ름이, 진(秦)
시황(始皇)영정(嬴政)의, ᄯᅡ다른, 역ᄉᆞ를, 피ᄒᆞ야, 마한에, 도
라와, 붓츠거ᄂᆞᆯ, 마한이, 동편디경을, 버혀주어,

살게ᄒᆞᆫ고로, 혹은, 진(秦)한이라, 칭ᄒᆞ니라, 진한과,
변한이, 마한의, 속국(屬國)이되야, 그 군장(君長)은, 다마한
ᄉᆞ름으로, 선정(選定)ᄒᆞ니라

뎨오절 봉건시ᄃᆡ(封建時代)

ᄉᆞᆷ한이, 솟발ᄀᆞᆺ치, 셧슬ᄯᆡ에, 속국이, 칠십팔이
니, 마한은, 오십ᄉᆞ국이오, 진한과, 변한은, 각々
십이국이라, 큰나라ᄂᆞᆫ, 만여호ㅣ오, 져근나라
ᄂᆞᆫ, 쳔여호ㅣ러라, 절풍건(折風巾)(갓)과, 장슈삼(長袖衫)(적고리)과, ᄃᆡ(大)

구고(口袴)〔지바〕와、오혁리(烏革履)〔김은신〕ᄂᆞᆫ、그시친풍속이、오히려、
후세에、젼ᄒᆞ니라
뎨이장、듕고(中古)
뎨일졀 신라(新羅)일一
진한ᄉᆞ룸박혁거세(朴赫居世)가、신셩(神聖)ᄒᆞᆫ신덕(德)이、잇ᄂᆞᆫ고
로、륙부(六部)의、민인(民人)이、세워、인군을삼으니、ᄯᆡ에、나
이십솜이라、국호(號)를、사로(斯盧)ㅣ라ᄒᆞ고、군호(君號)를、거(居)
셔간(西干)이라ᄒᆞ다、왕비(妃)언영(閼英)이、또ᄒᆞᆫ어즌ᄒᆡᆼ실이

九

초등ᄃᆡ한력ᄉ

잇슴으로、ᄯᆡᄉᆞ룸이、이셩(二聖)이라、칭ᄒᆞ니라
혁거세의、티ᄌᆞ(太子)남히(南解)가、왕위(位)에、잇슬ᄯᆡ에、아들
은、유리(儒理)오、사회ᄂᆞᆫ、셕탈히(昔脫解)라、남히가、병(病)이、독(篤)ᄒᆞ
야、그장년(長年)으로、위(位)를、이으라ᄒᆞ얏더니、밋남히
가、훙(薨)ᄒᆞᆷ의、유리가탈히에게、사양ᄒᆞᆫᄃᆡ、탈히왈
셩지(聖智)ᄒᆞᆫᄉᆞ룸은、치(齒)가、만타ᄒᆞ니、병(餠)〔떡〕으로써、시
험ᄒᆞ거ᄂᆞᆯ、ᄯᅥᆨ을씹으니、유리의치흔(齒痕)이、만ᄒᆞᆫ지
라、유리가、위에나아가、군호를、니사금(尼斯今)이라ᄒᆞ

十

초등ᄃᆡ한력ᄉ

니、니사금은、풍속말에、이씀이니、지금에、말소
리가、와訛ᄒᆞ야、임금이라ᄒᆞ니라
그후에、유리가위를、탈히에게、젼ᄒᆞ야、박朴석昔량兩
셩姓이、셔로、젼ᄒᆞ다가、석昔조助분賁에、이르러、그사회
김金미味츄鄒에게、젼ᄒᆞ니、박시ᄂᆞᆫ、십왕이오、셕시ᄂᆞᆫ、
팔왕이오、김시ᄂᆞᆫ、숨십팔왕이라、총히오십륙
왕이오、력歷년年이、구빅구십이년이러라

데이졀 신라이二

유리왕ᄯᅢ에、관官을、십칠등等으로、정定ᄒᆞ며、륙六부部에、
셩姓을、주니、리李최崔손孫정鄭비裵셜薛이러라
탈히왕ᄯᅢ에、국호를、계雞림林이라ᄒᆞ얏더니、지智증證
왕ᄯᅢ에、국호를、곳처、신라라ᄒᆞ고、법法흥興왕ᄯᅢ에、
비로소、년年호를、세워、건建원元이라ᄒᆞ니라
태太종宗무武렬烈왕ᄯᅢ에、김金유庾신信의、칙策을、써셔、당唐나라병兵
을、연聯합合ᄒᆞ야、빅제를、멸ᄒᆞ고、문文무武왕ᄯᅢ에、김유
신이、ᄯᅩ당병으로、더브러、고구려를、멸ᄒᆞ니、숨

국이,통일ᄒᆞ니라

뎨ᄉᆞᆷ졀 신라ᄉᆞᆷ 三

진(眞)셩(聖)왕은,녀(女)쥬(主)ㅣ니,샹벌이,공평치못ᄒᆞ고,긔(紀)강(綱)이,히이ᄒᆞ야,도적이,벌ᄀᆞᆺ치이러나미,김(金)궁(弓)예(裔)는,원(原)쥬(州)에셔,병을,이르키고,진(甄)헌(萱)은,젼(全)쥬(州)에셔,병을이르키니라

경(景)익(哀)왕이,ᄯᅩᄒᆞᆫ,정ᄉᆞ를,일어,포(鮑)셕(石)정(亭)에,나아가놀석,진(甄)헌(萱)이,병을거ᄂᆞ리고,졸연이르니,군(君)신(臣)

이엇지ᄒᆞᆯ바를,알지못ᄒᆞ는지라,헌(萱)이,왕을쥭이고,그일가ᄉᆞ롬의,아ᄃᆞᆯ,김(金)부(傅)를,세우니,이는경(敬)슌(順)왕이러라

경슌왕이,나라형세가,외롭고,약홈을,스ᄉᆞ로알고,고(高)려(麗)에,도라가,붓초고져ᄒᆞ거ᄂᆞᆯ,왕ᄌᆞ(子)젼(倎)이,간(諫)ᄒᆞ되,듯지아니ᄒᆞ는지라,젼(倎)이,왕에게,울며,하직ᄒᆞ고,기(皆)골(骨)산(강금)에드러가니,고려ᄐᆡ조가,맛ᄯᆞᆯ,악(樂)낭(浪)공(公)쥬(主)로,써왕에게,혼인ᄒᆞ고,신라

를、취ᄒᆞ야、경쥬부(慶州府)를두다

데ᄉᆞ졀 고구려(高句麗)일

고쥬몽(高朱蒙)은、단군의、유죵(遺種)이라、구려산(句麗山)아릭에셔、나니、나이이십이러라、졸본부여(卒本扶餘)에、도읍ᄒᆞ고、국호를、고구려(高句麗)라ᄒᆞ니、이는동명(東明)왕이러라

티조(太祖)는、동명왕의、증손(曾孫)명(名)은궁(宮)이라、날ᄯᅢ에、능히눈을、들어보고、칠세에、위(位)로나아가、슈(壽)ㅣ빅십팔세니、그젼셩(全盛)ᄒᆞᆯᄯᅢ에、강(强)병이、빅만이라、셔

으로、유연(幽燕)나지을、물니치고、남으로、졔로(齊魯)나지를、흔드니라

광기토(廣開土)왕은、ᄯᅡ를、널게기쳑ᄒᆞᆫ、공(功)이만흠으로、나라ᄉᆞ룸이、안동현(安東縣)ᄯᅡ지나、딕동구(大東溝)에、송덕비(頌德碑)를、세우니라、장슈(長壽)왕은、도읍을、평양(平壤)에、옴기고、연(燕)나지쥬풍홍(主馮弘)의、항복을、바드니라

영양(嬰陽)왕ᄯᅢ에、슈(隋)나지졔양광(帝楊廣)이、병(兵)을크게들어、드러와도적ᄒᆞ거놀、상국(相國)을지문덕(乙支文德)이、슈(隋)병숨십

초등대한력ᄉ 十七

여만올、살슈(薩水, 쳥쳔강)우에셔、크게셰쳐、살아도라간
쟈、겨오이쳔칠빅인이러라

뎨오졀 고구려이(二)

영류(榮留)왕셕에、당뎨(唐帝)리셰민(李世民)이、사(師)를거ᄂ리고、드
러와도적ᄒ거ᄂᆯ、안시셩쥬(安市城主)양만츈(楊萬春)이、셩을굿
게직힌지、륙슌(六旬)에、당뎨가、능히더뎍지、못ᄒᆷ을
알고、에음을、플어믈너도라가니라
연합금(淵蓋金)(ᄯᅩ말ᄒ되쳔합쇼문(泉蓋蘇文))이、병을들어、영류

초등대한력ᄉ 十八

왕을、쥭이고、왕의족하、보장(寶藏)을、셰워왕을、삼고
합금(蓋金)은、스ᄉ로、막리지(莫離支)(비슬일홈)가、되야、당병을、두번
셰치며、남으로、신라를、셰처、국권(國權)을、젼쳔(專擅)ᄒ니、
위엄이、사방에、썰치더라、합금이、쥭으미、아돌
남생(男生)과、남건(建)과、남산(產)등이、셔로시긔ᄒ고、투긔
ᄒ야、권세를、닷호다가、당장(唐將)리셰젹(李世勣)에게、나라
를멸ᄒ니、력디가、이십팔왕이오、력년이、칠빅
오년이라、그ᄯᅢ에、아홉도독부(都督府)를、두엇더니、후

에남방은、신라의、둔바ㅣ되고、북방은、발히(渤海)국
의둔바ㅣ되니라

뎨륙졀 빅졔(百濟)

고구려ᄉᆞ롬부여(扶餘)온조(溫祚)가、그신하십인으로、더
부러、다라나아가、하남(河南)(산직)위례셩(慰禮城)에、이르러、나
라를、세우고、일홈을、십졔(十濟)라ᄒᆞ더니、후에、빅졔(百濟)
라、곳쳐일컷고、한산(漢山)(쥬팡)에、도읍을、옴기니、남으
로、마한을、삼키고、동으로、악낭을、쏫고、신라와、

고구려로、더부러、솟발곳치、셔니、이ᄂᆞᆫ、솜국시
되니라

다루(多婁)왕은、쥬군(州郡)에、도젼(稻田)을、비로쇼짓고、하신(河辛)왕
은、박ᄉᆞ(博士)왕인(王仁)을、일본(日本)국에、보니야、문ᄌᆞ(文字)를、비로
소、젼ᄒᆞ며、직녀(織女)와、침공(針工)을、보니야、방젹(紡績)과、봉침(縫針)
을、가라치고、문쥬(文周)왕은、사자(泗沘)(여부)에、도읍을、옴기
니라

의자(義慈)왕은、교만ᄒᆞ고、사오나와、간(諫)ᄒᆞᄂᆞᆫ신하셩(成)

충(忠)을, 쥭이고, 곳은 신하 흥(興)슈(首)를, 귀양ᄒᆞ고, 신라
를 침노ᄒᆞ다가, 신라, 장(將)김(金)유(庾)신(信)이, 당(唐)장(將)소(蘇)졍(定)방(方)
으로 더부러, 병을, 합ᄒᆞ야, 도(都)셩(城)을, 에운딕, 왕이,
나아가, 항복ᄒᆞ니, 젼(傳)셰(世)가, 솜십왕이오, 력년이,
륙빅칠십팔년이라, 당(唐)이, 다숫도(都)독(督)부(府)를, 두엇
더니, 후에, 신라에게, 아오른바ㅣ되니라

제칠절 가(駕)낙(洛)

김(金)히(海)군(郡)귀(龜)지(旨)봉(峯)아릭 김(金)슈(首)로(露)형(兄)뎨(弟)륙인이, 나니,

슈로는, 나라를, 셰워, 일홈을, 가낙(김히)이라ᄒᆞ고,
뎨(弟)오인은, 난호아, 대(大)가(伽)야(倻)(고령)와, 소(小)가(伽)야(倻)(고셩)와, 아(阿)
라(羅)가야(함안)와, 고(古)령(寧)가야(함창)와, 벽(碧)진(珍)가야(셩주)에, 군(君)
쥬(主)가, 되야, 다숫가야라, 칭ᄒᆞ더니, 후에, 신라에
게, 아오른바ㅣ되니라

제팔절 발(渤)히(海)

고구려의, 유(遺)종(種)대(大)조(祚)영(榮)이, 료(遼)슈(水)를, 건너, 태(太)빅(白)산
(빅두산)을, 웅거ᄒᆞ고, 나라를 셰우니, 이는 발히국 고(高)

조(祖)ㅣ라, 오경(五京)과, 십오부(十五府)를두고, 디방이, 오쳔리
에이르러, 바다동편에, 셩(盛)ᄒᆞᆫ나라ㅣ라칭ᄒᆞ더
니, 후에, 걸안(契丹)에게멸ᄒᆞᆫ바ㅣ되니라

제구절 ᄐᆡ봉(泰封)

신라헌안(憲安)왕의, 아ᄃᆞᆯ김궁(金弓)예(裔)가, 부왕(父王)에게, 닉친
바ㅣ되야, 승(僧)이, 되얏더니, 신라의정강(政綱)이, 문란(紊亂)
ᄒᆞ고, 도적이, 벌ᄀᆞᆺ치일어날ᄯᆡ를, 타셔, 북원(北原)에
셔, 병을일으켜, 철원(鐵原)에, 도읍ᄒᆞ고, 국호를, ᄐᆡ봉

이라ᄒᆞ더니, 포학무도ᄒᆞᆷ으로, 그원훈(元勳)제장이,
궁예를, 폐ᄒᆞ고, 왕건(王建)을, 추ᄃᆡ(推戴)ᄒᆞ야, 왕을삼으니,
이는고려ᄐᆡ조시니라

제십절 진훤(甄萱)

진훤은, 샹쥬(尙州)ᄉᆞ름이라, 지략이, 만코, 이샹ᄒᆞᆫ, ᄯᅳᆺ
을품엇더니, 신라의쇠ᄒᆞᆷ을, 타셔, 망명(亡命)당(黨)을, 모
드여, 쥬군(州郡)을겁략ᄒᆞ고, 완산(完山)(주젼)에, 도읍ᄒᆞ야, 국
호를, 후ᄇᆡᆨ제(後百濟)라ᄒᆞ더니, 고려ᄐᆡ조에게, 항복ᄒᆞ

니라

뎨삼쟝 근고(近古)

뎨일졀 고려(高麗) 일(一)

고려ᄐᆡ조의 셩(姓)은 왕(王)이오 명(名)은 건(建)이니 나이 이십에 ᄐᆡ봉의 장슈되야 여러 도적을 토평(討平)ᄒᆞ심으로 위덕(威德)이 날노 셩ᄒᆞ야 ᄃᆡ위(大位)에 나아가시니 국호를 고려라ᄒᆞ고 년호(年號)를 텬슈(天授)ㅣ라ᄒᆞ며 궁예를 쫏처ᄂᆡ고 진헌을 평ᄒᆞ고 신라가 도라와

붓처 젼국을 통합ᄒᆞ니라

광종(光宗)이 비로소 과거(科擧)법을 힝ᄒᆞ야 진ᄉᆞ(進士)와 급뎨(及第)를 ᄲᅢ셔 쓰고 숑악(松岳)을 황도(皇都)라 칭ᄒᆞ며 셩죵은 ᄉᆡᆼ일(生日)을 쳔츈졀(千春節)이라 칭ᄒᆞ며 ᄉᆞᆷ셩(省)과 륙조(曹)와 칠사(寺)를 두며 셔희(徐熙)로 ᄂᆡᄉᆞ령(內舍令)을 ᄇᆡ(拜)ᄒᆞ야 걸안(契丹)과 화친ᄒᆞ니라

뎨이졀 고려 이(二)

현(顯)죵 ᄯᅢ에 걸안이 이십만병을 거ᄂᆞ리고 드러

와도적ᄒᆞ거ᄂᆞᆯ、강감찬(姜邯贊)으로、원슈(元帥)를、비ᄒᆞ야、귀(龜)
쥬(州)(셩거)에서、크게ᄭᅢ치니、걸안병이、필마(匹馬)도、도라
간지、업ᄉᆞ니라
문(文)종ᄯᅢ에、문헌(文憲)공(公)최츙(崔冲)이、학교(學校)를、베프러、ᄉᆡᆼ도(生徒)
를교육ᄒᆞ고、예(睿)종ᄯᅢ에、문슉(文肅)공윤관(尹瓘)을、보내야、
여진(女眞)을、쳐ᄶᅩᆺ고、션츈(先春)령(嶺)에、비(碑)를、세워、디경을、
정ᄒᆞ다
의(毅)종은、무도ᄒᆞ고、명(明)종은、불군(不君)ᄒᆞ고、신(神)종은、암(闇)

약(弱)ᄒᆞ야、정즁부(鄭仲夫)와、리의민(李義旼)의문신(文臣)을、다쥭이
니、이는、경계란(庚癸亂)이라、최츙헌(崔忠獻)이의민(李義旼)의문등을버히
고、국권을、젼혀ᄊᆞ셔、아들우(瑀)와、손항(沆)과、증손의(竩)
에、이르기ᄭᆞ지、ᄉᆞ세(四世)를、집졍(執政)ᄒᆞ니라

뎨ᄉᆞᆷ졀 고려삼(三)

고(高)종ᄯᅢ에、몽고(蒙古)가、ᄒᆡ마다、와셔、침노ᄒᆞ거ᄂᆞᆯ、ᄐᆡ(太)
ᄌᆞ젼(子典)을、보내야、몽고와、화친ᄒᆞ고、ᄐᆡ손(太孫)원(源)으로、
몽고세조(世祖)의、ᄯᆞᆯ제국공쥬(齊國公主)를、장가들어、두니라

이、구셩(舅甥)의 의(誼)를 밋으니라

츙렬(忠烈)왕과、츙션(宣)왕과、츙슉(肅)왕과、츙혜(惠)왕과、공민(恭愍)왕에、이ᄅᆞ기ᄭᆞ지、여러 ᄃᆡ(代)를、몽고의、공쥬를、장가들고、머리털을、ᄶᆞᆨ그며、옷을、곳쳐、몽고의、풍속을、만히、조초니라

ᄯᆡ에、문셩(文成)공、안유(安裕)와、문츙(忠)공 리졔현(李齊賢)과、문졍(正)공 권부(權溥)와、문졍(靖)공 리석(李穡)어、문장과、덕힝으로、일세에、가ᄅᆞ치고、인도ᄒᆞᆷ을、자임(自任)ᄒᆞ니라.

데ᄉᆞ졀 고려、ᄉᆞ(四)

공민(恭愍)왕ᄯᆡ에、홍거(紅巾)적(賊)슈십만이、와셔、침노ᄒᆞ야、숑도를、함(陷)ᄒᆞ거ᄂᆞᆯ、왕이、복쥬(福州)로、다라나、안우(安祐)와、김득ᄇᆡ(金得培)와、리방실(李芳實)로、원슈(元帥)를、비ᄒᆞ야、홍적을、토평ᄒᆞ고、경도(京都)를、회복ᄒᆞᆫᄃᆡ、김용(金鏞)이、그 공을、고려ᄉᆞᄅᆞᆷ으로 ᄒᆞ야곰、ᄉᆞᆷ원슈를、감안이、쥭엿더니、후에、닐이 발각ᄒᆞ야、용(鏞)이、복쥬(伏誅)ᄒᆞ니라

일본의、류구(流寇)가、ᄒᆡ마다、와셔、침노ᄒᆞ거ᄂᆞᆯ、최영(崔瑩)

과、정디(鄭地)등으로、딕장을、빅ᄒᆞ야、막다

데오졀 고려오(五)

공양(恭讓)왕ᄭᅴ에、아홉공신이、닐을ᄡᅧ셔、정ᄉᆞ와、권세를、셔르닷흠의、련명과、인심이、우리

티조고황뎨(高皇帝)ᄭᅴ로、도라오니、시듕(侍中)정몽쥬(鄭夢周)가、션쥭교(善竹橋)에셔、나라를、위ᄒᆞ야、쥭으니라

데ᄉᆞ장 국조(國朝)

데일졀 본조(本朝)일(一)

티조고황뎨(太祖高皇帝)ᄭᅴ옵셔、도읍을、한양(漢陽)에、정ᄒᆞ샤、국호를、조션이라ᄒᆞ시고、어준지조를、드르시며、아당ᄒᆞᆫ、신하를、멀니ᄒᆞ시며、참소의、말을、막으시며、음란ᄒᆞᆫ、제ᄉᆞ를、금ᄒᆞ시며、 종묘와、사직을、세우시며、경셩(京城)을、ᄊᆞ으시며、경복궁(景福宮)과、창덕(昌德)궁을、세우시니라

데이졀 본조이(二)

정(定)종ᄭᅴ셔 티조의、션위(禪位)ᄒᆞ심을、밧으샤、정전(正殿)

에셔、군신(羣臣)의、조하(朝賀)를、밧으실셰、평양부윤(平壤府尹)셩셕(成石)
린(璘)은、긔긔(欹器)도(圖)를、드리고、경긔좌도(左道)관찰사리졍(李廷)
보(俌)ᄂᆞᆫ、력년(歷年)도를、드리고、우(右)도관찰사최(崔)유(有)경(慶)은、
무일(無逸)도를、드린ᄃᆡ 상(上)이、가랍(嘉納)ᄒᆞ시다、 상(上)의、
셩질(性質)이、슌근(純謹)ᄒᆞ시고、지힝(志行)이、단방(端方)ᄒᆞ샤、위(位)에、잇
ᄉᆞ신지、이년에 ᄐᆡ(太)종씌、젼션(傳禪)ᄒᆞ시니라
졔ᄉᆞᆷ졀 본조ᄉᆞᆷ(三)
ᄐᆡ종씌셔、영예(英睿)ᄒᆞ심이、졀륜(絶倫)ᄒᆞ샤、향샹셰샹건

ᄌᆞ실ᄠᅳᆺ이、잇시신지라하륜(河崙)이、ᄆᆡ양탄식ᄒᆞ야
왈、이ᄉᆞᄅᆞᆷ은、하ᄂᆞᆯ을、덥ᄂᆞᆫ、영걸ᄒᆞᆫ、긔운이、잇다
ᄒᆞ더니、밋졍(定)종의、션(禪)을、밧으심이、군신으로ᄒᆞ
야곰 샹(上)의、득실(得失)을、곳게말ᄒᆞ라ᄒᆞ시며、ᄯᅩ간(諫)
ᄒᆞᄂᆞᆫ관원으로ᄒᆞ야곰、닐을ᄯᆞ라、간ᄒᆞ라ᄒᆞ시
다
고려시둉졍몽쥬를、포증(褒贈)ᄒᆞ샤、신졀(臣節)을、장려(奬勵)ᄒᆞ
시며、민무구(閔无咎)등의、쥭음을、쥬샤、외쳑(外戚)을、증계(懲戒)ᄒᆞ

시며、부참(符讖)의、글을、살으샤、요망의、말을、막으시고、만년(晩年)에、샹왕(上王)위(位)에、계셔、하ᄂᆞᆯ이、감을거ᄂᆞᆯ、ᄇᆡᆨ셩을、위ᄒᆞ야、근심ᄒᆞ시더니、샹이、붕(崩)ᄒᆞ시ᄂᆞᆫ、날에、이ᄅᆞ러、큰비가、ᄂᆞ린고로、ᄐᆡ종、우(雨)(오월십일)라、칭ᄒᆞᄂᆞ니라

졔ᄉᆞ졀 본조ᄉᆞ(四)

셰(世)종ᄭᅴ셔、졀무신ᄯᅴ로붓허、비호기ᄅᆞᆯ、조아ᄒᆞ시더니、밋위에、나아가심이、문학의、션비ᄅᆞᆯ、ᄲᅡ

으샤、집현젼(集賢殿)에、두시고、조셕에、강론(講論)ᄒᆞ며、고문(顧問)ᄒᆞ샤、우문(右文)의、치(治)ᄅᆞᆯ、샹(尙)ᄒᆞ시니、이웃나라、ᄉᆞᄅᆞᆷ이、동방셩인이라、칭ᄒᆞᄂᆞ니라

셜(偰)슌(循)을、명(命)ᄒᆞ샤、효(孝)힝(行)녹(錄)을、지으시며、졍(鄭)쵸(招)ᄅᆞᆯ、명ᄒᆞ샤、농(農)가(家)직(直)셜(說)을、편차ᄒᆞ야、젼국에、반포ᄒᆞ시며、종(宗)학(學)박(博)ᄉᆞ(士)ᄅᆞᆯ、두샤、종(宗)친(親)을、가라치시며、박(朴)연(堧)으로、아(雅)악(樂)을、지으시며、김(金)됴(銚)와、김돈(墩)으로、간(簡)의(儀)ᄃᆡ(臺)ᄅᆞᆯ、지으시며、셩(成)ᄉᆞᆷ(三)문(問)으로、훈(訓)민(民)졍(正)음(音)을、교(校)졍(正)

ᄒ시며, 김종셔(金宗瑞)로, 륙진(六鎮)을, 기쳑ᄒ시니라

제오졀 본조 오(五)

문종(文宗)의셔는, 셩리(性理)의, 학(學)을, 통ᄒ시며, 또 필법(筆法)이,
졍묘(精妙)ᄒ사, 촌간(寸簡)과, 쳑지(尺紙)라도, 쳔금ᄀᆞᆺ치, 듕히 녀
이시며, 유신(儒臣)을, 명ᄒ사, 동국병감(兵鑑)을, 지으시고,
친히 진(陣)법 구편을, 지으시니라

샹이, 병환이, 잇시사, 침젼 여러 신하롤, 블으
사, 밤이, 깁도록, 쵹블을 잡고, 경의(經義)롤, 강론ᄒ실

셔 세ᄌ(世子)롤, 무릅아래에, 두시고, 손으로, 그 등
을, 어르만즈사 왈, 너가, 이아히로, 써 경등에게,
부치노라 ᄒ시고, 탑에, ᄂ려 평좌ᄒ사, 술잔을,
잡아, 슐을 쥬시니라

제륙졀 본조 륙(六)

단종(端宗)의셔, 나이, 십이에, 위로, 나아가심이, 령의(領議)
졍(政) 황보인(皇甫仁)과, 좌(左)의, 졍, 남지(南智)와, 우(右)의졍 김종셔(金宗瑞) 등
은, 셰(世)종의, 고명(顧命)을, 밧아, 보좌(輔佐)ᄒ고, 집현젼 학

ᄉᆞ 셩삼문(成三問)、박ᄑᆡᆼ년(朴彭年)、하위디(河緯地)、리기(李塏)、류셩원(柳誠源) 등은
세종의、젼일부탁을、밧아、좌우에 협찬(協贊)ᄒᆞ니라
샹이、문신을 명ᄒᆞ샤、고려샤(高麗史)를、간인(刊印)ᄒᆞ야、즁외(中外)
에、널게、펴시며、문무ᄇᆡᆨ관의、조복(朝服)과、단령(團領)과、흉(胷)
비(背)의、졔도를、졍ᄒᆞ야、품급(品級)의、차셔로、입게ᄒᆞ시
니라

졔칠졀 본조칠(七)

세조(世祖)ᄭᅴ셔、근졍젼(勤政殿)에、어(御)ᄒᆞ샤、조하롤、밧으실ᄉᆡ、

세ᄌᆞㅣ、뫼샤거ᄂᆞᆯ、샹이、세ᄌᆞᄃᆞ려、일으샤왈、너
의、입은바 목면(木綿)이、비록 박누(薄陋)ᄒᆞ나、그러나、이ᄂᆞᆫ
밧갈고、미ᄂᆞᆫ이와、ᄏᆡ고、ᄧᆞᄂᆞᆫ이의、근고(勤苦)로、써일
음이니、너ᄂᆞᆫ、맛당이、옷을、보거든、녀공(女工)의、쉽지
아니ᄒᆞᆷ을、ᄉᆡᆼ각ᄒᆞ며、밥을、보거든、농부의、심히
간난(艱難)ᄒᆞᆷ을、ᄉᆡᆼ각ᄒᆞ야、검쇼ᄒᆞᆫ것으로、자봉(自奉)ᄒᆞ고、
혹도、부ᄌᆞ런치、아니ᄒᆞᆷ이、업게ᄒᆞ라ᄒᆞ시다
샹이、우찬셩(右贊成)셔거졍(徐居正) 등을 명ᄒᆞ샤、동국통감(通鑑)을

지으시며、원구단(圜丘壇)을、남교(南郊)에、싸으사며、큰쇠북
을、서로、불녀、거러우에、달으샤、서벽과、어두온
써를、경(警)ᄒᆞ시며、원각샤(圓覺寺)를、셩듕(城中)에、세우시니라

ᄃᆡ팔절 본조팔(八)

예종(睿)씌셔 세조의、션위(禪位)ᄒᆞ심을、밧으샤、졍ᄉᆞ(政事)
를、드르신、여가(餘暇)에、치란(治亂)의、자최에、뜻을、두샤、친
히、력ᄃᆡ세긔(世紀)를、지으시고、또문신을、명ᄒᆞ샤、국
조무졍보감(武定寶鑑)을지으시니라

처음에 세조씌셔、병환이계신ᄃᆡ 샹이、션(膳)
을、보시며、약을、맛보샤、낫과、밤으로、좌우에、뫼
시샤、침슈를、못ᄒᆞᆫ지、누월에 세조ㅣ、붕(崩)ᄒᆞ심
이 샹이、ᄋᆡ(哀)ᄒᆞ심을、과도히ᄒᆞ샤、작슈(勺水)를、드리
지아니ᄒᆞ시다가、잉히、병한이、되야、붕ᄒᆞ시다

ᄃᆡ구절 본조구(九)

셩(成)종씌셔、위에、나아가샤 예종을、챵(昌)능에、장
샤ᄒᆞ실셔、ᄃᆡ신이、알외ᄃᆡ、갓가온、쌔의、빅셩、무

덤을、다헐소셔

상이、하교ᄒᆞ샤ᄃᆡ、산쳔은、더ᄒᆞ지아니ᄒᆞ고、길흔、ᄯᅡ는、한정이、잇는지라、쳔만세 능실(室)이、무궁ᄒᆞ야、후세인민이、가히장사ᄒᆞᆯ、산과、가히밧갈、ᄯᅡ이、업슬가、두려워ᄒᆞ노니、지금붓허、법을、세워금ᄒᆞ는、한정을、널게、말나ᄒᆞ시니라

상이、효(孝)우(友)가、쳔(天)셩(性)에、나시샤、왕(王)ᄃᆡ(大)비(妃)롤、셩(誠)경(敬)으로、써봉양ᄒᆞ시며、월(月)산(山)ᄃᆡ(大)군(君)을、은(恩)례(禮)로、써ᄃᆡ졉、

ᄒᆞ시며、늙은、빅셩을、술로、써위로ᄒᆞ시며、젼(前)세(世)의、밝은임군과、어두은、임군의、힝흔바、착ᄒᆞ고、악ᄒᆞᆷ을、취(取)ᄒᆞ야、화(畫)공으로ᄒᆞ야곰、병풍쳡에、모(摹)ᄒᆞ야쓰고、안즈시며、누으심의、보시고、살피샤、항상잠(箴)계(誡)ᄒᆞ시니라

뎨십졀 본죠십(十)

연(燕)산(山)군(君)은、음학무도ᄒᆞ야、직(直)신(臣)과、현(賢)ᄉᆞ(士)롤、쥬(誅)륙(戮)ᄒᆞ거놀、박(朴)원(元)종(宗)과、셩(成)희(希)안(顔)등이、연산군을、폐ᄒᆞ

고、진성(晉成)대군을、마자세우니、이는、즁종(中宗)이시니
라
즁종ᄭᅴ셔、어진신하죠광조(趙光祖)로、대사헌(大司憲)을、삼으
시니법을잡기、공평ᄒᆞᆷ이、남녀가、길을、달게ᄒᆞ
야、다ᄉᆞ리는、덕화가、크게힝ᄒᆞ더니、남곤(南袞)과、심(沈)
졍(貞)에게、속여、고ᄒᆞᆷ을、입어、화(禍)를、만나니라
샹이、대사성(大司成)류슝조(柳崇祖)와、윤탁(尹倬)으로、가르치고、인
도ᄒᆞᆷ을、맛게ᄒᆞ시니、슝조는、칠서(七書)를、국문(國文)으로、

뜻을풀고、윤탁은、공ᄌᆞ(孔子)묘졍(廟庭)에、은힝(銀杏)나무를、심
어셔、지금ᄭᆞ지、오히려젼ᄒᆞ니라

졔십일졀　본조십일(十一)

인(仁)종ᄭᅴ셔、위에、나아가심이、형조(刑曹)를、명ᄒᆞ샤、고(拷)
경(掠)을、심신(審愼)ᄒᆞ야、원왕(寃枉)ᄒᆞᆷ이、업게ᄒᆞ라ᄒᆞ시고、잉
ᄒᆞ야、탄식ᄒᆞ샤왈、엇지ᄒᆞ면、과인(寡人)의、셰상에는、
ᄒᆞᆫ빅셩도、죄과(罪科)에、범ᄒᆞᆷ이、업게ᄒᆞᆯ고ᄒᆞ시며、또
하(下)교(敎)ᄒᆞ샤왈、착ᄒᆞᆷ을、드러내고、악ᄒᆞᆷ을、형벌ᄒᆞᆷ

초등대한력ᄉᆞ 四十七

온、왕정(王政)의、몬져ᄒᆞᆯ비ㅣ니、튱효(忠孝)가、탁이(卓異)ᄒᆞᆫ던지、
아젼이、되야、쳥빅(淸白)ᄒᆞᆫ、져、잇거든、지죠를、ᄲᅡ라、ᄲᅢ
ᄋᆞ쓰라ᄒᆞ시니라
샹의、질(疾)이、독(篤)ᄒᆞ샤왈、죠광죠(趙光祖)등의、닐은、션왕의、
허락지、아니ᄒᆞ심인고로、감히가보옵게、고치
지못ᄒᆞ얏더니、이제나의、병이、이에、이르니、광
죠의、벼슬을、회복ᄒᆞ라ᄒᆞ시다、밋 샹이、붕ᄒᆞ
심이、멀고갓가온디、빅셩이、양식을、ᄡᅡ고、와셔、

초등대한력ᄉᆞ 四十八

곡(哭)ᄒᆞᄂᆞᆫ、져、도로에、ᄭᅳᆫ치지아니며、우ᄂᆞᆫ쇼리가、
셔로젼ᄒᆞ야、할오날에、의쥬(義州)ᄶᅡ지、ᄉᆞ모치니라

데십이졀 본죠십이(十二)

명(明)종ᄭᅴ셔、나히、유츙(幼冲)ᄒᆞ심이、문졍(文定)왕후ᄭᅴ셔、발
을、드리고、졍ᄉᆞ를、들으신지、팔년에、졍ᄉᆞ를
샹에게、돌녀보내시니、어준신하리황(李滉)과、리이(李珥)
등을ᄲᅢᄋᆞ쓰시며、유일(遺逸)의、션비셩슈침(成守琛)과、조식(曹植)
등을、ᄲᅢᄋᆞ드을으시며、고려츙신졍몽쥬(鄭夢周)의、나

셔、그든셔에、셔원(書院)을、세우고、편익(扁額)을주시다
일본병선칠십여、슈(艘)가、젼라도손죽도(損竹島)를、도적
ᄒᆞ거늘、젼쥬부윤(全州府尹)리윤경(李潤慶)이、군ᄉᆞᄉᆞᆷ쳔을、거ᄂᆞ
리고、나아가싸올셰、윤경이、잘쏘ᄂᆞᆫ、ᄉᆞᄅᆞᆷ으로
ᄒᆞ야곰、도적장슈원편다리를、맛치고、바ᄅᆞᆷ을、
타셔、불을、노호며、군ᄉᆞ를、노와、쪼쳐쥭이니、적
국의、물이가、크게문어져、양초(糧草)를、버리고、도망
ᄒᆞ야가니라

제십ᄉᆞᆷ졀 본조십ᄉᆞᆷ(十三)

션(宣)조임진(壬辰)에、일본국의、관빅(關白)평슈길(平秀吉)이、명(明)나라
를、친다자칭(藉稱)ᄒᆞ고、길빌기를、청ᄒᆞ거늘、조정(朝廷)이、
허락지、아니ᄒᆞ얏더니、슈길이、큰군ᄉᆞ를、들어、
와셔、도적ᄒᆞᆯ셰、동래(東萊)를、몬져함(陷)ᄒᆞ니、쳠ᄉᆞ(僉使)정발(鄭撥)
과、부ᄉᆞ(府使)송샹현(宋象賢)등이、국난(國難)에、쥭고、리일(李鎰)과、신립(申砬)
등이、ᄎᆞ제로、싸호다、ᄑᆡᄒᆞᆷ이、일병이、경셩(京城)으로、
곳향ᄒᆞ니라

상이、서으로、파천(播遷)ᄒᆞ신디、일병이、쪼처이르러、평양(平壤)에、웅거ᄒᆞ거ᄂᆞᆯ 상이、의쥬(義州)에、쥬필(駐蹕)ᄒᆞ샤、졍곤슈(鄭崑壽)와、리덕형(李德馨)등을、명(明)나라에、보내야、구원(救援)병(兵)을、쳥ᄒᆞᆫ디、명나라제독(提督)리여송(李如松)등이、슈륙군(水陸軍)、이십여만을、거ᄂᆞ리고、와셔、구원ᄒᆞ니라

각도에셔、츙의(忠義)션비가、의긔(義旗)를、들어、군ᄉᆞ를、모(募)ᄒᆞ니、됴헌(趙憲)과、고경명(高敬命)과、김쳔일(金千鎰)은、호남(湖南)에셔、일어나고、곽재우(郭再祐)와、졍인홍(鄭仁弘)과、김면(金沔)과、권응슈(權應洙)는、

령남(嶺南)에셔、일어나고、권률(權慄)은、힝쥬(幸州)에셔、대텹(大捷)ᄒᆞ고、리졍암(李廷馣)은、히셔(海西)에셔、싸호고、리순신(李舜臣)은、한산도(閑山島)압바다에셔、크게싸와、일본의、슈군(水軍)을、함몰ᄒᆞ니、일본장슈、쳥졍(淸正)과、슈가(秀家)등이、경셩(京城)과、평양(平壤)을、바리고、동으로다러나더니、명년에다시군ᄉᆞ를、크게들어진쥬(晉州)셩을、함(陷)ᄒᆞ니、고죵후(高從厚)、김쳔일(金千鎰)、류복립(柳復立)、황셤(黃暹)등이、싸호다가、죽다

뎡유(丁酉)에、쳥졍등이、군ᄉᆞ를、두번재들어와셔、도

젹홀셔, 직산쇼사평(稷山素沙坪)에, 이르다가, 명나라구원(救援)장양호(將楊鎬)에게, 크게패ᄒᆞ야, 군ᄉᆞ를, 것어도라가니, 이는, 임진후, 팔년병화ㅣ니라

제십ᄉᆞ절 본조십ᄉᆞ(十四)

광히군(光海君)셕에, 명나라가, 청인(淸人)의란(亂)을, 만나, 구원병을, 청ᄒᆞ거놀, 죠졍이, 임진의, 공을, 싱각ᄒᆞ야, 강홍립(姜弘立)과, 김경셔(金景瑞)와, 김응하(金應河)로, 써군ᄉᆞ를거ᄂᆞ리고, 심하(深河)에, 드러가, 구원ᄒᆞ니라

광히가, 졍ᄉᆞ를, 권간(權奸)에게, 위임(委任)ᄒᆞ야, 큰옥사(獄事)를, 여러번일으키니, 영창(永昌)대군의와, 림히(臨海)군율과, 국구연흥부원군(國舅延興府院君)김제남(金悌男)등을, 죽이고, 인목(仁穆)대비(大妃)를, 셔궁(西宮)에, 가두니, 김류(金瑬)와, 리귀(李貴)와, 리괄(李适)과, 원두표(元斗杓)와, 최명길(崔鳴吉)등이, 광히를, 폐(廢)ᄒᆞ야, 졔쥬(濟州)로, 옴기고, 능양(綾陽)군을, 마져세우니, 이는 인(仁)죠시니라

제십오절 본조십오(十五)

인죠셰셔, 위에, 나아가심이, 리괄(李适)이, 반졍(反正)홀ᄯᆡ
의, 공을, 밋고, 교만ᄒᆞ고, 방자홈으로, 조졍의, 물
니침을, 입어, 안쥬(安州)병ᄉᆞ롤, 졔슈(除授)홈이, 괄이, 마음
에, 앙〻ᄒᆞ더니, 그아ᄃᆞᆯ, 젼(栴)이, 당론(黨論)에, 참예ᄒᆞ야,
옥(獄)에, 미인지라, 괄이, 분노(憤怒)ᄒᆞ야, 군ᄉᆞ롤, 들어, 경
셩을, 곳범ᄒᆞ니　샹이, 공쥬(公州)로, 파쳔(播遷)ᄒᆞ신ᄃᆡ, 장(張)
만(晩)과, 졍츙신(鄭忠信)등이, 도적을, 크게ᄭᅦ치고, 경셩을,
회복ᄒᆞ니라

뎡묘(丁卯)에, 쳥(淸)나라장슈영아ᄃᆡ(英兒岱)(속칭룡골ᄃᆡ)등이, 의쥬(義州)와,
션쳔(宣川)을, 함ᄒᆞ니, 부윤리완(李莞)과, 부ᄉᆞ긔협(奇協)이, 굽히
지아니코, 쥭ᄂᆞᆫ지라, 안쥬(安州)롤, 곳범ᄒᆞ니, 병ᄉᆞ(兵使)남(南)
이흥(以興)과, 부ᄉᆞ(府使)김쥰(金浚)이, 막어싸올셰, 쥰이, 염초자
루에, 불을질으니, 이흥과, 쳥장(淸將)이, 다타셔쥭으
니라
병ᄌᆞ(丙子)에, 쳥인(淸人)이, ᄯᅩ와셔, 침노ᄒᆞ야, 경셩을, 범ᄒᆞ
거놀　샹이, 남한산셩(南漢山城)에, 파쳔ᄒᆞ샷더니, 밋강(江)

초등대한력ᄉᆞ　五十七

화가(華)、함셩홈이 샹이、최명길(崔鳴吉)등으로ᄒᆞ야곰、화약(和約)을맺으시고、경셩으로、환어(還御)ᄒᆞ시니라

제십륙졀　본조십륙(十六)

효종(孝宗)ᄭᅴ셔、봉림(鳳林)ᄃᆡ군으로、계실ᄯᅥ에、병ᄌᆞ(丙子)의、란을당ᄒᆞ샤、심양(瀋陽)의、풍셜을、지니심으로、위에나아가심이、ᄃᆡ신졍태화(鄭太和)등을、불으샤、술잔을、잇ᄭᅳ러、갓치마스샤왈、청나라는、과인(寡人)의、원슈(怨讐)ㅣ라、이제청국의아홉왕(王)이쥭고、쳥번신(藩臣)이、란(亂)을、

초등대한력ᄉᆞ　五十八

지으니、이ᄯᅢ를、타셔、원슈를、갑흐면、어ᄂᆞᄯᅢ를、다시기ᄃᆞ리이오、가히큰、닐을、ᄒᆞᆫ가지ᄭᅦ홀、ᄯᅳᆺ잇ᄂᆞᆫ션비를、구ᄒᆞ라ᄒᆞ시다

샹이、리완(李浣)으로、훈련(訓鍊)ᄃᆡ쟝을、삼으시고、하로밤에는、완을、누으신안으로、불너드리샤、뭇ᄌᆞ와왈、나라의、급홈이잇시면、경이、맛당히、나를、조차、강도(江都)로、드러갈지니、만닐군ᄉᆞ가、다건느지못ᄒᆞ야、적국의군ᄉᆞ가、뒤에잇시면、쟝ᄎᆞᆺ엇지

ᄒᆞᆯ고、완이ᄃᆡ답ᄒᆞ야왈、신이、이믜큰자루를、지엇ᄉᆞ오니、가히이십두의、흙을、담을저、슈쳔이라、ᄉᆞᄅᆞᆷ으로ᄒᆞ야곰、각ᄉᆞᄒᆞᆫ자루를、가지고、힝ᄒᆞᆫ즉、ᄡᅵ고、멈으른즉、흙을、파셔、그가온ᄃᆡ에、담으고、자루를、편ᄒᆞ야、셩을、일우면、놉기가、ᄒᆞᆫ길이오、넓기、가히스ᄉᆞ로、호위ᄒᆞᆯ만ᄒᆞ오니、이ᄂᆞᆫ、원(原)야(野)에、도적을、막ᄂᆞᆫ、쟝(長)칙(策)이니이다、상이、조타ᄒᆞ시다

상이、비(備)변(邊)사(司)에、하교ᄒᆞ사왈、연(燕)심(瀋)에서、물을、ᄃᆡ히라면、물슈릭를、쓰ᄂᆞ니、우리나라ᄂᆞᆫ、이제도가、젼혀망(茫)ᄆᆡ(昧)ᄒᆞ야、지쳑에、비록곤곤ᄒᆞᆫ물이、잇슬지라도、ᄯᅡ형세가、조곰놉흔즉、엇지치못ᄒᆞᄂᆞ니、이제공(工)쟝(匠)으로ᄒᆞ야곰、그제도를、지어너야、농(農)ᄉᆞ를、권ᄒᆞᆷ에、ᄒᆞᆫ도음이、되게ᄒᆞ라ᄒᆞ시고、금(禁)즁(中)으로붓허、ᄒᆞᆫ슈릭를、지으니、제도가、심히괴교ᄒᆞ야、팔도에、난호와보ᄂᆡ시다

제십칠절 본조 십칠十七

현顯종씌셔, 어리신ᄯᅴ로 붓허 총명이, 졀륜ᄒᆞ샤, 보시고, 들으시ᄂᆞᆫ바ㅣ 잇시면, 잇지아니ᄒᆞ시더니, 밋크심의, 부모겻혜, 써나지아니ᄒᆞ샤, 불不안安ᄒᆞ신, 졔졀이, 계시면, 날과, 밤으로, 부扶지持ᄒᆞ샤, 비록물녀가라, 명ᄒᆞ실지라도, 감히물녀가지, 아니ᄒᆞ시다

상이, 임진병화를, 지ᄂᆞᆫ후에, 교校셔書관館의, 활活ᄌᆞ字가

ᄒᆞ여져, 일어버려, 나무삭임으로, 써셔, ᄎᆡᆨ을, 닌印츌出ᄒᆞᆷ이, 심히졍치못ᄒᆞᆷ으로, 호戶조曹판判셔書김金좌佐명明을, 명ᄒᆞ샤, 구리와, 쇠로, 활ᄌᆞ를, 불녀, 공公사私의, 셔書적籍을넓게ᄂᆡ츌ᄒᆞ시니라

제십팔절 본조 십팔十八

슉肅종씌셔, 영永안安위尉의, 아들홍洪만萬회恢집의, 종棕녀櫚나무가, 잇심을, 들으시고, 익掖졍庭하下예隷로ᄒᆞ야곰, 구ᄒᆞ신ᄃᆡ, 만회가, 쓸아리ᄂᆞ려가, 업ᄃᆡ여왈, 졍頂종踵

과, 모발(毛髮)이, 다 나라 은혜라, 엇지 ᄭᅩᆺ나무롤, 앗기리오마는, 신하가 되야, 구경홀, 물건으로써, 임군ᄭᅴ, 샤샤로 들임은, 죄라ᄒᆞ고, 곳 종녀나무롤, ᄲᅢㅣ야 바리니, 익예가, 도라가, 그ᄉᆞ샹을, 알외ᄃᆡ, 샹이, 착ᄒᆞ다 ᄒᆞ샤, 후원에, ᄉᆞᆷ은, 종녀나무롤, ᄲᅢㅣ야 민간의, 본임자에게, 도로보ᄂᆡ시다

명종말년(明宗末年)에, 동셔붕당(東西朋黨)이, 비로쇼 일어나셔 선묘조(宣廟朝)에, 당론(黨論)이, 크게 일어나셔, 광희(光海)ᄯᅢ에, 동(東)

인이, 변ᄒᆞ야, 남북당이, 되얏더니, 이ᄯᅢ에, 이르러, 셔(西)인듕에, ᄯᅩ 노쇼(老少)론이, 난호야, 동셔남북의, ᄉᆞ식(四色)이, 각각셔니, 구셜(口舌)로, 간과(干戈)를, ᄃᆡ신ᄒᆞ야, 졍론(正論)이, 쇼멸(消滅)ᄒᆞ고, 인지를, 바리니라

뎨십구졀 본조십구(十九)

경(景)종ᄭᅴ셔, 위에 나아가심이, 령의졍 김창집(金昌集)이, 알외야 왈, 최규셔(崔奎瑞)는, 션조(先朝)ᄯᅢ로붓허, 더을에 물너가고, 졍호(鄭澔)와, 리직(李縡)등은, 병을 칭ᄒᆞ고, 물너가

니, 원컨ᄃᆡ, 별로 하유(下諭)ᄒᆞ쇼셔 상이, 밧게 잇ᄂᆞᆫ,
여러 신하를, 돈유(敦諭)ᄒᆞ샤, 불으시니라
샹이, 옥도(玉度)가, 항샹 미령ᄒᆞ샤, 오ᄅᆡ 조정(朝政)을, 보시
지못ᄒᆞ시고, ᄯᅩ 져위(儲位)가, 공허(空虛)ᄒᆞ야, 나라형세가,
외롭고, 위ᄐᆡᄒᆞᆷ으로, 왕ᄃᆡ비(王大妃)ᄭᅴ, 고ᄒᆞ고, 연셩군(延礽君)
을, 봉ᄒᆞ야, 왕세제(王世弟)를, 삼으시다

뎨이십절 본조이십(本朝二十)

영(英)조ᄭᅴ셔, 위에 • 나아가심이, 하교ᄒᆞ샤왈, 붕당(朋黨)

의 폐가, 근일 갓치, • 심ᄒᆞᆷ이 업도다, 일변(一邊)의 ᄉᆞᄅᆞᆷ
올, 다 역당(逆黨)으로 모라니니, 그가온ᄃᆡ, 엇지 원통
을, 안은 ᄉᆞᄅᆞᆷ이, 업ᄉᆞ리오, 조강(朝綱)이, 어ᄂᆞᄯᆡ에, 발
으며, 공론(公論)을, 어ᄂᆞᄯᆡ에, 들으리오, 네 군공(群工)은, 당(黨)
습(習)을, 버리고, 공평(公平)을, 힘써, 우리나라집을, 보젼
ᄒᆞ라ᄒᆞ시다

샹이, 친히 림ᄒᆞ샤, 옥슈(獄囚)를, 신문(訊問)ᄒᆞ실ᄉᆡ, 유사(有司)가,
압슬형(壓膝刑)을, 베프쟈ᄒᆞ거ᄂᆞᆯ 샹이, 굴ᄋᆞ샤ᄃᆡ, 옛

적에、한(漢)문(文)제(帝)ᄂᆞᆫ、육(肉)형(刑)을、업시ᄒᆞ고、우리 세(世)종ᄭᅴ셔ᄂᆞᆫ、티(笞)ᄇᆡ(背)의、형벌을、업시ᄒᆞ샤시니、이ᄂᆞᆫ 셩(盛)덕이라、하물며、압슬은、법률에、업ᄂᆞᆫ률이리오、지금으로、붓허ᄂᆞᆫ、영(永)원(遠)히、업시ᄒᆞ라ᄒᆞ시다

리(李)린(麟)좌(佐)등이、반(反)ᄒᆞ야、청(淸)쥬(州)를、함ᄒᆞ고、안(安)셩(城)쳥(靑)룡(龍)산(山)우에、진(陣)ᄒᆞ야、홍(紅)산(傘)을、세우고、ᄇᆡᆨ(白)긔(旗)로、써지(指)휘(揮)ᄒᆞ거ᄂᆞᆯ、오(吳)명(命)항(恒)으로、도(都)슌(巡)무(撫)ᄉᆞ(使)를、삼아、토평ᄒᆞ시다

데이십일절 본조 이십일(二十一)

졍(正)조ᄭᅴ셔、하교ᄒᆞ샤왈、장(杖)은、크고、져근 것이、잇고、가(枷)ᄂᆞᆫ、두텁고、열은 것이、잇심은、죄의、가ᄇᆡ얍고、무거온거술、의론치말고、다ㅣ 큰、곤(棍)과、두터온가(枷)를、쓰니、엇지인명을、굽게히ᄒᆞᄂᆞᆫ 폐가、업ᄉᆞ리오、경(京)외(外)각영(營)문(門)의、형벌가츔을、폐(廢)졍(正)ᄒᆞ야、반(頒)힝(行)ᄒᆞ라ᄒᆞ시다

류(琉)구(球)국ᄉᆞᄅᆞᆷ이、바ᄅᆞᆷ에、표(漂)박(泊)ᄒᆞ야、이르럿거ᄂᆞᆯ、

샹이、하교ᄒᆞ샤왈、류구ᄉᆞᄅᆞᆷ이、옛적우리나라
에、직(職)을공(供)ᄒᆞᄂᆞᆫ저、잇심이、특별히、총관(摠管)의직을、
밧아、갓가이뫼시게ᄒᆞ얏시니、이ᄂᆞᆫ이ᄇᆡᆨ년에、
지나지아니ᄒᆞᆫ닐이라、이졔별로히、고휼ᄒᆞᄂᆞᆫ
의ᄅᆞᆯ、뵈임이、가(可)ᄒᆞ다ᄒᆞ시고、도신(道臣)을、명ᄒᆞ샤、슐
과、밥으로、써먹이시고、몸덥흘물건을、넉〻히
쥬시다
샹이、경외(京外)에、신칙ᄒᆞ샤、유치(幼稚)의、부모가、업서〻、

바린쟈와、남녀가、외롭고、간난(艱難)ᄒᆞ야、과시(過時)토록、
혼취(婚娶)못ᄒᆞᆫ쟈ᄅᆞᆯ、세시(歲時)에초계(抄啓)ᄒᆞ야、유치ᄂᆞᆫ、달마
다、쌀과、머역을、주어길으고、남녀ᄂᆞᆫ、물건을、도
아쥬어、혼인을、일우게、ᄒᆞ라ᄒᆞ시다

뎨이십이졀 본조이십이(二十二)

슌조(純祖)씌셔、ᄂᆡ샤(內司)와、각궁방(宮房)과、각사(司)의、노비안(奴婢案)을、
것어셔、돈화문(敦化門)밧게셔、불에살으샤왈、궁사(宮司)의
노비ᄅᆞᆯ、파코져홈은、션조(先朝)의、ᄯᅳᆺ이시니、내、맛당

히、계술(繼述)ᄒᆞ리라ᄒᆞ시고、장용영(壯勇營)으로ᄒᆞ야곰、그ᄃᆡ신돈으로쥬시다

관셔토구(關西土寇)홍경ᄅᆡ(洪景來)가、반ᄒᆞ야、가산(嘉山)등칠읍(七邑)을、함ᄒᆞ거놀、리요헌(李堯憲)으로、양셔슌무ᄉᆞ(兩西巡撫使)를、삼고、박긔풍(朴基豐)으로、즁군(中軍)을삼아、히를지나셔、토평ᄒᆞ니、샹이、인정젼(仁政殿)에셔、진하(陳賀)를、밧으시고、즁외(中外)에、반교(頒敎)ᄒᆞ시다

뎨이십ᄉᆞᆷ졀 본조이십ᄉᆞᆷ(二十三)

헌종(憲宗)ᄭᅴ셔、각도에명ᄒᆞ샤、샤ᄉᆞ집에셔、쇼잡ᄂᆞᆫ폐와、샤ᄉᆞ집에셔、학민(虐民)ᄒᆞᄂᆞᆫ폐를、엄칙ᄒᆞ시며、슈령(守令)의、그칙임을、견ᄃᆡ지못ᄒᆞᄂᆞᆫ쟈ᄂᆞᆫ、젼최(殿最)를、기ᄃᆞ리지말고、장계(狀啓)ᄒᆞ야、파면ᄒᆞ라ᄒᆞ시다

윤샹도(尹尙度)와、허셩(許晟)등이、쇼(疏)를올님이、범샹(犯上)의말이잇셔、히도(海島)에귀양ᄒᆞ얏다가、다시잡아다참(斬)ᄒᆞ다

뎨이십ᄉᆞ졀 본조이십ᄉᆞ(二十四)

철(哲)종씌셔、명ᄒᆞ샤、강(江)능(陵)에、잇ᄂᆞᆫ공(孔)ᄌᆞ(子)셩(聖)샹(像)을、슈(水)원(原)궐(闕)리(里)사당에、젼(展)봉(奉)ᄒᆞ라ᄒᆞ시다

샹이、졍부에명ᄒᆞ샤、장(場)시(市)와、포(浦)구(口)의、명(名)목(目)이업ᄂᆞᆫ잡(雜)셰(稅)를、파ᄒᆞ시며、졔(堤)언(堰)과、젼답의、늑(勒)탈(奪)ᄒᆞᄂᆞᆫ폐를、금ᄒᆞ시며、토(土)호(豪)의、무(武)단(斷)ᄒᆞᄂᆞᆫ버릇을、엄칙ᄒᆞ시니라

뎨이십오졀 본조이(二)십(十)오(五)

슈(壽)강(康)ᄐᆡ(太)황(皇)뎨(帝)씌셔、위에나아가신지、ᄉᆞᆷ년에、불(佛)

란(蘭)셔(西)국병함이、강(江)화(華)도(島)에、와셔엄습ᄒᆞ거ᄂᆞᆯ、슌(巡)무(撫)쳔(千)총(摠)량(梁)헌(憲)슈(洙)를、보ᄂᆡ야、강(江)계(界)포(砲)군(軍)오쳔명을、거ᄂᆞ려고、쳐셔、ᄊᆡ치니、불병의、쥭고、샹ᄒᆞᆷ이、만ᄒᆞᆫ지라、불장(將)이、크게두려워ᄒᆞ야、돗ᄃᆡ를、날녀、다라나니라

미(美)국병함(艦)다ᄉᆞᆺ척이、덕(德)진(津)에、와셔침노ᄒᆞ거ᄂᆞᆯ、슌(巡)무(撫)듕(中)군(軍)어(魚)ᄌᆡ(在)연(淵)을、명ᄒᆞ야、광(廣)셩(城)진(津)에、나아가、진(陣)쳐셔、마자쳐크게ᄊᆡ치고、ᄯᅩᄃᆡ(大)포(砲)로、그비둘

을ᄢᅵ친디, 미장노젹슈(將魯籍壽)가, ᄢᅬ베플바를, 아지못
ᄒᆞ더니, 이에군ᄉᆞ를, 륙디(陸地)에, 감아니나려, 우리
진(陣)뒤로, 조차, 나리ᄒᆞ야, 치니, 재연이, 그아오재(在)
순(淳)으로더부러, 칼을쌔여, 슈십인을, 쳐셔버히
고, 쥭으니, 미장이, 남어지물이를, 거ᄂᆞ리고, 도
망ᄒᆞ야가니라

일본이, 젼권대신(全權大臣)흑뎐쳥륭(黑田淸隆)과, 의관(議官)졍샹형(井上馨)등
을, 보내야, 국셔(國書)를, 와셔밧치고, 화호(和好)ᄒᆞ기를, 쳥

ᄒᆞᆫ디 샹이, 듕츄부ᄉᆞ(中樞府事)신헌(申櫶)과, 부춍관(副摠管)윤자승(尹滋承)
등을, 명ᄒᆞ샤, 강화부(江華府)에, 회동(會同)ᄒᆞ야, 통샹조약(通商條約)을,
졍ᄒᆞ고, 그후에, 미(美)국과, 영(英)국과, 법(法)국과, 덕(德)국과,
아(俄)국과, 쳥(淸)국과, 의(義)국이, ᄎᆞ례로, 와셔, 화(和)를밋고,
통샹조약을, 졍ᄒᆞ니라

훈영(訓營)병(兵)이, 란(亂)을지어, 일본교샤(敎師)굴본례조(堀本禮造)를, 질
너쥭이고, 권내(闕內)로, 어즈러이드러가셔, 중신(重臣)김(金)
보현(輔鉉)등을, 쥭이고, 칼노기동을쳐셔, 악(惡)홈을베

픔이、극(極)ᄒᆞ거놀、국태공(國太公)이、변(變)을듯고、달녀드러
가셔、쇼란(騷亂)을진압ᄒᆞ시니라
동학당(東學黨)이、일어나셔、란을지으니、ᄉᆞ방이、향응(響應)
ᄒᆞ야、벌ᄀᆞᆺ흔형세가잇거놀、관군(官軍)이、ᄉᆞ도(四道)로나
아가셔、여러달만에、토평ᄒᆞ니라
기국오빅륙년에 샹이、황뎨위호(皇帝位號)를、밧으샤、
국호(國號)를、곳쳐、대한(大韓)이라ᄒᆞ시며、년호(年號)를、광무(光武)라
ᄒᆞ시며、팔도(八道)를、십숨도로、분치(分寘)ᄒᆞ시다、광무십

일년에 황뎨씌셔、위(位)를 황태ᄌᆞ(皇太子)씌젼ᄒᆞ시
니、ᄐᆡᄌᆞㅣ、황뎨위에、나아가샤、원년을곳쳐、융
희(隆熙)라ᄒᆞ시고 샹황(上皇)의위호를、놉혀、슈강(壽康)ᄐᆡ황
ᄒᆞ시고、뎨(弟)영친왕(英親王)을、봉(封)ᄒᆞ야황ᄐᆡᄌᆞ를、삼
고、일본국에、보니야、류학(留學)케ᄒᆞ시다

초등대한력ᄉᆞ 종

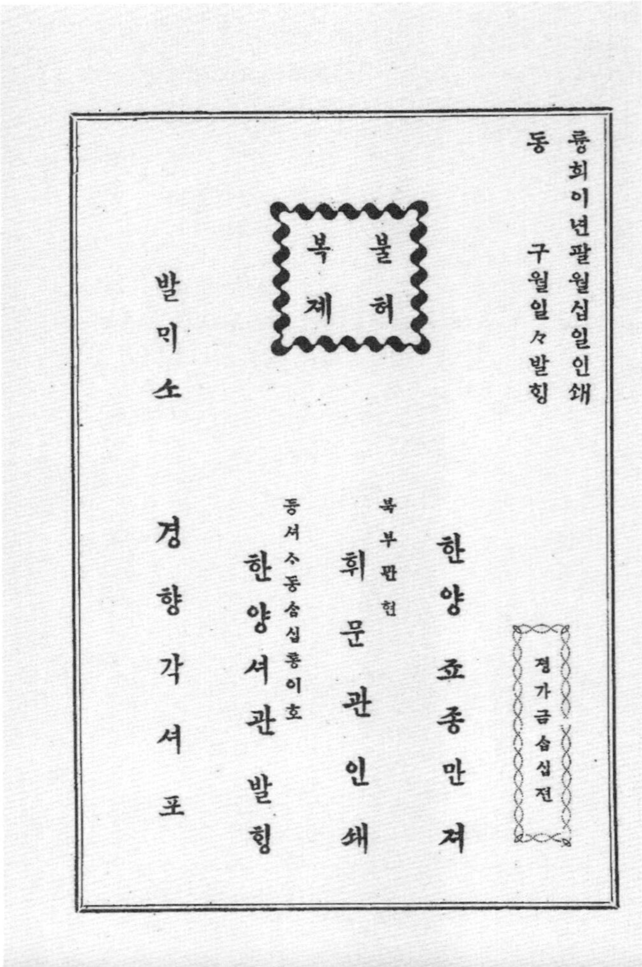
륭희이년팔월십일인쇄
동 구월일々발힝
정가금ᄉᆞᆷ십전
한양 죠종만 져
북부판현
휘문관 인쇄
동셔ᄉᆞ동ᄉᆞᆷ십롱이호
한양셔관 발힝
불허
복제
발민소
경향각셔포

영인

초등본국역사

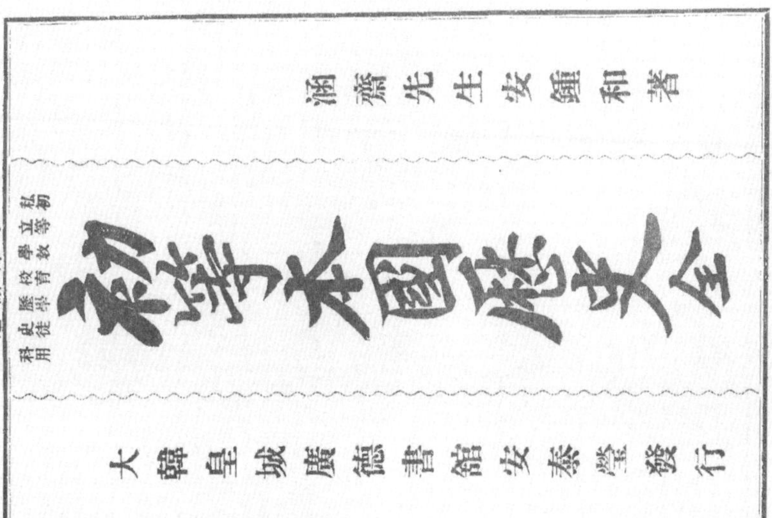
隆熙三年十月八日 學部檢定

私立學校初等教育
歷史科學徒用

初等本國歷史 全

涵齋先生 安鍾和 著

大韓皇城廣德書舘 安泰瑩 發行

初等本國歷史目錄

第一章 上古

檀君 箕子 衛滿 三韓 扶餘 上古의 文化

第二章 中古

新羅 高句麗 百濟 駕洛 渤海 泰封 甄萱

中古의 文化

第三章 近古

高麗 近古의 文化

第四章 國朝

本朝 近世의 文化

初等本國歷史目錄終

本國歷代圖

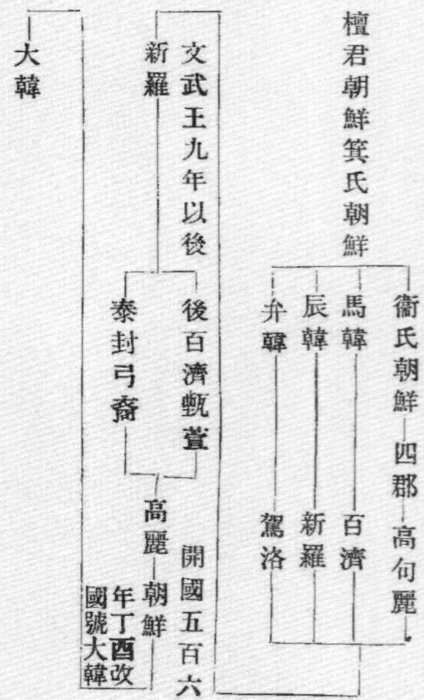

初等本國歷史

廣陵 安鍾和 著述
安泰瑩 發行

第一章 上古

第一節 檀君

傳에曰上古에民族이山谷間에散處ᄒᆞ야穴居陶飮ᄒᆞ며草衣木食ᄒᆞ더니神聖ᄒᆞ신人이太白山檀木下에生ᄒᆞ신ᄃᆡ國人이立ᄒᆞ야君을삼으니是ㅣ檀君이되시니라元年戊辰에國號를朝鮮이라ᄒᆞ고民을敎ᄒᆞ야髮을編ᄒᆞ고首를盖ᄒᆞ며飮食과居處의制를定ᄒᆞ다太子扶婁를塗山에遣ᄒᆞ야夏(支那)禹氏塗山會에叅ᄒᆞ다初에ᄂᆞᆫ平壤에都ᄒᆞ얏다가後에白岳(今文化九月山)으로都를徙ᄒᆞ니라檀君의子孫이君位를相傳ᄒᆞ기千二百餘年이라云ᄒᆞ니라

第二節 箕子

箕子ᄂᆞᆫ殷(支那)王成湯의子孫이라姓은子요名은胥餘ㅣ니箕의子爵을封ᄒᆞᆫ故로箕子ㅣ라稱ᄒᆞ니라、周(支那)武王姬發에殷을滅ᄒᆞᆷ의箕子ㅣ周를避ᄒᆞ야五千人을率ᄒᆞ고東來ᄒᆞ실ᄉᆡ詩、書、禮樂과百工의技藝가다隨從ᄒᆞᆫ지라國人이箕子의聖德을慕ᄒᆞ

야王을삼으니箕子가平壤에仍都ᄒᆞ시고八條의敎를設行ᄒᆞ야仁賢의化가大行ᄒᆞ니라、箕子의四十一世孫箕準에至ᄒᆞ야燕(支那)人衛滿이其黨千餘人을聚ᄒᆞ고椎髻와蠻夷의服으로來降ᄒᆞ거ᄂᆞᆯ準이博士를拜ᄒᆞ야西藩을守케ᄒᆞ얏더니滿이兵을引ᄒᆞ야平壤을潛襲ᄒᆞ니準이兵을避ᄒᆞ야南으로遷ᄒᆞ니라

第三節 衛滿

衛滿이箕準을逐ᄒᆞ야平壤에都ᄒᆞ야國號를朝鮮이라仍稱ᄒᆞ고兵權과財力으로數千里地를開拓

ᄒᆞ얏더니孫右渠王에至ᄒᆞ야驕傲ᄒᆞᆷ이日甚ᄒᆞ야漢(支那)의使者를殺ᄒᆞ니漢武帝劉徹이怒ᄒᆞ야將을遣ᄒᆞ야攻取ᄒᆞ고其地에四郡을置ᄒᆞ니其地ᄂᆞᆫ大槪今淸國滿洲興京地方으로브터我國漢江에至ᄒᆞ기ᄭᆞ지라後에다高句麗의幷ᄒᆞᆫ바이되니라檀氏朝鮮과箕子朝鮮과衛氏朝鮮이國號ᄂᆞᆫ仍傳ᄒᆞ나其姓은三易ᄒᆞᆫ고로後世의人이上古三朝鮮이라稱ᄒᆞᄂᆞ니라

第四節 三韓

漢江以南半島의地ᄂᆞᆫ古昔韓族이割據ᄒᆞ야三으

로分ᄒᆞ니馬韓辰韓弁韓이是라因ᄒᆞ야此를三韓이라ᄒᆞ니라

馬韓은西에在ᄒᆞ야(今全羅忠淸四道及京畿江南의部分)五十四國에分ᄒᆞ니百濟(古稱伯濟)即其一이라諸國이서로統制ᄒᆞᄂᆞᆫ바이無ᄒᆞ더라箕準이國을失ᄒᆞ고海에浮ᄒᆞ야南馬韓에入ᄒᆞ야國을建ᄒᆞ고(百濟金馬郡今益山郡)스ᄉᆞ로韓王이되더니後에다百濟의幷ᄒᆞᆫ바이되니라

辰韓은古者辰國이니(今慶尙南北道의太半)秦(支那)人이秦始皇嬴政의苛政을避ᄒᆞ야馬韓에歸附ᄒᆞ거ᄂᆞᆯ馬韓이東界의地를割與ᄒᆞ야居케ᄒᆞᆫ지라故로或秦韓

이라稱ᄒᆞᆫ지라此ᄂᆞᆫ十二國으로分ᄒᆞ니新羅(古稱斯盧)가即其一이라後에辰韓諸國을統一ᄒᆞ니라

弁韓은馬韓과辰韓의間에介在ᄒᆞ야(慶尙道의西部中央山脉과洛東江의間)丛ᄒᆞᆫ十二國으로分ᄒᆞᆷ이六伽耶가最著ᄒᆞ더니後에皆新羅의幷ᄒᆞᆫ바이되니라

第五節　扶餘

扶餘ᄂᆞᆫ漢四郡의北境(今淸國盛京省開原地方)의國이라國王의始祖解夫婁ᄂᆞᆫ即檀君의子라稱ᄒᆞ니라其別部가東南卒本川邊(盛京省興京地方)에國을成ᄒᆞ야高句麗라稱ᄒᆞ니始에漢眞番郡에屬ᄒᆞ얏더니後興ᄒᆞ야

扶餘를幷ᄒᆞ고드듸여四郡의地를蠶食ᄒᆞ야强國을成ᄒᆞ고又濊貊은四郡의東部에國을成ᄒᆞ니(咸鏡北道北沃沮、咸鏡南道東沃沮、江原道春川府의貊國、江陵府의濊國)皆扶餘의同種이니라

第六節　上古의文化

箕子가民을治ᄒᆞ심이禮義를尙ᄒᆞ고田蠶을敎ᄒᆞ며八條의禁을設ᄒᆞ야制度가稍備ᄒᆞ나邊隅의種族은風이殊ᄒᆞ고俗이異ᄒᆞ야其文化가尙히幼稚ᄒᆞ더라諸種族이다耕種과養蠶을善히ᄒᆞ고獨히高句麗ᄂᆞᆫ大山深谷이多ᄒᆞ야田業이少ᄒᆞᆷ으로力

作으로써自資키不足ᄒᆞ더라然이나扶餘의種族이大抵其性質이强勇ᄒᆞ야戰鬪를善히ᄒᆞ고其中에高句麗가最히强大ᄒᆞ야드듸여七百餘年의社稷을建ᄒᆞ니라言語習俗은大槪濊貊沃沮ᄂᆞᆫ高句麗와類ᄒᆞ고高句麗ᄂᆞᆫ扶餘와相近ᄒᆞ며辰韓은弁韓과相類ᄒᆞ야幷히馬韓과相同치아니ᄒᆞ니라

第二章　中古

第一節　新羅

新羅ᄂᆞᆫ辰韓十二國의一이니始에六部로分ᄒᆞ야서로豪를推ᄒᆞ야長을ᄉᆞᆷ고君의號가無ᄒᆞ더니楊

山部에朴赫居世가神聖ᄒᆞᆫ德이有ᄒᆞᆫ故로六部의民人이立ᄒᆞ야君을삼으니時에年이十三이라國號를徐那伐이라ᄒᆞ고君號를居西干이라ᄒᆞ다王妃閼英이ᄯᅩᄒᆞᆫ賢行이有ᄒᆞᆷ으로時人이二聖이라稱ᄒᆞ니라國都ᄂᆞᆫ今慶州郡이러라

赫居世의太子南解가王位에在ᄒᆞᆯ時에子ᄂᆞᆫ儒理오婿ᄂᆞᆫ昔脫解라南解가病이篤ᄒᆞ야그子婿다려謂호ᄃᆡ我가死ᄒᆞᆫ後에朴昔二姓이長年으로ᄡᅥ位를嗣ᄒᆞ라ᄒᆞ얏더니及南解가薨ᄒᆞᆷ의儒理가脫解의게讓ᄒᆞᆫᄃᆡ脫解曰聖智ᄒᆞᆫ人은齒가多ᄒᆞ다ᄒᆞ니

餠으로ᄡᅥ試ᄒᆞ쟈ᄒᆞ거ᄂᆞᆯ餠을噬ᄒᆞ니儒理의齒痕이多ᄒᆞᆫ지라儒理가位에即ᄒᆞ야君號를尼師今이라ᄒᆞ니尼師今은俗言에이ᄉᆞ금(齒痕)이니今에音이訛ᄒᆞ야임금君이라ᄒᆞ니라

其後에儒理가位를脫解의게傳ᄒᆞ야朴昔兩姓이相傳ᄒᆞ다가昔沾解에至ᄒᆞ니沾解가死ᄒᆞ고無嗣ᄒᆞ거ᄂᆞᆯ國人이前王(助賁王沾解之兄)의婿金鄒味를立ᄒᆞ야王을삼으니此를第三新羅王室이라ᄒᆞ니라始祖以下로相傳ᄒᆞᆷ이朴氏ᄂᆞᆫ十王이오昔氏ᄂᆞᆫ八王이오金氏ᄂᆞᆫ三十八王이라共히五十六王이오歷

年이九百九十二年이러라

第二節 新羅二

儒理王時에官을十七等으로定ᄒᆞ며六部에姓을賜ᄒᆞ니李崔孫鄭裴薛이是니라

脫解王時에國號를鷄林이라ᄒᆞ얏더니智證王時에國號를改ᄒᆞ야新羅라ᄒᆞ고法興王時에年號를始建ᄒᆞ야建元이라ᄒᆞ고眞興王時에駕洛國을亾ᄒᆞ니라太宗武烈王時에金庾信의策을用ᄒᆞ야唐(支那)兵聯合ᄒᆞ야百濟를滅ᄒᆞ고文武王時에金庾信이또唐兵으로브러高句麗를滅ᄒᆞ고兩國의故地

ᄂᆞᆫ一時에唐이安東都護府를置ᄒᆞ야此를領ᄒᆞ더니未久에文武王이唐兵을逐ᄒᆞ고平壤以南의地를取ᄒᆞ야新羅統一의業을成ᄒᆞ니라

第三節 新羅三

眞聖王은女主니賞罰이不公ᄒᆞ고綱紀가解弛ᄒᆞ야盜賊이蜂起ᄒᆞᆷ이金弓裔ᄂᆞᆫ原州에서起兵ᄒᆞ고甄萱은全州에서起兵ᄒᆞ니라

景哀王이또ᄒᆞᆫ政을失ᄒᆞ야鮑石亭에出遊ᄒᆞᆯ서甄萱이兵을率ᄒᆞ고猝至ᄒᆞ니君臣이엇지ᄒᆞᆯ바를莫知ᄒᆞᄂᆞᆫ지라萱이王을弑ᄒᆞ고旅人의子金傅를立

ᄒᆞ니是敬順王이러라
敬順王이國勢가孤弱홈을自知ᄒᆞ고高麗에歸附코져ᄒᆞ거ᄂᆞᆯ王子ㅣ諫ᄒᆞ되不聽ᄒᆞᄂᆞᆫ지라王子ㅣ王의게哭辭ᄒᆞ고皆骨山(今金剛山)入ᄒᆞ니高麗太祖가長女樂浪公主로써王의게妻ᄒᆞ고新羅를取ᄒᆞ야慶州府를置ᄒᆞ니라

第四節 高句麗一

高句麗王의始祖高朱蒙은扶餘王金蛙의庶子라幼時에善射ᄒᆞᄂᆞᆫ지라金蛙의諸子가此를忌ᄒᆞ야殺코져ᄒᆞᆫ디朱蒙이難을避ᄒᆞ야卒本扶餘에至ᄒᆞ

야其王女를娶ᄒᆞ고드ᄃᆡ여王位를嗣ᄒᆞ야國號를高句麗라ᄒᆞ니是가東明聖王이러라次王琉璃의時에都를國內城(鴨綠江上流니淸國懷仁縣東)에移ᄒᆞ다
太祖王은東明王의曾孫이니名은宮이라生ᄒᆞᆯ時에能히目을擧ᄒᆞ야視ᄒᆞ고七歲에位에即ᄒᆞ얏더니及長에勇壯이無比ᄒᆞᆫ지라疆域을廣斥ᄒᆞ야高句麗가稍稍强大ᄒᆞ더니其後에益히南方의地를闢ᄒᆞ야樂浪帶方의地(鴨綠江브터漢江에至ᄒᆞᄂᆞᆫ間)를略取ᄒᆞ고廣開土王에至ᄒᆞ야更히遼東을取ᄒᆞ니其土地를廣拓ᄒᆞᆫ功이大ᄒᆞᆷ으로써國人이碑를建ᄒᆞ야其德

을頌ᄒᆞ니其碑가今에尙存ᄒᆞ니라(碑가今滿洲盛京省懷仁縣洞溝에在ᄒᆞ니라)

長壽王은都를平壤에遷ᄒᆞ고燕(支那)主馮弘의降을受ᄒᆞ니라

嬰陽王時에隋(支那)帝楊廣이高句麗의入朝치아니ᄒᆞᆷ을怒ᄒᆞ야兵을大擧ᄒᆞ야入寇ᄒᆞ거ᄂᆞᆯ相國乙支文德이隋兵三十餘萬을薩水上에서大破ᄒᆞ야生還ᄒᆞᆫ者ㅣ僅히二千七百人이러라

第五節 高句麗二

榮留王時에淵蓋金(一云泉蓋蘇文)이兵을擧ᄒᆞ야王을弑

ᄒᆞ고王의姪寶藏을立ᄒᆞ야王을삼고蓋金은스ᄉᆞ로莫離支(官名)가되야國權을專擅ᄒᆞ다先時에新羅가强盛ᄒᆞᆷ이百濟와相攻ᄒᆞᆯ서百濟가高句麗와和親ᄒᆞ야共히新羅를攻코져ᄒᆞ니新羅ㅣ唐(支那)에告急ᄒᆞᆫ디唐帝李世民이師를率ᄒᆞ고入寇ᄒᆞ거ᄂᆞᆯ安城主楊萬春이城을固守ᄒᆞᆫ지六旬에唐帝가能敵치못ᄒᆞᆷ을知ᄒᆞ고圍를解ᄒᆞ야退歸ᄒᆞ니라後에唐이再次高句麗를攻ᄒᆞ야平壤을圍ᄒᆞ니蓋金이固守ᄒᆞ야屈치아니ᄒᆞ거ᄂᆞᆯ唐將이圍를解ᄒᆞ고還ᄒᆞ다旣而오唐이新羅와兵을合ᄒᆞ야百濟를亾ᄒᆞ다

蓋金이壽死ᄒᆞ니子男生과男建과男産等이互相猜鬪ᄒᆞ야權을爭ᄒᆞ다가唐將李世勣이ᄯᅩ新羅와兵을合ᄒᆞ야드ᄃᆡ여高句麗ᄅᆞᆯ滅ᄒᆞ니高句麗歷世가二十八王이오歷年이七百五年이라其地에九都督部ᄅᆞᆯ置ᄒᆞ얏더니後에南方은新羅의有ᄒᆞᆫ바ㅣ되고北方은渤海國의有ᄒᆞᆫ바ㅣ되니라

第六節 百濟

百濟王의始祖溫祚ᄂᆞᆫ高句麗王朱蒙의子니其系가扶餘에셔出ᄒᆞᆷ으로扶餘로ᄡᅥ姓을삼고其臣十人으로더브러出奔ᄒᆞ야河南(今稷山)慰禮城에至ᄒᆞ야

國을建ᄒᆞ고號ᄅᆞᆯ百濟라ᄒᆞ더니此國이漸次隆盛ᄒᆞ야드ᄃᆡ여馬韓諸國을併呑ᄒᆞ고新羅와高句麗로더브러鼎峙ᄒᆞ니是三國時代니라

多婁王은國南의州郡에稻田을始作ᄒᆞ고聖明王은泗沘(今扶餘)에移都ᄒᆞ니라

義慈王이驕虐ᄒᆞ야諫臣成忠을殺ᄒᆞ며直臣興首ᄅᆞᆯ竄ᄒᆞ고新羅ᄅᆞᆯ侵ᄒᆞ다가新羅將金庾信이唐將蘇定方으로더브러兵을合ᄒᆞ야都城을圍ᄒᆞᆫᄃᆡ王이出降ᄒᆞ니傳世가三十王이오歷年이六百七十八年이라唐이五都督部ᄅᆞᆯ置ᄒᆞ얏더니後에新羅

의게並ᄒᆞᆫ바ㅣ되니라

第七節 駕洛

金海郡龜旨峰下에金首露兄弟六人이生ᄒᆞ니首露ᄂᆞᆫ國을建ᄒᆞ야號를駕洛(今金海)이라ᄒᆞ고弟五人은分ᄒᆞ야大伽倻(今高靈)와小伽倻(今固城)와阿羅伽倻(今咸安)와古寧伽倻(今咸昌)와碧珍伽倻(今星州)에君主가되야五伽倻라稱ᄒᆞ더니後에新羅에게並ᄒᆞᆫ바ㅣ되니라

第八節 渤海

高句麗의遺種大祚榮이遼水를渡ᄒᆞ야太白山(今白頭山)을據ᄒᆞ고國을建ᄒᆞ니是渤海國高祖라五京과十

五府를寘ᄒᆞ고地方이五千里에至ᄒᆞ야海東의盛國이라稱ᄒᆞ더니後에契丹에게滅ᄒᆞᆫ바ㅣ되니라

第九節 泰封

新羅憲安王의子金弓裔가父에게被出ᄒᆞ야僧이되얏더니眞聖女主의時에新羅의政綱이紊亂ᄒᆞ고盜賊이蜂起ᄒᆞᆷ을乘ᄒᆞ야北原에서兵을起ᄒᆞ야鐵原에都ᄒᆞ고國號를泰封이라ᄒᆞ더니暴虐ᄒᆞ야道가無ᄒᆞᆷ으로其元勳諸將이弓裔를廢ᄒᆞ고王建를推戴ᄒᆞ야王을삼으니是高麗太祖시니라

第十節 甄萱

甄萱은尙州人이라智略이多ᄒᆞ고異志를懷ᄒᆞ더니弓裔와同히新羅의衰홈을乘ᄒᆞ야亾命黨을聚ᄒᆞ야州郡을刼掠ᄒᆞ고完山(今全州)에都ᄒᆞ야國號를後百濟라ᄒᆞ더니高麗太祖에게投降ᄒᆞ니라

第十一節 中古의文化

三國時代에在ᄒᆞ야ᄂᆞᆫ各國이皆郡縣으로써天下ᄅᆞᆯ治ᄒᆞ야百官의制度가畧備ᄒᆞ고儒教와佛教ᄂᆞᆫ此時期에興起ᄒᆞ니라百濟가日本의請求ᄅᆞᆯ應ᄒᆞ야博士王仁을日本에送ᄒᆞ니此時에王仁이비로소儒學을日本에傳ᄒᆞ고其子孫은日本에住居ᄒᆞ

야文學으로써仕ᄒᆞ니라佛教ᄂᆞᆫ最初支那로브터高句麗에傳來ᄒᆞ야未久에百濟에도傳ᄒᆞ고其後高句麗로브터新羅에入ᄒᆞ니라其後에百餘年을經ᄒᆞ야百濟로브터佛像과佛經을日本에送ᄒᆞ니佛教가비로소日本에傳ᄒᆞ니라

當時에儒佛二教가共히我國에行ᄒᆞ나佛教가儒教보다盛ᄒᆞ야此時에城郭佛寺의建築이盛ᄒᆞ고從ᄒᆞ야諸種工藝가크게發達되고또農業의奬勵ᄂᆞᆫ三國이皆用力不怠ᄒᆞ니라

第三章 近古

第一節 高麗一

高麗太祖의姓은王이오名은建이니年이二十에泰封의將이되야諸賊을討平ᄒᆞ심으로威德이日盛ᄒᆞ야大位에即ᄒᆞ시니國號를高麗라ᄒᆞ고年號를天授라ᄒᆞ며弓裔를逐ᄒᆞ고甄萱를平ᄒᆞ고新羅가歸附ᄒᆞ야全國을統合ᄒᆞ니新羅가三國을統一ᄒᆞᆫ後統合二百六十八年에亾ᄒᆞ니라

光宗이科擧法을始行ᄒᆞ야進士와及第를選用ᄒᆞ니科擧의法이此에始ᄒᆞ니라松岳(今開城)을皇都라稱ᄒᆞ며使聘을宋(支那)에通ᄒᆞ다成宗의生日를千春節

이라稱ᄒᆞ며新羅以來의古制를廢ᄒᆞ고三省六曹七寺等官을置ᄒᆞ니制度가始備ᄒᆞ더라徐熙로內史令을拜ᄒᆞ야契丹과和親ᄒᆞ니라

第二節 高麗二

顯宗時에契丹이二十萬兵을率ᄒᆞ고入寇ᄒᆞ거늘姜邯贊으로元帥를拜ᄒᆞ야龜州(今龜城)에셔大破ᄒᆞ니契丹兵이匹馬도返ᄒᆞᆫ者ㅣ無ᄒᆞ니라

顯宗以後에干戈가纔息ᄒᆞ야文敎를未遑ᄒᆞ더니文宗時에文憲公崔冲이學校를設ᄒᆞ야生徒를敎育을니學校의興ᄒᆞᆷ은大槪冲으로由ᄒᆞ야始ᄒᆞᆫ지

라世人이冲을海東孔子라稱ᄒᆞ니라睿宗時에文肅公尹瓘을遣ᄒᆞ야女眞을擊逐ᄒᆞ고先春嶺에碑를立ᄒᆞ야界를定ᄒᆞ니라

毅宗은無道ᄒᆞ고明宗은不君ᄒᆞ고神宗은闇弱ᄒᆞ야鄭仲夫와李旼義等이文臣을盡殺ᄒᆞ니是庚癸亂이라崔忠獻이旼義等을誅ᄒᆞ고國權을專用ᄒᆞ야子瑀와孫沆과曾孫竩에至ᄒᆞ기ᄭᆞ지四世를執政ᄒᆞ니라

第三節　高麗三

高宗時에蒙古가年을連ᄒᆞ야來侵ᄒᆞ거ᄂᆞᆯ太子倎

을送ᄒᆞ야蒙古와和親ᄒᆞ고太孫諶으로蒙古世祖의女齊國公主를娶ᄒᆞ야兩國이舅甥의誼를結ᄒᆞ니라

忠烈王과忠宣王과忠肅王과忠惠王과恭愍王에至ᄒᆞ기ᄭᆞ지屢世를蒙古의公主를娶ᄒᆞ고髮을剃ᄒᆞ며服을易ᄒᆞ야蒙古의俗을多從ᄒᆞ니라

時에文成公安裕와文忠公李齊賢과文正公權溥와文靖公李穡이文章과德行으로一世의敎導를自任ᄒᆞ니라

元宗의時에元主가日本으로ᄒᆞ야곰朝貢케ᄒᆞ고

쟈ᄒᆞ야屢히使ᄅᆞᆯ遣ᄒᆞᄃᆡ日本이拒絕ᄒᆞ고應치아니ᄒᆞ거ᄂᆞᆯ元主ㅣ怒ᄒᆞ야元將忽敦洪茶丘와麗將金方慶等으로ᄒᆞ야곰日本을攻ᄒᆞᆷ이兩度에至ᄒᆞ나每度에大風이起ᄒᆞ야船艦이覆沒ᄒᆞᆷ으로元軍과麗軍의死ᄒᆞᆫ者ㅣ甚多ᄒᆞ야元軍이不利ᄒᆞ고其目的을能히達치못ᄒᆞ니라

第四節　高麗四

恭愍王時에元이政을失ᄒᆞ니支那天下가大亂ᄒᆞ야紅巾賊이江南에起ᄒᆞᆫ지라賊數十萬이我國에來侵ᄒᆞ야松都ᄅᆞᆯ陷ᄒᆞ거ᄂᆞᆯ王이福州(今安州)로奔ᄒᆞ야

安祐와金得培와李芳實로元帥ᄅᆞᆯ拜ᄒᆞ야紅賊을討平ᄒᆞ고京都ᄅᆞᆯ回復ᄒᆞᆫᄃᆡ金鏞이其功을忌ᄒᆞ야人으로ᄒᆞ야곰三元帥ᄅᆞᆯ暗殺ᄒᆞ얏더니後에事가發覺ᄒᆞ야鏞이伏誅ᄒᆞ니라

日本邊民의流寇가年을連ᄒᆞ야來侵ᄒᆞ거ᄂᆞᆯ崔瑩과鄭地等으로大將을拜ᄒᆞ야禦ᄒᆞ니라

第五節　高麗五

恭讓王時에九功臣이事ᄅᆞᆯ用ᄒᆞ야政權을相爭ᄒᆞᆷ이天命과人心이　我太祖께로歸ᄒᆞ니侍中鄭夢周가善竹橋에셔國을爲ᄒᆞ야死ᄒᆞ니高麗가開國

ᄒᆞᆫ지四百七十五年에亾ᄒᆞ니라

第六節　近古의文化

高麗의文化ᄂᆞᆫ甚히進步된지라全國을十道에分ᄒᆞ얏다가後에五道로改ᄒᆞ고諸制度ᄂᆞᆫ大概唐制를據ᄒᆞ야甚備ᄒᆞ고太祖가深히佛法을信奉ᄒᆞᆷ으로歷代帝王이다此를奬勵ᄒᆞ야王及王子도剃髮ᄒᆞ고僧된者가不少ᄒᆞ더니忠肅王時로브터程朱의學이我國에傳來ᄒᆞ야李穡鄭夢周와如ᄒᆞᆫ碩儒가出ᄒᆞ고高麗의末에至ᄒᆞ야程朱의學이더욱盛ᄒᆞᆷ을因ᄒᆞ야佛敎가衰ᄒᆞ니라農業은歷代가다用

力勸奬ᄒᆞ고工藝도ᄯᅩᄒᆞᆫ크게發達ᄒᆞ얏ᄂᆞᆫ지라近時地中에셔往往發掘ᄒᆞᄂᆞᆫ器具를見ᄒᆞ야도可知ᄒᆞᆯ지며風俗은忠烈王以後로一時元國을倣ᄒᆞ야胡服辮髮ᄒᆞ얏다가明이興ᄒᆞᆫ後에ᄂᆞᆫᄯᅩ其制度를依ᄒᆞ니라

第四章　國朝

第一節　本朝一

太祖高皇帝ᄭᅴ옵셔都를漢陽에定ᄒᆞ사國號를朝鮮이라ᄒᆞ시고賢才를擧ᄒᆞ시며佞臣를遠히ᄒᆞ시며讖言을杜ᄒᆞ시며淫祀를禁ᄒᆞ시며宗廟와社稷

을立ᄒᆞ시며京城을築ᄒᆞ시며景福宮과昌德宮을
建ᄒᆞ시니라

太祖六年에琉球國은使를遣ᄒᆞ야稱臣ᄒᆞ고暹羅ᄂᆞᆫ方物을來貢ᄒᆞ고野人의歸附ᄒᆞᆫ酋長은千戶와萬戶의職을授ᄒᆞ시니라

第二節 本朝二

定宗ᄭᅴ셔太祖의禪位ᄒᆞ심을受ᄒᆞ사正殿에셔羣臣의朝賀를受ᄒᆞ실ᄉᆡ平壤府尹成石璘은歌器圖를進ᄒᆞ고京畿左道觀察使李廷俌ᄂᆞᆫ歷年圖를進ᄒᆞ고右道觀察使崔有慶은無逸圖를進ᄒᆞᆫᄃᆡ上이

嘉納ᄒᆞ시니라

上의性質이純謹ᄒᆞ시고志行이端方ᄒᆞ샤位에在ᄒᆞ신지二年에太宗에게傳禪ᄒᆞ시니라

第三節 本朝三

太宗ᄭᅴ셔英睿ᄒᆞ심이絶倫ᄒᆞ사恒常濟世의志가有ᄒᆞ신지라河崙이每히歎ᄒᆞ야曰斯人은天을盖ᄒᆞᄂᆞᆫ英氣라ᄒᆞ더니밋定宗의禪을受ᄒᆞ심의羣臣으로ᄒᆞ야곰上의得失을直言ᄒᆞ라ᄒᆞ며또諫宮으로ᄒᆞ야곰事를隨ᄒᆞ야諫ᄒᆞ라ᄒᆞ시다

高麗侍中鄭夢周를褒贈ᄒᆞ사臣節을奬勵ᄒᆞ시며

閔无咎等을賜死ᄒᆞ사外戚을懲戒ᄒᆞ며符讖의書를燒ᄒᆞ사妖言을防ᄒᆞ시고鑄字所를置ᄒᆞ고始히活字를製ᄒᆞ야書籍을印刷ᄒᆞ고晩年에上王位에在ᄒᆞ사天이旱ᄒᆞ거ᄂᆞᆯ民을爲ᄒᆞ야憂ᄒᆞ시더니上이崩ᄒᆞ시ᄂᆞᆫ日에至ᄒᆞ야大雨가下ᄒᆞᆫ故로太宗雨(五月十日)라稱ᄒᆞ니라

第四節　本朝四

世宗ᄭᅴ셔自少로學을好ᄒᆞ시더니밋位에卽ᄒᆞ심이文學의士를選ᄒᆞ사集賢殿에置ᄒᆞ시고朝夕에講論ᄒᆞ며顧問ᄒᆞ사右文의治을尙ᄒᆞ시니隣國人

이東方聖人이라稱ᄒᆞ니라

偰循을命ᄒᆞ사孝行錄을選ᄒᆞ시며鄭招를命ᄒᆞ사農事集說을編次ᄒᆞ야全國에頒布ᄒᆞ시며宗學博士를置ᄒᆞ사宗親를敎授ᄒᆞ시며朴堧으로雅樂을造ᄒᆞ시며金銚와金墩으로簡儀臺를製ᄒᆞ시며成三問等으로訓民正音을校正ᄒᆞ며鄭麟趾等을命ᄒᆞ사田制를改草ᄒᆞ고金宗瑞로北境의六鎭을開拓ᄒᆞ시니라

第五節　本朝五

文宗ᄭᅴ셔ᄂᆞᆫ性理의學을通ᄒᆞ시며ᄯᅩ筆法이精妙

ᄒᆞ사寸簡과尺紙라도千金갓치重히넉이시며儒
臣를命ᄒᆞ사東國兵鑑을撰ᄒᆞ시고親히陣法九篇
을製ᄒᆞ시니라
上이疾이有ᄒᆞ사集賢殿諸臣을召ᄒᆞ야夜分토록
燭을秉ᄒᆞ고經義를講論ᄒᆞ실ᄉᆡ世子를膝下에置
ᄒᆞ고手로其背를撫ᄒᆞ사曰予ㅣ此兒로써卿等에
게付ᄒᆞ노라ᄒᆞ시고榻에降ᄒᆞ야平坐ᄒᆞ사爵을執
ᄒᆞ야賜酒ᄒᆞ시니라

第六節　本朝六

端宗ᄭᅴ셔年이十二에位에即ᄒᆞ삼이領議政皇甫

仁과左議政南智와右議政金宗瑞等은世宗에顧
命을受ᄒᆞ야輔佐ᄒᆞ고集賢殿學士成三問朴彭年、
河緯地李塏柳誠源等은世宗의前日付托을受ᄒᆞ
야左右에協贊ᄒᆞ니라
上이文臣을命ᄒᆞ사高麗史를刊印ᄒᆞ야中外에廣
布ᄒᆞ시며文武百官의朝服은團領과胸背의制를
定ᄒᆞ야品級의次序로穿着케ᄒᆞ시니라

第七節　本朝七

世祖ᄭᅴ셔勤政殿에御ᄒᆞ사朝賀를受ᄒᆞ실ᄉᆡ世子
ㅣ侍ᄒᆞ샷거ᄂᆞᆯ上이世子다려謂ᄒᆞ사曰汝의衣ᄒᆞᆫ

바木綿이비록薄陋ᄒᆞ나然ᄒᆞ나此ᄂᆞᆫ耕耘과採織의勤苦로써成ᄒᆞᆷ이니汝ᄂᆞᆫ맛당이衣를見ᄒᆞ거든女工의易치아니ᄒᆞᆷ을思ᄒᆞ며食을見ᄒᆞ거던農夫의甚히艱難ᄒᆞᆷ을思ᄒᆞ야儉으로써自奉ᄒᆞ고或도不勤ᄒᆞᆷ이毋ᄒᆞ라ᄒᆞ시다

上이申叔舟等을命ᄒᆞ사 太祖以下四朝의治法政謨를撰輯ᄒᆞ야國朝寶鑑이라名ᄒᆞ니是後로歷朝를續編ᄒᆞ야常規를ᄉᆞᆷ다圜丘坍(天에祭ᄒᆞ야新雨ᄒᆞᄂᆞᆫ處)을南郊에築ᄒᆞ시며大鍾을新鑄ᄒᆞ야街上에懸ᄒᆞ사晨昏을警ᄒᆞ시며圓覺寺를城中에建ᄒᆞ시니라

第八節 本朝八

睿宗ᄭᅴ셔世宗의禪位ᄒᆞ심을受ᄒᆞ사政을聽ᄒᆞ신餘暇에意를治亂의迹에留ᄒᆞ사親히歷代世紀를撰ᄒᆞ시다

初에世祖ᄭᅴ셔疾을遘ᄒᆞ신ᄃᆡ上이膳을視ᄒᆞ시며藥을嘗ᄒᆞ사日夜로左右에侍ᄒᆞ야睫은交치못ᄒᆞᆫ지屢月에世祖ㅣ崩ᄒᆞ심이上이哀ᄒᆞ심을過度히ᄒᆞ사勺水를進치아니ᄒᆞ시다가仍히病을成ᄒᆞ야崩ᄒᆞ시니라

第九節 本朝九

成宗ᄭᅴ옵셔位에即ᄒᆞ사睿宗을昌陵에葬ᄒᆞ실ᄉᆡ
大臣이奏ᄒᆞ되近地의民塚을盡毁ᄒᆞ소셔上이下
教ᄒᆞ사ᄃᆡ山川은增치아니ᄒᆞ고吉地ᄂᆞᆫ限이有ᄒᆞᆫ
지라千萬世의陵室이無窮ᄒᆞ야後世의人民이可
히葬ᄒᆞᆯ山과可히耕ᄒᆞᆯ地가無ᄒᆞᆯ가恐ᄒᆞ노니自今
으로法을立ᄒᆞ야禁限를廣치勿ᄒᆞ라ᄒᆞ시니라
上이孝友가天性에出ᄒᆞ사王大妃를誠敬으로써
奉養ᄒᆞ시며月山大君을恩禮로써待ᄒᆞ시며耆老
를酒로써勞ᄒᆞ시며前世의明君과暗主의行ᄒᆞᆫ바
善惡을採ᄒᆞ사畵工으로ᄒᆞ야곰屛帖에摹寫ᄒᆞ고

坐臥에觀看ᄒᆞ사恒常箴戒ᄒᆞ시니라

第十節　本朝十

燕山君은淫虐ᄒᆞ고道가無ᄒᆞ야直臣과賢士를誅
戮ᄒᆞ거ᄂᆞᆯ朴元宗과成希顔等이燕山君을廢ᄒᆞ고
晋城大君을迎立ᄒᆞ니是ㅣ中宗이시니라
中宗ᄭᅴ옵셔賢臣趙光祖로大司憲을삼으시니光
祖ㅣ法을執ᄒᆞᆷ이公平ᄒᆞ야男女가路를異히ᄒᆞ고
治化가大行ᄒᆞ더니南袞과沈貞에게誣告를被ᄒᆞ
야禍를遭ᄒᆞ니라
上이大司成柳崇祖와尹倬으로敎導를掌케ᄒᆞ시

니崇祖ᄂᆞᆫ七書를國文으로解義ᄒᆞ고尹倬은孔子廟廷에銀杏樹를手植ᄒᆞ야至今ᄭᆞ지尚存ᄒᆞ니라

第十一節　本朝十一

仁宗씌옵셔位에即ᄒᆞ심이刑曹를命ᄒᆞ사栲掠을審慎ᄒᆞ야寃枉ᄒᆞᆷ이無케ᄒᆞ라ᄒᆞ시고仍히歎ᄒᆞ사曰엇지ᄒᆞ면寡人의世에ᄂᆞᆫ一民도罪科의犯ᄒᆞᆷ이無케ᄒᆞᆯ고ᄒᆞ시며且下教ᄒᆞ사曰善을彰ᄒᆞ고惡을罰ᄒᆞᆷ은王政의先히ᄒᆞᆯ바ㅣ니忠孝가卓異ᄒᆞ던지吏가되야清白ᄒᆞᆫ者ㅣ有ᄒᆞ거던才를隨ᄒᆞ야擢用ᄒᆞ라ᄒᆞ시니라上의疾이篤ᄒᆞ사曰趙光祖等의事

ᄂᆞᆫ先王의許치아니ᄒᆞ심인故로敢히輕改치못ᄒᆞ엿더니今에予의疾이此에至ᄒᆞ얏스니光祖의爵을復ᄒᆞ라ᄒᆞ시다밋上이崩ᄒᆞ심이遠近百姓이粮을裹ᄒᆞ고來哭ᄒᆞᄂᆞᆫ者ㅣ道路에不絕ᄒᆞ며哭聲이相傳ᄒᆞ야一日에義州ᄭᆞ지達ᄒᆞ니라

第十二節　本朝十二

明宗씌옵셔年이幼冲ᄒᆞ심이文定王后ᄭᅴ옵셔簾을垂ᄒᆞ고政을聽ᄒᆞ신지八年에政을上에게歸ᄒᆞ시니賢臣李滉과李珥等을擢用ᄒᆞ시며遺逸의士成守琛과曹植等을選擧ᄒᆞ시며高麗忠臣鄭夢周

의生長ᄒᆞ던地에書院을建ᄒᆞ고扁額을賜ᄒᆞ시니
라

第十三節　本朝十三

宣祖壬辰에日本國의關白豊臣秀吉이明을伐ᄒᆞ
려ᄒᆞ야我國에假道ᄒᆞ기를請ᄒᆞ거ᄂᆞᆯ朝廷이許치
아니ᄒᆞ얏더니秀吉이大兵을擧ᄒᆞ야來寇ᄒᆞᆯ새東
萊를先陷ᄒᆞ니府使宋象賢等이國難에死ᄒᆞ고李
鎰과申砬等이次第로戰敗ᄒᆞᆷ이日兵이京城으로
直向ᄒᆞ니라上이西으로播遷ᄒᆞ신ᄃᆡ日兵이追到
ᄒᆞ야平壤을據ᄒᆞ거ᄂᆞᆯ上이義州에駐蹕ᄒᆞ사李德

馨과鄭崑壽等을明國에遣ᄒᆞ야援兵을請ᄒᆞᆫᄃᆡ明
遼東總兵祖承訓과遊擊史儒等이兵馬三千으로
써來援ᄒᆞ야平壤을攻ᄒᆞ다가史儒가中丸ᄒᆞ야死
ᄒᆞ니承訓이遼東으로逃還ᄒᆞ다

各道에忠義의士가義旗를擧ᄒᆞ야兵을募ᄒᆞ니趙
憲과高敬命과金千鎰은湖南에起ᄒᆞ고郭再祐와
鄭仁弘과金沔과權應洙ᄂᆞᆫ嶺南에셔起ᄒᆞ고權慄
은幸州에셔大捷ᄒᆞ고李廷馣은海西에셔拒戰ᄒᆞ
고李舜臣은閑山島前洋에셔大戰ᄒᆞ야日本의水
軍을陷沒ᄒᆞ고旣而오明將李如松이再次大兵을

率ᄒᆞ고來援ᄒᆞ야直히平壤을回復ᄒᆞ얏스나碧蹄館에셔日軍에게見破ᄒᆞ거ᄂᆞᆯ明이日本에使를遣ᄒᆞ야和親ᄒᆞ기ᄂᆞᆯ議ᄒᆞ니日軍이京城에셔撤兵ᄒᆞ야釜山으로退ᄒᆞ다

丁酉에和議가成치아니홈으로秀吉이大兵을再擧ᄒᆞ야入寇ᄒᆞ거ᄂᆞᆯ明國이ᄯᅩᄒᆞᆫ楊鎬等으로將을삼아來援ᄒᆞ야勝敗가互有ᄒᆞᆫ지라南韓에셔相持ᄒᆞ더니翌年에秀吉이病死ᄒᆞ거ᄂᆞᆯ日軍이罷歸ᄒᆞᄂᆞᆫ지라壬辰以來로凡七年兵禍러라其後에日本은將軍德川家康이秀吉을代ᄒᆞ야政을執ᄒᆞ고我

國과舊交를回復코져ᄒᆞ야使를遣ᄒᆞ야和親를講ᄒᆞ거ᄂᆞᆯ呂祐吉等을遣ᄒᆞ야此를報ᄒᆞ고其後에使聘의往來가不絕ᄒᆞ니라

第十四節 本朝十四

光海君時에明國이淸人의亂을當ᄒᆞ야援兵을請ᄒᆞ거ᄂᆞᆯ朝廷이壬辰의功을思ᄒᆞ야姜弘立과金應瑞와金應河로써兵을率ᄒᆞ고深河에入ᄒᆞ야救ᄒᆞ니라

光海가政을權奸에게委任ᄒᆞ야大獄을屢起ᄒᆞ니永昌大君璜와臨海君珒과國舅延興府院君金悌

男等을殺ᄒᆞ고 仁穆大妃를西宮에幽ᄒᆞ니金瑬와李貴와李适과元斗杓와崔鳴吉等이主를廢ᄒᆞ야濟州로遷ᄒᆞ고綾陽君을迎立ᄒᆞ니是ㅣ 仁祖시니라

第十五節 本朝十五

仁祖ᄭᅦ옵셔位에即ᄒᆞ심의李适이反正時의功을恃ᄒᆞ고驕恣ᄒᆞᆷ이甚ᄒᆞᆷ으로朝廷에見斥ᄒᆞ야平安兵使를除授ᄒᆞᆷ의适이心中에怏怏ᄒᆞ더니其子栴이黨論에叅ᄒᆞ야詔獄에逮ᄒᆞᆫ지라适이憤怒ᄒᆞ야兵을擧ᄒᆞ야京城으로直犯ᄒᆞ니 上이公州로播

遷ᄒᆞ신ᄃᆡ張晩과鄭忠信等이賊을大破ᄒᆞ고京城을恢復ᄒᆞ니라丁卯에清(支那)將英兒岱(俗稱龍骨大)等이義州와宣川을陷ᄒᆞ니府尹李莞과府使奇協이屈치아니ᄒᆞ고死ᄒᆞᆫ지라安州로直犯ᄒᆞ니兵使南以興과牧使金浚이拒戰ᄒᆞᆯ새浚이硝俗에火를衝ᄒᆞ니以興과清將이다燒死ᄒᆞ니라

丙子에清人이또來侵ᄒᆞ야京城을犯ᄒᆞ거늘 上이南漢山城으로播遷ᄒᆞ샷더니밋江華가陷城ᄒᆞᆷ의 上이崔鳴吉等으로ᄒᆞ야금和約을結ᄒᆞ고京城으로還御ᄒᆞ시니自是로我國이清에服屬ᄒᆞ다

第十六節 本朝十六

孝宗께옵셔鳳林大君의邸에在ᄒᆞᆯ時에丙子의亂을當ᄒᆞ야瀋陽(清國都盛京省滿洲)의風雪을徑ᄒᆞ심으로位에即ᄒᆞ심이慨然히南漢의恥ᄅᆞᆯ雪코져ᄒᆞ샤宋時烈과大事ᄅᆞᆯ議ᄒᆞ시고李浣의게兵事ᄅᆞᆯ屬ᄒᆞ샤竊히計策을定ᄒᆞ심이有ᄒᆞ나맛ᄎᆞᆷ내其功効ᄅᆞᆯ得치못ᄒᆞ시니라

上이備邊司에下教ᄒᆞ샤曰燕瀋의灌漑ᄒᆞᆷ은水車ᄅᆞᆯ用ᄒᆞᄂᆞ니我國은此制에全昧ᄒᆞ야咫尺에비록滾滾ᄒᆞᆫ水가有ᄒᆞᆯ지라도地勢가稍高ᄒᆞᆫ즉何如치

못ᄒᆞᄂᆞ니今에工匠으로ᄒᆞ야곰그模制ᄅᆞᆯ造出ᄒᆞ야農을勸ᄒᆞᆷ에一助가되게ᄒᆞ라ᄒᆞ시고禁中으로브터一車ᄅᆞᆯ造ᄒᆞ니制度가甚히奇巧ᄒᆞᆫ지라有司ᄅᆞᆯ命ᄒᆞ샤十具ᄅᆞᆯ造ᄒᆞ야八道에分送ᄒᆞ라ᄒᆞ시다

第十七節 本朝十七

顯宗씌옵셔幼時로브터聰明이絕倫ᄒᆞ샤見ᄒᆞ고聞ᄒᆞᆫ바ㅣ有ᄒᆞ면문득忘치아니ᄒᆞ시더니밋長ᄒᆞ심이親側을離치아니ᄒᆞ샤不安ᄒᆞ신節이有ᄒᆞ시면日夜로扶持ᄒᆞ샤비록退ᄒᆞ라命ᄒᆞ실지라도敢히退치아니ᄒᆞ시다

上이壬辰兵禍以後에校書館에活字가散失ᄒ야木刻으로써書册을印出홈이甚히精치못홈으로戶曹判書金佐明을命ᄒ샤銅鐵로써活字를鑄ᄒ야公私의書籍을廣印케ᄒ시니라

第十八節　本朝十八

肅宗께옵셔永安尉의子洪萬恢家의棕櫚木이有홈을聞ᄒ시고掖隷로ᄒ야곰求ᄒ신ᄃᆡ萬恢가庭에下ᄒ야伏曰頂踵과毛髮이다國恩이라엇지卉木을惜ᄒ리오마ᄂᆞᆫ臣이되야玩物로써君에게私進홈은罪라ᄒ고곳棕櫚木을拔去ᄒ니掖隷가還

ᄒ야그事狀을白ᄒᆫᄃᆡ上이稱善ᄒ사後苑에種ᄒᆫ棕櫚木을拔ᄒ야民間本主에게還送ᄒ시니라

上四年에錢을始用ᄒ다初에東方에錢幣가未有ᄒ야다만布銀으로써貨財를交易ᄒ더니　太宗씌옵셔楮貨를造ᄒ시고　仁祖씌옵셔常平通寶를鑄ᄒ시되다不行ᄒ더니至是議政許積의言을用ᄒ야錢을鑄ᄒ야써行ᄒ니自是로錢이通行ᄒ니라

明宗末年에東西朋黨이始ᄒ야　宣祖朝에黨論이大起ᄒ고光海時에東人이變ᄒ야南北黨이되

얏더니是時에至ᄒᆞ야西人中에ᄯᅩ老少論이分ᄒᆞ
야東西南北의四色이各立ᄒᆞ니口舌로써干戈를
代ᄒᆞ야正論이消滅ᄒᆞ고人才를遺棄ᄒᆞ니라

第十九節　本朝十九

景宗ᄭᅴ옵셔位에即ᄒᆞ심의領議政金昌集이奏ᄒᆞ
야曰崔奎瑞는先祖時로브터退野ᄒᆞ고鄭澔와李
縡等은病을稱ᄒᆞ고歛退ᄒᆞ니願컨ᄃᆡ別諭를下ᄒᆞ
소셔上이外에在ᄒᆞᆫ諸臣을敦諭로召ᄒᆞ시니라
上이玉度가常時靡寧ᄒᆞ샤久히視朝치못ᄒᆞ시고
ᄯᅩ儲位가空虛ᄒᆞ야國勢가孤危ᄒᆞᆷ으로王大妃ᄶᅴ

告ᄒᆞ시고延礽君(이礽은成音)을封ᄒᆞ야王世弟를삼으시
다

第二十節　本朝二十

英祖ᄭᅴ옵셔即位ᄒᆞ심의深히朋黨의弊를憂ᄒᆞ샤
이에　下教ᄒᆞ샤曰朋黨의弊가近日에셔甚ᄒᆞᆷ이
無ᄒᆞ도다一邊의人을다逆黨으로駈ᄒᆞ니其中에
엇지寃을抱ᄒᆞᆫ人이無ᄒᆞ리오彼를攻ᄒᆞ고此를擊
ᄒᆞᆷ이公言이杜塞ᄒᆞ니朝綱이何時에正ᄒᆞ며公論
을何時에聞ᄒᆞ리오爾羣工은黨習을祛ᄒᆞ고公平
을務ᄒᆞ야我邦家를保ᄒᆞ라ᄒᆞ시고又蕩平法을用

ᄒᆞ사四黨을均用ᄒᆞ심으로써黨禍가稍息ᄒᆞ니라
上이親히臨ᄒᆞ샤獄囚를訊ᄒᆞ실ᄉᆡ有司가壓膝을
施ᄒᆞ쟈ᄒᆞ거ᄂᆞᆯ 上이曰昔에漢文帝는肉刑을除
ᄒᆞ고我世宗ᄭᅴ옵서는笞背ᄒᆞ는刑을除ᄒᆞ샷스니
此는盛德이라하물며壓膝은律에無ᄒᆞᆫ律이리오
自今으로는永히除ᄒᆞ라ᄒᆞ시다
李麟佐等이叛ᄒᆞ야淸州를陷ᄒᆞ고安城靑龍山上
에陣ᄒᆞ야紅傘을建ᄒᆞ고白旗로써指揮ᄒᆞ거ᄂᆞᆯ吳
命恒으로都巡撫使를삼아討平ᄒᆞ다

第二十一節 本朝二十一

正祖ᄭᅴ옵서下敎ᄒᆞ사曰杖은大小가有ᄒᆞ고枷는
厚薄이有ᄒᆞᆷ은罪의輕重을隨ᄒᆞ야用ᄒᆞᆷ이어ᄂᆞᆯ近
來에古法이漸弛ᄒᆞ야罪의輕重을論치아니ᄒᆞ고
다大棍과厚枷를用ᄒᆞ니엇지人命을枉害ᄒᆞ는弊
가無ᄒᆞ리오京外와各營門의刑具를釐正ᄒᆞ야頒
行ᄒᆞ라ᄒᆞ시다
琉球國人이風에漂ᄒᆞ야至ᄒᆞ얏거ᄂᆞᆯ 上이下敎
ᄒᆞ사曰琉球人이昔에我國에職을供ᄒᆞ는者ㅣ有
ᄒᆞᆷ이特히摠管의職을受ᄒᆞ야近侍케ᄒᆞ얏스니此
는二百年에不過ᄒᆞᆫ事이라今에別노히顧恤을示

ᄒᆞᆷ이義에可ᄒᆞ다ᄒᆞ시고道臣을命ᄒᆞ샤酒食으로
써饋ᄒᆞ시고庇身의物을優히給ᄒᆞ시다琉球ᄂᆞᆫ後
에日本에屬ᄒᆞ니라

上이京外에飭ᄒᆞ샤幼稚의父母가無ᄒᆞ야遺棄ᄒᆞᆫ
者와男女가孤貧ᄒᆞ야過時토록未婚ᄒᆞᆫ者를歲時
에抄啓ᄒᆞ야幼稚ᄂᆞᆫ月로米와藿을給ᄒᆞ야養ᄒᆞ고
男女ᄂᆞᆫ需를助ᄒᆞ야成婚케ᄒᆞ라ᄒᆞ시다

第二十二節 本朝二十二

純祖ᄭᅴ옵셔內司와各宮房과各司의奴婢案을收
ᄒᆞ야敦化門外에셔燒火ᄒᆞ샤日宮司의奴婢를罷

코져ᄒᆞᆷ은先朝의意시니予ㅣ맛당이繼述ᄒᆞ리라
ᄒᆞ시고壯勇營으로ᄒᆞ여곰其代錢을給ᄒᆞ시다

關西土寇洪景來가叛ᄒᆞ야嘉山等七邑을陷ᄒᆞ거
ᄂᆞᆯ李堯憲으로兩西巡撫使를삼고朴基豐으로中
軍을삼아年을經ᄒᆞ야討平ᄒᆞ니上이仁政殿에셔
陳賀를受ᄒᆞ시고中外에頒教ᄒᆞ시다

第二十三節 本朝二十三

憲宗ᄭᅴ옵셔各道에命ᄒᆞ샤私家의셔屠牛ᄒᆞᄂᆞᆫ弊
와私家에셔虐民ᄒᆞᄂᆞᆫ弊를嚴飭ᄒᆞ시며守宰의其
任을堪치못ᄒᆞᄂᆞᆫ者ᄂᆞᆫ殿最를待치勿ᄒᆞ고啓罷ᄒᆞ

라ᄒᆞ시다
尹尙度와許晟等이疏를上ᄒᆞᆷ이犯上의語가有ᄒᆞ
야海島에竄ᄒᆞ얏다가更히拿來ᄒᆞ야斬ᄒᆞ라

第二十四節　本朝二十四

哲宗ᄭᅴ옵셔命ᄒᆞ샤江陵에在ᄒᆞᆫ孔子聖像을水原
闕里祠에展奉ᄒᆞ라ᄒᆞ시다
上이政府에命ᄒᆞ샤塲市와浦口의名目이無ᄒᆞᆫ雜
稅를罷ᄒᆞ시며堤堰과田沓의勒奪ᄒᆞᄂᆞᆫ弊를禁ᄒᆞ
시며土豪의武斷ᄒᆞᄂᆞᆫ習을嚴飭ᄒᆞ시다

第二十五節　本朝二十五

壽康太皇帝ᄭᅴ옵셔位에即ᄒᆞ신지三年에令을下
ᄒᆞ샤耶蘇教를禁ᄒᆞ시고教師及信徒를捕ᄒᆞ야殺
ᄒᆞ니刑戮을被ᄒᆞᆫ者ㅣ數千人이오法國宣教師九
名이ᄯᅩᄒᆞᆫ刑死ᄒᆞᆫ지라於是에法國兵艦이江華島
를來襲ᄒᆞ거ᄂᆞᆯ巡撫千摠梁憲洙를遣ᄒᆞ야江界砲
軍五千名을率ᄒᆞ고擊破ᄒᆞ니佛兵의死傷이多ᄒᆞᆫ
지라佛將이大惧ᄒᆞ야帆을揚ᄒᆞ고走ᄒᆞ니라
法船來襲ᄒᆞ던歲에平壤土民이美國商船一隻을
襲ᄒᆞ야船手를殺ᄒᆞ고其船을燒ᄒᆞ얏더니其後六
年을經ᄒᆞ야美國兵艦五隻이德律을來侵ᄒᆞ거ᄂᆞᆯ

巡撫中軍魚在淵을命ᄒᆞ샤廣城津에出陣ᄒᆞ야逆擊大破ᄒᆞ고또大礮으로其二艦을破ᄒᆞᆫ뒤美將魯籍壽가이의兵을陸地로潛下ᄒᆞ야我陣의後로從ᄒᆞ야翼擊ᄒᆞ니在淵이其弟在淳으로더브러劒을拔ᄒᆞ야數十人을擊斬ᄒᆞ고死ᄒᆞ니美將이餘衆을率ᄒᆞ고遁去ᄒᆞ니라丙子十一年에日本軍艦一雙이이支那에赴ᄒᆞᆯ서飮料水를求코져ᄒᆞ야我國漢江에來泊ᄒᆞ니江華守兵이此를砲擊ᄒᆞᆫ지라翌年에日本이全權大臣黑田淸隆과議官井上馨等을遣ᄒᆞ야軍艦을率來ᄒᆞ야前年事를詰ᄒᆞ고且修好를

求ᄒᆞ니　上이中樞府事申櫶과副總管尹滋承等을命ᄒᆞ샤江華府에會同ᄒᆞ야通商條約을定ᄒᆞ니我國이外國과條約을結ᄒᆞᆷ이此에始ᄒᆞᆫ지라此條約에釜山外에元山과仁川을開港ᄒᆞ야外國通商貿을許ᄒᆞ고其後에美國과英國과法國과德國과淸國俄國이次第로來ᄒᆞ야和를結ᄒᆞ고通商條約을定ᄒᆞ니라

壬午十九年에訓營兵亂을作ᄒᆞ야闕內로亂入ᄒᆞ야重臣閔謙鎬金輔鉉等을殺ᄒᆞ고劒으로柱를擊ᄒᆞ야惡을肆ᄒᆞ고又日本公使館을襲ᄒᆞ거ᄂᆞᆯ國太

公이變을聞ᄒ고馳入ᄒ야騷亂을鎭壓ᄒ시고日本에償金을出ᄒ야써和親을回復ᄒ다

甲午三十一年에東學黨이起ᄒ야亂을作ᄒ니四方이響應ᄒ야蜂起의勢가有ᄒ거ᄂᆯ官軍이四道로出ᄒ야屢月에討平ᄒ니라是時에淸國은屬邦의亂을救ᄒᆫ다稱ᄒ고大兵을我國에送ᄒ니日本은我國으로써淸의屬邦이아니라主張ᄒ야ᄯᅩᄒᆫ兵을出ᄒᆷ으로드듸여日淸戰爭을起ᄒᆷ이至ᄒ야淸軍이水陸에다敗ᄒ고翌年三月에兩國이馬關에셔講和條約을結ᄒ니淸國이始히我國의獨立

을公認ᄒᆫ지라

開國五百六年에　上이皇帝位號를受ᄒ샤國號를改ᄒ야大韓이라ᄒ시며年號를光武라ᄒ시며八道를十三道로分寘ᄒ시다

光武八年에俄國이曩日北淸의變을乘ᄒ야滿洲에出兵ᄒ야占領ᄒ고進ᄒ야我國을危害코져ᄒᄂᆞᆫ勢가有ᄒ거ᄂᆯ日本이再次兵을出ᄒ야俄國과戰ᄒ니俄國이水陸大敗ᄒ야드듸여日本에地를割ᄒ야和를講ᄒ니此로브터我國은更히日本과恒久不易의親交를固케ᄒ고日本의統監이我國

京城에來任ᄒᆞ야我國의施政을指導ᄒᆞ니라
光武十一年에 皇帝ᄭᅴ옵셔位를皇太子ᄭᅴ傳ᄒᆞ
시니太子ㅣ皇帝位에卽ᄒᆞ샤元年을改ᄒᆞ야隆熙
라ᄒᆞ시고 上皇의位號를尊ᄒᆞ야壽康太皇帝라
ᄒᆞ시고弟英親王을封ᄒᆞ야皇太子를삼으시고日
本 皇室에托ᄒᆞ샤東京에留學케ᄒᆞ시니兩國의
關係가親密ᄒᆞ게되니라

第二十六節 近世의文化

本朝에至ᄒᆞ야佛敎가漸衰ᄒᆞ고儒敎가大盛ᄒᆞ야
世宗의時로브터蔚然히興起ᄒᆞ고耶蘇敎ᄂᆞᆫ 正

祖의時에支那로브터我國에入ᄒᆞ고其後에外國
宣敎師도亦來ᄒᆞ야布敎ᄒᆞ니政府에서屢次히宣
敎師와信徒를刑戮ᄒᆞ야此를禁ᄒᆞ되漸次蔓延繁
盛ᄒᆞ더니今日에至ᄒᆞ야ᄂᆞᆫ此를禁치못ᄒᆞᆯ이至ᄒᆞ
니라農業은歷代帝王이並히力勸ᄒᆞ시고今 皇
帝陛下ᄭᅴ옵셔ᄂᆞᆫ卽位ᄒᆞ신初에 詔를下ᄒᆞ샤農
商工을勸獎ᄒᆞ시고三年春에東籍田에親耕ᄒᆞ시
며 皇后陛下ᄭᅴ옵셔ᄂᆞᆫ親히蠶桑에從事ᄒᆞ샤國
民에率先ᄒᆞ시니라

初等本國歷史終

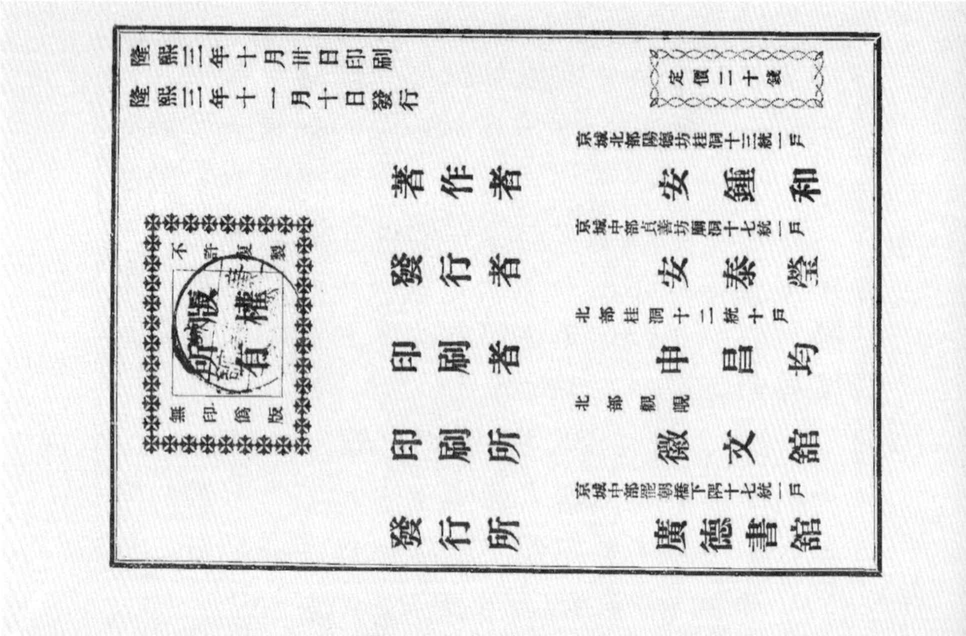
隆熙二年十月卅日印刷
隆熙二年十一月十日發行

不許複製
無印僞版

定價二十錢

著作者 京城北部陽德坊桂洞十三統一戶 安鍾和

發行者 京城中部貞善坊廟洞十七統一戶 安泰瑩

印刷者 北部桂洞十二統十戶 申昌均

印刷所 北部觀峴 徽文館

發行所 京城中部罷朝橋下門十七統一戶 廣德書館